U0601805

总　序

2006 年，湖北人民出版社出版了我的四卷本文集。在此四卷本文集中，我整合了获得博士学位后所写的一些中文著作。彼时是吾之哲学体系化的酝酿期，是吾之哲学体系化的第一阶段。为充实此四卷本文集，为将更多应收入的文章放进去，如部分英文著作，就有了出版十卷本文集的构想。整理十卷本得到了私淑于我的学生奚刘琴博士的帮助。奚刘琴博士帮助编辑了八本，加上我的两本英文著作的译稿，一起构成了现在所看到的十卷本。

通过这个十卷本，我回顾自己思想的发展性和完整性，有下面两个感想：第一，我的思想在不断发展中，思考面向繁多复杂，对很多问题都有自己的看法，但时间有限，没办法加以发挥。另外，我在海外教学四十余年，有很多发表过的和未发表的英文著述，由于种种原因目前还无法全部翻译，所以这十卷本未能包含我绝大部分英文著作。第二，我的思想近年来有很大的整合性发展，我努力想把自己的思想整合为一个更完整的整体。尽管还没有达到我的理想，但这些整合性的发展使我对中国哲学未来的发展有莫大的信心，这一信念见诸我在 2015 年写的《中国哲学再创造的个人宣言》一文。在这篇文章中，我这样说：

> 我个人对中国哲学再发展的宏图与愿景具有充分的理由和信心，或可名此为哲学自信。基于我的哲学心路历程建立的哲学自信，我提出下列个人宣言：
>
> （1）中国哲学是人类精神传承与世界哲学发展最根本、最重要的成分之一。
>
> （2）中国哲学的发展体现出，也透视出人类多元核心价值的开放统一性格。
>
> （3）中国哲学与西方哲学或其他重要哲学与宗教必须形成一个相互依存的本体诠释圆环。
>
> （4）中国哲学在其根源与已发展的基础上必须发展成为更为完善的本、体、知、用、行体系。
>
> （5）中国哲学的发展关系着人类存亡的命运以及人类生命共同体与和平世界的建立使命。①

---

① 成中英：《中国哲学再创造的个人宣言》，见潘德荣、施永敏主编：《中国哲学再创造：成中英先生八秩寿庆论文集》，8 页，上海，上海交通大学出版社，2015。

这个十卷本文集体现了我将自身思想加以体系化的第二阶段之发展。其与四卷本相异之处在于：

第一，十卷本的系统性相当完整，是迄今为止我的学术论著出版规模最为全面的一次，收录了最能代表我思想的各类中文论著，特别是我近十年来发表的论文，包括一部分重要英文论著的中文译稿。因此，本次出版更好地补充了四卷本文集一些衍生的意念，体现出我自己的哲学已更为系统化、一贯化。从四卷本到十卷本，不仅是量的增加，而且是质的系统呈现。

第二，十卷本收入了两部能够代表我学术成就的英文著作的译稿——《皮尔士和刘易斯的归纳理论》与《儒家与新儒家哲学的新向度》，这是有异于四卷本的一大特点，能够使读者对我的英文著作有所了解。

第三，一些个别新论述，包括美学论述及对其他问题的新认识，都被整合了进来。这些整合工作是由奚刘琴博士帮助我完成的。

十卷本文集的出版是我思想的一个里程碑，为以后的整合奠定了基础，同时作为一个比较完整的文献，使我的思想有更好的发展，并与过去的思想有更好的融合。这一过程，我名之为超融，即超越的融合。我希望在今后发展出更多超融的工夫，便于以后的学术研究，促使中国哲学进一步发展。这是我最大的宏愿，希望中国哲学有新的发展和再创造，并能够再辉煌，尤其在今天的世界里面不断地发挥影响，促进中国的发展，促进世界文化的发展与和平。

这个十卷本亦在更广泛的基础上彰显了我哲学体系的规模、结构和内涵，表达了我的思想发展过程，从中能够看到我的重要思想如中国逻辑学的发展、儒学思想的发展、中国管理哲学的发展、中国本体诠释学的发展、中国形而上学的发展、中国政治哲学的发展、知识论的发展、伦理学的发展、美学的发展，其中也提出了很多问题，这是中国哲学当前需要面对和审视的，是对当代中国哲学的一种促进、推动和激励，希望引申出更好的未来。

一、深契西方哲学

我从 1985 年在北京大学哲学系讲学时，就抱定一个宗旨，即古典的中国哲学和现代的西方哲学应能够建立一个彼此理解的关系。自 1965 年起，我即开始在美国讲授中国哲学，亦讲西方当代哲学，遂能有此判断。我做这样的努力，就是要把中国哲学从历史的含义激活成为现代的含义，使它能够在知识论、方法论、本体论的观照之下进行一种真理的意识、现实的所指。当然，我注意到过去有些学者喜欢将西方古典哲学与中国哲学对照，将古希腊哲学与儒家哲学甚至道家哲学对照。但我觉得实际上这是远远不够的，我们的后期中国哲学，从宋明到近现代，实际上也不一定要和西方古典流派对比。若能有针对性地用力，最终我们或许可以有一个全方位的现代对古典、中国现代对西方古典、中国古典对西方现代之对比，并把这个意义展开——这是三言两语无法做到的。欲达致于兹，必须先了解一套诠释的理论、诠释的哲学。

1985 年之际，我已在北京大学哲学系讲诠释学的概念和方法。我们这一代学人注意到一个清楚的事实：西方哲学的发展在于理论和方法的交相利用。理论的发展需要方法的意识，方法的意识又是理论逐渐发展的基础。理论的重要性在于它能够说明现象，能够更进一步地说明现象中有生的发展之可能性。方法意识是一个指导原则，而且比较具体地告诉我们应该怎样去形成一个整合理念，它有一种逻辑的内涵，是程序、概念的集合。当然，理论和方法在某种意义上是一而二、二而一的，是一个整体。从认识的过程来讲，这是一个方法；从对象来说，这是一种理论。由此观之，西方哲学基本上是从对自然哲学的关注、观察，发展到苏格拉底之"内省"的、对人心理价值观的看法。苏格拉底致力于所谓的"诘问"，以此把人的思想挖掘出来。他看到人的灵魂里面包含着一些隐秘的真理，所以他考察一个奴隶的小孩能否认识几何的真理，此即苏格拉底的"内部启蒙法"。到了柏拉图，提出了"理念世界"之逻辑界定法，形成了将现象与真实一分为二的分野，这样就更有利于掌握真实之为何物。柏拉图之后，就是亚里士多德之观察与推论结合的定义法。到中世纪，是一种权威信仰的方法；其后期，乃有皮尔士所说的形上学之概念和范畴构建法。到近代，最主要的就是笛卡儿的怀疑方法、斯宾诺莎的公理规范法、莱布尼茨的逻辑可能性创建法。至康德，形成了本质概念批判的方法。于黑格尔处，则有"正反合"的辩证法。"正反合"特别有意义之处在于，在"正""反""合"里面，"反"把"正"取消掉了，呈现出一个和过去几乎没有关系的新层次，谓之超验，超越出来。在此以后，最大的改变，就德国学者而言，即是胡塞尔的现象括除法，然后便是海德格尔的内省体验法。这之后，伽达默尔的哲学诠释则是非方法的方法，见其《真理与方法》。最后，是导向后现代主义的德里达之所谓"解构方法"。这些方法的引进，即是理论的引进；理论的引进，也带有新的方法。两者相互为因为果——这实际上是一种"能指"与"所指"间的关系。

英国哲学的传统是以洛克哲学作为基础，探求一种印象，有联想法、建构法。尔后休谟持怀疑主义，完全走向心理经验的印象主义建构法、上帝直觉认知的方法。到近代，随着科学的发展，乃有逻辑失真论的意义鉴定法，要消除形上学、伦理学甚至美学，只能按科学方法、逻辑方法——这是意义的保证，超过此方法则没有意义。这是很极端的。其后，奎因即重新建构，讲"经验的世界"，尤其谓是语言在表达经验，重构科学的知识，通过语言分析和逻辑分析来构建科学真理。总而言之，如今的西方哲学方法愈来愈复杂。

二、反思中国哲学

方法对于理论有其重要性。其实，西方哲学的一大要点就是欲寻求方法之突破，而方法往往要求一种逻辑对思想形式之规范，以及对此种思想形式达到目标之规范，比如胡塞尔的现象法要求"括除"，形式上就要排除联想领域的心理印象，此后方能达到真实存在之显露。任何方法皆同此理，最重要的是外在之规定，以达致对象化的真理目标。问题是，我们的经验往往不能完全排除，不能完全为一个规定好的目标重建，故必须永远寻找新的方法来创造新的理论。新的理论有时而穷，所以必须反复重新规范目的、起点与过程间的关系。

中国哲学重视人在整体感受与对外在世界之观察时所形成的内在之整体真实直观。所谓"真实"，是基于观察而感受、反之而再观察所形成的自然之"真实"，以现有的经验为主体、为要点。其从不排斥现实的经验，而是要从现实的经验当中体验出观察的成果，以去摸索、掌握感受之意义，并形诸文字。这种文字不一定是最精确的，但相对于语境和经验而言，它具有一定的内涵，且因为此内涵是针对现实所呈现出来的现象，故可以没有界限，也可以引申到达无尽，故中国的终极概念均可以被深化、广化，也可以被显身成道家之"太极""无极"，儒家之"本心""本体"，佛家之"菩提""大圆镜智"——此皆是从内在显身到外在的理念。此处所说的是中国化后受儒、道之影响的佛教，其呈现的终极理念，与儒、道的终极理念在逻辑上具有一致性，即其均既无尽、终极而又可说明现象，不把本体和现象看作真实画等的关系，而是将其看作舍远取近、幻中作幻之经验。在这样的传统中，其重点在于以开放的心态来掌握真实，其方法为在观察、感受、沉思等心灵活动中以及在深化、广化过程中整合、融合我们的经验，使它形成对真实世界的观照、投射，引发出创造性活动。在这个思维内，方法已经消融于本体的思维之中，这和西方之方法独立于理论对象真实之外形成明显的对照。

故我认为，中国哲学若要让哲学思想者表达、传播、沟通人与人心灵中之意义，就必须强调大家内在之概念具有沟通性，具有指向的对象性，必须要有方法学以达致此。方法学的重要性在于把已经获得的经验、要融合的经验，用清晰明白的概念（至少）在形式上说得相当清楚；同时，也能将其各层次、步骤、方面、范畴、范围、过程说清楚。当然，兹方法系基于本体思想本身的超融性、丰富性。此方法可以是分析的、逻辑的、语言的、语义的，但必须要能把错综复杂的关系说清楚，说明其包含性和开放性。在这个意义上，方法的提出并不一定要影响到本体的思想。但吾人并不能因为方法消除在本体的体悟、经验中，就忘记方法的重要性。尤其在人类生活实践已非常频繁、交错的今天，现实中有多种不同的生活之功能性活动，故而要把我们重视的概念与所对应的实际生活之界域疏导得足够清楚。这就是一种基本的本体诠释。此基本的本体诠释，亦即"对本体的诠释"，就是基于分析的、系统的方法，强调分析、系统、概念，并且将本体之概念逻辑地、清楚地表达出来。比如孔子的心性之学，我们固然可以引经据典而论其概念之内涵，但为了说明斯者，还应该深化出孔子对生命之体验为何。唯有在生活的了解中才能掌握孔子之语的内涵，否则其一贯之道就无从彰显。我对早期儒家哲学的认识，即在于对《论语》《大学》《中庸》《孟子》《荀子》《易传》等文本进行深度的解读，以掌握其最深刻的、真实呈现的真善美经验与价值规范。表达出的语言结构还须符合系统性、层次性、整体性、发展性，尤其既重其根源，又重其从根源到系统之间的发展过程。此即对本体发生过程之研究，即诠释本体之进程（onto-generative approach）。之所以称本体是方法，是因为它包含着一种为方法而呈现出来的形式。而它又是本体，所谓"即体即用""工夫所至即是本体"。此处"工夫"指进一步深刻地掌握本体经验，到深处去融合、甄定各种差异，以回应现实的需要，以进行更细腻的表达。故我认为，"工夫"是对本体的"工夫"，不等于"方法"，也不等于"应用"。

在本体学里，我们通过工夫来深化本体，此之谓"即工夫即本体"。而如果能深刻地掌握本体学，也能有工夫。因此，工夫是人的心性活动过程之实质体验。而心性又是很复杂的概念，涉及朱子以后的性体情用、感体知用、心体思用、意体志用之整合。斯更开拓出心灵所整体感受到的真实内涵，更能呈现出吾人所能体验的真实。[1] 夫心智者，既可用以掌握性情，又能面对外在的世界，乃将性情与外在宇宙世界进行整合。这种工夫，可谓之"涵养"。此"涵养"是整体的，酝酿在心中，既不离开对外在世界的观察，也不离开内心的活动。苟将"涵养"与"格物穷理"对照观之，则"格物穷理"更是一种对象化的认知活动，而"涵养"则是将此认知感受加以整合与内在体验之举。需要特别强调的是，过去未能把"涵养"说得很清楚，故吾人作此深度分析，加以经验的认识。进一步地，我们可以对人之存在的自我同一性有所认识。心智是整合性情与宇宙现象的认知活动，开拓了性情和世界共存之终极认识、真实显露。故"工夫所至即是本体"，而此之谓"本体"，系假设我们能真正掌握之。若我们真正掌握了本体之真实感，那么就可以据此进行新知识活动、进行观察。但本体与工夫的密切关联并不代表斯是方法或应用，我所提到的中国传统思考当中，一方面要强调"本体""工夫"之关系是整体的、内在的，另一方面还要强调更外在化的概念分析、逻辑分析、语言分析——此即方法。这些其实也被包含在整体思维活动之中。我认为中国哲学需要进行方法的革新。要建立方法之意识，以帮助我们更好地将传统本体哲学彰显出来，使别人能参与、能认知。不一定能取代别人的真实，但至少能让传统被更好地认识。故曰中国哲学需要方法。

三、揭橥本体诠释

我在上文中提到西方之方法，斯是一种辩证的过程，方法、理论相互超越而产生新的方法、理论。在科学理论方面，其化出了自然主义的知识论；在心灵整合方面，则化

---

[1]　蔡清《四书蒙引》："意与情不同。意者心之发，情者性之动。情出于性，随感而应，无意者也；意则吾心之所欲也，视情为着力矣。心之所谓之志，心之所念谓之怀，心之所思谓之虑，心之所欲谓之欲，此类在学者随所在而辨别之，然亦有通用者。"

出了历史主义之心灵哲学、诠释哲学。此二者有对立的一面，以伽达默尔为代表的内在心灵主义论者要把科学知识、方法也纳入诠释体系里面，奎因、哈贝马斯则分别想把心灵哲学、社会哲学纳入基于概念的理论建设中。西方的这些哲学活动重在表达中的概念之建造、整合，而对终极的本体性之真实缺乏深入的探讨。其长期处在二元论、宗教哲学之上帝论的架构中，故难以深入思考"本体"之类问题，而陷入理论与方法的辩证发展、冲突中。在这个意义上，它们很需要一种本体的深化之革新，恰似中国需要一种方法扩大的革新一样。这是因为，西方与中国的传统只有在此转向中才能更好地融合。并不是说完成这种转向就必须要放弃原来的历史经验或哲学思考，而是要建立一个平台、一个层面，以更好地说明人类共同的经验、找到一种共同的语言，通过彼此沟通，形成一个更能解决问题、取消矛盾冲突的生活世界。以上这些是我在 1985 年到 1995 年间所进行的基本思考，思考结果就是本体诠释学。兹在我别的著作中已多有谈及，此处仅是说明其发展之过程。

在这之前，我在从哈佛大学到夏威夷大学执教将近十年的过程当中，于西方哲学方面也做了很多研究。我有一个很鲜明的立场：想确立一个真实的自然世界和一个真实的人生世界。这也许是当时我作为一位具有中国哲学背景之年轻思考者的基本倾向。面对西方那些怀疑论者，我首先是无动于衷，然后是进一步思考其所以怀疑，最后，我的倾向总在于化解此怀疑，而重新建立一种信念，来肯定真实性、生命性。这是一个中国的出发点。在这个意义上，我是非常中国哲学的。在我的根本经验上面，有中国哲学强烈的真实论、生命论、发展论、根源论、理想论之思想。在西方哲学方面，我其实很重视西方的知识论基础问题，为了要强调基础的重要性，我在大学里一直重视康德和休谟的辩论，举例来说，我在写作博士论文时，就进一步用逻辑的辩论来说明知识经验之可能，说明归纳法的有效性。当然，我的这个论证是一个逻辑论证，到今天依然具有其逻辑与科学之价值。面对一个变化多端、内容复杂的世界，我们要理出一个秩序，就必须先凝练出基本的概念，如对事物的质、量、模式之认识，这样我们才能认识具有真实性的世界。我们不能只把世界看成约化的，更不能仅将之看成一个平面物质。在长期的观察与经验当中，显然可以认为：物质世界之上有一生命世界，再上则有一心灵世界。物质世界即是我们看到的万事万物。生命世界是我们对动植物之生长、遗传、再生现象的认识，动植物均有这样的生命周期，在进化论之基础上可以见其变化，而《易传》亦固有"品物流形"之说；我们亦能观察、感觉、思考自身之生命世界。这种思考与感觉是否如笛卡儿所说需要上帝来保证呢？我认为不需要，因为我们整体的思维呈现出相互一致、前后贯穿之整体性，我们对非抽象的具体整体性之认识，使吾生之真实具有高度的必然性。或问：这个世界是否建立在一个虚幻的"空"上？是否处在魔鬼设计的圈套中？或谓生命本就是无常多变的，生死变幻，瞬息而化。但我们也看到，生命之生生不已者前仆后继，如长江后浪推前浪一般。或曰宇宙在科学上有极限，会因"熵"而熄灭——兹前提在于假设宇宙是封闭的。但今人尚无法证明宇宙之封闭性，恰恰相反，其变化性启发我们视之为一个发展的、开放的宇宙。我们假如心胸更开阔一点，就能进行基本的、长期的观察，一如当年中国先哲观天察地而认识到生命之变动不居、生生不息。斯则是真实论之基础。虽有品类参差，我们亦能感受到这种参差，故能在此基础上掌握个别事物之集体性存在特征，由此推演出未来事物、更大领域内事物之相应。

我们不能离开生命观察而单独谈逻辑，所以在成为一个抽象的"世界"概念之前，世界是真实存在的，故据此能从哲学上了解生死关系之可能性推理。诚然，这种推理有主观性，是主观认识之抽象平衡，但在有其他反证来否定这种认识的现象性、规范性之前，它依然是可以被初步接受的。因此，我提到，归纳逻辑需要在大数原则之下、在真实世界之下、在真实论之基础上取得证明，这是我当初的重要论证。我认为，传统乃至近代科学之知识论，多是基于归纳法来认识知识，而不是基于知识来认识归纳法，这是一个倒置。我们若一定要说得更深刻一点，则此二者系相互为用，会形成一个动态的、平衡的关系。归纳法支持知识，知识支持归纳法，由是形成了知识的可能性，我们的世界在这样的保证下，是一个真实的世界。故曰，我的哲学体系既结合了西方哲学之所长，又为西方哲学开辟了一条重要的路线。在这个意义上，我的本体诠释学是一个结合逻辑推理的知识哲学。

另外，正如休谟所关心的，人类的道德价值、社会价值有没有客观性？故而我们会问：人的存在及人存在之现象有没有客观性？在西方，人们还是很强调人性的，柏拉图、亚里士多德、康德、黑格尔均有这样的对人性之认识。但他们认识的深度远不如中国，故在康德之前，休谟对人性之"知"的能力，对人能否建立道德而产生终极之价值观、行为观乃至宗教哲学，保有高度的警惕与怀疑。在某个意义上讲，休谟也许受到启蒙时代所传之中国儒家哲学的影响，认为人是基于感情、感觉的生物，所以虽然在知识上无法建立真实性，但基于本能的感情与感觉，我们可以产生对人之关怀，我们的感觉往往能够透过一种"同情"的机制来感受他人。当然，主观感情投射的基础何在，休谟并没有对此加以说明。但他认为人存在一种对正义的感知、知觉（sense of justice），我们的正义感使我们基于自己能感受到他人，而观察他人复能反思自己，在"观察他人"与"感受自己"、"观察自己"与"感受他人"间产生呼应，在真实世界的归纳与演绎中建立人之价值的一般性、普遍性，从而获得真实的根本。故必须假设人性拥有这样的能力，即观、感、知、整合、思维，亦即谓人能做此种兼内外经验为一的综合判断。有意思的是，在道德哲学处，休谟反而是真实论的；在科学哲学、自然哲学处，他又是怀疑论的。而观西方哲学，直到康德才能对此有所补充，以回答休谟的怀疑论。我很早就接触并研究康德，早在华盛顿大学攻读硕士时就接触到康德的《判断力批判》（第三批判），在哈佛大学时接触到其《纯粹理性批判》（第一批判）、《实践理性批判》（第二批判）。从"第三批判"开始着手有一个好处，因为康德在其中说明了人有先行决定的判断能力，即直观的判断能力。此判断能力并非缘于某种现实的需要或某种先存的概念，而是直觉观察所呈现出来的情感上之喜悦或目的性认知，它具有内在普遍性；当然，前提是假设"人同此心，心同此理"。但康德对人性的认识，一方面比较形式化、结构化，另一方面比较缺少一种活动的内涵。康德之人性的哲学和中国的心性哲学有相当大的差异，据此形成的道德哲学也有相当大的差异。但正如我一再强调的，我几乎可以证明：康德受到了儒家的影响，主张人之理性的自主性，以此作为道德哲学的基础，从而避开了宗教之"他律"的要求。西方伦理学往往离不开上帝的指令，但可以说康德在西方近代哲学中最早提出人具有自主理性。此自主理性表现在人的自由意志可为自己的行为立法，把道德看作一种内在普遍的道德律，据此道德律以决定行为之充分理由、必要理由。我对康德哲学之述备矣，于此便不再细说。

2006 年，我在《中国哲学季刊》出版了一期专刊，即谓《康德哲学与儒家的关系》，我有一篇论文说明此观点不仅是理论的，而且是历史的。2009 年，香港浸会大学举办了"康德在亚洲学术研讨会"，我在会上作为主讲，特别强调了康德道德哲学和儒家哲学的相同与相异，尤其强调其相异部分，以说明康德没有充分认识到"仁爱"之普遍的价值性、基础性、必要性，他只要求人"自爱"，而没有强调人必然去关切他人，这与儒家有相当的不同。这也表明，他的人性论基本上是理性主义的，是以自我为中心的，与儒家把理性看成人性的一部分，将人的情性、感性、悟性、知性结合为一体的人性论不一样。基于复杂的人性对人之普遍关怀能力的需要，儒家强调"仁义"的重要性，康德亦与此不同。当时我即指出，这一基本差异反映在康德哲学中"完全责任"和"不完全责任"的分别上。以上既是我对康德的批评，同时亦是希望儒家能补充康德，甚至建立新的伦理学，兹遂变成我本体哲学中的一个重要部分。这也说明，我在面对西方哲学时，引申出了我对中国哲学之本体性的新肯定。我们可以发现西方哲学的问题性和缺陷性，但中国哲学中潜存着一种能发之作用，不但在中西沟通上能本体地补足西方（相应地，西方的方法意识、语言意识亦更好地补足了中国），且在此补充发展中也形成了我对世界哲学、整体哲学的认识。我的哲学在自然、宇宙、本体、形而上方面走向了一种动态的而又生态的真实（dynamic and vital reality），在道德哲学方面则走向了强调人性的真实、发展之可能和整体的道德哲学。整体的本体宇宙哲学、整体的道德伦理哲学能更好地展开我对西方哲学的认识。

此外，我于 1959 年到 1963 年在哈佛大学攻读博士学位期间，从事西方哲学研究，对逻辑、知识论、本体学都有一些基本的表达，斯亦成为我的思想基础。我有一个本质上属于中国经验的传统，即对真实和生命的体验，故我对真实性所包含的价值性之坚持是有根源的。在对西方哲学所做的观察下，我亦重新审察中国哲学，正如我在具中国哲学之前理解的背景下审察西方哲学的发展潜力及其面对之困境。同样，在西方哲学之方法意识、问题意识的要求下微观中国哲学，可以发现其表达之不完备性、意念之模糊性、用法之含蓄性、建构之被动接受性，从一开始就是现象学的、建构论的。比如其特别要找寻一个理论的建构，异乎柏拉图、亚里士多德、康德、黑格尔；其对生命的体验产生了一些不断强化、延伸的终极之知识概念，其逻辑是一种扩充的逻辑，而不是一种"正反合"的超越逻辑。关于这方面的逻辑思维，我曾将其表达为"和谐辩证法"，其表达的逻辑思维不是否定并超越、创新，而是在否定中看到新的、差异的真实，再看如何将此新的真实和原有的真实融合起来，形成一个更新的事件。故，兹是五段式的，而非三段式的。三段式的"正反合"变成五段式，则是 $a→-a→b→a+b→c$。黑格尔的辩证逻辑与五段式不同，省掉了 b 与 $a+b$，而谓系 $a→-a→c$。我曾著文专门讨论过此五段式之问题。

总而言之，对西方哲学的认识使我更好地认识了中国哲学，对中国哲学的认识亦使我更好地认识了西方哲学。据西方哲学而观察中国哲学，可知中国哲学的优点在于其本体学，缺点在于其方法学；据中国哲学而观察西方哲学，可知西方哲学的优点在于其方法学，缺点在于其本体学。本体学能否在其二元结构基础上更好地考虑到一种整体的结构，尚未得到一个最根本的回答。我想，以后中西哲学应相互激荡、彼此互补，在不消除对方之前提下形成对西哲之本体、中哲之方法的革新。唯其如此，才能平等地认识彼此，通过对彼此的欣赏产生彼此间的共感、共识，使概念、行为、观念、价值的矛盾之问题得到解决。

四、建构理论体系

基于我对中国哲学之追求本体性所包含的根源性、发展性、体系性（即本体创生过程）之认识，我提出了本体诠释学。本体诠释学建立在本体学之基础上。夫本体学，即把"存有"的概念扩大为"本体"的概念，此即我所谓吾人之本体学不能用存有论（ontology）来替代，而应包含存有论；西方应认识到"存有"变成"本体"的可能性——怀特海已有此种认知。在此基础上，我才逐渐发展出一套更完整的中国哲学体系。对于这一体系，我简述如下：

1. 本体学。直接面对"本""体"之整体结构。完全从经验的反思、经验的观察、经验的自我认知及经验的不断整合，形成一有丰富经验之内涵，其至少应包含本、体、知、用、行五种活动。吾人可以把"性情"当作人的本体，把"心智"当作知之活动所致，然后再以"用行"来表达本体的实践。

2. 本体诠释学。夫诠释学，即在反思当中找寻意义，在整体中找寻部分的意义，在部分中整合整体的意义。它运用概念、理念，并讲究逻辑之一贯，以归纳、演绎、组合、建造。斯是一种理解、表达，故当然重视语言之结构、寻求语言之意义。其目标是：使我能自我认知，使他人亦能认知——兹体现了一种沟通性、共通性之需要。在此意义上，诠释学即知识学，是知识的一种展开。而我将其整合称为本体诠释学。简单地说，本体诠释学包含自然主义外在化之科学知识论——这是诠释之基层。因为宇宙开放、发展、具多层次，故可据之而有生命哲学的语言，以表达一种生命的体验——生之为生、生生之为生生的体验。对于此"生生"精神，我们有心灵、心理、心性之经验，以保证欲望、欲念和意志都在人的整体里面实现，这是一个心性结构，也在诠释学之范围里面。若谓之前所言关乎如何组成宇宙，此处则关乎如何组成自我。再一个层次：这些心灵、心性、心理活动怎样创造出一个价值活动，产生对真实、道德价值、审美、和谐、正义的认识？这样就变成了一种价值哲学。此价值哲学在我们的行为层面上又变成了一套伦理学——斯是一种规范性之基础，即其能化成一套标准，以规范行为，并导向一种道德哲学。这就是我所说的整体伦理哲学。

3. 整体伦理哲学。我在其建构当中，以德性主义为主，从德性伦理延伸至责任伦理和权利伦理，在此二者之基础上，说明功利主义的可能性与发展性之基础。权利和责任必须要以德性作为基础，功利必须要以权利和责任为基础。任何一个行为必然要求是有德的，必须要满足责任的需要，必须要维护个人的权利，在满足了权利和责任之后，才能谈功利——这样功利才不会影响到人的基本价值。现在的功利主义，最大的问题就是漠视了责任主义，漠视了权利意识，更漠视了根源性的德性意识。这就是我对伦理学的重建，其涵盖中西，具有普遍性的世界意识。

4. 管理哲学。现代化、工业化社会的生活具有组织性、集体性，虽然这并不否定个人存在权利之重要，但是人的基本权利还是要整合成群体，人终究离不开社会，社会也离不开个别之利益的、非利益的群体性组织。利益的群体必须有非利益的道德作为基础。在这种情况下，我们需要一套管理哲学。我对管理哲学的定义是：管理是群体的、外在的伦理，正像伦理是个人的、内在的管理。在此基础上，我科学化了中国的管理，也赋予伦理一种管理之框架。伦理是一种管理，管理亦是一种伦理，重点均在建立秩序、维护秩序。在这种意义上，我们才能谈政治的架构、法律的架构。管理其实涵盖着一种道德和法律的意识。我在写《"德""法"互补》这篇长文时，强调了康德哲学、孟子哲学、荀子哲学的相互关系。最近我在北京大学做了题为"中国政治哲学探源"的学术系列讲座，共十一讲。讲座中，我特别强调了一个自己长期坚持的观点，即孔子所曰"道之以政，齐之以刑"与"道之以德，齐之以礼"是一种立体结构，此二者非但不是彼此排除的，而且是相互整合的。也就是说，我们对他人和社会应有"德"与"礼"之结构，但维护"德"与"礼"则需要"政"与"刑"之结构，唯其如此，乃能达致一个更好的组织。我在即将出版的书里对此亦有新的发挥。

5. 本体美学。在对本体学的认识基础上，我发展出了一套本体美学。在人的观感之下，本体性、本体宇宙、本体生命在感觉上本身就具备一种快乐，能给人带来一种欣喜；当它出现问题，它就变成一种痛苦；当它被扭曲，它就变成一种伤害。所以，本体美学就是说我们要维护我们在本体体验中的整体性、自然性，让它能呈现出一种自然的快乐。一切美好的东西都可能具有这样的特性，一个真实的美便反映出一种本体的存在，而本体的存在又同样反映出真实的美。这样的美也导向一种善的行为、真的认识。所以，美是"在"和"真"的起点，另外也可以说，知道本体的美需要善之人性的基础、真之宇宙的基础。这也可以说是一种本体诠释之循环。美具有启发性。美代表一种理想、一种最根本的认识。

以上就是我的哲学之基本内涵。

需要说明的是，本文集的结构及主要内容如下：

第一、二卷题名为《本体诠释学》（一）、（二），主要从"何为本体诠释学""本体诠释学与东西方哲学"两方面收录了我的相关学术论文22篇，又从"《易经》与本体诠释学""本体诠释学与中西会通"两方面收录学术论文19篇。作为十卷本的首卷，还收录了我的"人生哲思"4篇，以帮助读者更好地理解我的思想发展历程。

第三卷收录了我的一部重要著作《儒家哲学的本体重建》，汇集包括代序在内的与儒学相关的文章19篇。

第四卷着重阐述我的儒学思想，由"古典儒家研究""新儒学与新新儒学""儒家精神论""儒家的现代转化"四部分组成，共收录论文32篇。

第五卷题名为《儒家与新儒家哲学的新向度》，收录了我写于不同时期的21篇论文，涉及中国哲学的向度、儒家的向度、新儒家的维度。

第六卷首先收录了我分论和比较中西哲学的专著：《世纪之交的抉择——论中西哲学的会通与融合》，还收录了另外6篇重要文章，内容涉及我在中西哲学的会通与融合方面的思考。

第七卷题名为《中国哲学与世界哲学》，既是对有关内容的补充与深化，亦表达了我的思想中中国化的根源、特质与世界化的指向、眼光。主要内容涉及中国哲学的特性、西方哲学的特性、中西哲学比较、中国哲学与世界哲学，共24篇文章。

第八卷内容是我的管理哲学思想的重要呈现，主要收录了我的专著《C理论：中国管理哲学》。除此之外，本卷附录部分还收录了关于C管理理论的2篇重要论文。C理论的创立与发展，对中国管理学的发展乃至世界宏观管理学都具有重要的借鉴意义。

第九卷主题为"伦理与美学"，主要收录我在伦理学与美学方面的重要文章，涉及中国伦理精神、伦理现代化、本体美学，以求将我的伦理学与道德哲学以及"本体美学"思想展示给读者。

第十卷题名为《皮尔士和刘易斯的归纳理论》，是我在哈佛大学博士论文的基础上撰写而成的，主要探讨归纳法能否得到逻辑证明的问题。

当然，即便这次的十卷本也未能涵盖我的所有著述，比如2010年我的《本体学与本体诠释学》30万字之手稿、部分英文著述，乃至正在写作的著述。这些尚未得到整合的思想，有待在第三阶段被纳入整个体系中。

最后，这次十卷本出版，有太多人需要感谢，首先要衷心感谢中国人民大学原副校长冯俊博士对我出版此十卷本文集的支持。其次要特别感谢淮阴师范学院奚刘琴博士为我收集及整合大量的论文，并进行编纂。可以说，没有她的时间投入，这个工程不可能顺利完成。最后，我要十分感谢中国人民大学出版社杨宗元编审的精心安排与鼓励以及相关责任编辑的认真努力，他们在不同阶段提供了不同的订正帮助。

文集版简序（第五版自序）

2006 年中国人民大学出版社出版了我的《C 理论：中国管理哲学》，使本书影响更加深远。2011 年东方出版社出版了我改订的《C 理论：中国管理哲学》，此版最主要的改正是，将 7 个 C 改为 8 个 C。为什么加上 C8，本书已有说明。我要强调的是，C8 是管理的意义根源，即文化创新的根源、价值创新的根源、行为规范的根源，当然也是群体组织的根源。无论是企业性质的管理，还是行政性质的管理，都需要 C8 作为价值根源。

杭州中央美院著名美学教授杨成寅先生，2011 年基于我对太极哲学的提出，写就一本有关我的总体哲学的著作，与我讨论并定名为《成中英太极创化论》（杭州，浙江大学出版社，2012），这本书可以作为我的本体哲学的基础阐释，并基于本体哲学发展出来的管理哲学的基础阐释。

今年中国人民大学出版社编辑我的 10 卷本文集，经我审订，我认为《C 理论：中国管理哲学》在整个文集中有其特殊的地位，因为它提供了一个组织创新的新思考、新规范。

是为第五版序。

成中英

2016 年夏

C 理论第四版自序

　　基于我自 1979 年来多年的研究与倡导，我于 1995 年在台北出版了《"C 理论"：〈易经〉管理哲学》，这是本书的第一版。1999 年我对本书进行了结构上的调整，使其笼罩的范围更清楚地反映出中国管理哲学的精神，因而更名为《C 理论：中国管理哲学》。这是本书的第二版，发行于上海。2006 年为了进一步充实本书的内容，我把数年来对中国管理思想本土化的研究成果统合在本书之中，使本书更具有为中国管理体系奠定哲学的基础的意义。这是本书的第三版。此版在北京出版，流行甚广，影响也甚深。显示出中国管理哲学在理论与实际应用上的重要性。本书的理论在海外也受到重视，被认为是一本基于中国文化与哲学传统发展出来具有代表性与当代意义的管理思想，因而具有管理哲学的世界性含义，充分体现了对全球化管理思想的关注与挑战。在此认识下，新版的印行是有意义的。这是本书的第四版。这一版的首章就是由 2010 年 6 月我为美国 *International Journal of Business and Systems Research* 学刊（vol 4，nos 5/6，2010，pp. 510-540）撰写的一篇中国管理哲学英文论文翻译出来的。此文受到海外管理学者的讨论。

　　本书从初版到本版，历经了 16 年，在此 16 年中本书最常为研读中西方管理与中西方管理哲学的硕士班与博士班采用为教科书。当然这也不足为奇，因为这是一本管理的书，也是一本哲学的书，目的即在发掘中西管理方式的出发点与方法学。2006 年到 2008 年中国国务院管理研究部门邀请我以国际东西方大学的名义与北京师范大学共同举办了第一届中国管理哲学博士班，19 名杰出的国内知名大企业的总经理与领导人研读本书的理论来发展并说明创新大型企业的国内与跨国发展，写出了精彩的博士论文，进而获得国际东西方大学的博士学位，可说是管理哲学在中国本地发展的一个高点，有重要的启发与示范作用。国内一般大学的管理学院只重实际应用，往往仅及西方当代管理学的思想，对中国经济与企业的发展可说是一种局限。可喜的是：近来由于企业家与企业主管逐渐了解到中西管理方法与目标的差异，又开始了解到中国哲学理念在管理中的普遍应用及实际效果，对本书所提出的理念与原理以及其应用方式与方向也就有了新的认识与重视了。这也就间接地影响到知名管理学院对我倡导的管理哲学的重视了。

　　在此我想举几个例子说明：前数年北京大学光华管理学院举办策略管理研究会议请

我主讲我的管理哲学。这是一个例子。2007 年我被邀请在清华大学公共管理学院主讲"中国政治管理哲学"一学期，主要就以此书为基础发展了中国公共管理哲学中的领导力理论，并于 2008 年与清华大学公共管理学院的教授同仁们应邀在洛杉矶的"国际领导力会议十周年"大会上发表成果，获得好评。这又是一个例子。第三个例子是：今年（2010）暑期上海中欧管理学院院长 Henri-Claude de Bettignies 教授及兰州大学管理学院力邀我主讲他们发起的国际管理学术会议，使我见证了知名的中外管理学院兴起的中国管理研究的热潮，这当然是一个好的例证。在此期间我认识了在多年前发起并组织国际华人管理学会的徐淑英教授，对她推广中国当代的管理研究工作的努力十分敬佩。我觉得我的有关中西管理哲学研究的理论工作也得到了精神的鼓励。更令我感到鼓舞的是，在希腊雅典中国与希腊筹办的第一届管理管理大会将邀请我主讲中国管理哲学的课题，为中国文化传统的现代应用性及核心价值作出说明与倡导，这将是一件极有意义的事件，也将是 C 理论的中国管理哲学的一个重要贡献。我说的"C"即蕴涵中国与中国的创造发展的意思。

为了新一代读者的理解，我将本书的中心思想用浅显的语言简述如下。本书是由我对易经哲学的应用的思考与观察发展出来的。由于我已把《易经》所包含的整体思想进行了层次分析，从它被认为是占卜之书的思想中解放出来，使其必须预设以及实际预设的易的宇宙本体论体系清楚地呈现出来，以此说明了一个基于经验观察与理性的（象数的）系统思考的卦象系统，这也就成为《易经》文本中的易卦系统了。于此可见易学之本与体的发展。在此基础上显然我们必须面临着知与用的问题：知是知现实与实际的情况与条件，是必须面对的问题与现实挑战。知还是利用占卜或其他求知的方式所作出的现象重述或诠释，使其具有人文、人生与人事意义。但为了使我们的知落实到具体的行为与作为，我们必须就人自身对生命欲求与价值目标进行反省，并培养一个实践的愿望，借以解决困境或决定行动。这就不能不进行一个价值与规范的反省，因而出现了卦爻辞中蕴涵的价值与规范命题。只有当我们掌握了这些价值与规范我们才能理解知识的实用性与实践性。这就是本与体透过整体的"知"（或可谓普遍的"知"）与具体的"知"（或可谓特殊的"知"）进行价值与规范的把握，以达到使用与实践的目标，来改进或促进一个积极有益的人生目标，以及规避一个消极有害的行为，所谓趋吉避凶。

在这一个本、体、知、用、行的基础上，我们可以把管理看成是一个整体的发展与成长的过程，既包含了主体的管理者，也包含了客体的被管理者，但管理者与被管理者不可决然分开，正如领导者与跟从者不可决然分开一样，也像领军者与他的士兵不可绝对分开一样，至于主从、主客与能命与受命的关系如何，却是不可不加深刻讲究的。本书把中国哲学中的七家的思想及其应用贯通起来，并融合为一动态的复杂系统及哲理，使其呈现一个创造的、简易的应用与实践，完全体现中国哲学智慧的集成强化的高明与沉潜精神，为解决人类及当前中国面临的发展难题与困境，以及为创新与推广甚至整体的系统的进化提出了充实、重建、开拓、超越之道。具体的探讨就留给本书的章节来讨论了。

我始终强调一个理念：哲学有实用与实践的价值。它的沉思与思辨同时在理解与改变世界，因为它也同时在理解与改变自己。世界与人都同时是管理者与被管理者。人管理世界，也必须接受世界的管理。同样，世界管理人，也必须接受人对世界的管理。但所谓管理又不必狭义地去理解，因为可以从创造中的人与世界的不同功能的活动中去理解。我说的七个 C，或十四个 C，就在彰显管理的多元功能，也是人的发展的多元功能。我注意到，中国当前关注的民营企业的开发与合作、跨国公司的增长与生根、国有企业的转型与再定位等无一不涉及管理哲学的应用，往往只是自觉与不自觉罢了。但我在此要强调的是，自觉应用管理哲学将带向一个更持续的成功与繁荣。过去十年里，中国企业经济面临不同时代课题的挑战，必须有智力看到问题，有更大的智力解决问题，要有绵绵不绝的智慧持续地发掘问题与持续地解决问题。其中涉及信心与勇气的问题，应掌握机会，敢于开创，勇于学习，而且要不断自身检讨，日新又新的改革，主动负责，主动关怀，获利不能没有公心，求富不能不问社会贡献。这都是管理哲学的基本价值，因为管理有一个道德的核心价值。更重要的是，有与时俱进的核心价值落实到具体的实际的行为决策与实践过程之中。中国的发展与世界的发展，舍此并无他途。

此书即将付梓，写此以为序。

成中英

序于美国夏威夷大学

2011 年 10 月 5 日

重新认识中国管理哲学——第三版自序

　　我的管理哲学，正如我的伦理哲学，都是我的本体价值哲学的一部分。① 因为它们都是人的行为发展的形式或模式。伦理偏向于以个人为基础，其原始内涵为德性，而管理则是以组织群体为基础，其原始内涵为权力。两者又相互隶属，正如个人与群体是相互隶属一样。因为人可以基于管理的需要发展伦理，也可以基于伦理的需要而发展管理。亚里士多德（Aristotle，384B. C. —322 B. C. ）把伦理学归属于政治学，而我则把管理与伦理视为互属，由于相互渗透而延伸。但两者之为我的本体价值哲学的两部分，则是由于人的本体有追求价值的需要与能力，其追求的方向则分别在个人方面与群体方面：个人方面为伦理或道德，群体方面则为管理或政治。

　　对于伦理与管理的关系我还有进一层的理解。伦理是指人与人之间的合理合情的交往关系，因而是社会和谐化与机体化的基石。伦理的发展源于人性与人心，有一定本体论的根源。管理则是在社会基础上发展出来的组织领导关系，具有集体性的政治或经济的目的。但管理不能离开伦理而存在，伦理也不能静止地停留在一般的社会关系的层次上。为了有效的权力运用，以及有效的生产活动，管理的发展是必需的，但不能也不应废弃基于人性需要发生的伦理。事实上，管理应该以促进与改良伦理为目标。同样，伦理则显然以导向与巩固良好的管理制度（包含公共行政管理）为理想。在西方，如马克斯·韦伯所说，基督教伦理引发资本主义的兴起，再引起现代工业管理制度的发展，可以说是一个重要的见解。资本主义发展后的管理制度的影响如何是值得探讨的问题。显然，对于此一管理制度的伦理批评是有一定的本体哲学意义的。②

　　综上所述，我在本书第二章第三节中说伦理是有关个人的管理与内在的管理，而管理则是有关群体的伦理与外在的伦理，是有深刻的意义的。人可以被看成是一个有机的、复杂的系统存在，故可以说是以理性与德性的发展为内在的管理的，也就是以理性与德性来主宰人的系统的道德行为。至于一个社群或一个公司与工厂或政府，我们也可

---

　　① 我的本体价值哲学又是我的本体论与本体诠释学的一部分，关于后者的阐述，可参考我主编的《本体与诠释》系列，1～5册，分别由北京三联书店、北京大学出版社及上海社会科学院出版社出版，1999—2005年。

　　② 我说的本体哲学意义指的是基于主体的人对客体的世界与人的意识、反思形成的整体存有的意义，显示了一个从人的存在到知识、到价值的动态整合超融过程。

以把它看成一个统合的集体整体，有其相对的独立性与行动能力，故必须对它的管理提出一种德行的要求，以符合社会发展的大目标。我西安的朋友单元庄教授主张企业也有人格，提出企业人格理论，十分重要，颇能切合我的管理应具有伦理的价值意义之说。

当前管理哲学所面临的最重要的问题是，如何在伦理学的基础上建构管理哲学的体系，并就此一建构来规划或逐渐修正微观经济学缺少人本或人文主义思考的特质①，使其更能符合人类整体发展的需求与理想。我提出此一主张有事实与理论的双重理由。

其一，从2002年美国大企业发生会计预审等方面的舞弊与腐败事件，人们已经看到，以知识及技术为基础的管理制度，可以在人心贪婪与权力徇私的影响下，系统地导致以公济私与集体营私的管理扭曲，使公司组织在不自觉中毁于一旦。至于内线交易与利益交换，也在无形中造成社会的信任危机，使社会的财富不能得到更公平的分配，对此我们更不能不予以重视。此等问题的根本原因是人类意识中逐渐消解了其群体意识，以极端的个体意识为其行为与决策的主导，违反了人类进化的道德原理。此一原理可以简单叙述如下：人的存在同时具有自私性与无私性，所谓无私性指的是尊重他人与爱护他人与群体，愿为群体的利益多少牺牲自我的利益，以换取个人实现自我的更高价值。但吾人也不必期望个人或一个社群放弃其私有的欲念与企图心。相反，吾人为了社会更好的发展，应允许在尽可能做到的公平制度下的自由竞争。由于制度的公平性有其内在及外在的缺陷，我们也必须要求个人与社群的理性与德性修持，在自私性与无私性两者之间取得一种平衡，同时符合全体或社会发展的要求与满足个人欲望的要求，这就是人类整体理性的发展。人类之能够成为高等动物就在于此一整体理性的认识与运用。

其二，当今人类社会正经历着一个亘古未有的社群重组，此即国际经济与国际政治全球化的过程。此一经济与政治全球化的社群重组，是基于权力与资源的重新分配而进行的。我们必须要提高人类的价值理念与责任意识，来采取针对此一权力与资源或利益分配的种种措施。我们必须认识到公正、公平与公共价值是全人类社群重组走向和平繁荣与持续发展的基本的、必要的条件，但这在传统的微观经济学中并未被当做重要的因素来计量。面对此一新的情境，我们可以警觉到，传统经济学中无形之手的原则与有形之手的原则虽然得到经济学家的肯定，但社会自觉地努力来使无形的公平与公正的价值有形地发挥无形的作用，并未受到人们或管理人与领导者的重视。此所谓用自觉的努力来发挥无形的作用指的是，在经济与管理的设计中把公共价值的因素计算与考虑进去，使经济的发展也有合乎人性的内在价值制约与平衡机制。尤尔根·哈贝马斯（Jurgen Habermas, 1929— ）甚至主张用公共立法的方式把公共价值（包含义务与权利）的实现规范在法律之中，使人们不能逾越，因为他不相信道德约束的力量。我个人一方面同意哈氏的观点，赞同立法及司法的重要性；但我也要指出此等立法与司法应随着经济与

---

① 西方当代微观经济学更多地反映了人基于欲望的占有欲与自私性的动力系统，尚有待结合人性中的无私性因素形成新的发展动力。

科技的发展而发展，而其维护基本人权与公共权力的规范却应随经济与科技的发展而增强其保护。另一方面，基于第一点，我仍然肯定道德的效能经过教育与媒体的宣导，可以发挥更长远与更广大的影响力量。因为我们必须用道德改变人的品质，而用法律限制人们的违法行为。

基于以上两项考虑，我们有理由要求在管理的各项功能与行为中，结合伦理与管理的因素形成一个"防患于未然，谋事于兆先"的管理体系。此一体系，哲学地说，就是我所谓的"哲学的管理体系"，是以天地的活动为管理的参考系统，以天地的资源与能力为管理的性能与宗旨所在。由于哲学是爱智之学，对天地之道的认知与人之道德的认知，都是我说的哲学之学的主要部分，故我说的哲学管理体系也就是我一再提及的智慧管理体系（System of Management by Wisdom）。此一管理体系有两个特点：第一，它是包含了以脑智力为基础的知识管理体系，但用整体的与发展过程的道的眼光，来对知识的工具性与方法性进行评估、判断与决策。但整体的与发展过程的道的反思却又有更深一层的意思，此乃是对人的目的性与现实价值目标的反思，从一个重视整体与动态发展的观点来作出整体的规划、整体的关照与整体的改进，这就是我说的第二点。进行此一整合反思的是心的开发，而不只是脑的应用。因之，此一哲学的管理系统就是知识与伦理结合的体系，是人类面对根本的价值觉醒所必须作出的心灵跃升。

心灵的作用在感于生命、感于价值、感于一切生态，是在理性的分析后所作出的综合的价值判断。人类社会走向全球化是正确的方向，但是否能够利用此一哲学的管理系统来克服种种利益团体在利害关系上相互冲突，实现整体的、持续的动态和谐与平衡，显然需要开放的胸襟与整体关怀的情操以及勇于学习的精神来作为后盾。此即人类伦理及人文意识的提升的前提。我在这里所强调的就是用心知道、以心统脑的重要认识，此也是哲学管理的智慧所在。

至于如何能达到伦理与管理的重新组合呢？我在原先提出 C 理论的系统中，说明"管理科学中国化"就必须注意到管理功能的整合与组合，应包含着中国文化或中华文化资源的整合与组合。此一文化资源的整合与组合也就包含了哲学智慧与道德价值的整合与组合。故在本书的第一版中，就有意识与有目的地选择了中国传统学术七家（易学、儒家、道家、墨家、法家、兵家、禅学）之言渗透在各部分的管理功能与整体的管理体系之中，不但成为管理功能的智性资源，也成为管理者发挥管理功能时的德性资源。我在此处想特别强调的是不同功能的德性基础：功能的德性不仅是功能的卓越性的成就，也是在全盘规划和全盘眼光下，智者最后取得成功的对人的基本价值的承诺，这也就是把全体参与在部分之中，而在部分中实现全体的精神价值。固然我们在有些时候必须摸着石头过河，在另外一些时候必须采取出奇制胜的良谋或策略，但我们必须认真思考成功与失败的后果与代价，作出能够维护根本价值和负起责任的决策，体现一种远见，一种勇气，一种选择与改善的智慧，一种激动人心的、超越自我的、无私的理想精神。

当然我们还可以问，在诸多功能与价值的组合中，什么是最好的组合？如果一个系统能够体现功能的相互创生性，促进共同的目标，这就是功能的最佳组合。如果这些功能还包含了一个价值理性与理想的创生性，它自然也是一个功能与价值最佳的组合。这个相互创生的标准是我在中国先秦五行理论中的相生关系里发现的，是在对传统的五行理论进行的一种现代性的诠释中实现的。所以，以五行相生理论为基础模型的 C 理论，是经过了一番哲学的理论思考与实用的历史印证而完成的。有人问我：五行理论不是过时了吗？我说，作为古代的一种政治意识形态，五行相生之说早已过时；但作为机体系统或复杂的系统模型，以说明功能间与组织间在动态的平衡中求进化与发展的现象，此一系统模型不但未过时，而且对管理难题的解除具有重大启发性与说服力。尤其当此一系统模型结合管理功能与道德价值为一体，更值得我们去开发。这也提供了一个古为今用、今为古明的例证。如果配合现代管理技术如"平衡记分卡"（Balanced Scoreboard）等的运用，必能导致最佳的成果。

这里必须要提的是，我对 C 理论中的七个 C 如何结合中国古典哲学中的七家之言在本书原版中的发挥是不够充分的。但我作出了一切指导性的原则与方向，由于篇幅问题，在这次再版中尚不能加以扩充。很幸运的是，我的学生——中山大学哲学系的黎红雷教授继承了我的想法，他不但写了儒家管理哲学的书，而且发展了中国管理哲学硕士与博士的研究生课程班，指导的论文中有许多可作为有关我的七个 C 的开展，可谓目前最好的参考。当然我仍然要指出 C 理论的七个 C 自有其理论的根据与格局，并非综合七家之言而形成。只有理解这七个 C 的内在关联与整体结构才能更好地组合、综合及发挥中国哲学中（不只是古典哲学中）有关管理思想与方法制度的精华。

另外一个重要的问题是，我在本书第一章第三节中提到儒、道、兵、墨、法五家均源于易或导源于易。儒、道之源于易我在我的其他哲学论文中都论述过。兵家是结合易的思维与道家的哲学来综合春秋与早期战国时代的战争经验而发挥出来的作战（战略与战术）哲学，这一论点我在 20 世纪 80 年代一篇论中国古代的战略思想的文章中就已发挥出来。至于墨家，显然是墨子受到孔子哲学的影响而从一个劳动大众的观点，结合了古代的天的思想传统，深思出来的哲学体系，不能说与易没有相当的关联。法家则体现了更复杂的综合性，综合了儒家、墨家与兵家，强调国家发展的至高利益，而最后从运作与目的的观点回归于道家，也不能说与易的传统无涉。[1] 最后说到禅学，禅之为禅，

---

① 有关儒、道、兵、墨、法如何与易学直接或间接相联系，无论在历史影响层面或理论思想层面，都是一个值得深究的学术问题。我以为儒、道直接源于《周易》，墨则源于儒学对天的信仰，兵为易与道之用于战争，法则为综合儒、道、墨与兵以治国并期以霸天下。这在本书相关部分都分别有所说明。另我有其他相关的涉及易学的专论，请参考《中国哲学与中国文化的新定位》（北京，中国人民大学出版社，2005）与《易学本体论》（北京，北京大学出版社，2006）两书。

没有道家老庄的基础与体会是达不到的。事实上，这已是研究禅学者的共见。在我写的有关禅宗与慧能的文章中曾特别指出，慧能之提出易三十对的思想（《坛经》，敦煌本46章）就是运用易学以说明现实宇宙的结构并指出所谓超越之道。总言之，七家之言必须以易为龙头，为源头，为体系之本与体。其作用正如 C6（即 Change，易）之为开放包含与循环渐进，显示了生生不息之道。甚至禅的超越性也可以包含在此一系统中，表现了动极而静、静极而动的再生能力与精神。我在宋明理学与心学的基础上，在脑—心—理—性的层次上，再加道的流动与灵的超脱两个层次，以显示禅的作用，当然可自然理解，也可以大加发挥。如何由禅的悟与超脱再回转下行以继善明理成性，成就生生之道，尤其值得论述与说明。但在本书再版中仍然只能点到为止。

由于本书形成于论文与讲稿的总和，为了通俗易懂，各章大多没有注解。在此再版中，除新加的文章外，仍然一秉旧例，不另加注解。但这无疑会出现一个恶果，即有些重要的概念与重要的思考与见解，就无法更好地陈述与论证。除了上面引述的一些问题外，其中一个提出来的是有关我对人性论的分疏问题。基于心灵的活动与世界重要文化特色的理解，我把人性的功能综合为感性—情性—理性—悟性四类，又将之结合知—欲—意—志的心灵活动来说明典型社群（如中、西、印、日）与文化的性情偏向（见本书第三章第七节）。此一心性模型如何相互配合以及如何对应于传统儒家心性之说是值得探究的课题。显然，人的功能的未发与其活动的已发是无法截然分开的过程，在人的生生不已的生命体系之中都可看成程度的问题。我在论朱熹的著作中已有相当的探讨，在此不赘。

本书历经一个持续成长的过程。自1995年在台北以《"C理论"：〈易经〉管理哲学》的书名出版，到1999年，经过局部的修订与篇幅的扩大，在上海以《C理论：中国管理哲学》的书名出版。在这段期间，我在国际东西方大学的授课中都采用此书为教科书，也得到许多学生与学员们在理解中与实用中有益的回馈，更有硕士班学生以"C理论"为研究对象，进行论文的撰写，同时也启发了其他管理学者对管理系统与管理哲学的研究计划，使管理哲学此一学科不胫而走，且得到普遍的肯定与认同。此可见之于近十年来广州中山大学哲学系对管理哲学硕士与博士生的培养的成功实例之中。据我所知，自我首创管理哲学此一学科研究以来，最早即在广州中山大学开课，自20世纪90年代初期，经历了将近十年，逐渐形成了正式的课程计划与学位计划，殊为不易，固然一方面是自然的趋向，另一方面也必须归之于我杰出的学生黎红雷博士基于信念的努力。

在管理科学中国化这一块，当然也有了多样的提法，甚至以"中国式管理"名之。但我所说的"中国管理哲学"并不限制在中国模式上，它的功能仍然是现代西方的，但它的效果、目的和动能却从中国哲学中取得了丰盛的资源。至于我用"《易经》管理哲学"一词，则显然表示《易经》的宇宙管理乃是人类管理智慧之源，我们应该从中不断学习、不断创新、不断求精。我用的"C"字最能体现此一创新求精的精神。故我用的"C 理论"一名，旨在表示一个管理的创新性之所在，基于一个经过本体诠释后的《易经》管理模型，因而也不限于《易经》之中。举例言之，2005 年 7 月我在澳大利亚新南威尔斯大学开会应邀作公开主题演讲，即以"C 理论"为题，英语讲释，得到澳大利亚管理学界与工商企业管理者的热切回应。对我而言，这再度证明了此一理论的普遍相关性，也引发了我想今后发展英文版本的兴趣。最近又有夏威夷大学管理学院博士生要求我做导师，即以"C 理论"作为他对网络联合（networking）与人际关系比较研究的基础。

在此书再版中，我改进了原来的"C"的词汇，也修正了部分"C"词汇的含义，系统地思考了管理的功能，用了十二个"C"的字眼来表达管理功能在系统中的互动性与相依性。兹将此十二个"C"的字眼列举如下：

C1 = = Calculation and Commitment（计算与承诺）

C2 = = Constitution and Command（组织与领导）

C3 = = Contingency：Competition and Cooperation（竞争与合作）

C4 = = Creation：Innovation and Renovation（创新与改进）

C5 = = Coordination and Communication（协调与沟通）

C6 = = Comprehension and Circulation（包含与循环）

C7 = = Cessation and Ceaselessness（停息与不息）

本书的再版决定由北京的中国人民大学出版社出版。虽然出版社给了我不少时间进行修订，但我还是觉得时间不够。许多部分本应予以较大篇幅的扩大，但都因为时间不够无以进行，例如对传统七家之言在不同的"C"中的发挥，实可大书特书，但碍于时间，也只有付诸来日，或请读者参考我有关中国哲学的著述了。在此再版中，本书仍然增加了一些新稿，最主要的是我近年来在香港城市大学"华人管理本土化"两次国际学术研讨会中所提交的两篇论文，一篇可说为中国管理哲学提供了一个十分精明简要的本体框架，此即"本—体—心—能—用"的框架。另一篇则可说对当代美国数项管理理论进行了建设性的探讨，说明此一发展可以纳入中国管理的本体架构之中。而且在此框架中，能为当前经济管理及企业管理的再发展灵活采用，成为华人管理本土化的一部分。为了突出新版的新的内容，我增加第五章，名为"C 理论的新发展"，其中包含两大部分，一部分是把旧版"附论"中"广州讲演录"加以修订、扩充后整合出来的"《周易》决策管理学"独立成篇，体现《周易》决策管理学的理念。另一部分就是我写的本土化的相关文章，体现当前中西管理哲学的交融前景。

本书的校对以及第五章第二节我的英文稿的翻译得到中国人民大学出版社孟庆晓编辑的协助，我在此表示感谢。南京大学哲学系毕业的麻尧宾博士，多才能思，为新一代之精华，问学于我多年，同时在本体诠释学与中国管理哲学中酝酿发展，殊为难能可贵。此次修订此书，他也提出了许多宝贵的问题与意见，我已纳入上述的说明中，在此一并表示谢意。

成中英

2006 年 4 月 9 日

再序于檀香山寓所

生生不息斋

中国管理之道的现代诠释——自序

1699 年德国哲学家莱布尼茨（G. W. Leibnitz, 1646—1716）在《中国最新事物》一书的"序言"中特别提到：中国的治国之道强于西方，而西方对于自然的知识强于中国。所以他希望西方传教士们在向中国传授自然知识的时候，不要忘记把中国的治国之道传回西方。这代表了 17 世纪一代启蒙思想家对于中国政治、道德、文化的景慕和向往。

中国的 17 世纪和 18 世纪正是所谓"康乾盛世"，是中国封建社会后期的鼎盛时期。一方面是专制政体，另一方面又包含着治理国家之道。这就说明了管理之道——它体现着一整套的哲学、思想、制度和技术——的普遍性。从另一个角度看，中国的封建专制制度能够维持如此之久，不能不说有这一管理哲学治国之道的一份"功劳"。

当然，专制制度是必然要失败的，再"开明"的专制制度也不能取代健全的民主制度，因为所谓的"开明君主"并不等于社会公共意志的结合。所以好的管理之道仍然需要开放的、和谐的、民主的社会制度相配合，才能充分发挥它的作用。

国家是一个集体组织，企业也是一个集体组织，二者的不同在于国家是全面性的生活，包含政治、经济、社会、文化等，而企业组织只是以经济发展为终极目标。但是，有关治国之道的政治文化及其所包含的价值文化，完全可以为企业的发展带来更大的活力和更高的境界。简言之，现代的企业组织，已经处在民主和谐开放的环境中，如果又能够运用宏观的管理理念和价值观念来完成其价值目标，那就更加符合开放社会的需要，真正走向高度和谐、高度繁荣的真善美的人类社会境界。

为什么几个世纪以前西方启蒙思想家赞叹不已的中国治国之道，近代以来却走向衰落，既为西方人所否定，也使中国人失去信心了呢？为什么它非但不能促进中国的现代化，反而使中国一步一步地落后了呢？这同与之紧密结合的封建专制政治制度密切相关。如果把专制制度与管理制度分开，博大精深的中国文化及其所孕育的管理之道，仍然可以成为现代社会发展的重要力量。我们知道，管理之道具有工具性，可以和不同的社会制度相结合；而专制制度只不过是家族式的政治权威，必须经过现代民主制度的洗礼。但是，专制制度的衰亡并不意味着管理之道的失败，后者可以经过"净化"，成为新社会制度的管理工具。因此，中国哲学文化传统及其管理之道，并不因为中国在近代史中政治上的失败，而丧失其内在的价值。

另一方面，西方民主国家从 17 世纪开始兴起，提倡科学理性、工业革命、资本主义、市场经济，推翻了封建专制制度，而寻找新的社会政治权威。卢梭（J. J. Rousseau，1712—1778）的《民约论》（即《社会契约论》）说明真正的权威来自于社会的群体意志，从而奠定了法国大革命的理论基础，同时也就奠定了现代民主社会的思想基础。但是，它并没有真正解决社会的管理问题。如何使社会真正走向有秩序而又充满发展的活力，这就需要考虑管理的问题。

马克斯·韦伯（Max Weber，1864—1920）因此提出"新教伦理与资本主义发展的关系"问题。他认为，在西方资本主义经济的发展中，没有宗教改革所赋予的个人的终极权威，其发展是有限的。西方社会肯定个人创造力和自由发展的权威，这就是资本主义得以发展的最根本的秘密。在这个意义上说，西方的发展就是凭借个人的理性、科学的知识、宗教的信念，从而设计出一套管理的方法，去推动和控制社会经济的发展。因此，管理科学在西方的诞生不是偶然的，它是工业革命、经济发展、个人主义和资本主义的必然产物。

与此相反，中国的管理理念是凭借对人性的反省与思考，提倡集体主义，突出人的社会价值，结合人的感情需要，运用共同的价值观念和社会责任感去实现管理并推动社会的发展。比较东西方的管理理念，前者是人性的、社会的发展，后者则是理性的、个人的发展；前者曾经同封建专制制度结合在一起，后者则在资本主义的伴同之下发展出来。东西方管理理念上的差异本质上是东西方文化的差异，东西方社会组织的差异，东西方哲学思维方式、价值体验和历史经验的差异。

到了 20 世纪后半叶，东西方两种管理思想体系风云际会，其标志就是由于日本和东亚四小龙（韩国、中国台湾、中国香港、新加坡）这些具有中国哲学文化背景的国家和地区，在经济上取得的巨大成功，使得西方管理学界对源远流长的东方管理之道不得不刮目相看。特别是日本，在其工业化和现代化过程中，比较自觉和完整地保存了源自中国古代的东方管理之道，将其从政治层面成功地转移到经济层面，取得了举世瞩目的成绩。日本和东亚其他国家和地区的经验表明：现代化并不意味着一定要走西方发展的道路。在现代管理的理论与实践中，古老的东方管理之道依然有着不可埋没的价值。

自 20 世纪 70 年代后期开始，我就一直思考如何以中国哲学文化为基础，结合东西方两大管理思想体系的长处，发展出一套能够为现代人（包括东方人和西方人）所接受的新的管理哲学。它既能够包含西方科学管理的精神，又能够汲取中国哲学管理的智慧，更能够洞察当代西方管理科学的局限性而加以改进。我所思考的问题并不是当时人们所热衷讨论的美日管理孰优孰劣的问题，而是把管理的问题放到更大的历史空间与现实空间去加以哲学的反省，从而提出一条新的管理学之道。

这一条新的管理学之道，这一套新的管理哲学，我命名为"C 理论"。所谓"C"指中国（China）的《易经》（Change）的创造性（Creativity）。它表明，这套新的管理哲学是以中国的文化历史经验为背景，以中国哲学思想为基础，对于现代管理问题所作的思考和回答。中国哲学特别是《易经》哲学是"C理论"的哲学基础。根据我个人的长期研究和体会，《易经》哲学具有宏大的开放性、包容性和创造性，足可以容纳古今中外一切有价值的管理思想和哲学思想。例如，西方的管理具有理性的权威、科学的基础，但却缺乏人性的灵活，从个人主义的角度切入，社会的协和力明显不足；日本的管理虽注意人与人之间的协调，但过分压抑了个人的活力和独创性，同样缺少灵活性和包容性。而《易经》哲学讲"一阴一阳之谓道"，据此，我们可以把西方的理性管理作为"阳"，而把日本的人性管理作为"阴"，使二者相互结合，在整体性的基础即"道"的基础上把握全面的管理。

本书就是我对管理问题进行长期哲学思考的结果，从1979年我在台湾正式提出"科学管理中国化，中国管理科学化"的主张迄今已经十五年。在这期间，我来往于美国、日本、新加坡、中国香港和大陆等地，为建立中国化的管理哲学、推进中国式的管理教育而奔走呼吁。1983年，我应（高雄）中山大学李焕校长的邀请，到该校作"中国现代化管理模式的发展问题"的学术演讲。1985年，我在美国创办了"远东高级研究学院"，在台湾地区建立了"国际中国管理文教基金会"及研究所（后发展成为"国际中国管理研究学院"）。1989年，我作为台湾大学哲学系的客座教授，应台大商学院的邀请，为其研究生和大学部的学生开设"中国管理哲学"课程，进行"C理论"的系统教育和应用研究；讲课内容在台湾《经济日报》和《实业家》杂志上连续发表。1989年，我应美国电话电报公司（AT&T）的邀请，在该公司的"名人周"作有关东西方管理哲学比较的演讲。1992年，我分别应新加坡华文报业集团和《易经》学会的邀请，先后两次赴新加坡作《易经》与中国管理哲学"的讲座。从1990年开始，"远东高级研究学院"同北京的中国科技大学研究生院合作，举办每届学期两年的高级管理人才研究班，此后，广州的中山大学、沈阳的辽宁大学以及上海的华东师范大学、华东理工大学等院校也陆续加入这一管理人才培育计划。在这些教学和研究的过程中，作为中国式管理哲学的"C理论"得到了不断的充实和发展。

1993年初，我的学生、（广州）中山大学哲学系副教授黎红雷博士，为教学需要，将我有关中国管理哲学的部分论文整理成《C理论：〈易经〉管理系统》一书，打印出来作为内部教材，在广州、深圳、沈阳、上海等地的高级管理人才研究班中使用，受到了广泛的欢迎。1994年6月，黎君应邀来美国夏威夷大学做访问学者，期间更进一步抽出时间帮助我充实整理本书。

这次整理，我们主要进行了两个方面的工作。第一，由我口述，黎君根据录音编写成文，最后再由我审定，形成本书的第一章——C理论的基本内涵，作为全书的主干与灵魂。第二，把我历年来发表的且目前能够收集到的有关论文和讲演稿，进行加工整理，分别编入本书的第二章——C 理论的要素分析，第三章——C 理论与东西方管理，第四章——C 理论的管理境界，附论——C 理论讲演与答问；有两篇用英文发表的论文，也由黎君翻译成中文并编为第三章最后两节。

黎红雷君学术思想开阔，思维敏捷，尤其热心于中国管理哲学的研究事业，近两年来，他已在中国大陆、香港、台湾等地出版了四部有关专著。在本书的整理和编辑过程中，黎君付出了大量的心血和辛勤的劳动，特别是在全书的内容架构、章节标题、论点阐发、论据充实、文字表述等方面，融进了他本人的许多独到见解和智慧，对于本书得以完整的形式问世，贡献良多。

最后，希望读者不仅把本书作为一部管理学著作，而且作为一部哲学著作。实际上，哲学研究是我的本行。在三十多年的学术生涯中，我觉得我做了两个重要的理论建树工作：一个是我提出的"本体诠释学"；另一个就是本书所阐发的"C 理论"。前者重于哲学思辨，后者重于管理理论，实际上二者是互相联系、互为体用的。哲学为管理之体，它是管理的理论基础和最高表现形式；而管理又为哲学之用，它可以作为哲学思想灵魂的运作之所。我历来主张，用哲学来阐发管理而又用管理来阐发哲学，用理论来启发实用而又用实用来启发理论，最后达到二者并进共荣的化境。是为序。

成中英

1995 年 5 月 15 日

于美国夏威夷大学

中国管理之道的现代诠释——代序[*]

　　理性化管理（RM）和人性化管理（HM）是管理哲学的两个极端。从这两个极端的区别来看，我认为我们必须要认识这样的一个创造性原则（即"C原则"）：将着眼整体、把握全局的理念应用于管理领域的方方面面，正如我们必须要利用自己的全部知识和价值储备——这些知识和价值观在复杂文化背景下是相互作用的——来作出每一个抉择一样。因此，"C原则"强调管理是人类改造不可分割的一部分。此外，它集合了科学知识和技术的使用以及人类在这样一个时代平衡和不停发展的开放系统中的各种功能和目的，其外部聚焦于世界性的变化，内部聚焦于人类的需要及其统一。字母C代表着创造性、权变、文化、中国传统和儒家精髓以及其对管理实务的具有创新意识的最佳吸取。

一、对管理领域目前趋势的介绍性思考

　　在此，我建设性地提出要探索并完善有关管理的一个新概念，这一新概念基于管理学新理论，同时也基于并溯源于对中国文化传统、中国哲学的反思及其在实践中的应用和具体体现。毫无疑问，管理学的研究能够以理论和实践为根基，并且这一研究也应该以理论和经验为导向。值得注意的是，时至今日在美国和欧洲国家所发表的所有管理学的论文里面，更多的是进行经验性研究，甚至是分析性研究，而非理论性研究。然而，不可否认，跟经验性研究相比，管理学的理论研究即便不是更为重要，也是与其具有同等重要性的。原因很简单，管理理论能够并且将使我们具备认知和作出策划的能力。

　　即便大众认可的管理学是对一个实际问题的解决，抑或说管理科学是一项应用学科，那管理学的理论参与也极为迅捷地表明了其自身的特质，即这一理论参与依赖于计划、组织、领导的理解性原则和多个方面对概念工具的使用，同时也依赖于多样化的管理水平——诸如组织、领导、抉择筛选、人员控制和政策调整。对这一理论参与的认知，当然是从一些早期的理论认识以及为了管理实践而设定的管理实则规范建议中得来

---

　　* 本序是基于我的英文论文写出，见 Cheng, C-Y.（2010）"The C-Theory：on Chinese philosophical approach to decision making, leadership and management"，*Int. J. Business and Systems Research*，Vol. 4，Nos. 5/6，pp. 510-540。

的。然而，现代系统理论和抉择理论两者已经使得管理学的理论研究更为有价值、更为可取：管理学实践需要并且应该进一步以系统论为基础、以抉择论为导向，其目的是使之正常化，具有调节和控制功能。事实上，我们能够像赫伯特·A·西蒙（Herbert A. Simon，1969）试图提出的那样，把管理实践认做一项系统计划，或者一项抉择制定计划。

随着对管理学实践的理解，可以说管理实践是为了解决问题和决议争端而实施的一系列标准化，或者可以标准化的规则和技术这么一种实践。同时，管理实践也能够被认同为一般系统理论（GST），或者一般抉择理论的应用进程。然而，管理学实践这一观点在工程学领域有着深刻的影响也更为人们所接受，在商业领域却稍为逊之——在这一领域里，各类商业机构就像系统控制的机器一样，利用大大小小计算机的帮助企业进行组织和管理。好的例证是保安公司，这些公司务必遵循严格的规程而不能出现安全因素方面的偏差。

通过对管理学实践的研究，我们可以发现其发展的两个阶段，或者说是两个时期：一个是经验性的阶段或时期；一个是理论性的阶段或时期。我之所以说这是管理学的两个阶段或时期，是因为我目睹了一个历史性的演化进程：管理学上的关注主要侧重于经验到管理绩效上的关注慢慢侧重于理论这样一个过程。因而，我们可以把对管理学上的经验性和理论性的两方面关注，认为是管理学研究中两项必要且不可分割的组成部分。在当代管理学实践中，我们能够轻易地认清这两个阶段。即便如此，借助于计算机技术的应用，系统论和决策科学倾向于在管理实践上产生更为深远的影响，管理依然是——事实上的确是——一种艺术或是一种意识形态。从根本上来讲，计算机化的信息仅仅作为一种手段作用于抉择和产生创意。个人的风格以及个人理解力和信念的不同，使得在管理实践上有的人成功而有的人失败。到目前为止所涉及的话题表明，无须一定放弃经验性研究，管理学研究应该能够从经验性阶段进展到理论性阶段。事实上，人们甚至可以辩论为理论性的理解是来自于并且依赖于经验性的研究。意识到这些，我们必须得出结论：管理作为一种实践，它能够从经验借鉴和理论反思两者当中习得和获益，经理人因而也应该保持接受两者。

必须指出的是，目前我们已经进入了管理学研究和管理学实践的第三个阶段或者说是第三个时期。管理学研究不应该仅仅局限于对经验或是理论的研究，而必须包罗对文化、价值观和哲学这三者的历史性研究。如果我们能够意识到从文化、价值观以及哲学三方面进行研究的重要性的话，那么管理学实践同样应该得以细化和定位。鉴于自1993年以来，中国经济发展取得伟大的成就——这一现象展示了中国的管理改革对中国经济在生产和市场方面所取得的巨大经济增长起到一个关键性的作用，我们能够清晰地看到参照一个国家自己的文化、价值观以及哲学而制定出来的决策和政策，能够在发展民族经济这一命题上产生一种驱动力，这种驱动力的产生需要国家的重组，而这样的国家拥有自己的商业经济、组织构造、私营企业的发展和科学技术的进步。最近 20 年里，我们已经认识到管理学不仅仅是一门科学（理论、系统论水平上的），也不仅仅是一门技术抑或艺术（个人情感及经验水平上的），而是一种哲学（后设理论分析、形而上学且励志更高水平上的）。事实上，可以说从最开始以来管理学就密切地涉及了文化、价值观以及哲学，因为任何一种管理都是在文化、价值观以及哲学的大环境下得以实施的，特别是涉及组织、领导和人事管理。决策制定和政策制定的指导原则经常是寓于对文化、价值观以及哲学的思考当中，这三者是同样相关联的因素——在制定决策或是政策时，自觉或不自觉地表现出来。

从理论水平上来讲，很明显的一点是：对一定的理论变量而言，如果不涵括一定的文化价值因素，那么这个理论就是不完整的。因而，我们必须把对理论的文化哲学思考纳入构建和阐释的考虑范畴之内。目前存在的多样化的价值论，正反映了针对某些问题所产生的微妙哲学信念以及思想方法。此外，当一种理论通过阐释实际地应用于一个现实案例的时候，阐释及应用的多方情形必须从文化角度得以理解。我们甚至可以认为，应用一种理论必须考虑到文化、价值观以及哲学等相关条件。这就是为何一般系统理论必须具体地植根并结合到一定的实时情形下，使其目标得以及时实现并证实其有效的原因了。实施这一做法，一般系统理论在其文化、价值观、哲学及功用方面会变得更为充盈和独特，而非一种惯常的正式系统。

针对当前管理学研究的趋势，我将用两个进一步的观点来总结我的介绍性见解。首先，管理学的经验及理论研究必须涵括对文化、价值观以及哲学等因素的思考和反思。哲学必须作为管理学规范及原则这一研究的基础，而文化和价值观必须作为应用这些管理规范和管理原则的依据。文化、价值观、哲学三者并不是简单的管理性思考和管理性实践的存在条件。的确，它们应该成为管理思考和管理实践的一种明晰的大氛围。要调查一项既定管理实践的前提情况、要质疑政策形成和政策制定的依据，这些都要涉及哲学。要使用这个调查和质疑的结果作为反馈来深化某人的某种理论，这个人必须把管理作为人类决策制定、组织、创造的一个经验性因素，并且达到设想的目的及结果。参照于道德社会的基本要求，管理学作为达到特定目的——诸如经济发展或者说是公共管理发展——的组织和行动模式得以发展，这些都是与道德社会的需求保持一致的。因此，它在政府调控的法律及规范系统下得以整合和保护，当然，加强道德社会的建设也应该是政府的主要责任。

其次，也明显存在着一个管理艺术、管理科学和管理哲学的联合体。从经验操作水平上来看，管理学不光是一门技术，同时也是一门艺术。从系统的和组织的水平上来看，管理学是一门科学，它需要客观的、主观的科学知识以及管理目标。从战略和规划水平上来看，管理学只能说是一门哲学，这一哲学涵括了对人类、现实和文化的批判性思考以及远见卓识的理解。但是，作为一家实用型的企业而言，要达到一个实际目标，管理学就必须是艺术、科学和哲学三者的一个混合体。一个好的经理人必须努力把上述三者整合成为一个具有良好组合的统一体，这样才能使协调性、效率以及达到既定目的的潜力得以最大限度的发挥。

现在，我们可以根据图 1 来阐述上面提到的几点：

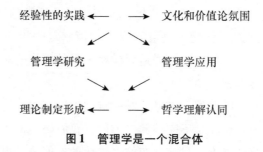

图 1　管理学是一个混合体

二、管理学实践和管理学理论：两个极端的两个层次

即使从理论角度而言，存在着许多种类的管理学实践，同时也存在着许多种类的管理学理论，但是它们属于管理学研究、实践以及理论的不同水平。我们注意到，随着其两极性，更多的不同种类在每一个层次上陷入了一种连续性的局面。这两极分开来讲，在实践中，可以称之为"理性化"或者是"人性化"的管理，或者是理论上的"理性化"或"人性化"管理。因此，考虑到这两个层次上存在着连续性的两个极端，我们就能够把管理学实践和管理学理论的其他所有种类定性为这些极端在不同等级上的结合或是杂交。现在，我们能够得出这样一个结论：理性化管理的本质在于把理性应用到管理上；而人性化管理的本质在于把人文应用到管理上。与我们对"理性化"和"人性化"的理解相关联的是，人们可能会质疑，为何我用这样一种对比的方式来使用这两个术语。在正常的环境下，我们可以把"理性化"看做"人性化"的一种具有重大意义的或是自我意识的体现和表述，同样也可以把"人性化"看做"理性化"产生的整体性存在基础。

在理性化管理和人性化管理方面，应该存在着密切的关联并相互起作用，理性化管理起到人类思维使之形成并制定规范的功能，而人性化管理则通过人们内心的情感、愿望、意志力和希冀等起到作用。但是，不管是在有意识还是无意识的行为中，人类思维和人们的内心活动都不能截然分开，因而它们全都是属于我们所知的人类特性而存在。这就意味着有某些理由把两者相关联或者整合起来，这个理由已经被孟子、荀子等儒教哲学家作为人类特性而接受或构想。

尽管单一的概念来源于人类的经验和反思，但我们仍然可以看出人类特性这一概念是一个复杂体。然而，在西方理性主义古典或者现代的欧洲传统当中，人类的理性经常流于被排斥。理性正式变为概念和规则上的形而上学和神学系统，因而作为思考问题唯一的有效形式主宰人类的思维。这就是西方古典理性主义的发展进程。针对古典理性主义的过度统治地位，对人类感觉、感情和创造性思考（作为对比逻辑推理）重要性的呼吁的关注，使得15世纪的欧洲诞生了人文主义，这一主义作为超自然的神的反映和对立面而存在——以往超自然的神一直是排他性地、占据统治地位地控制着一切。人文主义求索人类情感以及个人和社会共同体的世俗价值观的道德意义——17世纪中期的启蒙时期，耶稣会传教士从中国把重视人类个体和人类意愿的儒家学说引入后，人文主义得到进一步的加强。

人文主义不久就变成了现代理性主义的新跳板，理性在此以科学的形式承担了一个新角色。科学的目的就是了解自然并且掌控自然。但是科学应该是理性的调查者得来的，他们并不需要知道现实当中的所有东西，而是把智力、理智和知识作为有效的工具，使得他们的头脑保持思考并更为敏锐，以此来达到生命的生存和文化的发展这些目标。因此，科学被人们设想为是取得知识的一门智能型的、知性的事业，因而，可以说控制力就是现代理性的绝对本质。

随着对理性的理解，理性就其本质上来说必须把人性作为科学探索的客体来进行调查，由此使其受到科学的控制。这就变成了一个人性的科学理性化进程，然而不幸的是，科学思维这一项目却变成了这样一个进程：经验和知识的所有形式被简化为客观描述形式化，有时甚至是僵化的形式，外部现实的理论重构从根本上是相对于没有任何客观状态的人类思维的内部存在。20世纪上半叶，西方理性和人性的二元论方法导致了两方面的结果：一方面，把所有真理简化为科学真理；另一方面，把所有真理简化为人性相对主义。这些并不为人所信，而仅仅被看做冲突和问题的根源。因为我们不能用科学技术缺乏人性的理性主义简化论来解决人性问题，我们不得不经受人性信仰的缺失，与此同时，也经受客观现实中信任感的缺失——由于科学技术主导下的抑制。因此，当我们使用"理性化管理"这一术语的时候，就意味着通过科学理解和技术控制的方式尽力管理相关事务。事实上，"管理"的现今意思看起来逐渐融入了通过科学技术进行熟练操作和控制，在这个层面，人们常常被当做客体而非主体来看待。

与理性化管理相比，"人性化管理"把整个人和整个人性看做诸多功能的复合体，这些功能包括理性功能在内，但不局限于理性功能。人类具有直觉、想象力、记忆力、情感以及其他功能，任何一种功能都扮演了一个角色，没有一方占据着主导地位。在管理上，我们应该重视所有这些功能，在计划、决策、组织和领导方面，都应该认识到任何一种功能的价值和作用。换一句话说，我们不仅仅通过理性来进行管理，而且还要通过情感、直觉、记忆力和想象力来进行管理。这意味着我们应该意识到这些功能的意义和有用性，把管理的客体不仅仅看做客体，而应该把它们看做具有多种功能和机制的主体——在价值的实施及实现方面，它们具有独一无二的价值和潜力，这些都是值得考虑的。

有关人性化管理的一个有趣事实是：任何一方作为一种方法或作为一个目的，人性或人文主义的原则从来没有被完全一贯地践行过。随着西方把推理或理性作为一种工具的早期发现，具有主人公地位的人性总是受到理性奴役的威胁，这种奴役，即服务于一个目标，最后凌驾于目标之上。人性最后被理性所侵蚀，退化、瓦解成麻木不仁或不合理思考的庸常模式，慢慢变得受一个单一的冲力来控制主导，而丧失了作为一个整体来创造或行动的能动性。我们可能会认为，"人性化管理"在西方世界的地位削弱是由于作为整体文化传统的人文主义的没落所造成的。古希腊人文精神后来被具有神圣合理性的宗教神学所统治。现代文艺复兴时期的人文主义后来也被理性启示的浪潮所摇摆。

三、理性化管理与人性化管理

下面，将探索并阐释理性化管理的五个特征，同时也将探索并阐释人性化管理的五个特征。理性化管理的五个特征是：抽象性、客观性、机械性、二元性、绝对性。

首先，抽象性指的是思维的构思方式——从具体的情形和事件中提炼出构思与理念，把抽象的概念上的原则和结构强加于具体的情形和事件上。作为一种思考方式的抽象性，在下定义和制定模式方面显示了其实力，这两者都需要凭借科学知识的进步。但是，当抽象性从具体的经验和具体的现实当中分离出来的时候，它就流于先验的、静态的思考，缺乏开放性、活力和关联性。因而，抽象性在做决策的时候就显得死板，形成政策时也流于空洞。管理上抽象性思考的一个好的实例是根据统计量和数字进行思考。但是仅仅根据统计量和数字来做决策和制定计划，可能并不符合现实世界的变化。事实上，统计量和数字被高度抽象化以捕捉现实当中所有重要的方面，即便它们捕捉到的只是一个大概趋势抑或规程的一般模式，那也是具有意义并且是重要的。当然，我们不应该忽视这么一个事实：每个实体和事件其发生具备许多条件，这些条件不能够被描述为一个数字或者一组数字。同样，当一个人使用广义系统理论来解决管理方面的特殊问题时，他将冒不能诠释现实这一风险。

理性化管理的第二个特征——客观性，所有事物我们将其进行感知并认为是客体，具有独立性，且从探求性的头脑中分离开来。我们根据客观主义原则创立了经典物理学。在把客观主义应用到管理的过程中，我们能够把如下三者科学地分离开来：认识物理对象、作出客观参考、评判这些客体。然而，这些原则的合法性受到了局限。客观主义常常引入原子论的思维模式，因此，对整体和关系是盲目的。然而，这个世界并不简单地是一个平稳个别事物的总和。在非原子论的关系和过程这一意义上，我们必须以非对象的方式进行思考。客观主义观点同样需要我们忽略这些意愿和情感活动，忽略问询者一方作为一个整体的主体。因此，在制定计划和作出决策的时候，客观主义又导致了僵硬和偏差，甚至不能够批判性地意识到自身的局限。

理性化管理的第三个特征——机械性——来源于上述所提及的两个特征。这个世界可以被看做一个诸多客体的系统，通过法则进行管理，这些法则在一定时期内仍然是不会改变或不能改变的。这个世界用分层组织的形式保持其次序，这一分层组织也是机械性地构筑并在外部保持运作。一个机械系统是用逻辑和数学的抽象性思考模式来构建的一个结构，要不就物化为正式结构，要不就物化为物理结构。由于世界的机械性观点体现的是抽象主义和客观主义不切实际的信条，所以它不能代表现实。

理性化管理的第四个特征——二元性——现在主要是作为价值取向和价值评判来理解。就像理性化管理根据抽象的客观化的机械性的思考模式来定义（如同它是）理性一样，二元论不可避免地把非抽象、非客观、非机械地思考问题的方式，视为非理性的甚至不合理的。事实上，理性化管理不可能认识到用非抽象、非客观、非机械的方式观照问题的任何价值。通过理性观点的审视，事物的整体性质被蒙蔽。因此，就存在着这样一些区别：第一性质和第二性质的区别，理性和直觉的区别，客观的观点和主观的观点的区别。这些区别不仅仅是现实的区别，而且其价值是具有偏好性或反驳性的。因此，二元论思考的结果导致了管理上的狭隘思维，对总体现实也存在着盲目性，随之而来的低效率也不可能调整瞬息万变的现实。

理性化管理的最后一个特征——绝对性——赋予了管理控制演绎性的、线性的、单一性的性质。管理的力量被看成能够形成一个经理人梯队——一个能用精简的方式发出指令的梯队。管理链中的头号人物是绝对的"老板"，他能够决定、预测、领导各项事务，而不必与整个系统互动，也无须同本系统的各级进行主动反馈。这并不是说，头号经理人在作出决策之前不能够去考察系统的运作。这也不是说，作为一种思考模式，他不能够去鼓励互动和参与。这只是说，在更多的时候，他可能不关注或选择去忽略系统运作可能产生的后果。头号经理人有着绝对的作出决策的权力，这些权力都是集中在他自己的手里。其他的任何人在执行其政策的时候只能说是他的代理人。这一点得到了金融贷款制度的政策制定者的充分说明，这一制度引起了我们当前的经济危机。这是一种专制主义控制的模式，同时，又能称之为"老板主义"。它是一种有专门目标要达到的军事掌控，因而，用此模式进行的管理，在其本质上是高度军事化的——总是处于警戒状态、总是具有攻击性（至少是潜在的）、总是为了专门的工作或使命进行分层次管理，这些可能不符合现实。这就解释了为什么理性化管理总是把强制增长和人为扩大看做时时必需的，以免管理绩效陷入混乱。具有讽刺意味的是，这种管理常常陷入了混乱和失调，继而引起系统的崩溃。这一点，被当前经济危机中出现的金融管理机构再一次进行了阐明。

就像人们在许多（也许是大多数）欧美大企业里看到的一样，理性化管理的五大特征相互加强，使得理性化管理成为现当代管理模式中一种独特的、非常卓著的模式。

无可否认，理性化管理有其长处，在成立诸多大资本企业方面也取得了成功。这是资本驱动型、产品基础型经济的成功所在。然而，随着社会变得越来越开放、通信越完善，同时利益交易变得更加具体化，经济也同样变得更加以市场或以社会为基础，甚至以社区为基础。因此，理性化管理遭遇了局限，开始显出其软弱性，变得越来越缺乏竞争力。因而，在管理学研究中，产生了一股对理性化管理进行批判的思潮。

上个世纪末，托马斯·彼得斯（Thomas Peters）和罗伯特·沃特曼（Robert Waterman）开展的一项工作提供了一个好的例证。他们在 1983 年纽约出版的著作《寻求卓越：从美国运作最好的公司所得到的教训》（*In Search of Excellence：Lessons from America's Better Run Companies*）中，描述了理性模式的起落，也指出了僵硬理性的错误思维。他们把理性化管理的狭隘观点定性为：

1. 大的一定是更好的。
2. 在评判一个产品的存活能力方面，花费是最重要的。
3. 分析、计划和预测。
4. 做呆板的长期计划。
5. 平衡投资组合比实施更为重要。
6. 通过写下来生产的矩阵结构长期工作描述，控制任何事物。
7. 只有最佳表现者得到奖励。
8. 检查控制质量。
9. 通过阅读财务报告管理任何事物。
10. 良好的收入保障市场。
11. 甚至通过购进所不了解的产业来保持增长。

这一观点的缺点是：

1. 范围狭窄、问题减少。
2. 遗漏了形势的活元素。
3. 从经验得来的内省力被忽略。
4. 实验性和灵活性没有价值。
5. 不居被排除出去了。
6. 诋毁真正的价值和文化。

随着对这些背景的了解，以人性化管理的形式来研究和宣传对立的一端的意义会变得越来越重大。

要理解人性化管理，我们必须认识到上述提及的理性化管理五个特征的对立相反面。人性化管理的五个特征是：具体性、主观性、有机性、整体性、相对性。

人性化管理的这些特征能分别与理性化管理的特征相比照。每一个特征的基本含义都来自于对其相反面的理性化管理的否定，也来自于对理性化管理特征否认方面的关注。因为理性化管理否认具体现实中的人性、否认人性作为一个具备多样的非理性功能的主体，人性化管理强调作为一种管理方式要与具体的人打交道。这就探索出并依赖于人类多样的非理性功能（例如情感、意愿和记忆力）来作为掌控与沟通的资源。在人性化管理的传统中，作为具体的、主观的推动力，这些都被付诸实践。除了古代亚里士多德的（古典）理性主义和现代康德的批判理性主义，每个人都必须意识到制定人性或人类特性这一概念的不同的可能性方式。举个例子来说，我们可以用弗洛伊德的方法来阐释人性，也可以用马斯洛的方法来阐释人性，或者用海德格尔的方法来阐释人性，就如同我们能用从古到今的儒教、道教、墨家学派、法家学派、新儒教、新道教、印度佛教以及中国佛教，甚至禅宗等方法来阐释人性一样。因此，我们最好不要说人性化管理仅仅只有一个传统，也最好不要把人性化管理看做一个封闭的或充分开发的系统。就像我们不应该把理性化管理说成是一个完整的或封闭的系统。

关于人性化管理的整体性特征，我们希望仅仅强调人性化管理的一个基本点，也就是说，有更多复杂的规则来调控社会经济领域里的事物，也有更为复杂的变量来主宰人类的行为，这些都远远超过了机械模式所允许的范围。人类行为特征的模式不应该是一架机器，而是一个生物物种活生生的象征。因此，当路德维希·冯·贝塔朗菲（Ludwig Von Bertalanffy）首先提议一般系统理论时，他特别提及了把生物系统或活的有机体当做这样一种理论的客体。柏格森（Bergson，1911）甚至把以往具有创造性的移动生命力看做理解世界上时间与事物的基础。显然，我们应该采用代建制的不同等级来定义生物体的不同种类。这里，我们可以把人性化管理设想为生物体在最低程度上的运作，而不能降低到机械系统。人性化管理的非二元论特征在于根据人类特性来重组人类功能的种类，而不把理性从整个人性中分离出来。因而，我们把这个特性称为整体性。但是，关于如何把人性的所有功能合为一个整体，有着多种答案，并且经常是争论的焦点。通常，人性化管理在实践中变得仅仅涉及人性的特点而非理性，并以此作为作出决策、政策计划、组织和行动的决定性因素。在此，举例来说我们把重点放在主要由当代行为心理学家提供的直觉、直观和其他心理学或经验的激励或策略上。

最后，关于人性化管理的相对性特征，很明显的一点是：人性化管理并不采用理性化管理的绝对"老板主义"，而是更加重视个人的独立及其自由权利。人性化管理同时也更加注重人类的想象力和感受力，注重来源于情感性的人类群体和组织的力量。在实践中，如果一个人性化管理的经理人没有同他周围的人，甚至是下属进行磋商，那他就总是不会对自己的决策寄予十足的信心，因为可能没有足够的所需经验来支撑他作出决策。此外，作为一个领导，他应对互动更为感兴趣，而非发号施令。较之理性化管理的经理人，人性化管理经理人同样更加乐于接受变化和调整的建议，因为他把许多因素看做制定一项政策的决定性力量，所以他更是一位归纳者而非推断者。当然，这一精神和概念框架的缺点产生了这样一个现实趋势——灵活性过度、缺乏对原则的坚持。因此，相比理性化管理经理人，人性化管理经理人更容易被利用，与下属也更好说话。

从前述理性化管理的特征，我们可以清楚地看出，人性化管理驻守着连续性的管理实践和管理理论的另一个极端，并且不需要把它看做比理性化管理一定会更好的管理形式。特别值得一提的是，存在的人性化管理实践的确可能没有以保证自称是一个更好的管理形式这样一种方式来发展。因为其制定的歧义性，也因为其有限的经验，同样也因为其缺乏明晰的理论焦点和框架，我们必须认识到，人性化管理的确经常性地被滥用、误用，甚至经常被否认是一种管理模式。

探究西方管理实践和管理理论的历史，很明显的一点是所有或者说几乎所有的西方管理实践导致了相应的管理理论的形成。任何管理理论都是一个时期或另一个时期成功的管理实践的反映。任何管理理论都是以理性为导向，都有某些关于理论的相关工作要推进。事实上，这样的实践和理论的主要激励因素就是合理控制。首先，像泰勒（Taylor，1911）提议的一样，人们把科学管理理论看做理性化管理的一个典型实例。控制生产的工作设计以及控制工人的物质奖励，两者的重点体现了以其最佳形式所要征服的理性和意愿。科学管理这一主题后来在法约尔（Fayol，1930）和其他的古典管理理论中得以详细阐述。这一理论的全部目的在于：通过控制其部分，对组织进行更多的理性控制，以期更为有效地控制生产和工人。从理性化管理的抽象性、客观性、机械性、二元性以及绝对性的原则、规则还有实践中，基础理论及理论上的理由得以清晰推断。这一理论的确变成了西方管理组织理论的奠基石。它同样进一步加强了这一观点：把理性的人看做受制于奖惩的经济人。有时，这一理论甚至走向了这样一个极端：把经济企业家或金融资本家，视为实践理性唯一优秀和值得钦佩的楷模。

20 世纪 30 年代后期，学者们基于行为观察在美国创立了人际关系学院（Human Relations School）。通过考虑引进社会规范和社会奖励，这一理论对早期的理论进行了补充。迄今为止，它仍然是一项理性化管理理论，因为在把人类的客观知识应用于最低消耗最高盈利方面，它是把管理看做一种理性手段。人际关系作为一门控制技术被利用，而其固有价值没有得到尊重。40 年代后期，我们看到了行为科学在管理上甚至是商业上的使用，并且直至今日。虽然，新的管理实践和新的管理理论之后得以发展（比方说，参照马斯洛的观点，1986），但从本质上说，它们并没有超越理性化管理的框架及方法。事实上，通过结合更多的心理学、人类学及社会学常识作为工人的知识储备来进行理性管理和理性控制，这些新的管理实践和新的管理理论倾向于加强理性化管理的框架和方法。但这些新知识的确产生了一种软化效应：它们提升了这样一种意识，即需要一个更为灵活的、有机的方法来管理人们。努力扩大作业是最主要的结果，甚至于马斯洛的自我实现人类模式也得以理性普及。我们需要目睹这样一个模式的使用——相对于不同的人、不同的时期以及不同的工作岗位的使用（比照梅奥，Mayo，1933）。我们能够从西方管理实践和管理理论的概貌中得出这样一个结论：特别是在现代时期，理性化管理主宰了西方管理界，同时也是其特色所在。

同理性化管理的西方传统相比，我们可以把人性化管理作为例证来阐明东方管理传统——这些传统主要体现并在中国、日本以及其他东亚地区深入发展。大家知道，20 世纪日本第一个采用了儒家的人文哲学理念，以此来管理明治维新后从西方权利引进的工业模式。众所周知，第二次世界大战后，日本管理对人文哲学理念的成功的富有成效的采用，已经使得日本经济发展赢来了闻名世界的惊人成就。因此，日本的特别是作为日本管理上闻名的人性化管理，已经促使许多西方学者来揣度其理论根据和基础构架。这一点变得越来越清楚：日本管理的主要威力来自于孔子的《论语》以及儒家和新儒家传统的其他著作——这些在明治维新时期得以复苏。把儒学原则应用到新企业的组织和管理上的一个良好例子是涩泽荣一（Shibusawa Eiichi，1840—1931）。在当代，尽管高科技不断发展，但儒学价值依然是日本管理实践的核心价值。因而，我们可以把日本管理理论追溯至儒家的人文哲学。

四、"C 理论"和中国管理哲学

实际上，我敢肯定，儒学的人文哲学理念在整个 20 世纪中国的多样化管理实践中或多或少地被接纳，甚至在很大程度上得以实施，尽管其发生是含蓄的、不自觉的。然而，直到最近依然没有郑重地聚焦于把这种哲学看成是管理哲学。事实上，美国学者对中国管理的许多研究仅仅强调中国管理体制和心理特征的总体文化和风格。他们可能触及了儒教和道教，但是并不熟悉中国哲学流派，也未能把中国管理哲学整合成一套完整理论，而此在当代却具有重大意义。他们并没有发掘中国管理制度及风格的深层次的思想和哲学基础。实际上，直到 1995 年我在台北出版了《"C 理论"：〈易经〉管理哲学》（*The C Theory：Philosophy of Management in the Yijing*），这才开始考虑其深层次和基本的要素，使得中国管理有可能成为一种理论或一种实践。后来，这本书被多次修订并重拟了一个新书名《C 理论：中国管理哲学》（*The C Theory：Philosophy of Chinese Management*）。这是因为，只有我们深入了解中国哲学并把它看做植根于《易经》的一种入木三分的、抽象的思考方式，并且充分接纳了中国哲学流派——把它们进行整合，对人们的决策和行动将会产生深刻的经验上和实践上的意义——中国哲学才能得以清晰阐释。

随着把《易经》理解为中国哲学的基础、源泉和起点，我们开始意识到中国管理实践中——包括个人和集体生活、私人和公共部门——儒家和道家思想这两者的关联性。举例来说，思忖一下《论语》中的儒家格言，我们能够看出，要建立一个充满关怀（仁）和信赖（信）的道德社会，真挚（诚）、忠诚（忠）、智力（智）、礼仪（礼）和廉正（义）都是基本而重要的。根据孔子和孟子的观点，必须按照珍惜和维护这样一个社会的原则来构建政府。虽然他们没有充分强调一个有道德的人通过自我修养和自我裁决来进行政治统治（治）所需的差异，却是毫无疑问地认同个人道德上的自我规范是政治治理的基础。在《中庸》（*Zhongyong*）一书中，我们甚至能够看到，宇宙为创造性的自我培养是如何理所当然地导致了自我培养人和整个宇宙现实之间生命及其实现的相互加强。《中庸》的开篇句进一步清晰而明确地阐明人类有着上帝赋予的特性，因而自然地能够弘扬道德——这也将产生组织的更高级形式，诸如在《大学》（*Daxue*）中强调的世界大同这样的世界。这就将中国哲学见解导入到中国概念当中来——人性（性）、人心（心）和中国的领导（道和政）。同样，这也将导致其他学派洞察力和智慧的结合以促进经济金融、社会、政治以及教育的发展。在"C 理论"中，受《易经》及禅宗的启发，我将以一个创造性循环的开放系统来介绍并论述除儒家学派之外的道家学派、法家学派、兵家学派及墨家学派（包括例如理性化管理在内的现代科学和技术）。我已经以一种集成的良好连接的动态系统处理了 14 种类型的功能创新问题。

随着洞察儒家自我修养和政治政府的哲学根基，我们不仅仅能够认识到中国管理实践的方式，而且能够弄清楚它如何能够并且应该在这些地区的管理决策和行动上起作用，这些地区包括儒学影响下的韩国、日本以及越南的整个地区。更为重要的是，我们能够看到这些理念实际上已经导致了管理上高成功率、高效率的工业商业现代化，这些各自发生在 20 世纪 60 年代后期的日本、亚洲四小龙和中国大陆，当然，没有任何全面的自我意识的理论系统化。此外，该敏锐的洞察力同样将帮助我们阐明管理哲学——这一管理哲学基于对人性和人类社会的明确认可，这也是《易经》《论语》《孟子》《大学》《中庸》以及其他中国经典文本所设想的——如何能够拨付并纳入其他的文化语境以及它如何能够在其他文化环境下作为一种纠正性的批判性的管理实践而起到作用。因此，要在一个逐渐一体化的世界里构建一个充满活力的未来，改进管理的研究必须基于对管理哲学的理解，并将其价值评价和发展历程作为最终指导原则。

在现当代的中国，局势是更为复杂的。1919 年五四新文化运动以来，科学是其口号，而儒学则被否决为是非科学。但是，实际上在中国最近 50 年的大部分转型当中，儒学仍然是组织和领导的基本模式。甚至在 1949 年共产主义革命这一高度紧张时期——当时马克思主义成为了政治组织和管理（领导）以及经济生产和分配的主导原则，中国性思考的深层根基和模式依然停留在《易经》和儒学思维上。因为事实上，在中国 1966—1976 年的"文化大革命"时期，中国的马克思主义已经在公社制度及文化传统的破坏方面推向了社会化的极端，此后从 20 世纪 80 年代开始又逐渐回归到温和、务实、改革与儒学的开放性。2007 年以来，胡锦涛宣布要追求社会的和谐化——包括宪法承认私有财产，当今社会，我们有目共睹中国在这一政策的导向下逐步走向了繁荣。

值得注意的是，最近 20 年来中国台湾地区、韩国、中国香港特别行政区和新加坡的领导以及经理人已经取得了成功，同时也加快了经济发展的步伐，这些成绩的取得根基很可能就在于对儒学伦理的遵从。因此，我们大致可以说人性化管理表征并代表着东亚大部分地区管理实践和管理理论的传统——这些皆可溯源于中国的儒学或新儒学传统。

我们必须认识到，直到 21 世纪初，中国的管理主流仍没有切实地探索人性化管理积淀的历史传统。作为一个愈来愈迅猛发展的工业化地区，中国台湾地区值得我们给予褒奖——该地区已经逐步接受并应用人性化管理作为历史传统，同时也作为面向未来的准则（参照 Oh，1972）。正是在这样一种发展态势下，中国管理这一概念要得以理解。当我倡导把中国管理理论看做"C 理论"时（迄今为止一直写作"C 理论"），我正是考虑到这一点的代表性，也就是说"C 理论"应该代表着现代的经受了检测的中国管理方法以及管理中的所有相关活动。因为这样一种方法的内容先前没有定义过，在"C 理论"中我的工作就是意欲探求在儒家《孟子》《大学》和《中庸》等中国古典哲学氛围中的人性化管理传统——这些古典哲学立足于《易经》哲学，我把《易经》看做并肯定为儒学、道学两者的源泉和根基。之所以我命名为"C 理论"来表明我的立场，理由恰恰就在于它着眼于沿用《易经》儒学的思路来创造性地构建中国管理思维，当然，这一思路包括了其他古典学派以及西方管理的客观性知识性。正是利用这种方式，我能够根据管理理论的现代阐释和管理实践的现代需求，来明确地创建人性化管理理论。我把"C 理论"拟作为这样一种协调所有相关因素的管理，其唯一的目的就是通过和谐整合的方式发展人类的创造力。因而，就像我在书中解释的一样，"C 理论"当中的 C 代表着中国管理、创造性的管理、通过权变而进行的管理以及通过儒学关怀而进行的管理。因此，我们能够把我的"C 理论"看做人性化管理的一种理想化的理论化模式，它立足于东亚现代化所取得的经验，同时也是其哲学根基的反映。

我们可以这样认为：D. 麦格雷戈博士（D. McGregor）提出的"X 理论"代表着西方理性化管理传统，而他的"Y 理论"则代表着东方人性化管理传统。同样，我们也可以这样认为：威廉·大内（William Ouchi）的"A 理论"代表着西方的理性化管理传统，而他的"Z 理论"代表着东方的人性化管理传统。然而，我们倡导和构建"C 理论"这一任务具有特定的历史及理论意义，并不是要把它作为人性化管理的另一种新形式，而是要在中国自然与人文理念的大环境下整合西方的理性化管理和东方的人性化管理，因而一方面进一步整合"X 理论"与"Y 理论"，另一方面整合"A 理论"和"Z 理论"。

五、"C 原则"和"C 理论"

鉴于已经构建的理性化管理和人性化管理的两个极端以及对"C 理论"的阐明，我自然地开始探究其反向整合的特征及结果。事物之间实际相关联的情形不同，其整合也就存在差异。就像前面提到过的，理性化管理和人性化管理实际上是以一种连续性的方式相关联。事实上，它们仅仅代表和象征着连续性上的两个极端。任何一个实际位置都可能不是某一极端的精确体现。理论上来看，它们可能存在于该连续性上的多个不同位置。我们在此提及的整合问题，即用一个实际上统一的方式——不能前后矛盾、有活力去服务一个更高的目的（也就是说，在一个充满转型和变数的社会里理解人类的发展，同时要体现出两个极端的优点）——来整合这两个极端。因而，对这一问题的任何回答均需要以下条件：

1. 认识到两个极端的统一性，而不仅仅是它们之间的连续性。
2. 消除两个极端的薄弱环节，但坚持两者的优势。
3. 使得这两个极端的统一体服务于上面提及的更高目的。

因此，可以说这些条件是两个极端完美整合的必要条件。

要满足这些条件，我们必须树立一种观点来理解人类的特性以及理性的特性。我们需要建立一种价值感，也需要建立充分性的准则，根据两者才能作出正确的评判。我们需要进一步发展一项系统理论以及一种思维方式，来运用我们对人类特性及人性理性特性的理解。最后，我们需要明确地表明，我们的系统理论能够使我们作出决策，也能够使我们把管理上的所有主要方面相关联。

遵照我对"C 理论"的早期描述，我们可以简单地把"C 理论"称为两极的整合性理论。因此，"C 理论"包含了两极的整合、一个充分性准则和其理由的陈述、系统形式的现实观点、把人类联系于不断变化的世界的方式以及由此产生的创造性的、充满活力的思考方式。整合两极的充分性准则我们称之为"C 原则"，在此基础上，人性化管理与理性化管理的整合能够得以实际性的开展和实施。为了制定"C 原则"作为整合原则，有两个哲学条件必须得以满足，也就是说一方面要超乎两极之上，另一方面要实现两极在理论框架上的混合——两极的混合或者说是渗透导致了产生许多的不同系统，但是在这个理论框架里面，两极仍然能够找到自己的位置。这可能是因为每一极在不同程度上都表现出了其自身的一些特征，而这些特征的结合总是可能达到不同的目的。另外，不同的客体和不同的情形总是要求不同特征的不同存在及应用。总体理论框架应该允许这些结合和排列的存在，这样才能够迎合不同的需求，也能够满足不同的条件。但这并不是提议该框架能够容纳所有的可能性，而是仅仅允许这样的可能性：这些可能性代表着现实地理解以人的情况及人的能力去执行和维护规范及行动准则。伴随着对"C 原则"的解释，我们可以把"C 原则"看做代表着超越极性和整合极性的中心或者中心的核心地位。这个原则代表着一个中间点或一种折中方式，我们应充分地去体验并了解现实生活当中的重要性因素，并对之作出富有创造性的适应。这种原则也可以被称为创造性集中原则，在该原则的基础上，整合变得更为有效，这种原则简称为"C 原则"。

理性和人性的"C 原则"整合包括以下统一体：

1. 抽象性和具体性的统一。
2. 客观性和主观性的统一。

3. 机械性和有机性的统一。

4. 二元性和非二元性的统一。

5. 绝对性和相对性的统一。

这里提及的诸种统一，意欲代表极性在理解和实践中的总体混合交融。该种混合交融，合乎正道的功能，就是在两者之间建立某种互动式的相互依存的关系，以此来达到两极互为条件、互为补充的目的。因而，统一性、混合以及融合能够表述为相互依存的典范，彼此渗透、相互作用、互为动机、互补相生、相互加强、相互转化，它们有着共同的根基，共同成长、共同分享同时也共同作出贡献，这些都是《易经》的精髓所在（参见麦格雷戈，1960）。内在性、相互性（相互转换性）、共性这三种关系能够使两极形成一个完整的统一体，该统一体的功用大于单个极性功用的简单相加，这将有助于每一个极性的发展，同时也能把极性关系转化为创造力。换句话讲，该整体因而可以作为一个创造性的整体，这一整体体现在创造性的生产过程当中，因此，针对创造性的目的它能够产生创造性的成果。不仅仅每一个极性的弱项能够得以弱化，而且每个极性的力量也能够得以加强，这样我们就能够取得管理上的更高成绩。

因此，抽象主义和具体主义的统一体是要把抽象思考嵌入具体的环境中来，让具体来变更、切入、修改和纠正抽象。同样，我们也能从具体思维着手，让抽象逻辑来变更、修改和纠正具体。此处基本的一条是，我们不应该纠缠于以一种线性的、单向的方式来思考、对待和评价。我们应该建立并利用两种平行的思考、对待和评价方式，以便在一个动态的关系上，形成一个具有内在性、交互性和共同分享的创造性整体，最终这两条平行线变成一条线。因此，我们能够称之为具体化的抽象主义，或者说抽象化的具体主义。同样，在一个动态的互动过程当中，我们能够融合或整合客观性以及主观主义进行创造性的应用。还有，我们因此也产生了主观化的客观性——使得客体为主体所用，但并不是说把主体流于客体；把主体作为补充客观事物的创造性源泉来探究，但不让主体或客体任意一方主宰一个固定的模式。甚至在统一性的情形下，主宰本身也要被看做一个创造性的目的。因此，这个主宰是富有弹性的，也是相对于统一性和创造性目的而言的。我们利用主观客观化来组织和管理人们，但是我们也不能忘记，个人在相关时间、相关岗位也具备初始着手的潜力。甚至在客观主义组织框架内，这些潜力都应该得以充分挖掘。

关于机制和机体的融合，我们必须认识到，机械系统要么包含另一个机械系统作为其一部分，要么包含一个更小的非机械子系统作为其一部分。机制从根本上就被构想或设计成可人为管理、人为操作的系统。当系统扩大（这是不可避免的）或萎缩，即高于或低于人为管理、人为操作这一水平时，系统就变成了非机械的或者说变成了机体的。换句话说，一个机械的系统能够包含机体系统作为其子系统。在一个大的机体系统中，系统同样能够包含子系统。因此，机制就是把某人局限于中等水平的系统观上。机制同样也是限制系统某一方面的运作。机制和机体的统一体需要我们认识到两者的渗透，认识到要在体现两者更大意义的系统上利用其一。这就类似于波粒光理论：光既是波又是粒子，在一定条件下，转变为波或粒子。有人可能会提出，甚至在处于中等水平的基础上，这里仍然并存着一个机体方面及其机制方面。同样，我们也能够探究代建制的公开系统中的机制方面。融合机制和机体，就是在相关条件下，把一个系统看做并利用为机理和机体。

现实生活中，要理解两者的创造性关系，这些相关条件要得以发现并采用。大体上，我们将会把机械看做一个系统的静态方面，而把机体看做一个系统的动态方面。近代物理渐渐把对机体过程和网络关系的认识寓于一个结构当中，这最初是由力学规律来定义的。但是，在现实的生物生长以及人类心理发展过程当中，现代生物学和心理学仍然倾向于制定力学规律或是统计结构关系。

关于二元论与非二元论的统一体，我们仅仅需要指出：如果两极融合成一个创造性的统一体，那么这里既不存在二元论，也不存在非二元论。这里仅仅存在着一种"统一体极性"的评估、判断和行动方式。这些评估、判断和行动方式并没有带来绝对的，并且脱离大环境的价值区分。理性一般被看做有作用、有效果的，但是为什么在适当的条件下非理性就没有被看做同等有作用、有效果的呢？合理的方法或者基于理性的方法是有价值的，但是非理性主义的方法，也就是说，基于完全的人文关怀的方法应该也是具有同等价值的。事实上，在更深层的意义上，我们能够深刻认识到有组织的方法就是理性的。因此，打破理性和非理性即人性之间的区分，我们的价值概念以及评估方式同样也会愈来愈充满活力，同时也会愈来愈具有开放性。发现并发展更佳价值的潜力将会产生，这是整合二元论和非二元论的最终目的。

最后，绝对主义和相对主义的统一体意味着，任何权力给定的点及合理性的线是能够把本身相对化继而寓于相对关系的整个系统当中，因而及时变得灵活有弹性。权力和控制的演绎性执行以及支持和信任的归纳性反弹是同等重要的，两者仅仅在相对应时得以维持。这就是反馈原则，它与人类的调整原则相契合。跟早期所说的相一致的是，在整个系统中，用命令的方式进行的控制，比起自发性的相互支持效果要差得多。但是，一个系统中的整体感或者对于整个系统的归宿感，应该首先得以提升。最高权威下达的单一的绝对命令或一次性的参与都是不充分的。不同级别权威组织的连续参与必须得以鼓励和扶持。因此，绝对主义将变得相对化，而相对主义将变得绝对化。根据中国的管理范例，一个有组织的理性以及总的人类行为方式必须考虑到法律（法）、情理（理）和情感（情）。法律、情理和情感并不仅仅是要遵循的规范，更重要的是在决策与政策的制定、传递以及实施过程当中，它们成为了激活、互动、说服以及影响的方式。

以上我们勾勒出了理性化管理和人性化管理的整合过程，继而也产生了五个统一体。我们所做的工作就是从本质上演绎出理性和人性是如何得以融合和整合的。因为理性是人性的固有部分，并且生发于人性，所以我们必须让理性服务于人性所要达到的目的，而不是去破坏人性。我们同样也应该鼓励用人性来提升理性，如同应该用理性来提升人性一样。理性和人性彼此间的生动交融原本在人类产生时就存在，但是后来不幸被人为或强制性破坏。但是，生动交融的这一纽带必须得以恢复，这样两者间更为主动、更为自觉的互动才能得以发展。要使得这一愿景成为可能，我们就不能够把人性看做静态的，就像我们不能够把理性看做不变的一样。人性的概念要得以拓展，应该包括整个人类，涵盖人类的过去、今天以及未来。不能够把人性理解为仅仅是单个人这一层次上。这一理解必须提升到人类社会、人类的国家以及人类的世界这一高度。甚至在人类个体这一层次上，人性也有其自身维度，即人性会渗透到这个人的整个行为方式以及整个理性当中来。

人类置身于一个更大的系统或是更漫长的现实进程当中，他们能够参与到更大系统、更漫长进程当中的创造性发展当中来，作出自己的贡献，实现其自身的价值。以中国的哲学主张来表述就是：天和人，人同一（天人合一）。同样具有象征意义的是，我们能够把理性或是情理看做具有演变性质的。事实上，在发展和转型过程当中，我们要注意到情理和理性是发展演变着的。理性的古典概念不再符合我们对人类和世界的理解，甚至保留了古典概念精髓的现代概念也面临着人类需要创造力这一挑战，现代概念逐渐需要转变得更为强大、更具活力。鉴于理性的更深层概念，很清楚的一点是：理性应该是人性化了的，而不应该削弱人性化；情理的发展应该纳入多元化系统，最终与整个有机统一体的各个部分相协调，而这个有机统一体基于整个人性。当然，这并不是说在最现代的意义上理性可能不再包含现代理性以及古典理性的精髓部分。理性的不良成分，不管是现代的还是古典的，在情理与人性的转化过程当中都必须被淘汰。随着情理的转化，人性也随之得以启蒙和壮大。

理性和人性之间彼此渗透、相互转化、共同丰富的这种关系，奠定了理性化管理和人性化管理五个特征得以统一的基础，因而使得这些统一成为可能。伴随着这一理解，我们现在能够表述理性化管理和人性化管理的整合。用如下方式，理性化管理和人性化管理的整合可达到这一效果：理性化了的人性化与人性化了的理性化。

1. 抽象化了的具体主义和具体化了的抽象主义。
2. 客观化了的主观主义和主观化了的客观主义。
3. 机械化了的有机主义和有机化了的机械主义。
4. 偏颇的非二元论和统一的二元论。
5. 绝对化了的相对主义和相对化了的绝对主义。

从上面的讨论来看，很明显可以看出：所有这些统一体的整合原则是把各个极端创造性地融合到一个大系统当中来，创造性地去理解如何及时地把整个系统应用到某个特定情形当中去，在这个特定情形中，每一个极端或者说两个极端的结合程度能够产生最大、最适当的创造力以及效率。因此，这一整合性的原则能够被恰当地描述为理论"C原则"，我在文章中把它称为"C理论"——在上述论及的理论框架内，它们代表着理性与人性的实际整合。

"C原则"以及由此衍生的"C理论"的关键概念如下：对整个系统或一个系统的整体性方面进行潜在的、及时有效的应用（使用），该整个系统及系统的整体性方面得以超越和整合。很清楚，正是一个系统的整体性提供了整合的统一体，也正是该整个系统应用的及时性使得实际应用具备了针对性和灵活性。换句话说，"C理论"作为一项管理理论，需要创建一个具备两个极端的完整系统，并且及时地使用这样一个系统。当整个系统的及时使用得以实现，"C理论"的实施就成为可能，继而，在管理方面"C理论"能够理论性地理解人类和现实、理性和人性；同样，在管理实践活动当中，"C理论"能够形成一种规范或规范性指南。作为创建一个完整系统使之得以及时使用的原则，或者及时使用一个完整系统的原则，该"C原则"得以制定。

整个系统或者说一个系统的整体性方面这一概念构想出了对宇宙现实的理解，在这一现实当中，人类是一个完整的部分。实际上，对这一现实的理解对应的是对中国古典哲学当中道学（思维方式）的哲学理解。特别是，从《易经》、孔子、老子以及庄子的文章当中，我们认为中国哲学提供了一个概念基础，并且能够更好地理解现实，继而从这一现实中派生出整个系统概念。如同我们所了解到的，整个系统事实上就是道家理念所倡导的系统。可以说道学贯穿于整个系统的构筑过程，其内涵是广袤的，也能够进行创造性的变革，因而也包括了不同的层次；在一个既定的框架或某情形、某氛围当中，一个完整系统甚至可以说是道学的一个衍生物。因此，我们也能够把这样一个系统阐明为一个基于道学理解的系统。很明显，所有对比性的极端能够被我们设想为道家基本的阴阳两极。道学这一概念主导了整个系统的进程方面，《易经》中《系辞》一章提到的"太极"（伟大的终极）这一术语，主导了整个系统生成的来源和结构方面。因此，我们的道学理念和太极理念最终能够充分代表整个系统概念。最终，对道学和太极理解得越充分，我们对整个系统就理解得越透彻，继而我们也能够更加深刻地认识到整个系统是如何生成并创建的。

"适时使用"（适中）的概念同样可以溯源至《易经》，这一概念在《论语》和《中庸》中得以加强。"适时使用"这一概念的基本内容如下：我们把具体的情形理解为一个完整系统或归宿于一个完整系统，鉴于此，我们的决策、政策以及行动必须适应该具体情形。"适时使用"意指在时间和及时转型的基础上去理解整个系统。在发生变化的时间过程当中，它可以被理解为创造性地参与决策制定，以便整个系统发挥潜力，继而产生出一个新的完整系统。因此，对"C原则"的理解能够完全基于时间哲学以及《易经》哲学的合时宜性。随着对"C原则"的理解，根据基于《易经》哲学的完整系统理论，根据理解整个系统管理决策的理论，同样也根据适时使用整个系统的理论，我们能够得出"C 理论"。连同上述理性化管理、人性化管理的整合理论,"C 理论"衍生出了下列子理论以及"C 原则"。

1. 理性化管理(理性)和人性化管理(人性)的整合理论。
2. 完整系统理论,诸如"C 理论"。
3. 理解整个系统作出决策的理论。
4. 适时使用整个系统的理论。
5. 适时使用整个系统的"C 原则"。

"C 原则"当中的"C"以及"C 理论"在中国哲学中代表着"创造力"(生)和"中心"(中),因而,也揭示了它们置身于中国哲学传统,在这一传统当中,能找到其理论依据和历史根基。"C"同样代表着变革和协作。创造力(生)使得理解整个系统成为可能,因为这个完整系统不仅仅是一个具备创造性的系统——而是创造性地相关联,能进行创造性的转型,并能创造性地发展壮大。创造力构筑于人类的理性和人性基础之上。这就相当于"道"与"太极"这些放之四海而皆准的完整系统的创造性产物,借此人性和理性得以产生。正是通过"道"与"太极"的渗入、深化,人性和理性才得以进一步创造性转型。通过对其适时使用,创造力同样意味着人类创造性地参与整个系统的形成以及参与这样一个系统的转型。对于制定决策和管理来说,创造力意味着有洞察力地把握整个系统并适时加以利用以便达到更高的目标。因此,创造力寓于我们整个系统以及适时使用这一概念当中。

中心(中)意味着创造力的起点,也意味着整个系统创造性形成和转型的起点,同时也意味着该系统和其形成及转型过程中及创造性使用的起点。创造力代表着具有活力的形成力的存在,而中心代表着一个稳定结构的存在。事实上,中心是整个系统的创造性媒介,它同样也能维护整个系统的稳定性。中心并不简单的是两个极端的中间点,而是两极在一个完全平衡的总体系统中的焦点或是阿基米德点。因而,中心意味着一个系统创造性的潜力,同时也意味着去匡正并适时使用这个系统。它衡量着以人类个体的能力去构建一个系统的平衡与活力(创造力),以便服务于该系统。因此,如同《中庸》所阐述的,中心是一个系统和谐与统一的基础。因为只有在中心的基础上,一个系统中多极的和谐统一才能得以产生并得以维持。所以,我们能够把中心设想为是一个系统的创造力得以产生的条件。

对决策制定和管理而言,涉及一个系统的中心就是要到达这样的一个点:在这个点上,创造力得以实现,适时使用也变得自然而然。要做到这一点,我们必须涉足整个系统,继而进行系统溯源。从这个意义上来看,中心这一观点在履行创造性功能时,最终不过是统一概念上或"太极"上所言的"理—气"(原则连同元气)和"知—行"(知识应用在行动当中)。如果一个人触及了系统的中心,那么他就占据了该系统的中心点,能够在具体的情形当中集中整个系统的潜力以便及时利用。能够做到这一点的人,不但占据着最终决策和至高管理层的位置，同样也能切实体现出一种实力——作出正确的决策，执行强有力的管理。谈及此处，庄子很贴切地表述过："如果一个人在圆圈中取得了中心地位，那他就能够对应无穷。"这就表达出了"C 原则"和"C 理论"中创造力和中心的深远意义。

六、及时使用整个系统：一个关于"C 原则"和其衍生的"C 理论"的范例

应用"C 原则"和由此专门发展起来的"C 理论"，一个好的例证是如下整合：一方面是 X 理论和 Y 理论的整合；另一方面是 A 理论和 Z 理论的整合。如同上述所表明的，如果一个理论把人性假设为是自私或恶劣的，并基于这一假设作出管理决策，那么我们可以把这一理论看做理性化管理思维模式；而如果某理论把人性假设为是值得信任或是纯良的，同样也基于这一假设作出管理决策，那么我们可以把这一理论看做人性化管理的例证。X 理论趋同于理性化管理的思维模式，其理由基于：所有古典理性管理理论，诸如泰勒和法约尔的理论，全都认为人类是经济动物，因为他们对工作的兴趣仅仅在获取经济报酬时才得以增强。当然，马斯洛也承认人类需求有着不同的层次，然而，本质上正是生理需求占主导地位。

人性的这一理论可以跟孟子的"性本善"理论相对比。根据孟子的理念，即使在人类生存的最初阶段，尽管当时还面临着生存威胁，人类仍然表现出自我尊重、关爱他人的道德情怀。这里，当我们把 X 理论认定为理性化管理的一个范例时，同样也是把它认定为一个历史的、经历了事实观察的问题。理论而言，把 X 理论视为归宿于理性化管理思维模式，一个令人信服的理由是：这一理论为理性控制提供了良好的理由，理性化管理就是用来进行理性控制的。事实上，理性一直被看做一种控制手段。

同样，我们常常提议把 A 理论作为理性化管理思维的例证，把 Z 理论作为人性化管理思维的例证。就像威廉·大内所描述的：A 理论在组织方式上是刻板的，在指挥交流方面也是线性的，因而我们认为它在管理理论和实践中均是高度理性的；而 Z 理论是基于团队合作，组织方式较为松散，在作出决策方面大家互动并达成共识，因而在管理理论及管理实践中被认为是高度人性化的（参见大内，1081）。一方面鉴于对 X 理论和 Y 理论的理解，另一方面鉴于对 A 理论和 Z 理论的理解，很明显，如下组合应该是比较合理的：把 A 组织（A 理论当中的）适用于 X 人事管理（X 理论当中的）；把 Z 组织（Z 理论当中的）适用于 Y 人事管理（Y 理论当中的）。这一结论，也仅仅是这一结论，将从理性化管理的观点中得以证实，然而，这一结论却是理性化管理思维模式——抽象性、客观性、机械性、二元性以及绝对性——的结果。在评价及应用该四个理论时，这一结论未能考虑到具体性、主观性、有机性、非二元性（极权）以及相对性等等观点。如果我们深入探究人类现实和人类的进化过程，那我们会发现：在不同的条件下，在不

同目的以及相对于不同客体这样的多样氛围中，有各种原因和可能，一方面适用 Z 理论和 Y 理论，另一方面适用 A 理论和 X 理论。此外，如果把人类成熟的潜力看做一个整体来探究，我们将会独具慧眼地发现，相对不同的训练及控制方法，人性能够随之得以培育和转化。很简单，没有一劳永逸的规则来把一种类型的解决方法适用到一种类型的人性。

"C 理论"需要进行历史性思考以达到其特定的目标。对人性以及人类控制和转型等整个现实所进行的思考同样导致了有必要去唤醒"C 原则"和"C 理论"当中的各种元素。这样，人类的整个理论和组织的整个理论才能得以发展。更为重要的是，在整个人类的人性假设前提下，可能把组织使用到人性的这么一个完整系统才能够得以发展，作为一个结果，及时使用这样一个系统的完整系统将随之而出现。

表 1 中，我将阐释这种可能性：把组织理论 A 和 Z 应用到人性理论 X 和 Y。

表 1　　　　　　　　　　　　　**A、Z、X、Y 理论组合**

人性/组织	X	Y
A	AX	AY
Z	ZX	ZY

很清楚，如同上述所论及的，AX 和 ZY 能够合理地得以证实，但是我们能够同样证实 ZX 和 AY 吗？根据人类所处条件——在这一条件下，人类组织能够适用于人性——的整体理论，对这一问题的回答是肯定的。

对 ZX 而言，我们能够期待这样一种可能性：如同我们在开明教育中得知的一样，通过信任以及慷慨这些品质，能够促使恶劣、自私转变为纯良并值得大家信任。同样，对于 AY，我们也能展望这样一种可能性：就像我们在军事训练中所见的一样，通过运用理性编制，纯良并值得大家信任的可经调教，转变为更有组织性的生产力。总之，这四种理论的结合不仅仅代表着我们针对具体目标的方法或途径的种类，而且代表着实现这些途径的目标或目标设定的四种类型。如果我们没有一个完整系统的目标，也没有一个完整系统的方法，甚至没有一个通过不同方法实现不同目标的完整系统，那么这些途径和目标将是无法理解的，甚至是难以想象的。当然，正是由于整个系统的范围领域较为广阔全面，整个系统才能够整合所有这些完整系统作为其部分。在论及"X""Y""A"以及"Z"理论时，这就恰恰是"C 理论"所要阐释和发展的。这就是基于"C 原则"和"C 理论"的整个系统功能及其及时使用的一个例子或一个例证。

根据《易经》哲学的整个系统，我们可以重申"C 理论"的上述例子。首先，我们可以把 X 理论看做人们所言的人类"阴"（黑暗）的一面，把 Y 理论看做人之所言的人类"阳"（明亮）的一面。接下来，我们可以把 A 理论看做与人打交道的一种严格而坚定（刚）的方式态度，而把 Z 理论看做与人交往的一种轻柔而温和（柔）的方式态度。这样，表 1 就变成了下面的样子，如表 2 所示：

表 2   多种理论的组合

性质/方式	阴	阳
刚	阴—刚	阳—刚
柔	阴—柔	阳—柔

从表 2 中可以明显看出，尽管"阴—刚"（黑暗和严格）和"阳—柔"（明亮和轻柔）非常和谐，但"阴—柔"（黑暗和轻柔）和"阳—刚"（明亮和严格）仍然是有用处的，它们需要一定的转型。因而，在《易经》的整个系统框架中，我们可以看到自然良善甚至问世于纯粹的"阴"（例如《坤》的 6—2 行）；我们也可以看到埋头苦干的必要性问世于纯粹的"阳"（例如《乾》的 9—3 行）。《坤》的 6—2 行作出如下论断："直的、方的和大的（隐喻愚钝之人），即使不学习，也能遇上机缘。"《乾》的 9—3 行也作出论断："君子白日勤勉耕耘，甚至晚上未雨绸缪，即便这样，他仍身陷危机，不将降大任于斯。"这是因为 6—2 处所讲述的占据了中心地位，而 9—3 处所讲述的没有占据中心地位。

七、当代西方理论以及管理学的未来

在关于管理学的当代思考中，我需要几组理论以便以一种乐观的基调来论及管理学的未来。当代最杰出的西方管理理论出自于彼得·德鲁克（Peter Drucker, 1909—2005）。正是德鲁克，他在社会经济环境中，根据企业的目标、需要以及成长，提出了管理学上的理性微观经济模式。在这一模式中，他在很大范围上纠正了早期西方企业组织的错误与不足，这些组织是抽象的机械唯理论，其目标仅仅框定在资本主义获利方面。德鲁克关注最多的是作为社会存在方式的企业实体的可持续发展，这一发展是以经济目标作为其配套需求。因此，他谈到了以执行力的有效性来达到一个企业可以实现的目标。为了应对瞬息万变的经济状况及市场状况，他把实际做法看做一个企业适应性改革的源泉。因而，他头一个把一个企业的发展关系网说成是一个不断成长的然而又自律的实体。除了上述论及的，德鲁克一直被人们看做社会理想主义者，他将服务于繁荣的经济局势，并且促进企业共同体的发展——共同体当中的每一家企业不但养活它自己的雇员，而且能够贡献于广大社会公众；这些共同体代表的是人类的价值，而非经济利益。

尽管德鲁克的观点具有广泛的洞察力且影响深远，但是诸多美国企业在进行企业重组以获取经济利益时，仍然采纳或汲取这一观点。换句话说，他是具有影响力的——因为在管理实践中，他的观点的确能够辅助企业来营利，他之所以受到追捧也主要是因为这个原因，而不是因为他的理想主义。这意味着，在急于获利方面，德鲁克并没有完全改变美国企业的风格。他之所以对商业有影响，是因为他的观点被认为是有用的工具或技巧，而没有被看做结果和最终的价值。正因为如此，我们能把当前的严重经济危机——子公司抵押贷款问题——追溯至早期不负责任的贷款措施，这些措施完全是为了企业或个人获利，而没有考虑社会公益。我们同样能看到，暴利的驱动力是强大而有效的，也丝毫没有受到更高目标的限制，就像我们在乔治·索罗斯（George Soros）计划中所目睹的 1997 年爆发于东南亚和东亚的严重财政危机。

我们同样也应该提及彼得·圣吉（Peter Senge, 1947）1990 年创制的另一种管理理论。这本著作因被称为《第五项修炼——学习型组织的艺术和实践》（*The Fifth Discipline*：*The Art & Practice of the Learning Organization*）而闻名，圣吉写该书意在让企业公司促进发展"学习型组织"，这样企业才能产生一股增长力，继而满足环境和世界改变的需要。学习型组织把企业转变成学习者的有效统一体，其成员分享着共同的愿景，相互学习，形成他们彼此之间的系统思考。这的确是一个解决管理问题的有力观点，也是一项具体的组织方法，这样就尽力避免了传统企业掌控上的高压独裁作风。通过首先促进经理个人的自我转型，圣吉开始探究在可操作性的企业进行机制转换。因而，他提及的"自我超越"，意味着超越个人的偏见和无知，使得这个人对新的思考方式、新的目标以及对未来的视野保持开放的态度。因此，个人能够完善自己的"心智模式"以达到一个共同的目的，作为相互学习的结果，这个共同目的被大家所共享。但是该相互学习（对话方式的交流与讨论）的形式必须被设想为是一项团队工作，在该团队里，每个相关的成员摒弃偏见、带着良好的愿望来分享知识，也分享对其他事物的理解，其目的是使个人想法——这些个人想法来源于个人的心智模式——达成共识。

正是通过企业团体成员之间的相互公开、相互调查这一过程，应运而生了一系列关于改革与创新的统一思想，这些思想都是为了适用环境和市场的新挑战。圣吉把它称为"系统思考"，即"第五项修炼"，这一修炼注定要与其他四个方面相协调并且把它们整合成为一个系统，这个系统在顺应时变方面能够产生并体现出有效的市场开拓和增长计划。圣吉管理哲学的中心思想本质上就是发展一个共享的系统思考方式，这一方式有其目的与手段，其方式来源就是一个企业或团体所有成员之间的相互学习。基于杰伊·莱特·福里斯特（Jay Wright Forrester）的系统动力学理论，系统思考将为企业的转型提供改造和适应力，这样它才能在风起云涌的商业世界里保持活力和竞争力。这同样是企业领导或团体领袖应该遵循的法则。

很明显，圣吉的管理理论方法属于"C 原则"的范畴，因为它旨在超越和整合，也旨在适应与修复。在这个意义上，它跟人性化管理的理念更为靠近，而德鲁克更侧重于改革传统的管理模式。针对德鲁克，我们需要注意到管理当中的具体因素，并且有效平衡需求与目的的关系，而不能采取一种闭塞的思维。但德鲁克在组织和学习方面并没有主张整体性原则。至于圣吉的理论，我们所观察到的就是涌现出了一系列新理论，这些理论基于开放的系统思考方法，从本质上来讲具有超越性和综合性。有意思的是，系统思考能用来当做概念的先验系统，在事物初见端倪或是公之于众之前作出预估，系统思考也能被看做理解经验因素的结果，这样我们就能够归纳性地得出一个中心结论或指导思想及原则，以便进行全面整合和组织。我相信当圣吉谈到系统思考时，他所指的是后者。但是我们可能过分重视了哲学性的反思视野——这一视野基于人的自我反思以及广泛的道德审视和历史审视——以至于该系统思考可能更多地变成了一个开端而非仅仅作为一个结果。这一系统应该变得更加自由开放，这样领导传达的新信息、新反馈以及新决策才总是具有相关连续性，继而进一步需要整合成组织的最小化相关系统，这样新的价值才能呈现。

"第五项修炼"的弊病在于没有展示出自我超越的基础，这一基础需要的是人类心灵理论以及人性和道德理论。没有一个现实的哲学基础，一个人就可能变得只能掌控浮在表象的事物，而没有深刻理解或价值评判，所以需要进一步发展完善。圣吉并没有足够强调在具体行动中原因和结果、经验和思想之间的"相互测定反馈"情况。在具体的现实环境中，亟须适用"C 原则"，因为只有这样，决策制定、远景规划以及行动计划才能被看做一个过程——这一过程发起于心理洞察力，通过心理洞察力转化为无止境的创新实践，进而得以实现。此外，我们必须把学习组织理论看做"C 原则"的含蓄运用，透过儒家哲学的学习理念以及《易经》哲学的变动与适用变动理念，这一原则有着其深刻的影响力。

2007 年，国际管理专家加里·哈默尔（Gary Hamel）在《管理学的未来》（*The Future of Management*）一书中主张，在管理和组织上要进行完全自由的创新，并且要把管理实践从任何先前或早期的经营理念中解放出来。对于他来说，业务管理就是带着激情追寻持续的创新。事实上，他把管理看做解决问题创造价值的一项挑战，这一挑战首先必须激励企业组织。他把爱、正义、美丽、智慧、平等、忠诚、诚实以及欢乐设想为动机或经营管理的目的。毫无疑问，一个带着高度浪漫主义愿景的管理学未来，可能是一个相当"后现代主义"的未来。但是，把管理看做创造性的发明，通过激情来敦促并且能够带来欢乐，这本身就是十分重要且鼓舞人心的。然而，我们不能把该创新方法简单地看做人性化管理，因为这一思考技巧或思考方式的问世源于某种方式的高科技和新科学，诸如互联网和生物医学研究。因此，我们可以把它看做人性化管理和理性化管理的自由合成，尽管我们可能产生这样一种印象——把该管理风格看做哈默尔所提倡。鉴于转变加速、竞争强化、信息数字化以及知识商品化，他倡导整合和优化值。实际上，这些情况的确充斥于今，但是我们是否应该像他倡议的那样放松管制、使用低成本劳动力，并且采用无等级组织呢？这些依然是期待大家回答的问题。

世界经济和供需市场到底如何变动？这一点我们不能进行有把握的预测，实际上，局势总是波动的。因此，根据世界局势的总体稳定程度——这一稳定程度不仅关乎经济，而且还关系到政治以及其他诸如宗教和文化等因素，我们可能仍然要采用高劳动力成本和严格的规章制度。此外，哈默尔在这一点上是正确的：他预测到了世界局势正在加快转变，这一转变必将对我们经营管理企业的方式产生迅捷而强大的影响。他的另一个正确观点就是把管理效率跟管理效益相对比。对于他来说，后者可能更为重要，并有可能在未来的管理中取代前者。但是另一方面，如果我们在此应用"C 原则"作为理解和预测的方式，我们将会清晰地看到，在管理上，效率和效益两者都是同等重要的，因为每一方都倾向于不同的关注，在达到结果的效率方面关注开源，在管理过程中关注核心竞争力。

相同地，我们必须注意到，在一个自由社会里，正如米尔顿·弗里德曼（Milton Friedman）所坚持的，企业业务作为微观经济活动的一部分有着其自身的目标——获取利益最大化。一个企业是否缺乏营利的兴趣将是一个严肃的问题——纵然这一企业被创造性地挑战所激励，饱含激情，并且目的就是取得成功所带来的刺激和欢乐。社会的组织结构方式似乎有着一种固有的趋势或推动力，为了其生存与持续发展，必须谋求经济利益。因为管理并不单单是热情和革新，所以我们必须把它回归到正常的需求。这就意味着我们必须适用"C 原则"，在具体的经验和知识的基础上，整合自由和原则、理性和情感（欢乐）以及创新和改造，这样我们未来的管理才将是合乎常识的，也将是创造性的自我实现。

八、基于"C 原则"的、作为中国管理哲学的"C 理论"

鉴于近代西方管理理论变革的上述讨论，我们同样也希望知道到底什么样的管理理论内容是来源于中国哲学的观点。我之所以要提及中国哲学，是因为我们必须要有作为哲学反思的管理理论，这一理论基于的是一个民族的一般背景和特定的传统。即使我们进入了世界管理的全球化时代，在理解过去的经济崩溃以及其他限制的基础上，如何去关注过去的经验、如何坚持改革以及如何最终去创建一种管理模式，这些都是需要我们认真考虑的重要问题。因而，我们必须管窥中国哲学，这样我们才能形成一套有用的管理理论——这一理论能够被认为是中国哲学对现实世界各种焦点和问题的切实关注。顺着这一思路，我们仍然不要忘记，根据"C 原则"，西方和中国都面临着超越与整合的问题，因为两者都需要面对理性化管理与人性化管理的超越与整合需求。正是从这个角度，也是为了实现"C 原则"，我们目睹了从德鲁克到哈默尔的管理理论进化历程。但是，他们是否自觉地使用这一原则就是另外一个问题了。

现在，我们能够指出中国哲学的历史传统是如何进行超越并整合成不同形式的。事实上，我们能够看到后期的中国哲学基本代表着汉朝以来的创造性集大成。举例来说，董仲舒（公元前 179—公元前 104）的哲学理论是从古典儒学发展而来，同时也汲取了道学和法学的精髓。另一方面，魏晋时期的新道学是由老子、庄子以及《周易》（作为纯化了的命理）发展而来的。当我们窥探公元 6 世纪至 10 世纪的隋唐时期时，我们就会发现，中国佛教当中的天台宗、华严宗和禅宗等都是从印度佛教以及中国的道教、儒教发展而来的。如果不了解道（方式）、无（空）、有（存在/现实）、礼（原则）、气（物质的载体）、心（心态）以及性（特性）这些概念，那么就不能解释或理解中国佛教的禅宗以及其他分支。同样，对于宋明时期的新儒学，如果要充分读懂朱熹和王阳明，就只有先深入探究道教和中国佛教。事实上，正是朱熹发展了一个渗透着理性原则的创造性本体宇宙论的缜密系统，这一系统能够应用到儒教、道教以及中国佛教，因为它受到了其中每一个学派的影响并从中汲取了精华。王阳明时期，佛教禅宗发展至其顶峰，这在他的知行合一理念中有所反映，这一理念植根于人类深层的"心—性"。我们能够看到，尽管朱熹和王阳明可能代表着新儒学思考的两翼，但他们的反式集成（超融合）可能就是现代学习理论和道德共同体理论最终的哲学或形而上学的根基和源泉。

当我们涉及现当代中国哲学时，不同因素间——这些因素包括中国哲学的多样化衍生传统以及从古典到现当代时期西方哲学多样化衍生传统的影响与灌输——的动态互动与融合为鼓舞人心的哲学见解提供了丰富的内涵，这些不同的内涵能够进行全面的整合，甚至有机系统化，最终被创造性地运用到当代理论当中来进行决策、领导和管理等。我们应该注意到，透过这些发展和成长，认同本体宇宙论这一质朴见解以及最终现实（上帝和道）与《易经》（《周易》）哲学所体现的人类之间的差异，仍然是中国哲学所有主流形式永恒的、基础性的本体宇宙论指导原则。

本体宇宙论指导原则把超过了所有既定有限特殊性限制的最终来源确定为总源泉，据此能进行创造性的理解，也能有序发展，同时也能取之不尽、用之不竭地不断完善创新。当从本体宇宙论的氛围中抽象出来时，这一原则恰恰就变成了被称做"C 原则"的方法论原则。从这个观点来看，中国哲学不同阶段的不同形式就能够被解释为采用"C 原则"的"C 理论"，因为在历史发展过程当中，它们是多样化预先存在因素创造性合成的创造性结果。

现在，我们能够把"C 原则"运用到管理方面的中国哲学的形成过程当中来，一旦我们认识到了多样化的、重要的、决定性的因素或功能——这些因素或功能指的是进行决策、领导和管理等人类行为——这一管理方面的中国哲学就变成了"中国管理哲学"。基于观察和调查，在管理形成和操作的具体环境中，我们的确能够认识到下列管理因素及功能：

1. 为企业设立的目标作出决策。
2. 把决策当成推动力进行领导。
3. 在公开的竞争领域进行验证或发展。
4. 对产品生产进行验证或发展。
5. 巩固人才队伍，培养价值观以共享。
6. 以反馈作为基础以期完善和进步。

7. 自我反思改革与再造。

8. 持续而一贯地寻求改造革新的最大发挥。

鉴于这些企业功能以及管理行动的行为根由，我们能够运用"C原则"来使这些功能反式集成，并把它们系统化成一个创造性的合成理论，就是我们所知的"中国决策方法、领导和管理'C理论'"——在《C理论：中国管理哲学》中它最初得以介绍。不用详细探讨，这些系统化的理论或是理性化的系统就把上述的因素和功能转化成了下列理论组成部分：

C1 创造力 1 伴随着计算与承诺。

C2 创造力 2 伴随着组织与领导。

C3 创造力 3 伴随着合作与竞争。

C4 创造力 4 伴随着创新与改进。

C5 创造力 5 伴随着协调与沟通。

C6 创造力 6 伴随着包含与循环。

C7 创造力 7 伴随着停息与不停息。

C8 统合 C6 与 C7 而为宇宙动静之源，万物创生之根。

针对该理论的系统化，如下几个重要的方面值得考虑：

1. 基于《易传》当中阐述的道家"阴阳"理念，每一个功能都被认为是附带两个极端的创造性力量，两个极端意味着：阴极与阳极；被动与主动；结构与过程。

2. 作为五种创造力的五种功能形成了五种力（五行）的生成顺序，五行可以溯源于八卦的自然顺序，而八卦又是起源于被看做创造力最终源泉的太极。因此，我们就产生了一个五种创造力生成顺序的系统，这一系统同样也包含着这些力的平衡及反作用顺序。因而，"C理论"在这里就有了五种创造力的下列形式，以传统的名字命名为：土、金、水、木、火。这些创造力系统产生了 C6 所指明的流通系统（循环），也产生了作为运动（动）与停息（静）扩大化形式的生存（生）与自然结束（息）这样的最终创造力，如图 2 所示：

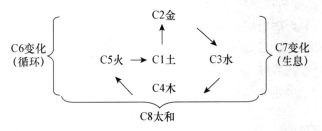

图 2　创造力系统

3. 随着五种力的形成——在五种力的生成顺序框架里，代表着可能产生的多样化互动方式，同样也意味着相关的管理素质——我们能够目睹管理工作的五种功能，这些功能彼此相符合，并能通过平衡计分卡一类的测量手段来进行验证与加强，如图3所示：

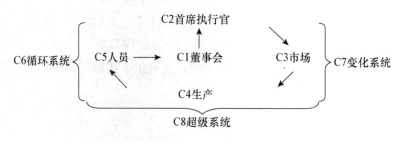

图3 五种功能的互动

4. 在书中，我已经阐明了：根据整体有机系统的系统动力学——随着不同程度的整合与渗透，将要对系统动力学进行控制与配合——每一种创造力的两个维度如何需要进行协调这一问题。平衡和协调不同管理职位上投入的这些力不仅是一门艺术，而且也是一种洞察视角。通过共同学习和培育共同愿景，作为超级经理人的领导能够驾驭整个系统，能够与人们一起构建或重建整个系统。因此，"C 理论"作为一个反式集成系统，应该整合德鲁克需求与目的的观点以及圣吉通过学习来增长与调整的观点。这是因为整个理论和整个系统都被我们设想为是一种起到协同作用的理论和一个经营者相互依存的系统。

5. 在书中，我也进一步阐释了：按照其发展潜力和相关用途的哲学解释，在深化和拓展相关理解方面，每一种创造力如何能够形成并特定化。因此，C1 通过道教价值（道家）与管理相关联；C2 通过法家价值（法家）与管理相关联；C3 通过战略家的价值（兵家）与管理相关联；C4 通过墨家价值（墨家）与管理相关联；最后，C5 通过儒学价值（儒家）与管理相关联。至于 C6，我们把它与《易经》的创造循环价值相联系，而 C7——此处需要最高智慧——我们把它与禅学的最终作出决策的价值相联系。

6. 伴随着上述释义，一旦深入学习了中国管理"C 理论"，它就会在应用过程中变得更为灵活。因为我们能使用该理论把现实映射到一系列位置和关系中去，同时运用潜在力量进行发展和增长，目的就是为了产生 C1 所检验的最佳结果。当然，在其运作上，该处所言及的系统意味着以 C1 为中心，但是我们能够轻易地把系统转变到以 C2、C3、C4 或 C5 为中心，这取决于我们要服务于什么样的最佳目的以及要达到什么样的最佳目标。

总之，根据上述阐释的内容，我们能够看到：通过对"C 原则"的采用，中国管理"C 理论"提出了人性化管理与理性化管理相得益彰进行创新的有机统一。我们能把这一系统和理论理解为是实用而深刻的，套用哈默尔的理念，就是未来的理想化管理系统。我们期待这样一个系统能够成为未来管理的象征，因为该系统建立在一个整体系统创造性变革和创造性适用的范例基础之上，以其固有之势进行创造性转化和创意创新。

2010 年 11 月 8 日

目　录

第一章 C理论的基本内涵

第一节 管理的哲学省察

从哲学的角度来考察，管理是一个复杂的过程，它具有一定的发展阶段，分为不同的层次，并形成一个整体的系统，以达到一个综合的管理目标，而预测与决策则是整个管理活动的灵魂。

一、管理过程论

管理是一个复杂的动态发展过程，它具有以下五个特点：目标性、方法性、投入性、时空性和发展性。

首先，管理具有目标性，它体现着管理的方向和价值。

其次，为了目标的实现，就必须有计划和方法。

再次，管理是一种意志的投入，也就是说，管理是一种人的意志的行为，这种行为是在知识和智慧基础上进行的。因为管理之达到目标，乃是有组织、有系统、有计划的行动，同时也是一种理性的选择，一种理性和意志相结合的行为。

又次，管理需要在时间和空间中去实现自己的目标。管理当然需要一定的空间，但这里需要强调的是，时间比空间更重要，因为时间可以展开空间，如何掌握时间、掌握未来，这才是关键。例如，所谓市场的占有率，同时包含着时空性，是一种用时间开拓空间的行为。

最后，管理是一种不断改善、不断完美的过程，是一个"净化"的过程，即在管理经验的学习当中，自觉地去作一种改良和改善，因而使管理达到比较完善的目标。

总而言之，管理是一个复杂的、动态的过程，它是人类改变生活环境、提升生活品质、开拓生活空间、创造生活价值的行为过程。如果用在个人身上，则是一个改善自我、创造自我、提升自我的行为过程。

这里，我们特别要强调管理的创造性，因为管理是人的意志和智慧的投入。通过管理，人们去改变环境，改造世界，创造新的生活，也创造了新的自我。

同时，还要强调管理的整体性，因为管理是各种要素的综合。以上说的五个特点，以往的管理学说都只是分别涉及，在 C 理论里则把它们综合起来说，从管理的目标出发，进而讲到计划和方法，讲到意志的投入，讲到时间和空间，最后讲到完善和发展。这就在总体上把管理当做一个复杂的、动态的、不断创造与不断发展的过程。

二、管理阶段论

从历史上看，有目标、有组织的行为即为管理，但是要达到高度自觉的管理则要有一个发展的过程。这一过程可以分为三个阶段，即文化管理阶段、科学管理阶段和哲学管理阶段。

第一阶段为管理的文化时代，也可以称为人文管理时代。这一阶段管理的主要内容是个人管理与国家管理。其特点一是伦理性，讲个人的修身养性；二是整体性，从个人讲到国家与社会的管理。这一阶段的管理以中国古代诸子百家的"治国治人之道"为代表。

第二阶段为管理的科学时代，也可以称为科学管理时代。这一阶段的管理内容主要是经济管理。其特点一是理性，二是分析性。这一阶段的管理即以 20 世纪以来的现代西方科学管理模式为代表。

第三阶段为管理的哲学时代，也可以称为后现代管理、超时代管理、管理的后科学时代，即哲学管理时代。这一阶段的管理，是要综合文化管理与科学管理的长处，把伦理与管理、文化与科学、感性与理性、整体与分析通通结合起来。这就是本书所阐述的"C 理论"的管理模式。古代的管理是在文化的基础上发展起来的。到了现代，由于工业革命，目标性的突出，对效果的追求，管理在经济发展当中扮演了很重要的角色。古代的文化管理在政治等领域发挥了很大作用，而现代管理显然是以经济发展目标为重点。科学管理一开始就是经济发展的结果，是把科学的因素应用到经济事业中去。这就是所谓现代的管理。在这种现代管理的理念之下，工业化、市场的相对自由化，具体性的知识得到加强和发展。在这些条件之下，管理出现了专业化的趋势。与此同时，由于科学技术的发展，使生产方式发生了很大变化，产品的质和量都有很大的提高，形成了管理的现代化。所谓管理的现代化就是科学管理，从文化的基础走向科学的基础。

科学管理的局限性在哪里呢？首先，它的目标太单纯，就是为了经济发展、追求利润，是一种功利主义的目标，经济上的功利主义，对于社会、文化上的发展不是很讲求。第二，从方法上看，它只利用到科学的方法，就是运用科学知识和技术来建立管理模型，甚至把人、财、物、事都纳入到管理模型中去，来达到一定的目标。当然它讲究效率，但它的短处就在于不能在方法上运用和发挥各种管理资源，不能兼顾各种管理对象的特性，尤其是人的特性。第三，在投入方面，它基本上是以科学作为基础，所以完全是理性的，对于人的精神作用不够重视，所以在主动性、推动性、自我的启发性方面有很大的限制。最后，在自我完善方面，它受技术面的影响，尽管有组织的系统工程，但它对人的多方面的潜能的开发，还是欠缺的。所以这种科学管理是现代化的成果，同时也就带上了现代化的缺点。

现在我们进入第三个阶段，管理应该同时结合文化与科学，对文化有新的自觉，对科学也有新的自觉。如何掌握文化资源和科学资源，来达到管理的目标，使管理本身成为一种生活的学问，文化生命高度创造开发的一种学问，同时也是科学技术高度利用开发的一种学问。一方面可以说是后现代的，另一方面也可以说是超现代的，是结合传统与现代、文化与科学的管理，我称之为哲学的管理或后科学的管理。

哲学管理是在后科学管理阶段来重新吸收古代文化管理的精华。在传统文化中，存在着许多管理的智见和义理资源，例如中国古代的治国之道、治民之道，在18世纪和19世纪以前就发挥了很大的作用，只是后来被科学管理所掩盖了。我们对历史文化中的管理资源要作新的认识、新的觉醒，对其中所包含的积极因素，例如人的因素、整体的因素，要有一个新的认识。科学管理的最大问题在于没有关于"整体的人"的理念，因此往往带来对环境生态的破坏，对人的自然本性的扭曲和压抑。就是说，既破坏了人的外在环境，又破坏了人的内在心灵——一些人只向钱看，只是为了钱的单一的目标，造成一个商业化的、消费型的以及权益独占和金钱主宰一切的社会，这是科学管理所带来的必然后果，也是它的局限性。在这种情况下，我们要有一个新的自觉，回过头来看看文化管理过程中的人的因素，对人的重视，对环境的重视，我们要用这种文化的觉醒和新体验，来补救科学管理所带来的外在的和内在的生态危机。

如果完全讲科学管理的话，就没必要考虑到环境的因素，就会造成生态的不平衡，破坏了海洋，破坏了空气，破坏了河流、水资源，破坏了人的很多美感因素，而不自知且不自觉。但人类需要生活在一个美好的整体环境之中，需要整体感，需要内在的主体感；而在科学的管理当中，只有客体感，只有部分感，只有一个单一的目标，这是它的缺点，现在我们应该加以克服。

人文管理的特点在于它没有经过一个工业革命，不能够运用严密的科学技术和严格的科学方法来达到目标。在我们今天看来，科学技术还是需要的，但应该把它结合在文化的目标里面。这就是我所说的后现代或者超现代的管理。

哲学管理是人文管理与科学管理的综合。从管理系统来看，它是结合科学与文化，结合独特性与一般性，结合理性与历史经验。从发展来看，它是鉴于科学管理所带来的两种危机——人文危机与生态危机——而作的一种反省。

我们知道，管理所包含的东西是十分复杂的，它是人改变自然、改变社会、改变生活、提升自我的一个复杂的过程。在这样一个前提之下，管理不能只有一个单一的经济目标。在第一阶段的文化管理当中，既涉及自我修养的问题，也有国家管理，所谓"治国平天下"，涉及社会责任意识问题，但就是缺少一个突出的、专业化的经济管理。与之相对，科学管理突出了经济管理这一层次，但它缺少了个人修养和社会责任的管理。文化管理也可以说是一种伦理型的管理，而科学管理却是一种非伦理型的管理，把伦理因素通通消解掉了。

今天我们所说的哲学管理，是结合文化管理与科学管理的超现代管理，结合伦理管理与经济管理的综合型管理，再加上对整个社会与国家的目标作长远考虑的这样一种管理。其中包含着大系统、中系统和小系统的联系。这样的管理结合文化与科学、伦理与知识、个人与社会，同时达到个人目标与群体目标，乃至更大的社会文化目标。

换言之，我们必须了解，经济管理也好，企业管理也好，都必须要有文化的基础。因为任何管理的目标、企业的目标，最后都应该是为了推动社会的进步，改善人类的生活环境。从现实来看，有些企业显然需要淘汰，但由于我们正在发展中，故我们不知道那些企业该如何控制。譬如核子发电，即使排除它用于战争的可能性，也要考虑它对环境所带来的威胁，我们要考虑整个生态的平衡问题。有些企业虽然很赚钱，能够推进短暂的经济发展，但它对我们长远的社会发展、文化发展是否有利，这是我们需要考虑的。我们要发展出那些不破坏生态环境的企业、保护生态环境的企业、节省能源的企业、推进生活发展的企业，既能维护生态平衡，又能促进人类生活的逐步改善。维护生态平衡方面，企业要考虑资源的再生和利用，它所排出的废料、废气、废水，不至于把我们生活的环境变成一个"垃圾场"。企业在促进生活的改善方面，其正面的作用要大于负面的作用。

对上述问题的思考，标志着管理走向了哲学的时代，或曰哲学的管理时代，超过了科学管理，并不是要放弃科学管理，而是把科学管理与文化管理结合在一起，从而使每个民族能够利用它自己的文化历史经验，产生一种管理特色。这种特色管理至少对它自己有用，而且包含着一定的普遍性，也可以逐渐世界化，成为一般的管理经验和管理理论。科学管理只是一般性的管理，它不考虑文化因素，只是纯粹理性的考虑。但如果我们把二者结合起来的话，一方面使管理变得更加有效，而且考虑到长远的利益，维护到生态平衡，能够促进社会更好的发展；另一方面管理本身是多元的，不同文化可能会有不同的管理特色。就中国而言，中国文化一定有中国的管理特色。我们千万不能沿袭成见，以为管理就是科学的管理。其实管理是人的高度发展的一种自觉的行为，我们应该把科学管理和中国文化的经验相结合，展现出中国的一种管理特色、管理精神。这种中国特色的管理精神，就是本书所要讨论的"C 理论"。

当然，每一种文化都有自己的特色，都能够发展出自己的管理精神，但这种精神能否对世界管理有所贡献，就要看它是否具有某种普遍的人性基础，是否更适合人类发展的需要。我们中国的管理精神——C 理论，就具有这样的品质，因此它的适用性很强，既具有中国的特色，又具有人类的普遍性；既具有文化因素，又包含了科学精神，同时具有一种对世界的吸引力和世界化的潜力。美国管理代表了科学管理，日本管理比美国管理更进一步，结合了一些中国文化的因素，也展现了日本民族的文化精神，但它所能够挖掘和展现的文化资源还不够深，也不够广。基于中国文化和中国哲学的中国管理体系应该具有更多的活力，因为它可以参考美国管理和日本管理而建立起来。就此而言，一个理想的中国管理，应该是管理哲学时代的理想典型。

三、管理层次论

从纵向看，管理是一个动态的发展过程；而从横向看，管理则是一个复杂的结构。这一结构由手、脑、心、道四个层次组成，涉及管理的运作与组织等各个方面。

第一个层次是手的层次，这是管理的最基本层次。实际上，西方语言中的"管理"一词，即 Manage，本身就是来源于手（Manus）的动作，指手的运用、操纵、控制、驾驭等，后来才演化成管理、处理、经营、安排等含义。以此为词根的词还有：Manipulation（操作、操纵、控制）、Manoeuvre（运用、运作）等。这些，都与手有关。管理就是一种布局的能力、操作的能力、控制的能力、指挥的能力、推动的能力，简言之，是手的运作能力。

工具则是手的延长，人用手来制造工具、使用工具、操纵工具。管理就是运用工具来发挥效益，所谓"工欲善其事，必先利其器"，工具是管理的硬件设施。人类的发明，从简单的工具到复杂的机器，直到今天进入电子时代、信息技术、办公室自动化、多媒体传播，等等。

但是，工具和机器都是由人来操作的，人通过手来操作机器，具有操作的技术、技巧、技能。因此，手（包括手的延伸——工具与机器）可以看做管理的第一个层次。

管理的第二个层次是脑的层次。手的操作是由脑来控制的，需要脑来作出决定，进行指挥。脑这个层次的管理是更广泛的管理，它的发展性更高，灵活性更强。脑所具有的能力是一种知识的能力，它能够进行研究和探讨，开发知识，发展知识。脑可以自觉地掌握现实，计划未来。

西方的管理哲学其重点放在脑和手上，从 19 世纪末到现在，可以说都是脑和手的高度发展，科学技术的发展就是脑的发展，所以也可以说西方的管理是一种脑的管理，用脑来操纵手，用手来操纵机器。正因为有脑，才有手的提升以及工具和机器的现代化。脑在管理中的重要作用是显而易见的。

脑之上还有一个层次，就是心的层次。所谓心的层次，就是要掌握人的主体性和主体之间的互动性。人不仅具有脑的理性活动，而且具有心的情性活动。这种情性活动，透过心灵的感受和经验，能够产生管理的能力，在行为上能够发生作用。

人与人之间的沟通，不仅限于脑的沟通、手的协作，而且是心灵的感应、情意的互动、相互的协调。心是一种历史经验和价值理念的运用，从这个意义上说，心的管理更广泛、更具有整体性，很难脱离历史的经验和传统以及群体的文化精神。

心的管理与脑的管理的关系，大致相当于哲学管理与科学管理的关系。哲学不仅可以包含物质，包含科学，而且可以包含精神，包含艺术，包含宗教，是具有整体性的人生观和宇宙观。因此，心的管理是一个更大、更完整的层次。

在心之上则是道的层次。道是一种本体的存在，它是自我圆满、自我创造的。心可以把道作为模范，来发展管理；可以通过吸收道的精神，来充实心，并用之于管理。从宇宙发生论来讲，心的原始根源就是道。中国的哲学，特别是《易经》哲学、道家哲学，就是从这个角度来看的。道对于心来讲，既是一个源泉，又是一种模范、一个理想，同时也是一个可以学习、吸收和借鉴的对象。

道是管理的内在基础。在实际的管理操作中，虽然道不是管理的具体层次，但是它是管理的一个理想境界。就此而言，道是管理的最高层次。达到了这样一个层次，这样一种境界，管理就变成一种不需要管理的管理了，"无为而无不为"，自然就做得最好了。

对此，我们在法家与道家的比较中可以看得更清楚。在韩非子的法家哲学中，为君者即主政者自觉地建立法律，推行法治，就可以达到"无为而无不为"的理想管理境界。但是，法家与道家有所不同。法家是以"法"作为管理的理想境界，强调法治的基础；而不能像道家那样完全放弃法，听任道本身自我的发展。如果真正达到了道的境界，人的因素应该减少，甚至完全放弃，无私无欲，道法自然，这就是管理的理想境界。

上述手、脑、心、道四个层次可以分别从主观和客观两个方面加以讨论与了解。

从主观方面看，第一个层次的管理可以说是信息管理，主要是运用信息、运用工具、运用机器。信息管理可以自动化，不牵涉思想的作用，完全是一种行为的安排。第二层次我们称之为技术管理，它主要是了解信息、组合信息、优化信息、发展信息。如果说信息管理好像是设计好的程序，技术管理则是创造新的程序。就像使用电脑，一般人只是使用设计好的程序；如果没有技术，已有的程序一改变或者情况发生了变化，电脑就无法使用。而电脑工程师则可以创造新的程序，所以技术还是很重要的。第三个层次是知识管理，就是掌握知识的理论来改进技术、发展技术。就像电脑运用，可以建立基本语言并发展新的语言程序来改变技术，这就是知识的运用。它可以掌握更多的概念来达到技术的改进。第四个层次则是智慧管理，就是运用智慧来发展、发挥、运用知识。智慧管理是整体的，它能够统合不同的经验和知识来逐渐发展一个活动性的、开放性的、有效性的知识系统。它使知识能够合用，能够举一反三，具有推展性。

主观的信息、技术、知识、智慧都是管理人的一种心智状态，是一种管理的主体结构。但它必须成为一套能够学习、运作的东西，别人能够遵循的东西，这就是管理的客体化。从这个方面看，第一个层次是程序，即可以把处理信息的方法变成程序。第二个层次是规律，即能够把技术变成规律（规则），规律可以掌握程序，就像技术可以掌握信息一样。第三个层次是原理，即把知识变成原理，原理可以掌握规则，就像知识可以掌握技术一样。第四个层次是体系，这是智慧的运用，是客体化的可以遵循的根本性的、持久性的法则，不但可以维护原有的法则，而且可以产生新的法则。

从主客观的结合来说，体系和智慧是相配合的，原理和知识是相配合的，规律和技术是相配合的，程序和信息是相配合的，它们相互结合的基础是作为本体的道。道是宇宙人生最根本的真实，最后的根据，它来自于客观的宇宙和人的本性。从中国哲学来看，道的本体同时表现在宇宙、生命和人性上，这正是道之所以为道的特点。

四、管理系统论

管理是一个系统，管理系统由以上四个层次所构成，图示如下：

客观方面	层次	主观方面
体系	道	智慧
原理	心	知识
规则	脑	技术
程序	手	信息
工具	器	程序

如图所示，这是一个上下互通、左右互动的系统。所谓上下互通，从上到下看，是道控制心，心控制脑，脑控制手；智慧影响到知识，知识影响到技术，技术影响到信息；体系能够带动原理，原理能够带动规则，规则能够带动程序。从下到上看，信息的吸收能帮助我们改进技术，技术的实践能够帮助我们带来新的知识，知识的发展则代表着智慧的增长；程序的需要能够帮助我们改进规则，规则能够帮助我们发展新的原理，原理能够帮助我们重新规划体系；手能促进脑的发展，脑能促进心的发展，心能促进道的发展。

从左右互动看，信息和程序能够互动，技术和规则能够互动，知识和原理能够互动，智慧和体系能够互动。作为主体的管理人和作为客体的管理实践也是互动的，管理人能够制定管理的各种规章制度、程序规则，而规章制度、程序规则也能够规范教育管理人。就此而言，左右互动也是内外互动，主客体互动。

在上述互通和互动过程当中，管理的结构和过程获得了一种创新发展的活力。因为这种互动，不论是从上而下，从左而右，从内而外，还是从下而上，从右而左，从外而内，其信息的来源都是一个客观的外在的世界，在主观上表现为新的信息、新的技术、新的知识、新的智慧。外在的世界之所以能够不断被表现，是因为它本身是一个变动不居的世界，其变化的因素在人的主观层面就表现为信息的变化、技术的变化、知识的变化、智慧的变化；与此同时，也就产生新的程序的需要、新的规则的需要、新的原理的需要、新的体系的重新组成的需要。换言之，管理系统正是应外在世界变化和需求的结果。如图所示：

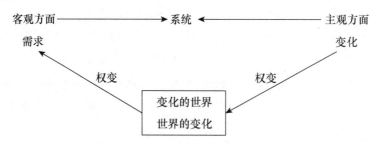

此外，在上述系统中，不仅存在着上下互通、左右互动，而且还存在着多层面的互通与互动。例如，体系不仅可以影响到原理（上下互通）和智慧（左右互动），而且可以影响到知识、技术与信息；智慧不仅可以影响到知识（上下互通）和体系（左右互动），而且可以影响到原理、规则与程序。其余类推，就是说各个层次之间都可以多向地沟通与介入。

由此我们看到，管理所涉及的面是相当广泛的，不仅是同一个层面的互通与互动，就是不同层面的互通与互动也是可能的。换句话说，这里面涉及管理不同层面的切入与超越的问题。管理的问题不能只在一个层面上解决，例如，解决技术的问题就不能只停留在技术的层面，也可以从其他层面来解决。我们要提倡从多层次上去考虑解决不同层次的问题。因为管理是一个过程，其中一定会产生大小不同的冲突与矛盾。这些问题不管是市场方面的、生产方面的，还是人事方面的，都可以通过上述不同层次与面向的互通，来取得更好的解决。具体来说，对于管理上的问题，我们首先要看这些问题发生在哪一个层次、哪一个方面，或者哪几个层次、哪几个方面，从而作出正确的"诊断"，找出问题的所在，提出解决的方案。

概而言之，我们要建立管理的动态系统观，来帮助我们解决管理的各种问题，使管理本身得到完善和发展。这样，管理也就获得了本体论的意义，从而发展出一个既平衡又具有动态性的管理体系。这一体系能够形成管理系统内在的和谐，从而发挥整体性的、持久的功效。对于管理系统的观察，还有一点重要的补充，那就是在这一个系统之内，越低的层次越能自动化，越高的层次也就越能自觉化。低的层次，像信息—程序层次，很容易自动化，输入电脑，自动操作。所以，管理应该形成这样的原则，那就是低层次的管理应该尽可能自动化，高层次的管理则尽量自觉化。必须指出，目前在关于管理问题的讨论中，这两者往往不分开，例如，许多学者主张"自动化管理"，这个见解当然是很好的，但所谓"自动化"只是相对机械、工具、信息而言，而相对于人的心智、智慧、知识，那就很难谈什么"自动化"，因为它一定涉及选择意志和意识修养的问题。所以高层次的管理我们必须讲"自觉化"，它是一种经过自我内涵的修养所进行的随机而又具有自律性的管理行为和管理活动。这种最高的境界用孔子的话来说，就是"随心所欲不逾矩"。我们在要求管理者做到自觉地自我管理的同时，对被管理者也施以适当的教育，鼓励他们自觉地解决自身的问题，也许这就是一种自觉化的"自动化管理"吧。

五、管理目标论

科学管理只讲单一的目标，而哲学管理却强调目标的多元性，但多目标并不是一种散漫的目标的排列，而是一种有机性的目标的结构。在管理当中我们一定要掌握一种目标结构，形成一个内涵丰富的目标结构模型。这一目标结构至少包括三个层次。

首先，在管理目标中最重要的层次是终极目标，即管理的宗旨，也就是管理的精神方向。日本管理虽然很强调精神目标、最高指导原则，但往往表现为口号，作为方法的运用。例如涩泽荣一的"《论语》与算盘"，这当然是一种发现，以《论语》作为民间伦理的界定，能够帮助我们达到一种具体的成功获利的目标；但它突出的还是算盘的作用，把《论语》也当做算盘，把文化当做工具，并没有真正掌握文化的精髓。日式管理和美式管理不一样，就在于它把文化问题提出来了，但它把文化看成是工具，把伦理也看成是工具，把哲学也看成是工具，并没有看到伦理、哲学、文化本身所包含的更深刻的价值——人的价值。正因为如此，日本管理虽然也讲文化，所谓"企业文化"，但不能有效地促进日本社会创造性的发展，也不能对人类社会作出提升性的贡献。所以，日本可以成为一个经济强国，但不能成为一个文化强国。它的经济管理虽然很强，但政治管理还是问题多多，从自民党内部的腐败，到新党的摇摆懦弱，它找不到自己的文化目标和文化理想。

美国管理所追求的终极目标，则是以经济来掌握权力，具有很强的权力欲，一方面是掌握经济实力，发展科学技术，另一方面从经济权力转向政治权力的扩大，经济意志变成政治意志、权力意志，这正是西方文化发展的潜在的欲望。由于没有深厚的人文文化与道德哲学，必然会带来自我发展和扩张的限制，因为世界不可能永远屈服在权力意志之下，也不可能永远在争权夺利中求取生存。

中国管理即我所说的"C理论"，在结构上更深刻地考虑到管理的终极目标，因为它能够深刻地了解文化管理和科学管理的长处及其所带来的问题，更能够完整地涵盖科学管理和文化管理，因而更具有普遍性和世界性。我们所强调的管理的终极目标，就是要为提升人类生活品质，促进人类社会共同的进步服务。任何管理组织、管理行为，都应该考虑这一终极目标；任何管理方法、管理方式，都不应该离开这一终极目标。"道也者，不可须臾离也，可离非道也。"（《中庸》）

管理目标的第二个层次，就是专业的工作目标，这是基于知识、基于现实所发展起来的目标，是一种实践的目标。任何一个企业或事业的目标，除了一般的文化性和终极价值性之外，都有自己的专业性，这一专业目标是企业或事业的规划、分类的基础，就是你选择做什么行业。现在人类从生产事业慢慢发展到服务事业，生产事业有很多分类，服务事业也有很多分类。这种目标是基于人对生活的追求，专业化的追求，基于人的知识和需要，成为一种工作的目标。这种工作目标有两个作用：一是能够有所收益，就是能够带来经济的利益，满足生存和生活的需要；二是反过来又能够促进知识的发展、技术的发展。例如选择电脑作为企业的发展目标，制造电脑、软件和硬件，它会带来经济利益，因此人们就有积极性，不断提高和改进技术。

第三种管理目标的层次，是时间性的目标，就是在一定的时间过程当中要完成什么项目、什么工作。

管理的目标结构至少要考虑到以上三个层次。目标结构健全，才能更进一步适应环境，利用环境，促进管理的发展，达到管理的目的。

六、管理决策论

管理是一个不断决策的过程。如果说目标是管理的终点的话，那么，决策就是管理的起点，它是在对管理目标认识的基础上所作的决定。管理必须以决策为基础，一方面要有正确的对外在世界和自我能力的认识，同时还要把握特殊的环境和条件，来创造实践目标的基础和根据，并且要建立一定的组织来推动和发展，实现管理的目标。从这个角度来说，决策确实是管理的灵魂、管理的核心，西蒙（Herbert Simon）关于"管理就是决策"的观点是正确的。

而我要进一步强调的是，决策是管理的起点，任何管理都必须从决策开始，并且要在决策中不断加以考察。再者，所谓"决策"也不是单纯地作决定，而是明智地去认识客观的环境、主观的条件，进而创造一定的组织来达到选择的目标；因之它本身又代表目标的选择、方法的选择，在一定时间、空间中实践的推动能力。从这个意义上来讲，决策也可以说是整盘的计划、通盘的把握。

管理是一个从制定决策，到实现决策，到再决策的过程。所谓决策就是寻求一种价值来作为改变环境、提升生活的一种方案，这一方案必须通过一定的时间过程来完成，这就必然牵涉起点和终点的问题。起点和终点之间具有连续性，管理就是一个连续的决策和实践的过程。

这一过程，我们可以借用《易传·系辞上》的一段话加以描述，它谈到人类社会的发展，对天地之道的认识所产生的一种人文的创造，就是一种对管理哲学的认识：

> 化而裁之谓之变，推而行之谓之通，举而措之天下之民谓之事业。
> 化而裁之存乎变，推而行之存乎通，神而明之存乎其人，默而成之，不言而信，存乎德行。

在这里，"化而裁之"说的是管理的开始，有一个整体性的决策；这种决策实践起来，就是"推而行之"；决策实践用之于人，就是"举而措之天下之民"；然后我们对自己行为、实践的过程作一个检讨、评估，就是"神而明之"；在此基础上再决策、再实践，取得成功，就是"默而成之"。所以管理行为应该从"化而裁之"的"变"，到"推而行之"的"通"、"举而措之"的"用"，再到"神而明之"的"明"、"默而成之"的"成"的过程。

这一过程也涉及实际的利益和功用，用《周易》上的话来说，就是"变而通之以尽利"，"变"和"通"结合在一起，就能够产生利益和功用。

这样，我们通过对《周易》人文化成的认识，来说明管理的深层次的哲学意义，即从决策、实践，到再决策、再实践，以达到改善人生，促进人文发展的最高目标。

第二节　《易经》哲学的管理学诠释

《易经》哲学是一个理想管理系统的基础，这同《易经》哲学本身的特点是分不开的。《易经》哲学把宇宙看成是一个动态的整体，提出阴阳对立、两极一体的宇宙模型、创造性的辩证思维、"观"的认识论、感应价值论，再加上一整套成熟的预测决策方法，这些都为管理提供了有益的启示。

一、整体宇宙论

从哲学的观点看，整个宇宙自然是一个最真实的、复杂的、具有生命力和发展性的、动态的存在系统。就其运行发展、新陈代谢来看，宇宙自然也可以说是一个具有内在结构的管理体系。当然，这样说是把自然宇宙拟人化、人为化，是把管理的概念运用到宇宙自然上面去。这样说是否可以？我认为是可以的。自然宇宙生生不已，不断更新，就像有一个内在的力量在推动着它的变化；同时它的新陈代谢也代表着一种深层的内在平衡，时间上的循环和空间上的对称，以及所包含的动态的和谐。凡此种种，都可以证明它确实存在着一种管理上的智慧。

我们可以从自然宇宙中看到动态的管理系统，反过来，我们也可以把管理建立在对自然宇宙的了解的基础上，当然这种了解要具有管理的价值，要有发展性、创造性，这正是中国《易经》哲学精髓之所在。

我们知道，关于自然宇宙的哲学有很多，有的认为宇宙是一个趋向死亡的寂灭系统，有的认为宇宙是一个作为工具的机械系统，等等。像这类的自然宇宙哲学是无法作为管理的基础的，因为它们不能够凸显出管理的内在特性。从这里我们也可以看出中国《易经》哲学的现代价值。中国的管理经验就是来自《易经》哲学，来自《易经》哲学所表现出来的一种深度的智慧。《易经》哲学所具有的生命力和创造精神，不但根植于对宇宙的了解之中，而且还来自于对人生、人性的了解之中。它不仅把握了宇宙自然的本质，而且把握了人存在的本性及其特质，再把它延伸到管理，说明管理的经验及理想。

管理是一种人的行为，但最高的管理在其人为当中又具有一种自然。换句话说，在人的有意识的行为当中实现一种意志的自由，而又合乎存在的自然原理，既具有一种内在的约束，又具有一种内在的自由。所谓"无为而无不为"，自然而又自由的理想，这正是《易经》哲学的深度所在。

现代人的现代性在于人如何对自然既驯化又融合。人从自然而来，又改造自然以适应自己的生存需要，而在改造自然的活动当中，又必须保护自然，才能真正保护人类的存在。这就是所谓的"生态伦理"。现在人们开始了解到生态平衡的重要。人可以促进乃至实现宇宙的内在平衡，却绝不应破坏宇宙的内在平衡。现代文化往往过分机械化、理性化和权力意志化，表现在大量的工业污染问题上，以致往往破坏了宇宙的生态平衡，所以这种"现代性"是有局限的。真正"现代性"的现代化也就是"后现代化"和后现代化所包含的"现代性的人文化"，为了解决这方面的问题，需要更全面的管理哲学。《易经》哲学正好提供了适应这种"现代性的人文化"需要的管理哲学的理论基础。

《易经》哲学最根本的思想就是认为宇宙是一个整体，是一个动态的、开放的，而又内外、上下、左右各部分相互联系、相互贯通的整体。所谓"动态的整体"，就是指宇宙的事物不管如何缤纷繁多，都有密切的互动和相互的影响，每个事物都在自己运动，而都有一定的背景和网络，别的事物影响着它，它也影响着别的事物。个体性和整体性是相互联系的。整体性不能用封闭的态度去了解，因为整体包含着时间和空间，包含着时间的流动和空间的整合，所以不应该有任何的限制。整体不应该限制于任何固定的格局，而应该不断打破格局。

《易经》哲学的整体宇宙观包含着五个原则：

第一，同一根源的原则，认为世界上的任何事物都是来自共同的本源。

第二，相互依持的原则，认为世界上的任何事物都是相互联系、相互影响的。

第三，动态发展的原则，认为世界上的任何事物都是处在运动变化、开放发展之中的。

第四，深度和谐的原则，认为事物的发展是以和谐与平衡为目标的。

第五，循环回归的原则，认为事物的发展是回归到原始的根源，然后再发展、再创造，循环往复，不断发展。

这种动态的整体宇宙观是中国人在其长期的文化经验和文化实践中体验出来的，具有中国的特色，任何中国人及其管理活动都不可能不受到这种宇宙观的影响。这种宇宙观正确地表达了宇宙的内在特性，体现了人与自然之间以及人与人之间的相互交往，是一种互动的关系，具有明显的或潜在的全人类性（世界性），同样为现代人所必需，为现代管理所必需。

二、两极一体论

《易经》哲学的整体观必须从两个对立面去了解。《易经》哲学的特点就是把整体看成是事物之间的一种关联，而事物之间的关联最根本的就是两极之间的对立和联系，从而形成一体。佛学讲缘起之说，重因重缘，因此认为事物本身没有本性，没有主体性，最后的结论是万事虚无、万物皆空。而《易经》看到事物相互联系、相互影响，其目的就是要说明事物的实在性、包含性和创造性。事物由于各种原因而结为一体，从而发挥内在的潜力，产生一种创造力，这种创造力从根本上说就是一种生命的活力。万物相互依持，互为条件，相互作用，相互影响，互为背景，正说明了事物的实际存在，以及事物本身具有创造力。人就是这样一种创造物。人是万物的精华，是宇宙中各种条件、因素相互结合的最高产物；而人在宇宙中演化出来之后，又能够进一步去发挥宇宙的创造力。肯定万物的实在及其创造性，正是《易经》哲学与佛教哲学的根本区别。其实这种区别也可以看成佛教哲学中的"空"，就是《易经》哲学中的生命创造力；佛学以回归于空寂为善，易学则以发扬生命创造力为善。

在西方哲学中，亚里士多德有"四因说"，即用"质料因""形式因""动力因""目的因"去说明世界万物之间的联系。《易经》哲学的创造论的宇宙发生论，则认为万物都是创造发生出来的，而以两极一体作为其存在的形式。换句话说，事物的产生和发展源于两种力量（即阴、阳），这两种力量不断分化，不断组合，再分化，再组合，事物就不断地向前发展。这种阴阳结合的两极一体观念，就成为宇宙发展的基本形式。两极一体的动态发展过程，就是《易经》哲学的基本思想。

那么，怎样去了解"两极一体"的基本思想呢？所谓"两极"，就是根据中国文化经验的观察，万物皆可以从"阴"和"阳"两个角度来了解，就是说任何一个整体都可以看成是阴阳的结合，找到阴阳就可以找到整体，找到整体就可以找到阴阳。什么是"阴"和"阳"呢？"阴"就是阴影，"阳"就是阳光。阳光投射在地面上，显现出万物的形象和背景，没有这样的投射和显现方式，万物也就不成其为万物。实际上，阴阳既具有现象论又具有本体论的意义。我们可以把现象的东西本质化，从而成为存在论或本体论。因此，我们可以把"阴"理解成一种静态的、无形的力量，"阳"则相反，是一种动态的、有形的力量；"阴"具有潜化的作用，"阳"则具有实化的作用。按照《易经》的概括，"阴"是静、柔、无形，"阳"是动、刚、有形。

阴阳的配合是多方面的。首先体现在宇宙发展中，阴阳表现为许多对应的事物，例如水与火、山与谷，都是阴阳对立的关系，"八卦"之间的关系都是阴阳关系。但阴阳本身又是一个和谐的整体，是为"太极"。阴阳对立和谐还可以进一步体现在人事、人生、历史、社会、政治、经济各个方面。就此而言，阴阳是具有不同层次、不同阶段的，它本身从结构来讲具有不同的层次，从发展来讲则是多元的表现，必须这样来了解阴阳，我们才能从阴阳来了解世界的事物。

进而言之，《易经》"两极一体"的宇宙系统，其含义有很多，不同的平面上有不同的两极一体，而各种平面合起来也构成两极一体。从哲学上看，《易经》的宇宙系统是一个动态的、复杂的、多层次的系统。作为系统，它是一个整体性的结构，又是一个发展的过程。从空间来看，它作为一个根源性的系统，其生命力和创造力都是没有权限的，所谓"於穆不已""生生不息"，就说明天道之创造生命是无穷的、没有止境的。在这个动态系统中，其根源就是"太极"，这个根源不断发展下去，就成为宇宙之道、天地之道。在这里，"道"是指动态的意思，"太极"是指根源的意思，太极和道相合为一，就是《易经》的系统。这是一个唯一的系统，也是一个变化的系统，它呈现在天地和万物的构成之中，并且有其内部的力量在不断地推动着它的发展。

由于宇宙的发展是一个动态的过程、自然的过程，这就构成了它的时间性。时间是生命创造发展的过程。《易传·系辞》里强调所谓"时"是一种活动，这种活动所创造出来的价值对于人具有莫大的意义。时间实际上是宇宙的生命力所表现出来的一种活力。时间不是抽象的，而是具体的并具有创造性的。时间本身就包含着空间，《易经》的宇宙系统就是一个时间包含空间的系统，也就是从时间展开空间的系统。

正因为宇宙是一个动态的过程，所以万物都有来有去，有成有毁，有生有死，整个是一个周流的体系，推陈出新的体系。这就是宇宙表现它自身的最重要的方式，只有在这种方式之下，宇宙才能够达到它本身的价值，表现出一种最高的境界。

"两极一体"的整体宇宙观，表现在实体宇宙的形象上，既是整体性的，又是多元性的，具有相当复杂而又相当丰富的关系，而最基本的阴阳对应关系永远在不同的层次中表现出来。在这样的形象宇宙中，每样事物之间都有一种多元的相对、相应、对立、互补、互成的关系，同时也表现出冲突、紧张、相互抵消、相互平衡的作用。从整个生命宇宙的发展来看，对立、紧张、冲突都是达到更高层次和谐的过程和方式。总而言之，我们可以把事物之间的关系看成是一体分化成两极，两极经过对立、冲突，再互补互化为一体的关系。

三、五段辩证法

《易经》哲学两极一体的整体宇宙观，体现出一种辩证的逻辑。这种辩证逻辑同黑格尔的三段论的辩证法不完全一样。从一分为二到合二为一，对立相反到互补互化，再产生新的事物，应该说有五个层次，即整体创化→阴阳分化→多元发展→冲激补充→推陈出新。

这五个层次具体体现在《易经》的宇宙模式之中，如图所示。

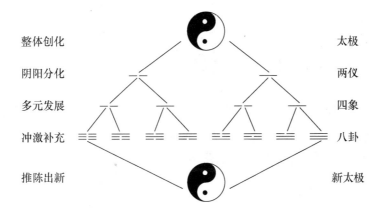

整体创化　　　　　　　　　　　　　　　　　太极

阴阳分化　　　　　　　　　　　　　　　　　两仪

多元发展　　　　　　　　　　　　　　　　　四象

冲激补充　　　　　　　　　　　　　　　　　八卦

推陈出新　　　　　　　　　　　　　　　　　新太极

这里的五个层次也可以说是五个过程，这五个过程也可以说是内在的，即整体化、两极化、多元化、互补化、再整体化。这五个过程对于管理来说是很重要的，举凡组织更新、市场发展、生产活动、人事协调、规划决策都要经过这五个过程。这五个过程是宇宙事物发展的根本过程，也是管理活动的根本过程。

需要注意的是，这五个过程是相互联系的，你中有我，我中有你，在每一个具体过程中，整体化不能取消，两极的分化不能取消，进一步的多元化，多元之间的实际的矛盾与差异，以及多元之间所引起的冲激，冲激之后的调和等，都是不能取消的。

冲突之后的和谐，也是我们特别要强调的。不是没有冲突，冲突之后还要建立和谐。西方的特别是马克思的辩证法，其重点是放在冲突上面，但冲突只能当做一种用。所谓"和"，并不是和稀泥，而是一个过程，它并没有否定竞争、冲突、紧张、矛盾的阶段，它显示与肯定的是经过竞争、冲突、紧张、矛盾所成就（又达到）的和谐。没有矛盾，没有冲突，怎样达到和谐？但我们不能因此而否定和谐作为内在的目标。宇宙作为一个整体，存在着阴阳的对立，由于多元化而产生冲突，最后一定走向新的和谐，建立新的整体。

我们这里的"整体化"包含着不同的个体。如上所述，原始整体要经过多元化，而多元化就是多元个体化。整体与个体之间的关系，并不是有整体就没有个体，或者有个体就没有整体。整体是个体形式的根本条件，个体则要结合成更高的整体，二者之间是相互需要的。我们要发展动态的、立体的思考。如果只是从非动态的、平面的思考出发，往往就会认为有整体就没有个体，或者有个体就没有整体。那是把整体和个体抽象化了。把整体抽象化，有整体就没有个体；把个体抽象化，有个体也就没有整体。

实际上，个体和整体是在事物的具体发展过程中发生的一种关系。整体一定引起个体，一定引起多元的个体化；而多元的个体一定会经过冲激与和谐化的过程，冲激产生和谐，和谐产生新的整体，新的整体创造新的价值、新的文化，然后又出现多元化的现象，这就是宇宙的发展过程，人类历史文化的发展过程，也是管理的发展过程，因为管理就其本质来说是创造性的，它的特征是通过经济、政治、社会的角度来处理一些人类的行为，来达到一种既定的理想目标。就此而言，这一过程所体现的辩证法可以称之为"创造辩证法"。

《易经》哲学的创造性辩证法与西方传统的冲突辩证法相比，如上所述，同黑格尔的辩证法是不一样的，同柏拉图的辩证法倒有接近之处。柏氏的辩证法是往上升，最后掌握整体；它并不否定整体，并且是多元的，其包含性与融通性比较强，而且不那么机械。这些同《易经》哲学的创造性辩证法，有着某种共通之处。但柏拉图的重点放在抽象的提升，《易经》的重点却放在具体的落实，二者是不一样的。

四、"观"的认识论

《易经》哲学形成的过程是一个长期观察、体验、认识宇宙的过程，经过了充分的考察、观察和认识。这种认识的可能性是由于它所认识的对象——宇宙——是一个整体。所谓"观"的认识是由整体到细部，再由细部到整体，就是通过整体与部分之间的融合来了解事物。中国人从《易经》的角度认识事物，其最大特点是一定要抓住整体，从事物的个别部分来了解整体，把握了整体再来看具体事物，从前后左右来考虑整体性、完整性以及个别事物在整体中的地位。

"观"作为整体性的认识过程和认识方法，它既是人类认识事物的能力，也是事物展开从而表现自己的方式。因此"观"有两个方面：一个方面"观"是由人来观物；另一方面，物能够被人所观，那就是物有可观之处。可观的东西一定是整体的，从整体掌握部分，从部分掌握整体。所以，宏观和微观总是相互依存的。人们观察事物首先总是从宏观出发，了解整体；然后再从整体来了解部分，这就是微观。所谓微观看到的也是部分的整体性，是从整体性来了解部分。

"观"的认识论与现代科学的认识论不完全一样。《易经》的"观"主要是宏观，即为整体观，所强调的是不断地在整体和部分之间去造成一种平衡与相互了解，这比较接近现代诠释学的观点。科学的"观"却总是分门别类的，虽然也追求一个统一的观点，但实质上是化约论的，而且是化约在物理科学的层次上的。另外，《易经》的"观"的对象是形象宇宙，带有人的主体的心灵感应，而科学的认识论是首先掌握部分，然后再掌握整体，即首先了解部分的知识，然后再把它们扩大拼合成整体的知识。但是，在扩大拼合的时候，小的整体里面有部分的知识可以运用，而在大的整体里面，原有的部分知识就不够了。所以，科学的发展，到一定的程度就需要更新，因为面对的整体扩大了，原有的认识就需要重整。从托勒密的天文学，到牛顿的物理学，到爱因斯坦的相对论，再到当代的新物理学，都是这样逐渐地推进发展起来的。

科学的认识一靠客观的观察，因而否定主观性；二靠抽象的原理，因而否定形象性。科学的知识是一种抽象的知识，它具有控制的能力，但是它不考虑、不包含主体的活动（包括主体的感受能力和思维能力），如果要包含，则把主体物体化。同时，它也不包含形象的宇宙，因为在科学的认识看来，所谓"形象的宇宙"只不过是人的主观感觉，例如"太阳从东边升起，在西边下山"之类，实际上从科学的观察来看则刚好相反，是地球而不是太阳在运动。当然对人的视觉和人的主观知觉，科学也有一套非主观的解释。

《易经》哲学的"观"的认识论则包含了形象宇宙，即包含了主体对客体宇宙的主观感受，其特点在于不去把握实体化的结构，不去把握部分事物背后的抽象规则。《易经》的这一特质说明它要发展的是"生态学"而不是"物理学"。但是生态学可以包含物理学，而物理学则不能包含生态学。同理，"观"的认识论可以包含科学认识论，而科学认识论则不能包含"观"的认识论。

从管理上看，如果从物理学的观点出发，就会否定人的主体活动，不重视形象或者行为的后果，弱化人的主观感受。像西方早期的管理（工厂管理），就属于这类物理学的管理。中国的管理重人，但却不是狭隘的"人事主义"。所谓狭隘的"人事主义"乃是完全忽视外在环境的感应因素，一切以人的感觉为准，在市场开拓上面，在生产发展上面，就不那么积极。中国《易经》管理哲学是生态学的、宇宙学的，它把人的因素、互动的因素、主观与客观的不同因素，完全包含在一起，进而在统一协调的基础上寻求一定目标的实现。

这种"观"的认识论，同《易经》哲学的整体宇宙论、两极一体论以及创造性辩证法结合在一起，构成了《易经》哲学独特的思维方式。这一思维方式具有两个过程，一是分化的过程，从一分为二到二分为四，四分为八，八分为六十四，等等；二是融合的过程，从多融合为六十四，六十四合为八，八合为四，四合为二，最后融合为一。分化的过程是从客观的事物当中找出差异、察觉差异，从理念上看，是在进行分析；融合的过程则是在不同的事物当中找出彼此的关系，进而逐渐形成一个整体，从理念上看，是在寻求统一。从分化到融合，又从融合到分化，正是事物发展的内在形式。必须注意的是，分合是同时进行的：分在显中进行，合则在隐中进行；分在隐中进行，合则在显中进行。我们往往知显不知隐，知分不知合，这是不符合《易经》的整体动态思维方式的。

这种分与合、显与隐的动态思维方式在决策上是很重要的。因为决策包含了确定目标与实现目标两个方面，确定目标就需要分析环境和各种条件，这是一个分化的过程，而又隐含了融合的可能性；实现目标则要投入到实践当中，结合主客观条件加以实现，这是一个融合的过程，而又隐含了分化的可能性。前一个过程就是计划，后一个过程就是实行。这两个过程正是《易经》思维方式的展开与运用。

五、感应价值论

万物在其发展过程中，有的能够充分发挥其内在的创造力而得到发展，有的却不能发挥其内在的创造力而有所偏失，这就产生了一个好坏利害、吉凶祸福的问题，也就是价值论的问题。人为万物之灵，能够趋利避害，能够进德修业，能够把握自己的生命；而这些都是通过作为主体自我的人与作为客体的天地万物之间的感应而体现出来的。从根本上说，《易经》的价值论实际上是一种主客互动、相互决定的感应价值论，它体现了主客体之间是和谐还是不和谐、有冲突还是无冲突、趋向和谐还是趋向冲突的感应关系。这种感应价值论具体体现在功利价值（趋利避害）、道德价值（进德修业）与本体价值（把握生命本体）等三个层面上。

《易经》具有强烈的功利价值，其六十四卦，三百八十四爻，卦卦言吉凶，爻爻言祸福。所谓吉凶祸福，说到底是对人的利害关系的评估。从《易经》的卦辞、爻辞来看，人们所得到的为"吉"，所失去的为"凶"，而得到的是有利于人的生命发展的，失去的是有害于人的生命发展的，"悔"是人们没有获得利益时的心理感受，"吝"则是人们没有避免伤害时的心理感受。推而广之，整个《易经》中的价值判断用语都是对人们利害得失关系的描述。"吉"就是得、利，"大吉"就是大得、大利，"无咎"就是无利无害、无失无得；"凶"就是失、害，"大凶"就是大失、大害，"厉"就是得小失大、利小害大；"悔"和"吝"都是小失，"悔"是没有得到利时的小失，"吝"则是没有遭到大害时的小失。

在现实中，功利价值的实现总是受到一定的客观条件、时间空间及因果关系的影响和限制，可以说是一种结果主义或后果主义。但是人的行为还有另一个向度，即可以从人的内在生命出发而作出一种主体性、价值性的选择。这种人的主体性的、价值性的决定，基于人的自由意志的决定，正是道德行为的基础。所谓"自由意志"，就是人可以依据其内在的本性和认同的目标，来作出选择和决策。就此而言，所谓"道德价值"就是生命主体自我创造的价值。现在的问题是，这种体现在人们内心的道德价值究竟有没有行为的有效性？答案是肯定的。因为在《易经》的宇宙观里面，人是宇宙生命的延长和突出的体现，所以人就能够基于其内在的本性，来参与并实现一种创造性的活动，尽己之性，尽物之性。

《易经》对道德价值的重视，表现在强调生命的创造不已，即"生生之谓易"，而"继之者善也，成之者性也"。生生不息、创造不已，这就是善，就具有道德的价值。如何达到善，关键在于人们能否掌握宇宙变化之机。《易传·乾卦·文言传》透露了这种宇宙变化之机，也就是善的四种方式，即"元、亨、利、贞"。"'元'者，善之长也；'亨'者，嘉之会也；'利'者，义之和也；'贞'者，事之干也。"如果人能够把握这种宇宙变化之机，这种原始的善，并在实际生活中加以发挥，这就是"体仁"。"君子体仁，足以长人；嘉会，足以合礼；利物，足以合义；贞固，足以干事。君子行此四德者，故曰'乾：元、亨、利、贞'。"所谓君子，就是以人的自觉，来处事处物，把宇宙的价值转换为道德的价值。所谓"体仁"就是体天地之仁，就是依据元者之善来尽人之性；"嘉会"就是把宇宙万物的和谐运用到人事上，从而产生一种协调的礼乐社会；"利物"就是把万事万物之间相互依存的关系运用到人类社会，从而产生一个合情合理的社会组织；"贞固"就是体会天地长久之道，从而从事各种社会活动，让社会不断发展下去。

由此看来，道德价值实际上是人对宇宙本体价值的体验，并进行创造性投入的体现。从根源上看，这就是所谓"天人合一"，从自觉的天人合一来实现理想的天人合一，从尽物之性到尽人之性，最后达到尽己之性的最高道德目标；而这个最高的道德目标实际上也是最高的宇宙目标：与天地同生，与天地同化，与天地同创。

所谓"本体价值"，即为宇宙生命本体达到和谐的潜力，即生命自身的创造力。本体自身就具有价值，它是人可以追求的目标，可以享受的状态，可以安顿的境界。价值具有本体性，它是生命存在的方式、理解的方式、发展的方式。我们一般说的价值就是真善美，而真善美三者是统一的，它们从不同的角度体现了本体的存在；"真"体现了本体存在的一致性，"善"体现了本体存在的和谐性，"美"则体现了本体存在中主体的完整性。同时，也可以把三者都看成是一种和谐，"真"是事物内在的和谐，"善"是部分与整体的和谐，"美"则是主体与客体之间的和谐。总而言之，真、善、美都是本体创造性和谐的体现。

本体价值、道德价值、功利价值三者是相互联系的。其中，本体价值是前提，是一切价值的内在基础，是最高的价值。道德价值则是主体的行为方式，它是作为主体的人在对宇宙生命本体取得认识之后所选择的行为方式，是人的投入和参与，要全面考虑到人的行为的动机与效果。而功利价值在其现实的层面上往往只是考虑行为的效果。为了达到既定的目的，有人往往可以不惜采取任何必要的手段。所谓"兵不厌诈"，就是纯粹以后果来要求方法，为了达到好的后果而采取欺诈的手段。这从纯粹功利上讲当然是可以想象的，这等于是采用了一个 rule，一个游戏规则或一个策略。既然是一个游戏规则或策略，那么就谁都可以采用。然而，这种游戏规则或策略的采用，应该而且必须有一个必要的底线（下限）。这个底线，就要由《易经》所强调的道德价值和本体价值来把握。在商场，我们还要讲商业伦理；在战场，我们也要讲战争伦理，讲国际公法，包括不能够任意杀人，不能够杀平民，不能够用残酷的手段杀伤对方，不能够毁灭与战争无关的文化及历史古迹，等等。而这些也正是生命、文化、价值转化提升之道。这表明，即使是在功利的价值里面还是有伦理制约与本体精神的。

这在管理上很有意义，它警示我们：只有把握本体价值，才能把握道德价值；而只有把握道德价值，才能把握功利价值的下限。这样，我们才能够维护经济活动的一定范围，使它不会因为手段而丧失目的，使人不至于在经济活动、管理活动中变成机械性的工具。现在我们在管理活动中的最大问题就是把人工具化、机械化。这就是我们现在之所以要强调人性管理的根本原因。所谓"人性管理"就是在肯定功利价值的同时特别强调道德的价值。而从《易经》的观点看，我们还要进一步强调本体的价值，所谓"人性管理"必须建立在"本体管理"的基础上，才能使人性永葆善性、真性和美性。

这里我们需要作一个特别的分析。为了取得更高的功利价值，我们应该运用道德，应该讲究人性，应该发挥内在的伦理关系。也就是说，我们应该而且可以运用伦理来促进管理，来达到经济发展的目标。但是，从本体的眼光来看，伦理应该是在管理之上的更高的目标。人性是管理的一个重要的因素，并且是能够使管理获得成功的重要因素，但是管理并不是人性的最终的目标，人性用于管理最终是为了实现人性。我们既可以用人性来达到管理的目标，更应该用管理来达到人性的目标。换言之，我们可以运用伦理的手段来促进企业公司的发展；但企业公司的发展，其最终的目标却在于实现人类社会的伦理价值或文化价值，从而达到一个真善美的人类社会。

六、预测、决策论

传统的看法是把《易经》看成一部占卜之书，对此我们要具体分析。

首先，不能把《易经》仅仅看成是一部占卜之书。不错，《易经》的确具有占卜的功能；但是，它的价值却又不仅仅在于占卜。《易经》的价值主要在于它揭示了宇宙万物的本相，提供了一个整体和谐发展的宇宙观，从而帮助人们了解世界、把握未来。这样，它能够作为占卜之用也是很自然的了。因为宇宙万象的变化包含了过去、现在和未来，人为了把握未来就利用《易经》来占卜。占卜作为一种实用的预测方法，是从《易经》的宇宙观中自然发展出来的，当然也有人们所可以应用的一面。所以，《易经》具有占卜之用，但又不能仅仅限于占卜之用。从管理哲学的观点来看，我们应该着重把握的是《易经》对于宇宙万象的说明性，以及它在本体论架构和方法论上的意义。这样，我们才能把《易经》正确地运用到管理上，使之发挥广泛的作用。

其次，我们不能把《易经》的占卜看成是神秘主义的。《易经》之所以能够发挥预测的作用，并不是它本身有什么神秘的力量在帮助我们去揣测未来，而是有其内在的哲学理由和根据，否则就变成迷信了。在今天科学昌明的时代，我们一定要强调《易经》哲学本身所包含的基于周遍观察和动态思维的科学性与逻辑性，从而正确把握占卜的预测功能，把它作为掌握世界变化的可能方法之一而适当地体现出来。现代的预测，例如经济景气预测、气象预测等，都是基于科学的定理而对事物或事件发展的可能性所作出的推断。一般地说，对于自然现象的预测准确率很高，但也存在"测不准"的情况（在现代物理学中，就有所谓"测不准定律"：当固定一个变数时，就不能固定另一个变数）；对于社会现象的预测，由于其变数复杂，其"测不准"的情况就更多了。占卜是对人际关系的社会现象的预测，存在着极高的不准确性。这样，占卜还有没有意义呢？答案是肯定的。占卜对未来事物的发展所作出的预测与了解，是在没有确定知识的条件下，并在发展的过程中，不断自我审定和自我修正，提供一个拟似的信息参考系统，一个事物可能变化发展的方向，并为人们基于社会现象的不准确性而采取主动的态度，积极参与事物的变化，而达到发展的目标。

需要强调的是，我们必须真正把握《易经》占卜的精神实质。如上所述，占卜并不是要我们去掌握事物发展的具体过程，而是要我们去掌握事物发展的方向、事物发展的格局、事物发展之理，从而站在理性的立场，在经济和知识的基础上，发挥人的主动性，积极参与和推动事物的发展，这才是《易经》占卜的精神所在。《易经》占卜主要是运用在人事方面，如果把人事问题完全看成是客观的，会陷入命定主义。《易经》其实并不主张命定主义，它提倡"天行健，君子以自强不息"，强调的是人的主动性、开拓性、创造性，而不是引导人们去寻求玄妙的命运。占卜就是要人们掌握事物发展的机缘，再进一步去创造与开拓，而不是被动地等待和接受命运的安排。正因为如此，我们把占卜本身看成是具有启发性的行为，是作为主体性的人与客观事物之间互动的方式。

总而言之，对《易经》占卜采取正确的态度，就是要发挥决策的精神。所谓决策，是一种主体的行为方式，是在对外界事物认知的基础上所采取的理性的、主动的决定和选择——方向的选择和价值的选择。《易经》占卜作为一种预测方式，目的是为了使人们作出更好的决策。换言之，就是以预测来启发决策，而以决策来实现预测。从《易经》的角度看，预测与决策实际上是一阴一阳的关系。人的行为要达到既定目标，就要兼顾预测与决策，使预测与决策产生一种一阴一阳的互动作用，既使预测发挥决策的作用，又使决策发挥预测的作用，二者互补而又互成。而二者的紧密结合正是管理获得成功的保证。我们可以用下图表示。

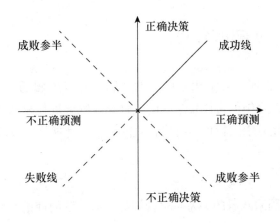

《易经》占卜具有宇宙论的背景，它假设并描述了万事万物在宇宙中的存在和发展

情况。《易经》的系统，从八卦到六十四卦，都是基于阴阳互动、刚柔相推、两极一体的模式来了解事物的。它所描述的宇宙变化，有其内在的变化逻辑，是一种辩证的过程，最后都可以看成整体之道的分化与整合，表现为阴阳的互动、乾坤的激荡、人事的刚柔、事物的进退以及各种现象的隐显等。宇宙万物的变化是一个复杂的过程，但就其阴阳互动、乾坤激荡这一基本点而言，又是十分简明的。只要我们抓住这一基本点，就可以把握和预测事物的变化。这就是所谓"乾以易知，坤以简能"，"易简而天下之理得矣"（《易传·系辞上》）。

《易经》占卜的方法论特点，则在于它是宇宙图像的投射。占卜是一种选择，但它比一般的随机性选择更有哲学的意味。这是因为占卜实际上是把整个宇宙的图像投射到某个现实的事物之中，使我们对所处的境地产生形象化的了解，启发我们对现实作出深度的解释，有意义的探索，从而帮助我们作出相关的预测，进行正确的决策。这一过程是主客观的统一，是已有经验、现实情况和未来发展的结合。宇宙广瀚无垠，存在着发展的各种可能性。在各种可能性即各种境地当中，我究竟处于哪一种境地？这就好比在茫茫大海之中，我所驾驭的这一叶扁舟究竟位于何处，走向何方？既没有指南针，也没有航海图，这时候就要观察天象，凭借天上的星座来确定自己在大海中的位置。《易经》就是一幅"天象"，一幅周天的图像，其六十四卦代表着宇宙中的六十四种可能性。占卜作为实际的操作方法，就是在缺乏知识及紧要的情况下，从各种可能性中突显出一种现实的可能性，从而使我们得到一种观照，帮助我们作出相应的决策，裁而化之，推而行之。

总之，《易经》占卜是管理预测决策的一种重要的辅助手段，它作为主体认知的方式进行预测，启发决策。只要我们正确把握占卜的精神实质，依据《易经》所揭示的宇宙图像，了解客观事物，并发挥主体的能动性与创造性，就一定能够充分发挥《易经》在管理决策中的重要作用。

第三节　C 理论的理论架构

"C 理论"是上述管理与哲学相互诠释的产物。它以中国的《易经》哲学为基础，以阴阳五行为主干，融合中国古代哲学的诸子百家，统合现代东西方的各种管理理论与学说，从而形成一个具有中国特色与时代特色的崭新的管理哲学系统。

一、阴阳五行论

五行同《易经》阴阳八卦的关系是很密切的，但传统的理论对此却不甚了解。
八卦系统图示如下：

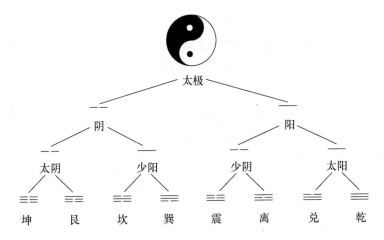

五行系统图示如下：

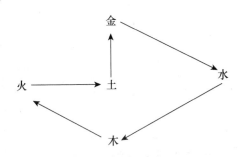

对于上述两个系统，以往人们只是分别来谈，并没有把它们联系起来。而我认为，这两个系统之间存在着哲学上的内在联系。

一是在"气"的方面的联系，它们都是对宇宙原始之气（元气）的认知。阴阳八卦系统认识的元气的动态过程，重视的是纵的层面、时间的过程，从一到二，二到四，四到八，如此等等。五行系统认识的元气的动态过程，重视的是横的切面、空间的定位，品物类聚，横贯铺呈，东西南北中，如此等等。二者从不同的角度，展现出宇宙万物多元分化、相互冲激、相互补充的客观过程。

二是在"理"的方面的联系，它们体现的都是宇宙万物发生、发展、对立平衡的内在规律。阴阳八卦系统侧重从事物的整体着眼，揭示出宇宙变化的宏观规律；五行系统则侧重于说明个别的事物，揭示事物存在的微观规律。

还有进一步的假设，五行也可以同上述《易经》哲学的"五段辩证法"联系起来，把它看成是宇宙创造力的五种表现方式，五种发展过程。"土"代表原始整体的原则，"金"代表阴阳分化的原则，"水"代表多元发展的原则，"木"代表冲激补充的原则，"火"代表新的整体的原则。经过这样的诠释，五行同《易经》哲学的关系就更加密切了。

根据《易传·说卦传》的记载，八卦与五行是互相包含、互为说明的，所谓"乾为天，为金""坤为地""震为雷""巽为木""坎为水""离为火""艮为山""兑为泽"。

在这里，明确指出了乾卦对应于金，坤卦对应于土（地），巽卦对应于木，坎卦对应于水，离卦对应于火。至于其他三卦，震为雷属于火，艮为山属于土，兑为泽属于水，整个八卦都可以用五行来加以说明，反过来也同样如此。

五行与八卦的相互包含，就是五行与阴阳的相互沟通，例如，我们可以把震卦（雷）称为阳火，而把离卦称为阴火；把艮卦（土）称为阳土，而把坤卦称为阴土；把兑卦（水）称为阳水，而把坎卦称为阴水；如此等等。

五行与八卦的对应关系如下所示：

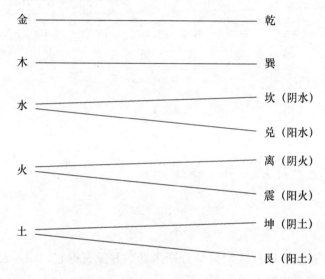

金 ——————————————— 乾

木 ——————————————— 巽

水 ——————————————— 坎（阴水）
　　　　　　　　　　　　　　　兑（阳水）

火 ——————————————— 离（阴火）
　　　　　　　　　　　　　　　震（阳火）

土 ——————————————— 坤（阴土）
　　　　　　　　　　　　　　　艮（阳土）

现在我们再从数字的内在联系来谈谈"五行"与"八卦"的关系。五与八是不同的数字，却代表了两种不同的思考。五是二（阴与阳）和三（阴、阳及阴阳所形成的交合）的综合，包含了平衡对称（阴）和交融创新（阳）这两种力量的交互为用。有人特别指出，八是三和五的综合，三和五都是奇数，两奇相加反而形成了偶数，表现出最大的平衡性和稳定性，却又包含了最丰富的生命力和创造力。以八为基础的六十四更有生命体的内在结构，不但形成了生命体的多样发展，也展示了人生和人文世界的多样状态和境界。总的来说，五行是事物横向的动态结构，八卦则是宇宙纵向的动态结构，五行表现为实体，八卦表现为现象，两者相互介入，不可分割。在卦象中找寻五行的实体，而又在实体的五行中寻找卦象，这正是阴阳五行论的中心主旨。值得提出的是，阴阳五行的交互作用中包含了整体分化和分化整合的太极原理，也包含了有无相生与阴阳转化的原则，包含了"道即太极—太极即道"以及"无极即太极—太极即无极"等形而上理解。

二、五行功能论

阴阳五行构成了完整的形象宇宙体系。在这个体系之内，五行代表着五种功能，它们息息相关，共同构成了一个有机整体的功能宇宙。在这个功能宇宙当中，万事万物不能只看成是动态的物体，因为根据《易经》哲学的理念，宇宙事物永远处在相互影响和不断变化之中。五行之所以称为"行"，就是说明它们在不断变化。当然，变化的过程离不开实体的宇宙，而实体的宇宙也离不开变化的过程。事物是变化过程的成果，而五行所代表的五种功能则是宇宙万物发生发展的基本动力。

对于事物发生发展的原因，西方哲学家亚里士多德归纳为"四因说"，来说明宇宙万物之间的联系。而我们在这里所说的"功能"（Function），指的是一个事物能够对其他事物发挥功用的能力，通过它能够促进其他事物的发生和发展。在中国哲学看来，五行是构成世界万事万物的基本元素、基本类型、基本动力，通过五行的相互结合，最后形成了千姿百态的宇宙事物。就此而言，五行的功能则涵盖了亚里士多德的"四因说"。

五行的功能在中国哲学的发展当中，逐渐形成五种范畴，成为事物的五个基本类型，例如，五声、五色、五味、五气、五脏，如此等等。这样的事物分类，既可以看成是经验归纳的结果，也可以看成是五行的演绎。五行作为一种思考方式，把任何东西都纳入这五个角度来了解。五行具有一种规范作用，因为五行作为五种功能创造形象宇宙，而我们要了解形象宇宙，当然也可以从这五种范畴（规范、类型）入手。因此，五行用在功能分析、目的分析方面比用在经验描述方面还要更加恰当。因为它本身的完整性，让我们更能够掌握规范的作用。这是一个整体性的规范，由于有这五种功能，我们才能够谈到一个整体的宇宙、整体的体系。

金木水火土都是形象宇宙中的事物，所以可以用来说明形象宇宙，就像阴阳都是形象宇宙中的现象，因而可以用来说明形象宇宙一样。阴阳五行是说明形象宇宙的基本范畴，它以阴阳为基础、五行为主体来说明宇宙。这种说明是规范性的说明，但在经验上取得证实，因而作为一种传统的宇宙观，也可以说是经验性的描述。这就是说，阴阳五行之说明宇宙，一方面是经验归纳，任何事物都可以归纳为阴阳五行。从思考方式上看，这是一种关联对应思考，即把相关的事物加以分类，然后一一纳入相应的范畴。这也是后天的经验与先天的概念之间的一种互动。另一方面是组织规范，任何事物都可以用阴阳五行来加以规范，这就可以起到一种组织的作用、指导的作用、系统化的作用。这正是阴阳五行能够在管理上发挥的作用。

在金木水火土五种功能系统中，土居于中心的地位，土作为一种根源，一种原始的创造力，而发展出金木水火这四种功能，再加上原始创造力，即为五行。其中，水与火是一种阴阳关系，金与木也是一种阴阳关系，它们都统一在包容一切的"土"的原始创造力之中。

五行之间的关系，一是相生相成，二是相克相制。五行相生，就是土生金，金生水，水生木，木生火，火又回归土，这是一个循环系统。五行相克，就是土克水，水克火，火克金，金克木，木又克土，这也是一个循环系统。这种相生相克，显然是中国人长期经验归纳的结果，是对自然现象观察的印象，是对事物相互关系的描述。所谓

"生"就是能够带动，能够促进发展，能够成为所生对象的必要条件。要成为充分条件，还必须考虑到量的问题，例如土生金，少量的土就不行，必须有充足的土才能生金。量的要求不够的话，也不能达到相生的效果。相克也一样，如果量的条件满足的话，相克的关系才能成立。而把量的条件摆进去，又产生能克和反克的关系。例如，水可以克火，但如果水的量少而火的量大的话，则不但克不了火，反而被火所克。至于生，如果把量的条件摆进去，则存在着能生和所生的关系，例如，水可以生木，但如果水的量多而木的量少的话，则不但生不了木，反而把木淹死。所以，相生相克是一种质和量的互补关系，由于质和量的变化，就会出现生或不生、克与反克等不同的情况以及不同的程度，尽管不一定完全量化。

五行功能系统是太极阴阳《易经》系统的延伸，是后者的现实表象，作为一种规范性的思考，能够发挥很大的作用。换言之，我们可以在五行中寻找规范行为的意义。运用到管理系统中，五行代表着管理的五种功能或五种作用：

第一，"土"具有统合一切的功能，因而在管理中代表决策、思考、计划、统合的作用。

第二，"金"具有刚健主动的功能，因而在管理中代表控制、主宰、裁决、推动的作用。

第三，"水"具有变化不居的功能，因而在管理中代表应变、竞争、开拓、生成的作用。

第四，"木"具有生长发展的功能，因而在管理中代表生产、制作、成长、创新的作用。

第五，"火"具有融合凝聚的功能，因而在管理中代表人事、协调、沟通、和谐的作用。

五行的每一种功能本身都存在阴和阳的关系，据此我们也可以对五行在管理中的功能进行阴和阳的划分。例如，土有阴土和阳土（卦象为坤卦与艮卦），在管理上，计划是阴而决策是阳，当然，在现实中计划离不开决策，决策也离不开计划。但是，计划偏向于知，注意信息的收集，属于静态的一面，故属于阴，是阴性的决策；而决策则是实际意志的投入，拟定方向的选择，强调意志的决定，属于动态的一面，故属于阳，是阳性的计划。

同样，金有阴金、阳金，我们可以把组织看做阴，而把领导看做阳，阴阳相辅相成。如果领导者不注意组织结构问题，那就会带来麻烦，不能真正发挥领导的功能；同样，如果考虑组织而不考虑组织所蕴涵的领导作用，那就不能真正发挥组织的功能。应该运用组织来领导，同时利用领导来实现组织的功能。

水外柔内刚，既有动态的水，也有静态的水，故水也有阴阳，其变化功能也有阴阳。变化有两种，一种是知道变，另一种是因应变。因应变又有两种，一种是被动地适应变化、接受变化，另一种是积极地控制变化，创造新的形势，故知变与应变，应变与制变，都互为阴阳。

木有阴阳，其创造功能也有阴阳。创造有两种，一种是基于已有成规的创造，是一种改良或改善；另外一种是打破常规的创造，是新的典型、新的设计、新的创造。

火有强火与弱火，其调和功能也有阴阳。弱势的协调表现为一种沟通，相互之间的沟通；强势的协调则表现为一种凝聚、一种融合。沟通与凝聚，即为人事协调功能的阴阳两面。

如上所述，我们把阴阳与五行相结合，就可以得出五对十种相互对应的管理功能。从规范的意义上，我们可以说任何管理活动都不外乎这些内容。之所以有这么大的包容性，就是因为阴阳五行理论本身具有的宇宙性、整体性。更重要的是，我们一直强调把"土"作为根源点、中心点，正体现了我们重视决策功能的宇宙论根据。决策是一切活动的开始，是所有管理活动的中心。

三、伦理管理论

传统的中国管理并没有提到管理的概念，而具有管理的事实。中国历史中传统的政治哲学就是一种管理哲学。其中以儒家哲学为代表。儒家的"为君之道""为政之道"就是一种管理哲学。儒家讲为政在己，"子帅以正，孰敢不正？"《论语·颜渊》按照儒家的设计，理想的君主应该是天下的表率，他受到人民的爱护，而他又爱护人民，关心大众福利的发展，就像天生育万物而又扶养万物一样，现实社会中的统治者必须朝着这个"仁义之君""圣贤之主"的方向去努力。因此，现实的管理活动就演变成一种主要是管理者自身的修养行为，通过这种自我修养，管理者在实际的管理活动中才能够做到大公无私，因人施教，因事施理，正确处理好人与人之间的关系，从而发挥出人的积极性，把事情办好。对于广大老百姓，则是要"庶之，富之，教之"，强调教化的作用，最后达到一种人文化成的目标。显然，这可以说是一种典型的伦理管理哲学。

儒家伦理管理哲学的基本信条是"仁、义、礼、智、信"五伦，对此，我们可以从五行的角度来加以说明。

（一）"信"的功能可以用"土"来加以说明。

土具有包容性，具有人道思想的领导者，能够对下属产生吸引力、亲和力，建立起相互依赖的关系。"人无信不立"，统治者要取信于民，必须具有仁智礼义的品德。信包含了其他四德，就像土包含了其他四种功能一样。

（二）"义"的功能可以用"金"来加以说明。

金具有控制性。管理者要实现对组织的控制，就要做到处事恰当，名实相符，这就是"义"，是一种正名主义。而儒家"正名说"的内涵就是"五伦"，五伦是一种社会组织，一种合乎人性的组织，从个人到社会，个体性与群体性结合在一起，从内在的人性结构到外在的社会组织，并发展出各种制度。

（三）"智"的功能可以用"水"来加以说明。

水具有开拓性。为政者要安定百姓，使人民过上丰衣足食的生活，就不得不考虑到外在的条件和资源的开发，以及环境的处理和人口等问题，而这些都需要通过智慧的安排。所谓"智"就是要想得周到，能够掌握外界的变化，具有充分的知识。这里特别要指出，不像有些人的误解，其实孔子也是十分重视对外界事物的认知的。所谓"智者不惑"是因为他具有知识，而不仅仅是主观的信念。"智"就是要体现为知识，并运用知识来解决生活上的问题。"智"体现了水的特点，"子在川上曰：逝者如斯夫！"水变化不居，而"智"（知识）则是对世界变化的把握，故孔子说："智者乐水。"

（四）"仁"的功能可以用"木"来加以说明。

木具有创造性。人的道德修养，最终要体现在充分发挥自己，实现自我创造。要做到这一点，当然也需要别人的鼓励和爱护，并形成一个有利于创造的环境，这就是领导者的作用。所谓"己欲立而立人，己欲达而达人"，其最终目标就是让下属能够自我实现。所谓"仁者"必须帮助别人得到成长，嘉惠于人，这就要强调教化的作用。所谓"十年树木，百年树人"说的也就是这个意思。

（五）"礼"的功能可以用"火"来加以说明。

火具有凝聚性。"礼"不仅是一种外在的礼仪，而且是人们发自内心的具有美感的行为规范。"礼"教人如何做人做事，具有高度的社会性，群策群力，使每一个个体都感受到集体的温暖，从而增强了凝聚力。"礼"与"乐"相结合，是善与美的结合，更加容易感动人心，使人有归属感、满足感、实现感。这就是"其乐也融融"，就像融融大火的燃烧一样。

综上所述，"五行"可以用来说明儒家的管理。儒家的管理是一种伦理型的管理，伦理与管理相互发生作用。传统的儒家哲学是以伦理作为管理的工具，来达到管理的目的。现代人由于社会的组织不一样，工业化、专业化、目标多元化、社会复杂化，所以管理本身可以独立于伦理而存在，我们可以把管理作为一个客观的社会活动来加以了解。但是，伦理作为一种价值因素，对于管理具有一种提升的作用，这种提升的作用就是在现代管理活动中也是不可忽视的。由于中国人具有传统文化的伦理精神，所以我们可以把伦理与管理相互结合，发展出一套具有中国特色的现代管理模式。

四、五家整合论

五行理论具有极大的包容性，一方面如上所述的可以说明儒家的伦理管理哲学，另一方面它更可以涵盖中国古代的诸子百家的管理思想，特别是其中的五家即儒家、道家、法家、兵家和墨家的管理思想。也就是说，我们可以借助五行的模式，把这五家思想加以整合。

第一，道家体现了"土"的决策功能。

道家所考虑的是如何掌握外界的事物而作出正确的决定。外界的事物既可能是客观宇宙的，也可能是人文社会的。道家强调知性、智慧性、自我的无欲无私，更能体现现代决策者的需要。

第二，法家体现了"金"的控制功能。

法家特别强调领导者的推动、号召、奖惩的能力，强调组织的作用，强调规章制度和法律的作用，强调法律的公正性、平等性，充分体现了"金"作为管理功能的特点。

第三，兵家体现了"水"的权变功能。

兵家强调策略、战略、战术以应变、制变的能力。现代的管理者面对着广大的群众、顾客、下属，面对着瞬息万变的市场，必须具有应变、制变的能力，运用相应的战略与策略。

第四，墨家体现了"木"的创造功能。

人类创造了物质文明与精神文明，而现代社会更强调"开物成务，利用厚生"的实务性的创造和发明。就此而言，墨家哲学具有极大的合理性和现代性。墨家强调生产，重视经济，提倡科学研究，具有实事求是的精神、理性思考的能力，以及逻辑的探讨，再加上它的兼爱精神，表现出一种高度群体性的功利主义。这些都可以成为现代科技发展的促进力量。

第五，儒家体现了"火"的协调功能。

我们在前面已经提到，儒家的伦理管理哲学可以用整个五行理论来加以说明，而与其他各家相比，儒家在人事的凝聚、人力资源的开发、人性的引导、人群的融合方面，即在建立一个合乎人类价值标准的人文社会方面，具有更加突出的贡献。

关于儒、道、法、兵、墨这五家所体现的五行管理功能，我们将在本书的第二章里详细说明。

五、中西融合论

现代西方管理理论对于管理功能的认识有一个逐渐发展的过程，最早是法国的管理学家法约尔（H. Fayol）提出管理的五功能说：计划、组织、指挥、协调、控制。又有人提出七功能说：计划、组织、人事、指挥、协调、报告、预算。后来发展越来越多，甚至有人把管理功能划分为十几二十个。当代美国管理学家孔茨（H. Koontz）等人则把管理功能再次简化为五个：计划、组织、人事、领导、控制。最近又有人提出"7S 理论"：结构（Structure）、制度（System）、策略（Strategy）、技术（Skill）、风格（Style）、人员（Staff）、最高目标（Supergoal）。

我们从五行的角度来看，计划属于土的作用，土统合一切，故包含计划与决策；人事属于火的作用，火具有凝聚力和亲和力，故代表人事；领导属于金的作用，金刚健有力，故代表领导；组织也属于金的作用，因为金永不腐败变质，具有稳定性，故也可以代表组织；控制则是反馈性的，体现了五行相生相克的特点。

由此看来，五行可以包含、修正乃至加强传统西方理论，更能够表现出管理功能之间的相互制衡的关系。用五行来规范管理功能，具有新的整合作用，也就是说，通过五行，我们能够更逻辑性更整体性地掌握管理的功能。与传统西方理论相比，五行理论具有以下几个特点：

其一，完整性，能够更加全面地包容和规范管理的功能与作用。

其二，有机整体性，能够把各种管理功能的关系在一个有机的网络里联系起来。

其三，动态发展性，体现出管理是一个不断求精、不断总结经验、不断自我完善的发展过程。

因此，我们完全可以把五行理论同西方管理理论相结合，而形成一套中西交融的新的管理哲学。具体来说，就是把五行所代表的五种功能进一步抽象，并用字母"C"开头的英文单词来表示，从而形成一种"5C 系统"，使它更能够包含和说明现代的管理理论与实践，更容易为现代的管理者所理解、接受和运用。

"土"在五行中居于中心的地位，故我们用英文 Centrality（C1）来表示，它相当于"7S 理论"中的 Supergoal（最高目标），但后者只突出目标性，而前者除了目标性之外还强调动源性，既是目标又是动源，所以前者比后者更具有动态性。不但如此，土还具有包含性与载重致远的能力，甚至能够孕育种子，滋养生物。因之我把土的中心能力又归纳为充分计量、全面投入与承担或承诺，用下列两个英文词来表达：Calculation（计划、计量）与 Commitment（承诺、承担、决策），两者为一动一静的关系。

"金"具有控制性，英文即为 Control（C2），从系统论来讲的话，这是一种控制体系，在一定的动力推动之下，能够把人组织起来，把事情办好。因之，金的功能也可以表述为两项：Constitution（组织、组构）及 Command（主宰、领导），同时也体现了一阴一阳相互支援之道。

"水"具有变化性，万物变动不居，而我们要知道这种变化，适应这种变化，控制这种变化，这种权变性英文即为 Change 或 Contingency（C3）。无论是自然中的变化，还是战场上或市场上的变化，都是在考验我们适应环境及超越环境与改善环境的能力。这也就是考验我们争取合作以解决问题的能力，以及进行竞争以改善品质进而克服困难的能力。因此，我提出下列两项功能为水的性能的发挥：Cooperation（合作、协作）及 Competition（竞争、比赛），当然这仍然是一阴一阳之道的发挥。

"木"具有创造性，英文即为 Creativity（C4），广义的创造性就是能够产生新的境界、新的事物、新的产品，其中也包含了不断改良、不断改进的过程。创造性表现在进行创造，但创造可以在两个不同的方向中表现，一是创新、发明或发现（innovation/invention/discovery），一是改造或改良（renovation/reform）。如果表现为英文的 C 之词，就可说为 Creation by Innovation（发明的创新或创新的发明）及 Creation by Renovation（改良的创造或创造的改良）。两者仍然有相互带动与补充的作用。

"火"具有协调性，英文即为 Coordination（C5），协调既是目标也是方法，人与人、人与事之间的沟通与协调是任何组织存在和发展的必要基础。沟通是 Communication，协调是 Coordination，两者显然具有相互引申的作用。沟通侧重于思想与语言的协调，而协调则侧重于实际职务与关系安排上的调整，当然也涉及制度与政策的可能调整，以与前者共同解决人事和谐、人力资源充分发挥（人尽其才）的问题。

由于五行的规范性和抽象性，它包含和容纳西方管理精华的潜力是很大的。例如，有关决策战略理论可以包含在 C1 之中，有关行政领导理论可以包含在 C2 之中，有关市场策略理论可以包含在 C3 之中，有关生产技术理论可以包含在 C4 之中，有关人事管理理论可以包含在 C5 之中，如此等等。这就充分表明了 5C 系统的适用性与开放性。

以五行为基础，并融合古今中西管理精华的 5C 系统，可以用下列两个图示予以表达：

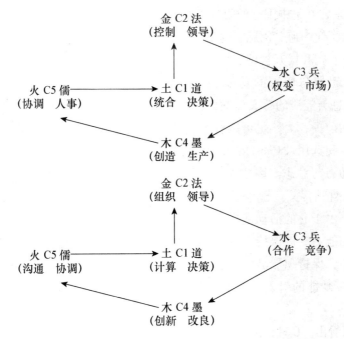

六、易、禅统合论

5C 系统基本上涵盖了管理的主要功能与作用，但对于现实的管理活动来说还是不够的。因为管理不是孤立的，不是某一项管理功能的单兵突进，而是多项功能的相互影响和相互结合；管理也不是静止的，它需要不断地总结经验教训，不断适应新的情况，有所前进，有所突破。为此，我们必须在 5C 的基础上进一步引进"易"的融合与转化功能和"禅"的超越与切入功能。

"易"即《易经》，或称《周易》，为群经之首，也是中国古代哲学诸子百家思想的源头活水。如上所述，儒、道、法、兵、墨各家实际上都是来源于"易"（参见本书之"重新认识中国管理哲学——第三版自序"），都可以用"易"的阴阳五行系统来加以说明。因此，用"易"来融合上述各家所体现的管理功能，实在是顺理成章的事情。

"易"具有融合与转化的功能，英文即为 Comprehension/Change（C6）。金、木、水、火、土，相生相克，儒、道、法、兵、墨，互补互用，而管理中的各种功能，不论是决策、领导、权变、创造、协调，皆应融合运作，否则不足以成事。这五种功能构成一个动态的循环相生关系。因而，我们把易的功能看成是既包容以至融合，又循环以至相生的自然系统运作，但也可说是一种规范性的要求，创造出条件使得一个系统具有相生循环与融合众端的内在功能。我在此也用两个 C 词来加以表达：Comprehension（包容、理解）与 Circulation（循环、周转）。两者是在互为前提与基础的情况下突显其特殊的动静相须功能。

"禅"为禅宗，乃是中国化的佛教哲学。和《易经》一样，禅是中国管理哲学的重要资源。它汲取了儒、道、佛思想的精华，而又超越了儒、道、佛思想的局限。把禅引入管理，有助于开拓和提升管理的精神境界，使管理充满灵感与活力。

"禅"具有超越与切入的功能，英文即为 Cessation/Cut-in（C7）。英文"Cessation"一词有停息与停滞的含义。在此则表达一种对运行系统即 C6 的超越；也可以说是重组与革新的前提，当然也可以有另起炉灶、改弦更张的意思。因之切入也含有生生不息的意思，我选用"Ceaselessness"（不停息）一词来表达，体现了易之变化系统中生生不息的动力与意志。因之 C7 就有从停息（Cessation）到生生不息（Ceaselessness）的发展的哲学含义。管理是一个不断提升的过程，由手的管理，到脑的管理，再到心的管理。由于心的活动面广，难免被迷惘、偏执所蒙蔽，这就需要管理者有一种超越、净化的能力，以保持内心清明纯净的境界，掌握人心及自己的心，并且在千变万化的环境中，保持超然洒脱的心态，把握时机，适时切入，最终达到真善美的目标。"易""禅"功能的引入，由 5C 扩大为 8C，这就构成了"C 理论"的完整体系，如下页图所示。

从图中可以看出，C 理论的管理系统实际上包含了三个层次。第一个层次为核心层，即"土"居中心所体现的决策管理，一切管理活动都以决策为中心。第二个层次为运作层，决策、领导、权变、创造、协调等功能相互配合。第三个层次为监护层，融合与转化、超越与切入形成一种所谓"超管理的管理"。一个高明的管理者，道德必须具有决策的智慧，进而具备系统运作的能力，最后在更高的层次上达到超管理的自我约束。这样，才能使他的管理进入化境，即达到天、地、人合一的美好境界。

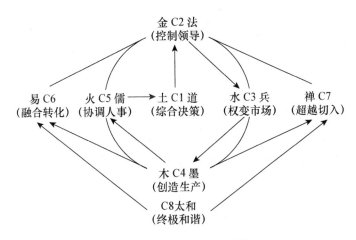

C1 = Centrality（中心点）: Calculation（计量）and Commitment（承诺）
C2 = Control（控制）: Constitution（组织）and Command（领导）
C3 = Contingency（变化）: Cooperation（合作）and Competition（竞争）
C4 = Creativity（创造性）: Creation by Innovation（创新的发明）and Creation by Renovation（改良的创造）
C5 = Human Resources（人力资源）: Communication（沟通）and Coordination（协调）
C6 = Recognizing Change（权变）: Comprehension（包容）and Circulation（循环）
C7 = Transcendence（超越）: Cessation（停息）and Ceaselessness（生生不息）
C8 = Creative Harmony（太和）

第四节　C8 概念的发现、提出与切入

在现有的 C 理论中，C 系统包含了 C1，C2，C3，C4，C5，C6，C7。此七 C 各具自身的管理功能，又与其他管理功能相互呼应形成相生互制的关联。其中 C6 与 C7 属于第二层次的系统功能，代表 C1 到 C5 五行系统的周流循环与收放自如的能力（就主体言）与功能（就建立的系统言）。在易学上则是生生不息、既济未济、时止则止、时行则行，动静不失其时，其道光明。从主宰的意义上来说，C7 已含有随心所欲而不逾矩的意思。我用禅学之禅来表达此一能力与境界，取义于禅的超脱精神，拿得起放得下。东山再起，仍然不失为英雄。如果我们进一步探寻 C6 与 C7 作为维护生态与调节生态的两个功能来看，显然我们需要统一两者的功能与能力来进行合理的、可持续的、有内在价值与发展目标的自主与自由活动，保证两者的稳定与平衡以及和谐创化机能，此即我应机形成并提出 C8 概念的基本道理。

所谓"C8"就是主宰与维持 C6 与 C7 和谐运行的本体创造力，在自然的宇宙为天地万物的自然流行，在人则为自由的自然性与创造力的自觉，一方面顺其自然，另方面发挥内在和谐化的自由，永远以和谐创造与创生的最大可能作为存在的原理。我们可称此一功能与能力为太和。在此一理解中，我们可以理解何以《周易·乾·象传》说："乾道变化，各正性命，保合太和，乃利贞"。太和之为太和，是在创发万物的活动中已有理顺万物、建立秩序的潜能，但却需要自然的反馈或人类自觉的主持来巩固、来持续，使原始的也是终极的和谐能够经过维护而充实完美以至永远。太和在此意义下实际是太极与道的概念的结合，而为中国哲学发展的最高价值与境界。

如用英文的 C 开头的字或词来表达此太和概念，the Great Concord 或 Concord the Great 应该可行，或直接用非 C 开头的 Great Harmony（太和）一词也可。由于是终极层次的概念，是不必拘泥于 C 的表意符号系统。

结合以上所说的第一层次 C1 到 C5 的五行体系，第二层次的 C6 与 C7，以及最高层次的 C8，形成了 C 理论最新的表述，此一表述可以图示如下：

此一图示显然包含了一个类似周敦颐太极图的太和宇宙创生发用功能图，但其表示方式却是自下而上，自内而外，自深密而浅显，自本体而现象。

第五节　C 理论与可持续发展的管理

C 理论也可以就可持续发展的管理来加以发挥。从 C 理论来说，管理必然是、也必须是一套可持续发展的管理；从可持续发展的需要来看，管理的可持续发展本身就是走向 C 理论的发展。因此，我们可以从可持续发展的角度来谈管理问题，来谈 C 理论建立的意义。

"可持续发展"（Sustainable Development）是一个现代的概念，意味着连续的进步、展开、扩大与品质提升。这个概念的适用原型是经济成长与能源开发。从宏观的角度而言，一个国家的经济成长反映在工业产品增长，国民收入提高，购买力增强，在国际市场上的一般竞争力也相对提高等方面。但一个国家的经济成长如果太快，生产过剩，就会造成工厂怠工，失业率上升。相反，如果生产供应减退，一物难求，又会造成通货膨胀，物价上涨。两者都会造成民生不安，社会不稳。在经济开发与发展国家中，经济的成长往往就徘徊在成长过热与成长停滞的两个极端点上，由此所造成的社会损害是可以想见的。在中国的经济发展过程中，这就是所谓"一放就乱，一收就死"的难以调控的现象。这样的说法有一个特点：它明显地标出政府调配功能的重要。这也是凯恩斯宏观经济学的要点。但仔细分析，开放的市场带来竞争过热的问题不全是政府失控的政策问题，还牵涉法律的完善与司法的严格实行等问题。如用比喻，一个是道路的建设问题，一个是驾驶的技术问题。调控只是驾驶的技术问题，而法律建设与执行则是道路的建设问题。如何在乱与死之间安排与寻找一个可持续发展而又不乱不死的前进道路是需要一套智慧的，需要借助对其他发展事物的过程的理解，甚至需要一套以宇宙与生命为基础的哲学认识与理解的。因为除了物质面的、法律面的建设外，对有各种变化因素的理解与处理都是需要深刻的、整体的对宇宙与生命的规律性与变化性（规律的动态规律性以及更高层次的动态规律性）的认识与理解。（对于第一层次的规律性言，高一层次的规律性作用可能被看成低一层次规律的反常与偶然。也就是说，我们可以假设低一层次的事件有其高一层次的规律性，但偶然的发生则可说是由一个更高规律的影响所造成的。依此类推，最高层次的偶然就是作为变化之源的纯粹的创造性的创造作用。但纯粹创造性就其概念的界定来说是必然要创造的，故此偶然又是必然的偶然。）

能源开发的问题也是一样：如果涸泽而渔，杀鸡取卵，哪来即时的新的补充？如果完全停留在细水长流的立场上，则又如何开发工业，促进经济成长，达到现代化目标？为了一个可欲的发展目标，我们必须面临开发新能源、创造再生能源等问题，使能源的供应能够周流不息，运转不断。这个能源开发的模式也就说明了"可持续发展"所包含的因子与所要掌握的问题。

在微观的公司企业经济学层面，可持续发展的概念应该指的是一个公司在合理竞争条件下的长久性的成长或营利。这其中包含了满足社会的需要与提升产品与服务的品质等要求。但一个公司企业又如何能够持续地成长呢？显然，有如国家的经济发展一样，公司管理人的决策与控制是维护公司顺利发展的一个最根本条件。但公司管理人的决策与控制必须来自于对经济大局与公司处境的充分理解，而这一理解的基础又是什么呢？显然它脱离不了对宇宙与生命、历史与社会以及自我能力与目标的深入理解。与宏观经济不同的一点是，公司管理人的知识、决策与控制对公司的发展更为重要。

就以上宏观经济发展、能源开发与微观公司成长的例证来分析，"可持续发展"应该包含几个基本的要求：维持长久的发展规模，提供持续不断的动能，从理念与经验中掌握事物变化的一般规律与变化基线，调整不平衡相反的发展状态为平衡的相成的发展状态，确认和坚持一个原则性的价值目标以为行为的基准，重视整体的关系与内在于整体的因果影响力量，发挥整体的认识创造符合基准、符合理想的成果和条件。这样的理解更可从我们对宇宙的创生与进化以及人类文明创化与发展的历史的双重观察中得到印证与说明。我们事实上可以把这一印证与说明看做一种对宇宙本体真实的理解，可说为宇宙生化过程或宇宙创化之道的理解。这样也就显明了经济发展之道与企业发展之道不但是同构的，而且都可以宇宙生化哲学及人的智能与性能的成长哲学为基础。《周易》作为一套基本宇宙本体论的重要性也就在此，因为《周易》正是基于长期对宇宙万物的广博观察而提供了这样一套宇宙本体论。言易之始！

在用《周易》哲学说明经济管理之道的宇宙论基础之前，我们先简单列出七方面相应的原理与典范如下：

宇宙论的说明	易学的用词	卦义与卦象		道德主体之道	经济管理之道
"宇宙的创造动力之道"	易道	咸 ䷞	恒 ䷟	生生不已	可持续发展
"圣人的创造动力之道"	至诚	中孚 ䷼	谦 ䷎	至诚不息	至诚为本
"认识整体的分合结构"	通变	观 ䷓	咸 ䷞	主体修持	主动调整
"切入整体的正反之道"	变通	比 ䷇	随 ䷐	调和实践	相反相成
"维护价值创造之源泉"	中和	泰 ䷊	否 ䷋	含章整体	整体依存
"追求价值的终极目标"	生生	乾 ䷀	坤 ䷁	永恒创造	和谐创造
"统合所有价值的和谐力量"	太和	既济 ䷾	未济 ䷿	自由创造	和谐统合

以下我们将就这七点所含的原始哲学含义加以疏解，并就其对主体之要求与实际的可用的管理之道加以发挥。

第一，《易传·系辞下》第一章言："天地之大德曰生。"天之德为创生万物，是为乾元；地之德为滋生万物，是为坤元。创生是从无生有，而滋生是从有到成。天地是一整体，可称为太极。太极之动，静而动，动而静，形成了一阴一阳之道，然后具化（气化）为天地分化而合一的宇宙。所谓宇宙动态的表现为变化之道也就是一阴一阳之道或简称易道。易道是生生不已的，其创造力量是源源不绝的。其所以如此是因为内含着一动一静、一阴一阳、一翕一辟的功能，此一功能就是易道的本性，是变化之道的常数，所谓动静有长，阴阳生物，翕辟成变。《系辞上》第六章有言："夫乾，其静也专，其动也直，是以大生焉。夫坤，其静也翕，其动也辟，是以广生焉。"但易道之所以长久持续是因为易道具有涵蕴万物、亲和万物、实现万物的能力，而不会因为创造了万物就疏离了万物。所以《系辞上》第一章说："乾以易知，坤以简能。易则易知，简则易从；易知则有亲，易从则有功。有亲则可久，有功则可大。"可久、可大正是乾坤创滋的德，而其关键则在于创滋而有亲、有功。作为人，我们应体知天地乾坤之德，实现这一有亲、有功的易简之道，也就是能够促进万物的生成发育、发展充实。这就要善通万物之情，深知万物之变。此即名之为通或通变。知此之为通而实践之，也就能久了。故《系辞下》第二章说："《易》穷则变，变则通，通则久。"这里所谓变是指能够主动地采取求通，又打开心胸看实践变化的态度与作为。

第二，人是宇宙创造力的载体。宇宙创造力遍及宇宙万物，但此一宇宙创造力实现或表现的是个人的知觉力、思想力、感受力、意志力、实践力。如就群体言，则表现为计划决策力、组织领导力、适应变革力、集体创新力、共识推动力等。人类璀璨的文明就是靠这些能力创造发展出来的。更就人的自我反思而言，人的本性就是这些能力集合的总体潜存状态，可谓是宇宙创造力的精华所在。也如《系辞上》第一章所说："易简而天下之理得矣。天下之理得，而成位乎其中矣。"人的存在之理就是无理的成位于人的形体。故人能明易知道，并能和天地之德成为实现人的潜力的大人与圣人（见《乾·文言传》），也如《中庸》所说的能"赞天地之化育"，"与天地参"。这也可以说人之性是天所命，所谓"天命之谓性"。但人又如何掌握其天命之性以发挥其潜存的创造力呢？

《中庸》的回答是：至诚而思，至诚而行。所谓至诚是指尽其在我的合乎人（一己）的本性，也就是力求生命之真实所在，以发挥其内涵的创造力，并以实现其最高、最大的性能与性德，此一最高最大的性能与性德可名之为至善。对此至善的理会就是明。《中庸》说："自诚明，谓之性。自明诚，谓之教。诚则明矣，明则诚矣。"又说："天命之谓性，率性之谓道，修道之谓教。"诚是率性之事，明是修道之事。两者不可分而相连贯成为人从至诚之性到至善之道的一个整体的创造活动。这就是人之为人的创造动力的源头。

第三，人在自省中掌握了创造力，还得进一步认识宇宙整体的关系结构，以适当地应用一己的创造力。宇宙的关系结构是在阴阳、动静、刚柔的一分为二、二合为一的发展过程中形成的。因而具有一定的发展层次，聚合成为结构层次。犹如人之生必有最原始的基因与染色体的分别，然后由其组合形成新的较高层次的个体。然而每一个体必须与其他个体相应存在，或相连，或不相连，或就气言，或就理言。但都是发生在一个整体的存在空间内，而标示为不同程度的依存关系或并行呼应关系，因此有所谓"云行雨施，品物流形。大明终始，六位时成……乾道变化，各正性命。保合太和，乃利贞"（《乾·彖传》）。所谓六位可看成是一物一事一行的内在结构，其为六也是由发展的观点决定的。而所谓八卦与六十四卦则可看成是物与事的外在结构关系网络。事物的关系十分复杂，当然不能定于某一数目上来作定论，而是要用整体性的关系透视来整合或辅助分析性的理解。所以一个圣人要"观变于阴阳而立卦，发挥于刚柔而生爻，和顺于道德而理于义，穷理尽性以至于命"（《说卦》第一章）。有关事物的关系结构我们不能忽视"伏羲八卦"所显示的多面平衡结构与"文王八卦"所启示的五行生克结构，用以作为主动调整自我行为以及适应客观的情况。这种认识与调整能力就是主体的重要修持，亦即从诚到明的修持。

第四，如果我们掌握事物的原始创造力是阴阳未分的太极，太极生阴生阳，是为两仪。两仪生四象，四象生八卦。则此创生过程中，已包含了相反相成的原理。但所谓相反相成可以就结构言，也可以就发展言，两者同等重要。就结构言，一个事物中就已经包含了相反的两面，由此相反的两面合成了整体的功能，故缺一不可。相反两面的关系是兼平衡、制衡、配合、调节而有之。但就发展看，事物是从一个面发展到另一个相反的面。如果不能发挥平衡与制衡的作用就会产生相反的破坏的结果或效果。如何从一个整体的立场调和此一发展就需要明智。如何明察事物变化之机，以及变化的原始起点与其方生之时的因子，更是一个需要自我修持、自我调整的智慧眼光。事物是不能不变的，所谓"生生不已"是也。但"君子尚消息盈虚"，察微见几，就能掌握事物发展的方向，并能作出相应价值目标的调整。所谓"君子知微知彰，知柔知刚，万夫之望"（《系辞下》第五章），且要知进知退，知存知亡，知得知丧，方能作出唯变所适的决定。"知进退存亡而不失其正者，其唯圣人乎？"（《乾·文言传》）易道之变，从其创造力来说是具有多元性的。所以可说是："变动不居，周游六虚，上下无常，刚柔相易，不可为典要，唯变所适。"（《系辞下》第八章）但只有智者才可以发现和共定此一所适，把自己的创造力参与到客观事物之中，达成主客双赢的成果。

第五，相反相成的最终局面是整体依存的平衡和谐状态。整体依存应是你中有我、我中有你，整体中有部分，部分中有整体。但每一个体仍有其相对的独立性，仍有参与影响全体的力量，同样全体也有改变影响部分的作用。相互依存是不要独占不要独霸，处处却以全体为重。因而能超脱出私心、私利之外，法乎天地，"备物致用，立成器以为天下利"（《系辞上》第十一章）。还有一个根本的道理：相互依存是以阴阳互补、刚柔相济为基本模式的，也就是以乾坤并建为基础的。乾坤就是互补的阴阳，相济的刚柔，是易道之所在。有生生不息的易就有和衷共济的乾坤，相反，有和衷共济的乾坤就有生生不息的易。乾坤毁，则易之生生亦毁。故万物或事物的相互依存的关系一旦销毁，则生生不已的宇宙创造力也就停止了。如何维护相互依存的关系网并因势利导是今日新生工业的重要工作。落实在实际上，就是要建立重视自然大环境、人文小环境的生态伦理，使生命创造之源能够畅通无阻，生机也就无穷了。

第六，我们要指出"和能生物"。和是结合众多资源创造出新的品质、新的事物，可以说合是生的格式与基础。所以张载说："一故神，二则化。"化则是在多的基础上化生万物。《系辞下》第五章说："天地𬙂缊，万物化醇；男女构精，万物化生。"因和而能和，因合而能化。这就是和谐的创造。和谐的重要性也于此可见。和之根源来自于太极的一体多元的精神，此即太和。而物之能和就在太和的引力，故和是与一密切结合在一起的，但却又是与分以求变联系在一起的。个人或企业的终极目标是要增加事物的和而又要在和的基础上创造新的事物、新的品质。

第七，为了使一"和能生物"的过程能够持续发展，以至无穷，在此引进"太和"的概念，以保证终极的创造的和谐力量永续不息。

以上所述的七点构成一套宇宙的创造力理论，足以说明宇宙之所以生生不息。这个宇宙论的模型完全可以用来说明个人主体的生生不息之道，也可以说明群体性的组织与管理的根本原则，故可看成是一套基本的管理哲学。这套有起点、有目标、重过程、重自省、讲回馈、知深思、识大体、察几微的管理哲学的精神是：生生不息，创造不已，在创造中力求和谐平衡，在和谐平衡中力求创造跃进，周游巡回，持续不断，绵延不绝。这也就是一套可持续发展的生命哲学与管理哲学。任何可持续发展之道都不外于此。

以上所述，是纯就《周易》哲学"唯变所适"的易道来发挥可持续发展之道。为了进行多重的理解，我们可以提问是否道家哲学也能帮助说明此一可持续发展之道。回答是肯定的。但我们也不能不注意道家从道易（道之易，非易之道或易道）的角度理解，是以回归道的本源为终极目标的。回归道的本源的方法是自然、无为、无欲、无争，甚至淡漠自化、逍遥独行。如作为完全的经营管理之道，则是完全与经营管理的目标相违的。它必须在一个整体的实现发展的过程中扮演一个调整与精华的角色。这也是我在本书第二章第十二节中所提出的静止化、清净化、超脱化的管理作用 C7。值得一提的是，道之易与易之道在本体宇宙论的理论层次上是可以沟通的，甚至可以合而为一体的。在致和的思想上更有若干相合之处。老子"万物负阴而抱阳，冲气以为和"（《道德经》第四十二章）的思想是和《周易》乾坤交泰、阴阳和谐的思想一致的。但道家在个人与群体行为上面却不能不说是与《周易》处于相反以相成的地位，而非主导与主动的地位。如果视为主导与主动则将陷于阴谋算计的指责，当然这也不妨害其为一种策略的运用手段。我们若配合以上易道七个层次看，相应于易道、至诚、通变、变通、中和、生生、太和，就可以提出道易的道易、静笃、自然、反复、无极、自化、自由七个层次。基于这七个层次，我们可以从道家的角度定义"可持续发展之道"为一个"道生一，一生二，二生三，三生万物"的过程。这个过程之能永续创造，乃在于道之动能反（"反者，道之动。"——《道德经》第四十章），更由于道能"生而不有，为而不恃，长而不宰"（《道德经》第十章），而所生的天地能够"天长地久"，乃是由于"以其不自生，故能长生"（《道德经》第七章）之故。

第二章　C理论的要素分析

第一节　深入认识《易经》管理

如上所述，西方管理以理性、知识为起点，中国管理以人性、智慧为中心，两者结合互动，便构成一种阴阳互补、相辅相成的管理体系，由于这正是《易经》的基本精神，所以我强调《易经》管理应是这种理想的中国管理体系的基础模式，也就是说从《易经》出发，便不难发展出一套理想的管理架构。

在谈到《易经》的运用之前，应先对它作更深入的了解。《易经》综合了儒道法三家之思想，是中国哲学的基础，虽然由于时代的久远及内容文辞的深奥，现代中国人不是排斥，就是误用或小用，但实际上，中国人不论是在语言还是价值判断上，往往深受其影响而不自知。关于这点，由中国人常用的一些语汇皆出自《易经》，便不难看出。

比方说："革命"出自革卦，"无妄之灾"出自无妄卦，"观光"出自观卦，"制度"出自节卦，"否极泰来"出自否卦、泰卦等。

卦是《易经》本身的组织，每个卦都代表一个结构和变化，在《易经》看来，宇宙的每个现象都是一种结构，而且是活的，随时在变化；内部局部的变化，往往会导致外部整体的变化，形成另一个卦，这就是中国人所说的"变卦"。由此显现出：部分的变会影响到整体，正如下棋，一子之差全盘皆输，一子之当也会全盘皆赢。

《易经》不只是占卜之书，也还有象、辞、意的观念，伏羲画八卦，固然是以宇宙自然的八种现象为代表，但是它却象征宇宙万物事理皆是息息相关、变化不已的。

根据《易经》八卦所代表的意义，可以归纳出四个主要的原则——守成知变、穷化创新、定位断疑、简易即时，这些正是现代企业经营所强调的精神。

由于《易经》强调的许多精神与原则，都符合企业管理运作的需求，两者结合便成一套"《易经》管理模式"。

所谓《易经》管理模式，有四个原则：

第一，掌握实际与变化。

第二，整合差别与矛盾。

第三，规划方向、开发潜力。

第四，以一体多面方式解决问题、开创空间、实现目标、层层推进、止于至善。

此外，《易经》管理还有八个要素，分别是知、行、体、用、主、客、内、外，整合起来便是一套知行合一、体用不二、主客兼容、内外协调的管理模式。如果能掌握这八个要素，发挥四个原则，那么在决策、计划、组织、领导统御、用人、沟通等方面，就都能产生良好效果。

第二节　由《易经》八定位诠释管理

《易经》管理有知、行、体、用、主、客、内、外八要素，由这八要素可再发展成八个定位，对管理的重要原则作更深入的诠释：

一、太极定位（图一）

所谓太极是指企业的最高目标与最终价值，也就是企业的定位，不论目标为何，必须明确而有整体性，即使是多重目标，彼此间亦必须有关联性，才能作为发展的依据。

二、阴阳定位（图二）

又称为两仪定位，强调企业经营必须考虑主客因素，自己的能力应与外在的环境相互配合，才能稳定发展，比方说订立市场目标，应先评估自己的能力，不能过度膨胀，否则便不足成事或发展失衡，增加风险。

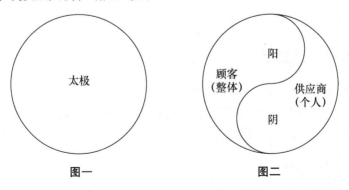

图一　　　　　　　　　图二

阴阳定位除强调内外配合，也强调人与物的配合。传统上中国管理强调人力资源的开发，西方着重物的开发，如果太偏向后者，把人当物一样开发，反而限制了人的创造性，而太重人，往往忽略了知识的开发与精确性，所以人力与物力的开发应是两种不同的轨道，并且要相互配合开发。

所谓的阴、阳，可以是内外、正负，也可以是全体与个人、顾客与业者、市场与产销的一种二元观，凡事不能只考虑一面，必须从正、负两面一并考虑。

三、三才定位（图三）

太极是一整体，一分为三，就成天、地、人三部分，天代表大环境（经济气候与种种时空因素），地代表小环境（企业体），人代表个人的资质、能力。所谓的天、地、人三才定位，是强调时空因素与人为因素的充分配合，所有的资源才能结合在一起，发挥最大的交通。就企业组织而言，三才亦可象征为上、中、下，彼此之间必须充分协调配合，才能让整个企业动起来。

四、四象定位（图四）

所谓四象，从方位来看，是上、下、左、右，从时间来看是春、夏、秋、冬，从组织观念来看，是上层、下层、左辅、右弼，也就是说，组织的运作，必须兼顾四方，外圆而内方，才能维持稳定的状态，进而谋求更大的发展。

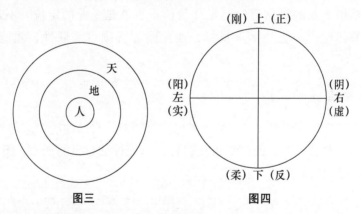

图三　　　　　　　　图四

五、五行定位（图五）

在四象中找出动力关系，以中心决策（土）为起点，进而循领导（金）、权变（水）、创造（木）、协调（火）运转，再回归决策这个起点，周而复始的这种模式，就是五行定位，也就是前面所说过的 C 理论。

六、六阶定位（图六）

六阶是把一个整体划分为六个阶段，既强调组织阶层的细密化，又强调人、事皆须经过这六个阶段的发展，所以在发展的过程中，可以此六阶各有的不同特性自我评估。

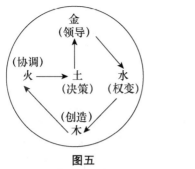

图五

图六

以组织结构而言，下两阶为基层；第三阶为中级干部，以上依序为中级主管、总经理及董事长。就发展过程而言，第一阶为潜龙阶段，应多加充实，不宜强出头。第二阶为见龙在田，逐渐崭露头角。第三为惕龙阶段，应发挥锲而不舍的精神努力冲刺。第四为跃龙阶段，即跃跃欲动，渐趋成熟。第五为飞龙在天，象征已达志得意满之境。第六为亢龙有悔阶段，强调宜见好就收，自我约制。不论人、事，皆须如此循序渐进，不是一蹴而就的。

七、七复定位（图七）

《易经》有云："七日来复"，表示凡事进展到最后阶段，便应回复起点，如此便永无结束之日，可以周而复始，生生不息。"七复"即强调不断应变的精神。

七复又称七式（即 7S），它们分别是最高目标（Supergoal）、风格（Style）、策略（Strategy）、制度（System）、技术（Skill）、人员（Staff）、结构（Structure）。这七式在组织内各有其内在定位，愈往下愈具体，愈往上愈抽象，首尾相衔，上下呼应地运作，企业方能发挥整体效应。

八、八卦定位（图八）

八卦定位，即四组的两仪定位，它代表一种最大的平衡，知、行、体、用、主、客、内、外兼顾，才会产生平衡作用，成为一套持久而具活力的管理架构。

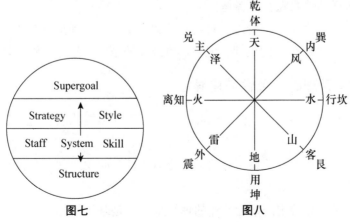

图七   图八

第三节 《易经》管理的八大要素

一、这是传统与现代交叉的时代

目前，我们处于非常复杂的时代。这是一个传统（过去的文化、历史留下的一些价值观与行为方式）与现代（科技发展之后对个人或群体生活方式的影响）交叉的时代。

传统与现代交叉的影响，造成现代的生活社会。在这个社会里，个人价值观表现在观念与行为上。

不同的观念与行为就表现不同的价值观。如观念传统而行为也传统的，或观念现代而行为也现代的，这一类人较少，但这类人比较没有矛盾，没有烦恼。

观念传统而行为现代，或观念现代而行为传统的，这一类占社会的大多数，他们多半具有矛盾、复杂的情绪，常常会知行不一致，首尾不相应。

另一种人是观念不传统、行为又不现代，偶尔传统、偶尔现代，视情况决定哪方面对自己有利，就偏向哪一方面，没有任何尺度，这是投机者的立场。

由于观念与行为本身就不合一，加上现代与传统的种种差异，这些情况都会在现代人问题的解决上造成困扰，因而产生两种基本危机：一是管理危机，一是伦理危机。

作为管理、伦理之"理"是解决问题、认识问题的标准。

伦理是一切行为的根本，是基于人的本性而发展出来的行为规范，使人与人之间形成一定的价值，产生自然的关系。所谓"伦理危机"就是在现代与传统相冲突之下，整个生活失去价值中心，五伦关系也发生问题，父母与子女间的隔阂，朋友间的不信任，不能真正地合作，而产生许多社会问题。

当前社会问题，无论大的小的，都是伦理的崩溃再加上管理上的失策，也就是伦理危机加上管理危机，所以任何社会问题都可以从管理与伦理来认识、来了解，两者有不可分割的关系。

两者有什么样的关系呢？回答是：

第一，伦理是"内在"的管理，自我管理就是伦理，伦理是有关个人的管理。

第二，管理是"外在"的伦理，大家都可遵守的原则与规范，管理是群体的伦理。

二、伦理与管理的一致性与差异性

伦理与管理是相辅为用的，但不能混为一谈。伦理不能代表管理，管理亦不能代替伦理。

伦理是基本的自然人性关系。如父母的爱与关怀、朋友之间自然的信任与友爱，不能由管理所取代。

管理则是为了达到特定的目标所作的理性规范，是基于目标、基于理性发展出来的规范。

社会的发展是历史进化的结果，是个走向多元功能体系的历程，管理是不可或缺的，亦不能由伦理来取代，所以，管理与伦理可说是一体之两面，缺一不可。

当前，我们却面临一个重大的危机，那就是管理有专业的管理而无一般管理；伦理有一般的伦理，而无专业伦理。

专业管理：一般工商行政团体，都由专业组织发展而成，都有其特定目标。会计、生产、技术发展等都有其专业管理。

一般管理：任何行业都有一个一般规范与准绳。人与人的配合，人与物的配合，对目标效率的追求、决策、计划、领导、组织、用人、控制……这都是应该有的一般管理的系统。

所谓一般伦理，也就是传统的伦理。五伦现在已有结构上的改变，在涉及利益或冲突时，传统伦理常会面临挑战，但一般伦理依然存在。

所谓专业伦理指的是企业家的企业伦理（生产经营者是否对自己或对社会负责，是否考虑到环境的生态，对社会长远的影响等）、医生的伦理（医德的考验）或律师、法官、行政官的伦理。每个行业都应对社会有贡献，在这种要求之下，若利用行业本身的特殊知识或特殊权利，进行有益于自己，损害别人或社会的事，这就是没有专业伦理。

公司中，人事组织的问题，常是专业伦理的问题，而非专业管理的问题。

三、哲学、科学、艺术的三位一体

中国管理讲的是管理的三位一体，也就是管理哲学加上管理科学，再加上管理艺术的三位一体。

管理艺术是透过个人的修养、胸襟、眼光去了解问题，使问题消失于无形。管理艺术在过程中可达到自我满足、和谐快乐的境界。管理艺术并非管理技术，管理技术是自动化机器与自主化的人配合在一起，经过重复的实习训练与不断应用的运作程序。

管理科学是透过丰富而精确的资讯，分析整理，分解具体的运作步骤与程序，作出正确的判断或决策。

管理哲学则是包含了科学的理性、技术的知识与本体的哲学智慧（如整体观、和谐性等观念）结合在一起的指导思想。

现代管理思想如西方的五大管理要素——计划、组织、用人、领导、控制——都无法找出所含部分的各种关系，而且没有考虑到所有的面。譬如，决策在以往都归于计划之中，但事实上计划并不等于决策，又如物料或机器的管理可用控制，而人的管理就不能用控制，而要用协调方式。

所谓"经营管理"，细而辨析，每个字都有其特定的意义。"经"即计划、决策，"营"即实践、推行，"管"即控制、领导，"理"即组织、用人与协调。

四、源自《易经》的对偶性、包容性

中国整个学术来源是《易经》。中国人在思想上、根源上，潜意识都受《易经》的影响。

《易经》在中国文化史上占有很重要的地位，同时也是中国人智慧的宝库，所以我们可以把《易经》当做中国管理的基础。

《易经》哲学加上儒家、道家、禅宗等思想一贯而下，就形成了中国的管理哲学。此一管理哲学即一以贯之，从上而下的统一，又能掌握整体性，懂得"圆"的包容艺术，即圆以融之。

如果接受此一管理教学的人，脑筋清明、深入了解事理、掌握精神，即神而明之，然后大而有容，则大而化之，就能化除问题或感化群众。这就是一种理想的境界了。

基本上，中国管理的哲学是静与动、柔与刚、阴与阳关系的哲学。阴为静、柔、虚、隐，阳为动、刚、实、显，都有其对偶性与包容性。

五、从《易经》系统了解中国管理

下图所显示的中国管理问题，可从《易经》系统来了解。中国管理的体系即一个"道"字。"道"无所不在，成功的管理在于能否掌握"道"的整体及其对偶相应性。

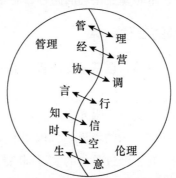

任何事有一利必有一弊，有一得必有一失，有一面就有另外一面，所以，很多问题透过对应与包容的原则，都可以解决。"道"显示在自我，就是管理者。管理者表现出来的道的管理心态（行为倾向）有五种，依次为责任心（信）、公正心（义）、仁爱心（仁）、谦让心（礼）、智慧心（智）。

```
                            ┌ 责任心（信）
                            │
                            │ 公正心（义）
                            │
        道 ⇄ 自我 → 心态 ┤ 仁爱心（仁）
                            │
                            │ 谦让心（礼）
                            │
                            └ 智慧心（智）
```

有了以上的五种心态为基础，在行为上表现的就是管理行为，所订立的法律规则、处事用人的方法，就能合宜。了解了这么一个整体的、包容的系统，我们可以进一步说明管理的四个层次。

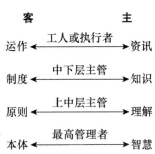

管理分为两面，一是"客"（外在客观的环境），一是"主"（主体内在的自我）。主体、客体分四个层次并配合整体来运用。一般人停留在第一层次的运作。掌握运作要靠资讯，这是属于表层的层次，不一定一贯。

到了第二个层次，管理在主体上要求知，知识由科学研究而来，并在制度方法下运作。

第三个层次是理解。对长官与部属或自身能否真的理解是一个问题，理解是一种整体的透视。动机的掌握就是理解，也就是知己知彼，才能百战百胜。理解可说是掌握胜利的枢纽，在客体要讲求世界、人性或事物的原则。

第四个层次是智慧。把理解扩大为对任何情况，也就是对整个宇宙、人生或社会的系统的掌握，也就是对本体的认知。

六、从本体上看情、理、法

本体与智慧相辅为用，就是《易经》的学问，虽然玄妙，但有大用。

所谓"无用之用即大用"，我们认为无用之事，最后常能发挥极大效用。我们若只看到小用（立即的效果或满足）而忽略大用，路就不能走得很远，只看在哪个层次来用。

在国家、在企业、在世界和平、人类发展，都可以使用这种"无用之用"（例如，用在情、理、法上）。

且由本体上看情、理、法发生的关系。人之生，生于情，情固定为性，是性情。人性基本是"情"，情是气，气的动，则是喜怒哀乐。人在成长后群居，由家庭、社会、国家、世界共同遵守的规范即"理"。理是基于人情之常而发生的，理是共同的情，理不能解决问题或对行为不能有所规范时就有"法"的观念。法是用来稳定社会大众的秩序，在先天发生的次序是：

（1）人秉情而生，情即性。

（2）人依理而立，理即群性。

（3）共理认定为法，法为共相。

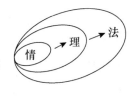

解决问题时，以"情"为出发点，先由包含理与法的情以及不违反理、不违反法的情，作为解决问题的基础。

情无法解决时就用"理"。此理为合乎法的理，以合乎法的理解决问题，好比庭外和解，若在法庭上针锋相对，或花费巨额律师费，伤害就太大了。总之，不到最后关头，不要诉之于"法"。其次序就是：

（1）动以兼理、法之情。

（2）说以兼法律之理。

（3）情理尽而后法行。

七、剖析《易经》管理的八大要素

最后，我们谈到《易经》管理的八大要素，这就是一以贯之、圆以融之的管理。

"道"是一个大系统，透过人事表达，所以人是道的一个成就。分化为人即"能"，所谓人能弘道，道有一个中心点来变化即"中"。"中"掌握了道的动力，是宇宙的原始点。能表现在知的方面即"卜"。古时候对许多事情都不知道，要预测，就是卜。到此一分为二，二分为四。之后，"道"的系统发动为"元"，这是动力，"中"是灵活的发用。"几"是动的开始，主动的创造，发现问题，反躬自省。人要发挥"能"则需要一个媒体叫"介"，是介面，意见透过媒介，让对方了解，或可有转机或生机。

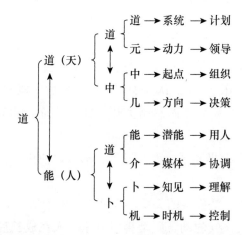

预知"卜"变成时机的状态即"机"，是环境或机会。《易经》之"道"就是这样一分二、二分四、四又分为八的系统。"元"是动力，"中"是起点，"几"是方向，"能"是潜能，"介"是媒体，"卜"是知见，"机"是时机。

今天谈管理，就是要掌握这八个要素，就能达到目标，掌握能力，完成事业。用现在的话来讲是这样的：

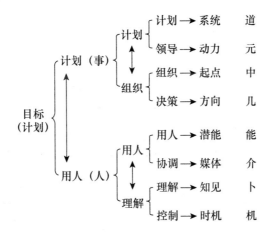

（1）系统→计划：整体目标所决定的体系。

（2）动力→领导：元即元首（领导者）能发挥作用。

（3）起点→组织：组织结构是静态的。

（4）方向→决策：决定方向是动态的。

（5）潜能→用人：历史上会用人的领导者都会成功。

（6）媒体→协调：懂得运用媒体，可将事情做得圆满。

（7）知见→理解：对事物的认知。

（8）时机→控制：重要时机的掌握。

以上这个《易经》管理若用现代化的方式来应用与表示就如下图：

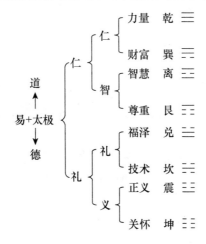

有目标就要制定计划，要用人，人与事互相关联。实现计划要组织，用人要知道用什么人，如何用。计划需要领导，组织要有决策，用人应协调，状况都能理解就能控制得宜。

所以，整个管理系统可合而为一，又能一变为八，最后就是一个"道"。更重要的是，这样一个《易经》管理体系能带来很多我们所希望需要的事物，如智慧、财富、力量等。

道是"易+太极"，用在人事上是德，有德的人则能掌握太极，显示出来的是礼与仁。礼包含礼义，仁包含仁智。仁智礼义是性，人性善，人自然就有仁智礼义（若没有好的教化，环境会使人性变质）。"仁"产生力量、财富，"智"产生智慧、尊重，"礼"产生福泽、技术，"义"产生正义、关怀。

以上八个标准就是一个事业或一个社会成功的要素，也是一种管理品质评估的标准。从外表来看是管理，从内部来看是伦理，从后果来看是一个价值标准。这八种状况作为八个不同的形象就叫卦，即八卦。

力量是☰（乾），财富是☴（巽），智慧是☲（离），尊重是☶（艮），福泽是☱（兑），技术是☵（坎），正义是☳（震），关怀是☷（坤）。

以《易经》的系统作为管理系统的根源与背景，《易经》八卦刚好配合八个管理要素与八个价值标准。掌握了这个《易经》整体系统的运用，任何问题都可解决，并将使我们更容易掌握现在，开拓将来！

有意思的是，美国政治学家拉斯威尔（Laswell）也建立了一个包含八个基本要素的社会评估模式，用来衡量一个社会是否健全，是否具备推动其自身合理发展的内在力量，即力量（Power）、财富（Wealth）、技术（Skill）、正义（Rectitude）、关怀（Affection）、智慧（Enlightenment）、尊重（Respect）、福泽（Wellbeing）。这八大要素可谓是构成任何一种健全社会和完美人性的八种社会价值和八类德性。我们若将拉斯威尔的模式配合八卦，八卦本身亦可作为一套价值系统和德性理论来把握，并可进一步与整个《易经》哲学相互发明、相互阐扬。

第四节 《易经》管理的运用

《易经》是群经之首。在历史上，这个系统决定了中国人的思想方式，是奠定思想基础的著作。

儒家、道家、法家、佛家都受了《易经》决定性的影响。所以我们把《易经》管理当做中国管理最重要、最基础的模式。即使就未来的趋势看，全世界的管理，也将走向这条大同之路。

一、任何事物都看成两面

《易经》并不难学习，但由于时代的久远，人们对它存有神秘感，加上其本身文辞为一般大众所误用或小用，因而《易经》包含的治国平天下的大用就被人忽视了。

管理亦是治国平天下的一部分。虽然不见得每个人都做官，但是在企业界里，把一个公司营运得顺利兴隆，也像把一个国家治理得富强安乐。

做一个有能力的经营者，或一个称职的总经理，或即使不做领导者，而仅去评价一个主管是不是能解决问题的好主管，《易经》管理学都有大用。可惜一般都将《易经》大材小用，包括民间流行的对《易经》之用，如卜卦算命，星占堪舆等。

《易经》管理应如何了解？

《易经》管理把任何事物都永远看成两面。若是只看到一面，必然只是看到一件事物的表面，或一件事物的正面。任何事物都是一个整体，既然是体，就有很多面，看到的那面就叫正面或显面，看不到的那些面可能被视为正面的反面，或显面的隐面。如果再往深一层看，我们当可发现有反面的正面，反面的反面，或许反面的反面也就是我们原来所看的正面，但也可能不是，因为事物不但是一个体，还是一个具有多面且能变动其面向甚至本质的体，每个事物都会因时、因地、因人、因需要、因环境等许多因素而有所变化。一种可能是其体未变而面变了，另一种可能是面变而体也变了。当然，也有另外两种可能：面不变而体变，体、面均在一定的时空环境中维持不变。

二、能还“元”则进可攻退可守

变，就不止一个面，有变，才会说这个面跟那个面不一样；而面不一样，体也就可能不一样。好比学生在小学、中学、大学，都是在读书，读书的这个学生是“体”，体没有变，但“面”变了，因为在每一个阶段，这个学生的想法可能不一样，学习的东西也不一样。一旦学生走入社会，他可能成为企业家、成为律师，或成为科学家。那时他整个人的内涵、价值观、信仰都变了。

这种变与在学校，从小学到大学时的变完全不一样，这是“体”的变。社会上的体也不只有一个体，而有很多个体，这些体是从“元”里来。我们说：“一元多体，一体多面，一面多用。”也可以说很多“用”可以归纳成一“面”，很多“面”可以归纳成一“体”，很多“体”可以归纳成一“元”。

企业的发展就是从“元”走向“体”，发展成功就变成很多个体，好比很多个关系企业。体有很多个面，如：一个公司的生产、财务、管理、市场、公关，都是面。面里又有上、中、下阶层的分别。立体来看，每个阶层的面，都可以再发展成为一个体。

一个成功的企业，知道如何从一“元”发展到“多体”与“多面”，成立许多机构如信托、地产、百货等分工。也知道如何从多体、多面还原到一体、一面，甚至一体、一元。知道如何还体归元，即使败也能反败为胜，所谓“失败是成功之母”。不知道还体归元，即使成功往往也会导致失败。还“元”很重要，掌握发展中每个面，进可攻，退可守，方可达到收放自如的境界。

三、《易经》管理的内外两面

《易经》管理也有内外两面，看得见的面是“管理”，看不见的那面是“伦理”。当然这种看不见、看得见的提法是方便之说。其实"管理"与"伦理"都各有看不见与看得见的各属管理与伦理的部分。管理必须先约束自己就是"管己"，要管理别人，先管好自己。

有人说"管理"是"管你"，虽是玩笑一句，但管理还是要透过对自我人性的认识、掌握、探索，才能了解人与我的关系，人己的定位，才能做好管理工作。所以我们说管理是显性的，伦理是隐性的。

谈管理时，要掌握隐性、看不见的关系，来达到看得见的管理目标。无论人事、财务、市场都必须在人性与人际关系的基础上规划、组织才能发挥作用。

也可以说，必须在人性资源的组合上，建立管理的秩序。

伦理是基础与起点，管理是知识、技术、原理，掌握基础与起点，来发挥知识和技术。所谓一体两面，就是以管理为外，以伦理为内，以管理为显，以伦理为隐。

《易经》管理要怎么"用"呢？

《易经》管理的"用"是化一体为两面。管理面不能解决的事情用伦理面解决，伦理面不能解决的事情用管理面解决。管理与伦理不能分开解决时，就两个合起来解决。

四、一般问题都可迎刃而解

要知道怎么解决问题，先要知道怎么分析问题。分为两面运用，不能分就合。两面里的任何一面，可再分为更细致的相对面或相反面，是为一分为二。

两面不能解决，可二分为四，四不能解决二的问题，又可再分为八。分到八个面，更多的细节都可考虑到，一般管理所面临的问题，大多可迎刃而解。若还无法解决，那就是没有"面面"俱到，不懂得运用真正的管理之"道"。

```
                    ┌ 道 → 系统 → 计划
              ┌ 道 ┤
              │     └ 元 → 动力 → 领导
       ┌ 道（天）┤
       │      │     ┌ 中 → 起点 → 组织
       │      └ 中 ┤
       │            └ 几 → 方向 → 决策
  道 ┤
       │            ┌ 能 → 潜能 → 用人
       │      ┌ 能 ┤
       │      │     └ 介 → 媒体 → 协调
       └ 能（人）┤
              │     ┌ 卜 → 知见 → 理解
              └ 卜 ┤
                    └ 机 → 时机 → 控制
```

"道"就是"元"，从宇宙的元来看，天下都是一个无所不包的道。道分"道"与"能"："道"是天，是外在的环境、自然的条件；"能"是人，是道可以发挥的条件。道与能相互为用，但又自成系统而为一体，因而一又可分为二。"道"分"道"与

"中"，"道"的整体是"道"。"道"的中心、起点是"中"。

"能"分"能"与"卜"，"能"是能力，"卜"是先知，未卜先知。（二分为四）

"道"续分是"道"与"元"，这个"道"是静态的系统，在人的表现上，是基于目标所作的整体计划。这"元"是不断在动的动力，发展的趋向，在管理的表现上就是领导。

"中"续分是"中"与"几"，成就一个系统的起点是"中"，是要懂得了解整个系统的组织。而"几"是决定，用什么样的方法来作正确的决策，为达到目标所选择的路。

"能"续分是"能"与"介"，开发人未发挥的潜能是"能"，也就是如何用人来达到目标。人与人的合作、人与事的配合之间的媒介叫"介"，媒体运用得当，人、事则易协调圆满。

"卜"续分是"卜"与"机"，先知是"卜"，要有先见之明，了解资讯，由各种征兆去判断人与事物的情况，对事物的认知，是知见，也是理解。

五、每个"机"都是机会

有了对环境条件的认知，要掌握重要时机，就是"机"。每个机都是机会，每个危机都是生机的转机，每个生机也都蕴藏着危机。不好的环境，往往是步向成功的转折点，关键是能掌握、控制。（四分为八）

了解了八个管理要素，要懂得"分与合"的运用，"显与隐"的运用，"分与隐"的运用，"合与显"的运用，"分与显"的运用，"合与隐"的运用。还有整体化"分、合、显、隐"的运用，以及不断变化、再变化，以至穷则变，变则通。事实上，《易经》管理就是这些方式的连环运用（如下图：左方是隐的《易经》系统；右方为显，看到的则是管理系统）。

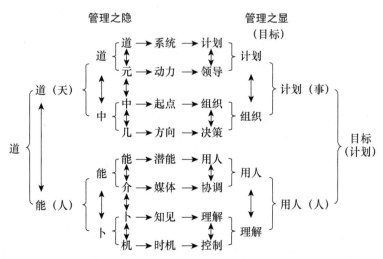

以目标来订立计划，作为领导的基础，用计划来发挥领导，同时也可以用领导来修正计划。

任何决策以组织的能力作为基础，组织要以达到决策为目标。

用人要用人的能力，一个人的能力与另一个人能力的结合，若要配合得好，则需要协调人际关系与个性配合。

要发挥控制机能，透过理解而来，对事情的掌握与沟通、对相关人力资源的了解，使其自愿、自动、自发，自然形成控制的力量。

八个要素合而为四，即计划、组织、用人、理解。四又合而为二，一为事的问题（动的，计划；静的，组织）；一为人的问题（动的，用人；静的，理解）。

六、合、分、显、隐的大道理

静与动合在一起，又是一体之两面。人与事配合起来，就是目标。管理运用的方法就是从合而分，从显而隐。再从分而合，从隐而显。

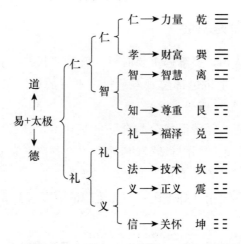

整个管理基础是一个隐的关系，隐含于"伦理之内"。伦理完全是以人为主，很多问题若采其表面，就无法解决。根源就在隐的那面，要探其根源，即"伦理之内"的八大要素。

人之"道"是"德"。道分两面——"仁"与"礼"。《易经》管理以人性为主，管理者首应关怀别人是"仁"，尊重他人及秩序是"礼"。

仁，发挥到极致，产生"智"，礼产生的规范是"义"。孝为仁之本，知是智之始。礼的极限是法，义的起点是信，产生的八个标准，基于对社会的影响力产生"力量""财富"，领导者的"智慧"，对他人的"尊重"，员工的"福泽"，"技术"的改进，处理事情的"正义"感与对人的"关怀"。

财富是显，其他部分是隐，企业目标除了赚钱之外，必须对其他目标都注意到，都达到了，企业才能稳定。其实，这也是西方社会学家衡量一个团体、企业组织或国家各方面成功的标准。

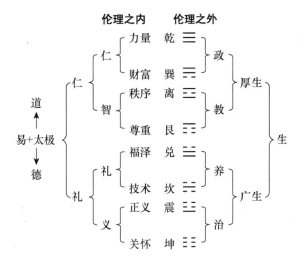

在"伦理之外"由分而合，八合为四个面即"政""教""养""治"。"政"即"正"，是修己、正己的功夫，把力量、财富用来发挥自己的人格与德行。

"教"是培养人的智慧，尊重他人，使其在工作岗位上发挥特长，工作有教育意义，并使其有学习的机会。

"养"是对员工福利的关心，培养生产技术力量，来发展企业。

"治"是从公平、公正的立场来关怀、来控制。

政、教合二为一是"厚生"，是为了提高管理运作的品质提升。

养、治合二为一是"广生"，是为了扩大管理的影响范围即市场，也就是不断发展好的品质，不断扩大现有的市场，使其达到生生不息的境界，就是"生"。

以上是由伦理分（隐）的系统，转变成伦理合（显）的系统。

七、在和谐与安稳中求发展

儒家的人性思想与伦理观念，都包含在整个《易经》体系当中。儒家重视"伦理的管理"，把人性看成管理的基础，大可以治国平天下，小可以修身齐家。

现代人因有不同的企业目标，多重视"管理的管理"而忽略了"管理的伦理"，或只有"伦理的伦理"而疏忽了"伦理的管理"。

《易经》就是掌握一个分与合的系统。每一个分与合中，都有显（管理）、隐（伦理）。每个显中都有它的分与合，每个隐中也有它的合与分。显与隐的合二为一，合与分的合二为一，分与显或隐的合二为一，合与显或隐的合二为一，都可以作为解决问题的方法。

学会运用《易经》管理的八大要素，也就是：分中求合，合中求分，显中求隐，隐中求显，以情、理、法为根本，透过分、合、显、隐的运用，在和谐与安稳的基础上持续发展，必能使企业茁壮成长，永续辉煌。

第五节　C 理论的管理模型

一般对于管理有个错误的观念，认为它是单一线性的控制机能，而且是持久不变的。其实，反观现代管理的实际运作可以看出：管理是需要不断更新、包罗万象的事业，它必须配合外在环境，在组织内部不断求变创新，唯有认识其不同面相，加以连贯、整合，才能产生总体效能，也唯有如此，才是具有经济效益的管理。

对于这样的理想，可以从中国《易经》哲学的基本思想中得到印证，即不论是天地运行或万物运转，生生不息的现象，都是一种因应外在变化，内在不断更新的过程，因此，我悟出了这正是一个较为完美和整体的管理模型，并延伸发展成一个新的中国管理观——C 理论。

一、包括内外两种层面

所谓 C 理论，有内在和外在两种层面的意义：就外在意义而言，它代表中国、文化、变化、《易经》与儒家等，其内在意义则为决策（Centrality）、领导（Control）、权变（Contingency）、创造（Creativity）及协调（Coordination）五项，这些也就是管理最重要的五个环节，是 C 理论的基本架构。

（一）决策。

所谓管理即决策，决策为一切的中心。由此可见，决策能力的培养十分重要，决策的基本条件是有清楚明确的目标，把握环境因素，结合知识、技术，建立一套发展实施计划。

（二）领导。

决策的发挥执行，有赖强而有力的领导，领导能力除建立于学识素养、风度气质、意志、胸襟、睿智、亲和力等特质之上外，领导者本身亦需有坚定的中心信念，如此才能带领所属达到目标。

（三）权变。

权变与决策有密切的关系，愈能掌握变化，决策愈能成功，实现目标，所以成功的领导者虽然应坚持原则，但也必须能权变。

（四）创造。

创造与随机应变之别，在于前者是以实务及目标为基础整体地思考出来的成果，而后者则是未经整体思考反映出来的行为。所以创造的观念或计划，应是根据外在环境的种种变化与内部的发展目标而产生的。

（五）协调。

此即强调识人、用人能力的培养，许多管理者不是缺乏人才，而是没有充分开发其人力，没有让人才与目标更密切地配合，这无疑是一种浪费。

二、五个环节发展带动

以上这五个环节的运作，并非各自独立，而是依序发展、带动的五个步骤，一旦人力得到统合、发挥后，应再回归第一步骤的决策，根据前一循环的结果，重新调整或修正决策，而后再展开第二个循环，如此周而复始，循环不已，管理才能发挥最高而完整的功能。

从人的角度来看，上述五种意义又可视为企业人所应具备的五种能力，从组织的角度来看，则是企业的五种机能：决策者、领导者、第一线的行销或业务部门、生产部门及人事部门。

这五个机能之间亦有密切的互动关系，以决策者和领导者为例，后者须有前者的支持，前者须有后者的贯彻，决策才能实行，企业才不会迷失。

决策如要调整修正，亦需以一个循环为基础，在原有决策执行到某一程度，有环境变化、内外供需关系及人事等信息回馈后，再配合目标据以修正或持续不变，否则容易流于朝令夕改，令人无所适从。

根据以上的架构，可以看出，C 理论是一个完整的管理系统，具有发展、组合企业组织的功能，除此之外，它还有评估分析、诊断对治管理运作、改善管理效率的作用。

图中是把 C 理论五个要素的运作与中国《易经》五行相生的原理结合在一起，如此便形成一个评估、整合的系统，可对任何组织或管理运作加以分析，知其长短，并加以改善。

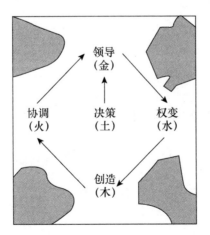

从五行来看，这五个要素各具金、木、水、火、土的特质，缺一不可，而且正如土生金、金生水、水生木、木生火、火生金一样，有相生相成、互动的关系，比方说：水具有灵活的特质，正与权变吻合。木代表生生不息、欣欣向荣，正与创造吻合。火代表旺盛、蓬勃，与人事协调所强调的士气高昂相符。土代表厚实稳定，有无穷的包含力，能创造生命、坐守中心，这正是决策所强调的特质。

三、管理人才应该像金

至于金，则代表刚毅坚忍、刚柔并济，正如领导者应有的特质。实际上，好的领导管理人才，就应该像金，而非铁，既忠诚，又有智慧去判断，有弹性去变通，同样是金属，金之所以超越铜、铁，主要在它能将百炼钢化为绕指柔，可变而又不易毁坏。反之，铁不但会生锈，而且不能变化，铜则易于毁坏，如果领导人才如铁、铜，则易有二心，且不擅变通。这样的评估系统，既可用于诊断企业组织内个别功能是否健全，也可分析出相互之间是否有推动、相辅相成或相克的关系。只有相生相成，一个组织才能成功，相克则是最大的失败。

从五行来看，也有相反相克、相互牵制的关系，即：水克火、火克金、金克木、木克土、土又克水。比方说，外界变化太大（水过多），则会影响到内部的人事协调（火），人事纷乱不稳，领导（金）权威就受干扰。领导不当，新计划（木）便无法产生、推动。由这些机能彼此之间的相克性，可以看出一个组织除需健全各个机能外，亦需避免其相互干扰，使制衡作用转化为砥砺作用，如此才会逐渐扩展实力，日益成长苗壮。

第六节　道家的决策哲学

管理的核心为决策，有了决策，才有方向、目标，根据基本目标，以原则来组合知识、运用资料所构成的决策，才是正确、可行而具时效性的。

一个决策者同时还需具备知己知彼、洞烛先机、防患未然、善用既有资源、大公无私、高瞻远瞩的胸襟与能力，如此才能维持高度的理性与清明，洞悉事物真相、察微知著，作出周延而客观的决策。

这些条件都具备并不容易，决策者可以个人的哲学信誉为发展基础，中国的道家哲学正可以提供此一基础。

对于道家哲学，过去一般的了解十分有限，只单纯地从宇宙观、人生观来加以诠释，实际上，道家为中国哲学中对决策诠释得最为透彻的一支，我们可以从中找寻出决策的最高指导原则，若以 C 理论来定位，道家哲学正是决策智慧之所在，因此也可称之为决策智慧学。

道家所强调的道，即整体，包罗万象，千变万化，它本身不具形象，为万物的根源，但不限于一点或一端，又包容一切，人为宇宙的一个存在主体，若要了解道，就必须跳出个人狭窄的时空观，升华至整体，考虑到环境，乃至更大的时空变化体，人法地、地法天、天法道、道法自然（如图），如此一来，决策自然周延、客观而正确。

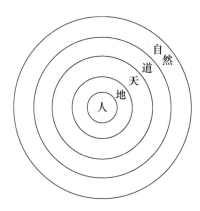

以能源工业的发展为例，如果能在一开始就考虑到长远的问题与需求，善加规划，在发展的过程当中就不会遭遇到外在的排拒与成长的瓶颈，而陷入自我矛盾与限制中。所以决策一定要从更大的层次与范围去考虑，并衡量每一种不同层次间的互动关系，才不会后患无穷。

为了具备整体观，道家所强调的无欲、无知、无名、无为及不把持，都是决策者所应有的修养，但是切记不能从消极的观点来诠释这些道家精神。

所谓无欲，是指没有成见、私心、过度的情绪化与欲念，决策者只有保持清净、理性的心与头脑，才可洞察事物真相。

所谓无知，不是一无所知，而是跳脱小知，不要眼光如豆，不要过分信赖专家，愈高的层次愈需要通才与专才的配合，如此才能在决策时顾及周延性与普遍性。

无名则是指不要为繁文缛节或形式所束缚，应考虑事实的真相。无为是指打破框框、成见，跳出狭小的格局，洞悉过去，掌握现在，开拓未来，如此才能无所不为，动员更多的资源，组成更多的体系，解决更多的问题。

为保持心灵的清明、开朗，深刻体察万物的动态与变迁，决策者应与行政者分开，不要亲自插手行政工作，此即道家所谓的"生而不有，为而不恃，长而不宰"，功成而弗居，不把持、不邀功，这也是一个决策者应有的胸襟与气度。

决策者亦应有明智的眼光，从整体的观察，看出万物的兴衰、阴阳消长，了解"常道"，这便是老子所说的"知常曰明"。

除了决策主体的修养关系决策的成败与品质，企业之道亦为决策的重要基础，只有秉持符合社会、宇宙之道的企业所下决策，才不会短视、功利、利己而不利人甚或损己害人。

今天的企业家多半太忙，不知也不能持续充实自己的决策能力，如此不但眼光如豆，无法定下心来观察、分析事物，更做不到功成身退，以超然的决策者身份放手让管理者发挥。

近几年来，西方企业家热衷于超觉静坐，主要目的即在让自己在清净无为的状态中潜心思考。相较之下，道家的哲学更有助益，由于有哲学的基础，它不但可以净化经营者的心境，恢复活力，更可提升其决策能力；因为道家的以柔克刚、无欲无私、高瞻远瞩，正是高水准决策者所应具备的精神。

第七节 法家的领导哲学

决策是企业的灵魂，但决策的推动有赖领导。有效、合理而持久的领导不是凭一时的豪气、聪明机智或权术手段，必须有主客观条件的配合。

主观条件为领导者的权威，权威靠公正客观的判断、言出必行、依法办事的魄力与推动的决心建立。客观条件为严谨的规范制度，层次分明、功能明确的组织。两者不能相互矛盾，人治、法治双管齐下，相辅相成，才能产生合理、有效的领导。

一、制度与领导者特质相辅相成

由此看来，优秀的领导者应具备公而无私、赏罚分明、公正不阿、知人善任等特质，但这些特质必须依赖良好的制度才能发挥。

同样，良好的法制也必须合乎人性需要，因时制宜，合情合理，如此才能协助企业目标的达成。

每个企业的目标固然不尽相同，达成的方法亦各异，但基本上皆应合乎理性、人性，领导者除一方面自省是否具备应有的特质与要求，同时亦应评估、省察企业的制度（法）是否周延合理，以避免运作时情、理、法的冲突。一旦有所冲突时，应善用法的周延性，以理作为情与法的平衡点，以情来弹性因应例外的需求。

这也就是法家的领导哲学。在中国传统与历史中，法家发挥了统一的功能，但由于过度重视法与君权，忽略了整体利益与灵活的运转而日趋衰微，但在中国哲学史中仍占相当的分量。

法家的观念由来已久，从管子即有平等客观的法治精神，在法家富国强兵的目标下，齐国富强壮大，成为战国七雄之一；而后商鞅变法废封建、开阡陌的耕战政策，也奠定了秦国统一天下的基础。

就企业而言，法家富国强兵的目标，即指永续经营、发展企业整体与所有成员的利益。

从管理的眼光来看，法家的精神就是要求廉明公正的组织规范与平等客观的标准。

所以，法治一定要建立在周延的决策基础上，如此才能修正过去法家偏执于君权、酷法等的缺失。

二、亦需考虑"势"与"术"

基本上法家强调的赏罚分明、执法如山、知人善任、制度廉明等精神，对领导管理是十分重要的。唯有如此，领导者的权威才能建立，被领导者也才会对领导中心有信心，所以说，法是"权"的来源，也是"信"的基础，唯有健全合理的制度，才能为企业组织带来凝聚力与稳定性，使组织能茁壮成长。

为使"法"贯彻有效，领导（执法）时亦需考虑到"势"与"术"，运用组织及环境因素，往往可以强化领导者的权威，使法制有效运作，这就是法家所谓的"造势"。这不表示法家强调一手遮天、翻云覆雨，毕竟决策的推动，必须掌握变化因素，弹性运用，因时、因地而制宜。

从五行观点而言，领导应具有"金"百折不挠的韧性，便是此意，只有掌握了"势"，才能掌握"权"，有效推动决策。

所谓的术，是指领导的权术、技术与艺术，也就是说应用方法建立管道，加强沟通，动之以情，诉之以理，争取群众信任，以利目标的达成。由此可以看出"术"对领导的重要性，但不能流于低下，为达目的不择手段。法家的领导效力分析见下图所示：

总而言之，术无不可，但领导者应以法制为中心，形势为辅，权术方法为参考，如此才能发挥最高的领导效能。

对领导者而言，法家所强调的公私分明，不只对自己如此，对他人亦然。在公的方面，以"制度"领导人，在私的方面，由人性着手，也就是说，一方面发挥法家不苟且、不任用私人、赏罚分明的廉明精神，同时又发挥儒家关怀亲切、悲天悯人的仁爱精神，使法、儒相辅相成，运用于不同层次的管理中。

第八节 兵家的权变哲学

宇宙是不断变化的，人的世界、经济世界亦然，后者的变化尤其大，其原因很多，不外各个时代有不同的需求与观念，原有财富及权力资源分配不均，再加上科技的发展、人口的增加及其他政治文化因素，都使得经济世界充满变数。

---

① 令：古代为君主之令，现代为企业共识、社会公义。

一、无权变反被"变"吞噬

变的目的固然在制衡，但也产生了对比与差异。在一个充满变数的市场中，除了政治、经济方面的因素外，亦受人的心理方面影响，台湾的股市便是这种典型，置身其中，即需有极高的权变能力，否则不足以因应，反易为"变"所吞噬。

权变的观念，对企业的行销尤其重要，不论它所销售的是产品还是服务，皆有其诉求的特定顾客与市场，不但受一般因素影响，也因特殊因素而产生不同的变化。当前国内企业努力朝国际化迈进，所面临的变化因素亦扩大为国内及国际两种，小至社会动乱，大至国际情势，皆足以影响企业的发展，所以，如何在一个充满变数的环境中，实现永续经营的目标，已成当今企业的一个重要课题。

所谓权变，不只是因应变化，不为其湮没，更重要的是如何借变化扩大自己，掌握变化，化危机为转机，这两年来上市的公司中，不少是借资本大众化而迅速成长，获得厚利的，这便是掌握了变化而产生的繁荣，但是否能就此保持下去，或壮大，仍需靠自身的努力才行。因此，除了知变、通变、应变外，还需能制变，这些能力是建立在一些具体的策略之上，中国哲学中的兵家权变哲学便能满足此一需求。

二、永立于不败之地

兵家虽是针对战争而发展出来的一套哲学，但商战也是一种战争，它虽然不像一般战争有明显的正面冲突，诉诸武力，但面对的是无形的阻力与不明确的对手，必须运用人际、财力、资讯等多种力量来较量，因此更须借助广义的权变策略，才能获胜。

兵家的权变资源相当丰富，其中最具代表性的是《孙子兵法》，这是一本以《易经》及道家思想为基础，将两者融会贯通，以作战的考虑发展出来的战略之书，目标为：

第一步：永立于不败之地。

第二步：知己知彼，百战百胜，战无不胜。

第三步：决胜于千里之外。

第四步：善战者不战，不战而屈人之兵。

这些也是权变的最高要求。

所谓永立于不败之地，就是先巩固自己，基于一个最高理想，以一套完整的管理体制，强化内部组织与机能，并掌握大、小环境。组织的最高理想，是一种整体化的目标与信条，此即"道"。除此之外，天、地、将、法，也是兵家立于不败之地的重要原则，五者缺一不可。

天，即天时，指人类所处的大环境，这是最大的变数，超乎人的意志控制范围，必须由人去配合它。地，即地利，指小环境，是一种可以支配的变因。将，即人和，指运用领导统御的能力，组织、运用人力资源，发挥群体力量。法，即制度规范、纪律法令，只有对天、地变因皆能了解、掌握、配合，再加上有效的领导，善用人力资源，以一套完整的制度规范去凝聚众人之力，具体执行、推动，一个组织的最高目标（道）才有可能存在、实现。也只有如此，才能进可攻，退可守，永立于不败之地。

从表面上看起来，这个策略是以不变应万变，所谓不变是"自我巩固、永立于不败"的要求与努力，万变则是外在环境的种种变化。但在不变的努力中，它则是借外在的变化来充实、强大自己，以培养应变的能力，所以，从这个角度看起来，这个策略也是应万变而不变。

三、知己知彼，百战不殆

兵家的第二个权变策略是"知己知彼，百战不殆"，所谓"知己"是在未与对手接触之前，即展开内部自我考察、教育训练及改善内部管理机能，以强化本身的竞争能力。

"知彼"的含义更广，除了要知道对手为谁，了解对方的条件、能力与策略，更要广集资讯，认清大环境的种种变因、资源限制及游戏规则，知道得愈详细、愈深入，再配合本身的能力，善加规划应对，一旦短兵相接，才有较大的胜算。

由此可以看出，知己知彼不是空谈，必须切实去贯彻，才能确实做到"知"，一旦"知"得完善而彻底，便不难运用兵家的第三个策略"决胜于千里之外"，以策略控制主导力量，先声夺人，进而便可令对方自行妥协，做到兵家的第四个策略——不战而屈人之兵。

四、领导者要具备五德

由上述分析可以看出，《孙子兵法》的权变哲学由"知"开始，除此之外，也强调领导者应养成五种德性，以之领导、团结人心，发挥示范作用。这五种德性是智、仁、勇、信、严。智是指应用整体知识的方法与能力，仁是对部属同仁存关怀之心，勇是身先士卒的精神，信是予人信心，建立信任的关系，商场上的竞争讲求的是整体的配合运作，只有基于"信"，一个组织才能强固地团结在一起，发挥协同力量，同业之间亦然。至于严，是指严于律己，以身作则，遵守纪律，言出必行，这是中国管理最欠缺的一环。

兵家的"法"有七技、九变，《孙子兵法》有十三种策略，配合《易经》八卦滋生六十四卦的思想，彼此之间配合运用，相互繁衍，还可产生无穷的变化。由此可以看出，兵家展现了丰富的策略变化思想，此即所谓的奇正分合之道。奇，是指出奇制胜，以非常手法对付非常状况；正是指以"正道"对付一般状况。不论奇正，皆可分可合。

策略固然是达到目的之手段、方法，但必须基于道、天、地、将、法的整体观，以具体的知识为基础加以运用，才能充分发挥策略的效应，实现最高的目标。这也正是兵家的权变智慧。

除用于商场行销，兵家权变哲学也可运用于企业组织的决策、领导、生产及人事方面的规划与策略的制定，但基本上仍以行销方面为主。实际上，广义的兵家哲学除《孙子兵法》外，还包括合纵连横之术，这一套哲学正符合跨国化时代的需求，也可使兵家权变思想有更大的发挥空间，所以，今天的企业不应只把它当成是商战哲学，而应视之为解决问题、改善现况的策略哲学。

第九节　墨家的创造哲学

现代管理最大的功能就是发展新科技，创造新产品，提高生产力，在这方面，中国的墨家思想提供了一个完整的哲学基础。

基本上，墨子重视组织与领导、制度与纪律、手段与方法，所谓有"法仪"便是一种判断是非与良莠的原则，法仪又称为三仪；对每一件事皆可从以下三个角度去判断：

第一，是否有经验基础。
第二，是否有历史根源。
第三，是否有时效性。

基于这种时效观，墨家发展出功利的思想，主张对任何事情皆须考虑其效应。墨子出身劳工阶级，重视生产制造与团队精神，强调实践劳动与创新，这些都是今天工商企业所应具备的。

团队精神的建立，需基于一共同信仰，这就是墨子所谓的"天志"，他认为天志是最高的信仰，人应遵循天意，趋善避恶，求利去害，这便是墨子所说"交相利"的由来，也就是说追求功利不应违背人类的最高信仰，所以不能只求一己的功利，应该追求社会的功利，这种观点，即使从今天企业经营的角度来看亦是十分合理的。

所以墨子的功利主义是理性的，既有利于企业，也有利于社会，这也是现代企业应该具备的精神信条。

为了追求功利，墨子亦强调组织的多种功能，既能生产、竞争，又能追求知识与科技，他认为社会需要正义公平，人的能力才能组合起来，发挥强大的力量，从事经济活动。

对于科技的发展与研究，墨子的主张是向前看而不回顾，固然历史的经验不可忽视，但是为了满足人类的需求，必须不断研究开发新科技，也正因有此理念，墨家率先发展了许多研究，其中包括力学、光学、工艺、器具的发明。

由此可见，墨家不但代表理性的功利主义，也代表创新不懈的研发精神，这些都是企业发展的关键。

后期的墨家重视逻辑，为了让人能辨认是非与知识，必须发展出一套认证工具，对语言加以定义，这对管理而言是十分重要的，因为它可以提高管理者及被管理者的品质。

"兼相爱"也是墨子所强调的一种理念，他认为人与人之间应产生亲和力，发挥守望相助的团队精神，这也是墨家哲学成为当时所谓"显学"的主要原因。

综合以上的分析，可以看出，谈到中国管理中的创造哲学，墨子当属第一人，所以其哲学被纳入C理论中创造的一环。他不但强调创造，也重视组织的群策群力。他主张功利，但也强调人与人之间的亲和团结，唯有如此，组织才能持久永生。这无疑是一种理想的生产管理模式。

从现代的观点来看，墨子的这种模式代表着工作阶层勤奋不怠的精神，也是台湾经验成功的要素。墨子崇尚节俭，不重享受，这种精神对经济的发展固然有所限制，但对资本的聚集却有很大助益，台湾的富足也是因此累积而来。此外，他所强调的公平正义、以天为志及理性的功利主义等精神，依然符合今天社会的需求。由此可见，中国古代哲学中的确有许多值得发扬光大的资源，不能反向而行，由节俭而奢华，由勤劳而不劳动，由公正而失去社会公义。如果我们想突破现状，再创经济奇迹，就应重新认同墨子精神，企业在朝跨国化、自由化迈进的同时，尤应如此，因为刻苦耐劳的奋斗、凝神聚思的研究与群策群力的努力都是今天企业所欠缺的。

墨子除强调创造与生产，也重视行销，他认为产销是不可分的。日本企业的生产面可以说是墨子哲学的体现，虽然日本企业管理表面上强调儒家，但日本人团结一致，崇尚最高领导信仰，重视研发改良及勤奋的精神都是墨家哲学的发挥，也正因为如此，日本才能成功。可是我们对自有的宝藏却毫不重视，亦未能善用，以致落后日本一大截。一般说来，东方民族都相当墨子化，但今天台湾的发展日趋偏差，只重功利，而不兼相爱，不是恶性竞争，就是互相打击，反之日本企业却非常重视墨家精神，不论走到哪里都彼此关怀保护，所以它们才能展开经济侵略，所向披靡。眼见如此，中国企业还能不觉醒，把握既有的、传统的管理资源并且使之发扬光大吗？

第十节　儒家的协调哲学

儒家哲学对于管理的重要性不言而喻，在中国的传统历史中，两汉之后的行政哲学几乎都以儒家为主。

儒家管理以教化为主，重礼乐、人事制度及君臣之道、上下之分，由内而外阶段性的发展，多种德性的建立及社会伦理的发挥。

由于儒家管理以人的修养、管理为起点，所以有"修己以安人""己欲立而立人，己欲达而达人""修身、齐家、治国、平天下"之说。要实践这点，必须本人先建立多种德性，进而带动别人：仁、义、礼、智、信，便是儒家所强调的五种德性。

所谓"仁"，是基于对人的关怀所产生的一种亲和力与沟通能力，可以让别人与自己相互接纳，易于沟通。这种德性对于人力资源的阐发及问题的解决颇有裨益。

"义"是一种公平的原则，宁可人负我，不可我负人。如此才能获得别人的支持。

"礼"是自我节制，尊重别人，以使人与人之间有相互联合、尊重、肯定的空间。

"智"是一种技巧而艺术的处事态度。不能为达目的而不择手段，能在为对方设想的情况下，仍然达到本身之目的就是发挥了"智"的德性。

"信"即对自己的言行负责，公私分明，如此才能建立权威，产生凝聚力。

企业如想透过儒家管理实现目标，就应该注重这五种德性的培养，使人的潜力得以充分发挥。实际上，从儒家的观点来看，企业的最终目标应是安定和乐，所有的生产、销售等运作不过是为达此目标的工具。也就是说，企业只是实现社会利益的工具与手段。基于此种观点，企业不应超出社会之外，更须立足人性之上，因为社会是基于人的感情关系而建立的。

企业在初成立的时候，是以科学的管理方法去追求短期的目标；但若要以社会利益为长期发展的目标，须以儒家管理为基础。

在 C 理论中，儒家哲学发挥协调和沟通的作用，需与道、法、兵、墨等家配合，才能得到更完整的发展。

实际上，人是企业的根本。儒家哲学用于人事协调、沟通、人力资源的发挥及企业文化、团队精神的建立，对企业而言，无疑是一种固本的工作。

对于人力的开发，儒家主张了解人的心、性、情、意。儒家强调先正心，就是说心有主宰后，方能不受外界困惑，以真诚的意志，在社会的复杂环境中，选择一条正确的路。

一旦一个人实现了修己，自我发挥，就能进行教化，启发别人。这是管理中重要的一环。

儒家强调仁爱，主张人性本善，可以受感化，因此，主张人事间的协调沟通需本着"以己之心度他人之心"的原则。实际上，只要持之以恒地去做，这种协调哲学的效果是非常显著的。

有人误以为儒家重情性，便不要合理性，实际不然。中国企业太重人情，并不符合儒家的原则，因为儒家强调的是由个人而到家庭、社会、国家。

遇到冲突或问题时，儒家主张先用"情"来处理，进而求其次，才用"理"与"法"。这种基于人性的管理哲学，对于企业人事的协调沟通以及人力资源的发挥，是有重要作用的。

第十一节 《易经》在管理中的融合与转化功能

分工与整合，是管理的两项基本要求，但是，分工太细，充分授权后往往又因上下左右联系协调不够，而形成各自为政、事权不统一的问题，以致效率不彰。为了避免这些流弊，充分发挥管理效能，任何管理系统之上都应有另一个体系来加以整合，使组织功能既有差异性，又能相互融合。

这种"管理"管理的系统，便称之为"超管理"，中国管理哲学中的《易经》哲学即具有超管理的精神与特质；《易经》的最高境界是"周游六虚（上、下、左、右、内、外）"，"唯变所适"，它强调分后能合，分工明确，但事权统一，各种功能应密切配合，使上下、左右、内外无不逢其源，相辅相成。这也正是管理的最高境界。

从《易经》的角度来诠释，组织架构的形成，除了空间上的分野（如上、中、下），也要把时间因素考虑进去，作阶段性的划分，所以随着外在环境的改变，企业的组织架构与发展计划亦需随之调整，这就是一种权变的整合，这方面的重要性今天的企业已有所认知。

但是，除了向外整合外，企业的内部整合更为重要；不论是决策、领导、生产、行销或人事，皆应融合为一整体来运作，并且内外兼顾，否则不足以成事。

C 理论是我以《易经》为基础发展出来的一套管理理论，道、法、兵、墨、儒的精神分别代表管理中的五项要素——决策、领导、生产、行销、人事，但是，任何一家的哲学都不足以发挥管理的最高效能，唯有各取所长，融合运用才行。在一个开放而多元化的社会中，组织的管理运作尤须如此。

比方说，儒家哲学重人事与协调沟通，但过于保守、缓慢，权变不够；法家为纪律导向，对人的关怀不够，不足以激励人性与潜能；兵家虽擅权变，但须有道家与法家的决策与领导精神为基础才不致偏差；墨家勤劳重科技，但须有儒家良好的人事哲学来配合，才可发展。

由此可见，企业若要运用中国传统文化资源于管理中，必须经过一番开发与融合，以之为基础，建立起一套新的管理哲学，而后再吸收西方管理精华。后者重理性、科学，强调客观与制度，这些与法家强调的纪律、兵家的策略、道家的决策与儒家的心理皆不谋而合。

其实，中西管理哲学不仅可以配合运用，由于中国管理哲学本身广而深的包含力，还可使西方管理过分强调的利益挂帅、透支未来、扩张兼并等缺点，予以排除，对自由经济下的竞争掠夺现象有所制约。

《易经》中所说"土生金""金生水"的"生"，便是一种转化作用，究竟企业组织应如何运用《易经》这套超管理哲学来发挥转化效果呢？

首先，应了解不同功能间的差异，比方说，不同部门，职掌及待遇可能皆有区别，但差异必须基于需要而产生，否则便不应有别。

其次，在差异中找出阴阳、动静、刚柔的关系，一旦能够如此，便可了解差异间相辅相成、相生相克的关系，进而加以运用；为了整合协调，自然是取差异中相生相成的关系，避免相克之处，转负面关系为正面关系，而产生阴阳互补、刚柔并济的作用，使组织呈现动态的平衡状态。

不论是组织内部还是外部，差异的存在是必然的，不必刻意抹杀，应让每一个不同的功能与部门了解差异，这样彼此间才可能互相沟通、接纳、协调，进而找出一个互利的目标，相互支援，共同努力达成，不只各部门间可如此转化差异，提高效率，劳资和谐亦可因此而达成。

从转化融合的角度来看，人才的培养与发展亦应由专才而进入通才，对企业而言，每个专才，每个职务，都有其重要性，但每个专才之间必须有共识及整体观，才能基于同一立场去思考、判断、决定，而使每个职务发挥效能，产生整体力量。所以，专才在发展到某一层次后，即应通才化，这样的过程就是一种融合转化。

在一个多元化而变化急剧的社会中，企业无时无刻不面临内外调适的压力，唯有把握融合转化的管理原则，企业才能永生，《易经》生生不息的精神，正符合企业建立超管理系统所需。

第十二节　禅在管理中的超越与切入功能

随着心智、性灵的发展、开化，人的活动层次也由最初级的"手"，逐渐提升至"脑"。从管理的观点来看，所谓"手"，即指技术，所谓"脑"，则指知识。停留在技术层次的管理，效益有限，所以应提升层次，运用分析、逻辑、推理等科学知识来运用技术，以求得更大的效能。

不但如此，管理更可不断往上提升；因为在脑之后还有心，心之后还有性，性之后还有理，理之后还有道，道之后还有灵。每一个层次皆可超越前一层次，但也各有迷障与极限，唯有不断突破、提升，才能臻于理想之境。

以"心的管理"为例，心是脑的主宰，代表人的意志欲望，可以决定方向；用心来感受外界，脑来计划，手来执行，便是心的管理。

不过，正由于心的活动面广，感受力度大，难免被迷惘、偏执所蒙蔽，所以，如何保持清明纯净的境界，掌握人心及自己的心，追求真、善、美的目标，便是心的管理所面临的一大挑战，为此，必须更上一层楼，提升至人性管理层次。

所谓性，就是对真、善、美价值的肯定，也代表一种放之四海而皆准的道理。性是心的基础，透过人心，表现在行为上，所以，性一方面是一种共同的标准与价值观，但是透过不同的人心行为，却表现出极大的差异性。由此可以印证出管理不能只讲一般性，而忽略其特殊性，这就是所谓的"理一分殊"，也进入了理的管理层次。

从宇宙观点来讲，性所包含的理，就是道，道之后的"灵"，则是最高境界，"无为而无不为，无知而无不知，无欲而无不欲，无可而无不可"这首无字诀，代表的正是不执着、不褊狭与不迷惘。

从上述的分析可以看出：不论是企业或任何经济体，要突破心的执着、情的迷惘，避免管理上的蒙蔽、短视、迷失、触礁，就须有一种超越、净化的能力，由心的迷惘提升至性的洁净、理的秩序、道的无为、灵的开阔与超越，这种对管理的提升与超越，就是禅的精神。

一般的管理，多是将自我投射于事物中，加以组合而达到目标，禅的管理则是管理自我、提升自我，使自己能提得起、放得下，内外兼顾、左右逢源，这也就是富于动力、与日俱新的《易经》管理。

基本上，"禅"有五种作用，其中包括向上超越、向下切入、对外透视、对内净化及左右逢源。

以禅的向上超越作用为例，企业追求利益的企图心，只要是在合理又合人性的手段下进入，就值得肯定，毕竟这也是一种展现生命之道，但企图心若不善加约制，也会变成一种贪欲，流于自私，这种状况下，禅即可发挥解脱超越作用。

禅除了可以让人超脱，也有再生、恢复自我与信心、重新开始的作用，如果能将其精神体现于管理中，便能发挥无比的创造力，赋予管理者收放自如、刚柔并济的风格，提升管理的意境。

理想的管理，不是机械性或物性的操作，外力充斥，而是一种具有化解力、启发力与自发性的，这也就是禅的管理境界。除了上述几种特性，禅的管理还具备自然、自由、协调、机动切入等特质，这些都是现代企业组织内非常重要的内涵。

至于禅的精神应如何体现于管理中，过去常有人把禅与行销结合起来运用，禅的洒脱、当机立断、把握时机、适时切入，正合于变化多端的市场行销，因此运用禅的精神，确实能对行销发挥很大助益，这也是近年来禅宗会大行其道的原因之一。

除行销外，禅对决策、领导、研发创新亦极具启发作用；就决策而言，禅重视整体，不忽略细节，永远保持活泼灵动的特质，正是决策的最高境界。

禅与管理功能的结合运用，可以说是将形而上哲学，以形而下的实务加以体现，其实任何理论哲学都不能没有实证，而任何实务也不能没有更高层次的理论本体为基础，否则便流于空泛、俗套。

以广告行销为例，在竞争激烈的市场中，顾客面对各式各样的推销术，反应已渐疲乏，除非能有清新形象或别具一格的活动，否则难以唤起注意，打动人心。如果掌握禅那种活泼灵动、自然超越的精神艺术，往往可以对顾客产生提升心灵的作用。放眼当今各种商业广告，能令人动容、动色的不少，但能令人动心、精神为之一振的却不多，也只有本着禅的超越升华，广告行销才不致对社会形成合法的污染。

也许有人以为学习一些禅坐、静坐或术语，就可悟禅，实现禅的管理，发挥其智慧，其实这是天大的迷惘，如果不从中国文化、哲学的研究入手，重视运用这些资源，最多只是习得皮毛，无法深入。

和《易经》一样，禅是中国管理哲学的重要资源，它结合了儒、道、佛的精神，只有掌握中国文化资源，从人文方面去开发，才有可能了解禅，实际上，西方人及日本人为了从禅中得到启发，已着手研究这些中国文化资产，如果我们不及时赶上，如何能超越他们？

对于中国文化资产，单一的了解与运用是不够的，比方说，禅的超越切入，固然可提升管理层次，但更须与《易经》的包容、融合转化互补为用，这两者一阴一阳，相辅相成，可以形成一个既超越又融合、既切入又提升的整体，这才是中国管理哲学发挥的极致。

为了防御有人过分强调禅的超越精神，丧失禅的切入精神，也为了说明禅实为易学中"时止则止，时行则行"的即止即行精神，就把 C8 的太和概念提出来，以含蓄和统合 C6 之易（周行）与 C7 的行止，形成一个更为充实稳定而又开放的思想体系。

第三章 C 理论与东西方管理

第一节 《易经》与现代化管理

为了深入理解《易经》与现代化管理的关系，必须进一步确立世界性的眼光，从东西方管理发展的新动向来深入阐释《易经》的多重学术意义。在本书中，我一再强调《易经》与管理科学的关系，本章的论述要广一些，我想从新思维、新科学、新技术、新伦理、新世界的宏观视角来谈《易经》对于现代化管理的重大意义问题。

目前，对《易经》的研究，基本上是处在认知的层次。那么，我们所认知的《易经》，到底是一门什么样的学问？《易经》这本书，到底是一本什么样的书？很多学者，花了很多时间，去理清《易经》的象数、义理，或者是诠释它的文本。其实，还有两个层次，我们并没有或很少涉及，那就是一个规范层次。我们认知的一个基础，是我们怎么来规范自己的行为和价值观；怎么用在集体的生活当中，社会发展的当中，来达到一个高远的目标。第三个层次，就是实践，是我们怎么去做，到底应该怎么去做，最好怎么去做。所以，这是个实践的问题。

谈到《易经》现代化，或《易经》与现代化的关系，就不能不涉及这三个层次。如何把知识转变成智慧，能够建立体制，能够用在不同的科学范围当中，能够真正对社会的生活、对个人的生活有所帮助，能够真正促进整个社会的发展，甚至于能够真正实现宇宙内涵的价值，这可以说就是《易经》研究的目的。我想这是我们应该提出来的。而这里当然应该有导向，即如何实践、如何发展。它必须要基于一个认知的基础。

一、新思维

首先，《易经》到底是一个什么样的思想体系，这就涉及《易经》的思维方式问题。这里，我特别提出来，在今天来说，《易经》可以说是代表一个新的思维方式。那么，它的意义在什么地方，值得我们去研讨。对于这种思维方式，我觉得可以说是很重大的课题。当然，我们这里并不否定需要从不同的角度来研究《易经》，如有的从象数、从义理，从各种传统的一些符号、传统的一些观点来了解《易经》。不管是儒家的、道家的，还是佛家的，都是可能的。甚至于也有人认为《易经》的八卦是从半坡文化里面的鱼纹演变出来的，甚至于只是一种生殖崇拜的符号。不过，我以为这些并没有涉及《易经》本身所包含的思维方式，也没有涉及宇宙在这种符号之下所显现的宇宙意识。我们今天不能把《易经》过于一元化在一个维度上，而要找到它整体的性质、核心的精神，或者说是它的精神的、新的思维面。

为什么说它是新的？作为它的一种思维方式，我想简单地提出：它本身所包含的思维，是慢慢地从无意识走向有意识的。《易经》的发展，是以符号系统一以贯之的发展，从《夏易》《商易》到《周易》的发展，是基于《易》所代表的那种生活经验，包括对宇宙的经验，对社会的经验，对文化的经验，对人自身发展的经验，而最后综合出来的。所以它并不是一个单纯的或是偶然的发展。可以说，在《系辞》里说的总的过程，也不是偶然的。《易经》的思维方式，可以说是掌握了对宇宙认识的一个方式，我把它叫做一个整体性的直观。《易经》本文里面所说的"观"字，在《系辞》里也特别强调观天察地这个"观"字。对"观"字的了解，可以说是对《易经》本身思维的一个重要起点。因为要掌握《易经》的本质，必须要了解天地，了解自身，了解天地之外的、天地之象形成之后的那些变动、那些过程。所以说"观"是有层次的，是有过程的，是整体的。应该看到这个"观"字的用法，是当初以伏羲为代表的对天地的一种观察、一种考察，观察它是什么东西，它是怎么一个方式。

这里我想归纳成四点：

第一点，是观察天地之幻，阴阳之变，即所谓"类万物之情，通神明之德"。这个观，不是单纯只观外面的现象。天象地理是观的对象，但是天象地理是整个宇宙变动的显现。所以观，是观万物之象，也是观象背后的动态，观动态的过程，"观其会通"，来达到对整体宇宙的一种认识，这是第一点。

第二点，"观"是从小处观起以见大，从大处观起以知小，所以是"观小以知大，察危以知险"。强调动态的起点，是对整体宇宙的倾向、方向的一种了解。在这个"观"当中，可以看出来宇宙的四象，不是单独的、独立的，而是相互影响、相互牵连的，小可以决定大，大可以决定小，是相互决定，时间跟空间也是相互决定，各种层次的发展也是相互决定，所以产生一种对有机体的整体的一个宇宙认知。而这个宇宙认知，事实上，还不是说大小、显微，而是主客互动。

这个"观"字包含了一个主体性的掌握。这就是谈到了第三点。因为大家都会问一个问题：为什么会有《易经》思想的发生？当然，在过去，中国的文化经验可以走很多路，但是中国人的文化经验，它的生活经验、宇宙经验，包括对生态的了解，对整个历史发展的一种体验，造成了对时代、对历史的一种承担，对未来的一种忧患。这种忧患意识也是作为"观"的一个条件。观是很深沉地去了解宇宙，是基于本身的一种关切，一种自我的、一种没有私心、没有偏见的认识，是对主体条件的掌握，忧患是自我的一种反省、一种掌握，能够让我们了解到宇宙的真相是什么，承认我们了解的没有一己之私，承认我们了解的是整体，而不是部分。

第四点，观的目标是一个整体性的直观，是要推行，要化裁，就是说要有行为的，是要参与的，是要诚心诚德的。它不是说"观"了就算了，而是说要采取行动。因为主体性的个人，或者是集体性的群体，都可以用来成就一个目标，从认识的宇宙里面掌握一些价值、一些意义，然后来进行一种时代的行为，创造变通，这样来化成天下，达到一个宇宙内在的、一个和谐的、一个整体性的、完美的目标。所以是所谓"继之者善也，成之者性也"这样一种思想。

换言之，《易经》本身掌握的是主体跟客体相互配合、相互平衡的一个大系统，而不是说只是客观的一个系统。客观系统是一个次系统，客观系统里有很多系统，但更主要的是主客相互牵引、相互配合协调所达到的一个整体性的系统，这样一个具有创造性的宇宙的系统，是《易经》的思维方式。它从认知的深度，来达到行为的效果，来把个人的目标与宇宙的目标结合在一起，来实现最高的价值，这可以说是《易经》的一个思维方式。这个思维方式是很新的思维方式，因为它本身就是要掌握人的潜力、宇宙的潜力。要开发人的潜力、宇宙的潜力，来实现一个人性化的宇宙，宇宙化的人性。这点，我想是非常重要的思想。这个思想可以说是包含在原始的阴阳之道的那个了解上面，就是原始的所谓"易"这个观点上面。《易传·系辞上》里面有句话："乾坤，其《易》之缊邪？乾坤成列，而《易》立乎其中矣。乾坤毁，则无以见《易》。《易》不可见，则乾坤或几乎息矣。"就是说，最简单的乾坤之道，同时也代表一个信息。这个信息对人、对宇宙都有重大的意义。而人是实现、掌握信息的一个主体，它本身就是宇宙的一个行为的过程。所以，所有的卦，都具有宇宙意义，也具有人为意义。它的用处是多面的、多层次的。这个思维方式我们可以用几句话来说明。首先我把它叫做"中孚以观"，因为你要观这个世界，你自己本身要很诚信。所以"中孚"卦"柔在内而刚得中"，它是中心自我的一个掌握，然后来"观"天象。"观"卦，最主要的意义是"中正"以观象。观察要整体，观察要恰当，不是片面地观，不是偏颇地观，是以"中孚"观天下，然后才能把人的潜力发挥出来。"大畜养贤"，"大畜"卦"刚健笃实辉光，日新其德"，然后，"大有"而"大壮"，乾坤致用。这样，"观"本身可以说是"天人合一"，在今天这个世界来说是很重要的。因为，过去在西方或中国的片面的学派的发展，往往由于偏，往往失其中，往往识其小而不得其大，或尽止于大而不见其小。对"全息论"这样一个整体宇宙论，它掌握的就比较少。

大家都知道，科学在中国曾经提到"新三论"的问题、"旧三论"与"新三论"的问题。今天，我想我们这个"观"的观点要能够发挥出来的话，就会引起一个新科学、新三论。新科学怎么来说呢？这里我没有时间来发挥关于《易经》思维方式的问题。我在上海社会科学院哲学研究所《周易》研究中心成立的开幕式上，曾经作了一次演讲，主要谈到四种逻辑的问题。提到所谓"形式逻辑"，叫做"论证逻辑""辩证逻辑"，也提到"科学的逻辑"，叫做"实证逻辑"，我把《易经》的逻辑，叫做"体证逻辑"，它是把"辩证逻辑"加以扩大，它又能调和"实证"与"论证"。这样一种思维方式我叫做"整体直观"，这四种逻辑的综合运用就构成了新思维方法论的核心。

二、新科学

说到新科学的问题，我们已经看到，今天的科学，尤其是物理科学，是有一个新科学的需要，有一个新科学的信息的大趋向出现。最近这几年，大家也看到，在欧美谈到一个新的科学，叫做"混沌理论"，叫做"混沌学"。最近我在德国开会，有好几位学者曾经提到这个"混沌理论"。混沌理论事实上是结合了协同论、突变论、耗散论等理论的一个整体科学。假如把混沌理论加上超平衡理论或者超对称理论，以及全息理论，即构成新兴三论。超对称理论是一种整体性的平衡，是把四种不同的物理的力结合在一起成为一种力，一种力能够变成两种力，两种力能够变成四种力，这跟《易经》所谓"太极生两仪，两仪生四象"是可以比附的。新兴三论，可以说是一个新科学的开始。这新三论需要一个整合，整合的重点，在说明宇宙有很多事象是要在一个整体的网络中去了解、去决定的。瀑布是流动的，人是有行为的。人的行为并不是没有理性的。事实上，可以看出来，无序的一些现象，往往包含着复杂的次序，而且，无序往往是引起有序的一个机缘，就是自我组织。这是从观察得来的，是我们从细微的观察、整体的观察而得来的。有序的现象也包含了一种无序的基础，也可以产生下一个无序的结果，有序跟无序，就是有无相生。在《易经》来说，这也是非常重要的一个认识。事实上，英文谈的"混沌"，希腊文指的是一个空当，一个虚。而中国这个混沌，是讲水的观念，水的卦，比如"坎"或跟"坎"有关系的一些卦，它所表现的意思，实际上就是一种深奥、一种变化，充满了可能性和丰富的发展性。所以这种认识显示出一种新科学的发展。

但新科学的发展并不表示排斥旧科学，而是包含旧科学。科学的发展显示一步一步地往前走。过去辩证法认为，往前走就要扬弃过去，完全扬弃过去。在《易经》的辩证思想当中，并不是如此，是包含着过去一些存在的价值，而推广到未来。所以这里面就有层次、有结构，而不是扬弃到没有过去。所以今天的新科学并不是要放弃旧科学，而是要在一个大的体系当中包容下来，使它各定其位，相对论有相对论的位置，量子论有量子论的位置，混沌理论更能用于一些无序的、复杂的、变动的现象，这样就能产生一个更完整的理论。事实上，从易卦的发展我们看出来这是可能的。因为每一个现象都有它的宇宙历史，每一个宇宙历史，都是个别的，或者整体的，或者相应的，或者是互动的，去决定现在一些现象的过程。在这一点上来讲，我说无序中有有序，有序中有无序，无序导向有序，有序导向无序，是一个创造行动和过程。

说到新科学，我们要提到预测这个问题。预测，在国内谈得很多，我只想提出一个新意见，一个新科学的观点。从新科学的眼光来看，从《易经》进一步的科学了解来看，今天，预测性和非预测性或不可预测性，是相辅相成的，没有绝对的预测性，也没有绝对的不可预测性。不可预测性的东西，作为一个格式、一个模式，它还是可预测的。比如水流的一层一层的旋涡，每个旋涡的函数曲线是预测不出来的，但它作为一个旋涡、一个格式，作为一般的预测，是可以的。我们不能把《易经》看成是对未来的一种单向预测。因为要是单向预测，就是表示主体性没有作用，表示未来已经被决定。未来是没有被决定的，整体也没有在任何一个时间被决定。在这种情况下，所说的预测，是在一定条件下的预测。这个条件本身是相对的，是不可能完全预计出来的。所以这个预测性就有不可预测的存在，不可预测性有预测的存在。为什么呢？因为这个条件，你可以自己作限制。另外，我以前提到过，预测就是一种决策，这里的预测是你自己使它存在。你不能使它存在，表示说你的条件还不够。今天我预测我要中午吃饭，我就努力使自己做到去吃饭这件事情。所以预测也包含了一个主体性因素在里面。《易经》里所有对未来的认知，它是包含了一个很大的决策的作用，包含了一个很大的行为的作用。这就是个人的一个负责，个人的一个追求。若个人的条件不够，你不管怎么预测，最后都是空的。因为客观世界跟主观世界是一个认知，是连在一块的。

三、新技术

今天我们所了解的一个新科学，是一个非线性的、自我称谓的、自我组合的、以混沌理论为起点的、新的大型量子论的科学理论。我们看见有些新的观念，叫做回归的对称观念、超对称观念等等。而且这些观念在科学里面是可以找到它的用处的，在生活当中、在自然界里面是可以找到它的用处的。比如说平衡点，什么是平衡点？一个钟摆它有个平衡点，它不管怎么摆，终究要回到平衡点。人的行为、社会的行动，都有一个平衡点。这就是我们今天在研究《易经》本身的科学性的时候，要掌握它的一个时代的标志，它所显露出来的一个新科学的面貌。这个新科学要掌握旧科学、先前的科学的一些状况、一些限制，以及它可以超越的地方。假如我们没有这样的了解，我们对《易经》本身的了解也就有限。《系辞》说到"精义致用""开物成务"，那么，在今天我们到底开了什么物、成了什么务？我觉得相对于日本人的成就，我们中国人是应该检讨的。日本人能够把很多科学知识用在实际的生活上面，产生新的技术，他并没有什么发明性，他是把美国人的发明用在技术上面，来改进、改良。汽车做得要好一些。现在想用什么超导体用在电冰箱上，用在暖气机上。美国人只想用在军事上面，他们却用在日常生活上面。

1997年，我在德国开会，我看到德国人也很知道用。我举两个例子：一个是它所有在楼下的火车站，在通向大厅的阶梯旁都装有一个轨道、一个运输带，任何人拿了很重的箱子，都可以摆放在运输带上面，它就自动运上去了。你摆上的那个重力就转动运输。这种装置对每个人都很方便，尤其对老太太、小孩子，不用带行李爬楼梯了，可是我看美国没有，中国也没有这种装置，但我觉得这不是不能做到的。第二个例子是：德国人很会省钱，很节省，不管在柏林，还是在汉堡、在慕尼黑，他们的宿舍里、学校或者办公厅，走过去按电钮灯亮了，过两分钟，灯就自动关掉了。自动化到这种地步既节省时间又很方便。我们今天也可以用生态来鉴定我们的房子好不好用，我们的洗手间、厕所好不好用，我们吃什么东西是不是好，这间屋的方式是不是合用。我觉得我们今天谈新技术，就是要把《易经》的观点，简单明了，灵活而又实用，能够对生命本身有帮助价值，应用在我们的技术上面去。这一点，不管是在经济开发、技术开发、在各种生活用品的设计方面，我觉得都值得我们去反省。今天《易经》提供的是一个新技术，如《系辞》里说到的"取象"、发明，我们可以得到很多灵感。但是我们还是要运用智慧，来实际达到新技术的建立，这是新科学发展的一个方向。

四、新伦理

我认为《易经》是代表现代化的一个新的伦理。这个新的伦理很重要。我们今天讲《易经》哲学，讲《易经》研究，很少谈到《易经》所包含的一个伦理的次序，一个人文的次序。《易经》有没有伦理学，有没有道德，有没有对人的关系，人的自我发展的一个目标，建立怎样的一个人。这方面是我们应有所了解的。但是有一点，希望每个人都成为圣人，那是不太可能的。圣人，是一个人追求的完美目标。但是，即使没有成为圣人，是不是也应该有一些好的方式、好的想法来规范人和人的关系。我认为我们要对《易经》所包含的新的伦理道德思想，能够作一个深层的了解。这里可以初步指出来，《易经》本身所说明的人生，其本质是什么？那就是宇宙性。人性是宇宙性的延长。所以我很欣赏《易传·系辞上》里说的一句话："继之者善也，成之者性也。"就是你承继宇宙给你的这个宇宙性，那你就能够发挥人与人的目标，这样的话，就到了宇宙性的最高点，那就是人性的完成。人性的完成也就是宇宙性的完成。什么是宇宙性呢？很显然，乾坤所包含的意思，启示的一种生活态度、一种价值，那就是仁、是智、是包含、是发展、是关怀、是创造。可以看出来，不单是"显诸仁，藏诸用"，把"仁"字抬出来，"仁爱"也成为儒家基本的思想。儒家思想事实上是基于《易经》《易传》的生活经验所启发出来的一种宇宙的认识，一种价值的认识。宇宙的创造性就是人性的一种仁爱。当然后来的新儒家也谈到过。我们今天是跟一个新科学的建立，跟一个新思维连在一块，是要掌握到人性的宇宙性，能够仁、能够信、能够礼、能够智。这是后来发展出来的。这里，我想从一个群体的关怀，对个人的一种责任，对一种创造的发展，以一种新的伦理来谈。在新伦理之下，人不是单纯地趋吉避凶，而是在讲求善恶分明。假如没有这个新伦理，《易经》就很容易流落到个人的所谓趋吉避凶。难道就是这样吗？难道吉和凶就决定了人的行为吗？假如一件事情是吉的，但是它又不是善的，我们也不一定要取这个吉；虽然是凶的，但它是好的，我们也应该冒这个险。我认为从新伦理的内在伦理来说，吉凶是应该在善恶之下去了解的，而善是群体同个人结合在一起的伦理，这个伦理是把人的正当的行为和有利的行为结合在一起。所以，和谐、吉祥、安详本身在最后是和人的性质联系在一起的。个人的价值取向，最后的目标也是达到善，达到一个好的目标。

我想这一点非常重要。有了这个了解，新伦理才能达到一个新的管理。这里，我是把管理理论和伦理理论一块来谈。因为我们了解到《易经》本身的新思维、新科学、新技术的内涵的意义，就可以把它用在人的上面，来开发人的潜力。《易经》的管理科学、管理哲学，是管理和伦理的相互为用。因为管理的问题，事实上也是伦理的问题，可以这样说，管理就是一个外在的伦理，而伦理是一种内在的管理。伦理是一个自我管理，而管理一般说是涉及群体的，是一个群体性的伦理。要建立宇宙论，需要了解这个现实，需要了解人性。所以，伦理和管理，与阴和阳一样要相互为用，只有那种所谓机械性的管理是没有用的，是不能够发展的，因为人类的潜力不能在外在的条文规定之下去发挥，人的积极性、创造性，是要有内在的一种感动、一种激励、一种引导、一种模拟、一种启发而达到的。在这里，伦理与管理，就是阴阳相互为用。今天要建立一个新的管理哲学，那么就必须要了解《易经》哲学所包含的宇宙论和伦理观。关于管理论方面，我特别提出五点。我提到，管理是一个整体性的、集体性的东西，是一个整体理论、集体理论。对这个管理要了解，首先要掌握自己，掌握外在的世界，包括人力、财力、物力、资源或人事，然后能掌握一个整体的相关性，来达到一个理想的目标。管理本身，就是一个集体系统建立的过程。掌握了目标，然后知己知彼地达到这个目标。

这里我把管理分成五点：第一点，管理本身要有一个决策的思想、决策的伦理。决策是一个中心的思想，就是我能够掌握到主观特有的条件，我才能够掌握到我的目标，我才能针对目标作出适当的决定。这个伦理是一个自由伦理，是一种基于知识智慧的意志自由。这个决策是管理的核心。核心包含两方面，就是主体同客体，智慧与自我，就表示"一阴一阳之谓道"。用"道"说明是非常好的。第二点，因决策是要行为，这就变成礼道。礼道是实际地去采取去推动你的管理政策，这就必须要具有一种行为的伦理，一种毅然决然的风度，一个清楚的目标，一种以身作则的风范，这就是所谓显性的观念，然后才能够面对世界，作出变通。往往一个人坚持了自己，但是他没有权变也是不行的。管理的第三个要点就是权变，即变通。权变就像在面对一个变动的宇宙要随时作出适应。这就是权变的伦理，也就是《易经》所说的通变与变通。然后再通过资源，创造出一些成品，来满足社会市场的需要。所以自我的创造性是基于对世界的了解，达到相互的配合。创造是第四个要点。创造生产最大的目标，是满足人的需要，是协调人的伦理，达到一个人的和谐的宇宙。管理的第五个要点涉及人事的一些处理，怎么结合人，有人就有财。财是用来满足人的，而不是用来囤积居奇的。

从这里我们看到五个面，有了人来掌握资源，再对外面的事实加以组合，不断地更新，"日新其德"，再来作决策，再来引导，再来权变，再来创造，再来协调，周而复始，玉汝于成。这个新管理理论，我叫做"C 理论"，为什么呢？因为决策是中央土，以不变应万变，以不为而无不为，以没有而变成无所不有。领导呢？是金，是乾元，"刚健笃实"，不屈不挠。但领导不能没有变通，很多人是自我权威太强，自以为是，没有权变，所以这里需要有"水"的权变。有一种改革精神，有一种变通精神，能够改进、改良。有了水的权变，有了坚持的目标，有了正常的决策，才能够创造出美好的成品，才有创造性，这就是"木"。木是一种创造生长，不断地实现，最后能够施惠于人，能够结合人、协同人，发展更高的企业目标，这就是"火"。火使人感受到温暖，使人都能够接受到好处，那就是所谓"仁道"的发挥。在这个坚持下，我们看出来，从中央"土"的决策，到"金"的引导，到"水"的权变，到"木"的创造，到"火"的协调，这是一以贯之的。以后再回到决策的"土"。这样就变成一个循环，这个循环事实上可以把很多卦都融合在里面。可以说决策像是道家的"土"，土就是坤卦，是包容，以静制动，以不变应万变，领导有点像乾卦，权变有点像坎卦，创造有点像震卦、巽卦，人事协调像"同人"卦。我们可以把很多这方面的意义都结合在一起，事实上这个管理理论也可以把诸子百家包含在里面，产生一种相生相用的观念、效果。所以，决策中央土——道家、领导——法家、权变——兵家、创造——墨家、人事协调——儒家。然后以《易经》的整体性把它们融合在一起，就变成一个整体的开放的有机系统。这样的管理，我觉得是这个时代所需要的新管理，这样的管理理论是我们需要的管理的一个基本的价值观。这样我们对《易经》所包含的所谓伦理的管理体系会有一个更深层的了解。

五、新世界

最后，我简要地谈一谈新世界的问题。今天，我们并不是说就要完全毁灭一个旧的世界。但是，我们显然基于各种各样的经验、各种各样的遭遇，已到了必须要重建一个新世界的时候。从国际的政治来说，要建一个新秩序，从国内由传统向现代社会的演进，也有一个新世界的需要。今天已经到了世纪之交的关头，面临着很多问题，而这些问题有局部性也有全体性。我们必须要有个新世界的眼光，来达到一个新的生命的境界，这就需要产生一个新的人的修养、新的生活的境界。比如说，我们怎样能达到一个真正和谐的、符合于人类的大同，我觉得在《易经》的哲学里面，是包含了这样一个新世界的影响的。当然，日本人也在讲新世界，美国人也在讲新世界，但是，看谁讲得最好，谁具有最后的基础、最深刻的了解。我想，基于我以上所说的新思维、新科学、新技术、新伦理、新管理的观念，其中所包含的新世界的观念，一定要比日本人和美国人的观念好得多。

第二节　《易经》思维与管理决策

1987 年 11 月，在山东大学举办的"国际《周易》研讨会"上，我提出《易经》研究的重要性和现代性问题，当时引起了普遍讨论。几年来大陆易学已蓬勃发展，这是一个令人振奋的景象。1989 年 9 月，我回台湾大学讲学，以国际《易经》学会的名义，创办了台湾的"易学研究中心"，获得台湾学界的普遍响应，这也是一个重要的起步。

1987 年的那次会议中，我特别指出《易经》的思路应被看做中国哲学的一个核心，而《周易》则可作为中国哲学的始点和原点。这两个意思显然已逐渐为广大的中国哲学研究学者所接受和重视。同时，它也引起了更多《易经》学者新的研究兴趣，进而能跳出传统研究格局，扩大了研究的深度和视野。

从整个中国哲学的发展需要来看，我们实已面临必须开辟新境的关头。过去中国哲学史的研究多是模拟西方学者，提不出对中国哲学史的创见。而且往往套入一个封闭断裂的系统走不出来，不但没有东西哲学比较的眼光，且对中国哲学的源头没有真实和深刻的理解。因此，自胡适之写《中国哲学史大纲》（上卷）和冯友兰写《中国哲学史》迄今已超过半个世纪，中国哲学史仍是一部断头的哲学史，中国哲学的源头活水仍未能完全得到体会。

如今，我们反思诸子百家，深入历史和考古文献，正视中国文化的起源问题，不得不追溯到《周易》的思想形成过程，因之便掌握到《周易》是中国哲学的始点和原点这个命题。

再就《易经》的传统研究着眼，今天我们对易学研究也应超越古人，跳出传统象数或义理注释范围，真正就《易经》本质哲理以及其所显示的宇宙观及方法论来作考察，并进一步面对世界学术的新发现、新发明和新发展来作诠释和批判。这样才对如何将《易经》发展为一个思维模型和宇宙观，有很大的促进作用。

甚至我们可以说，世界学术的发展和人类文化的发展本身就蕴涵着《易经》思想发展的契机。因为，《易经》发展的经验已体现在现代人的整体发展和互补发展的经验之中。真正要了解现代人的发展和人类文化现代化的发展动力及趋向问题，可以借助《易经》当初发展的趋向。《易经》系统与世界系统的相互作用、影响、观照和印证，可以看做新学术的源泉。

但在这里需特别指出，我们要对《易经》本身的结构以及其所包含的特质有相当的了解，才能将《易经》的思维作为世界本体的一种运动，或一种变化的过程。

然而，仅有这种了解还不够，还必须对世界当下的真实情形要有认识。上文所提的是整体性、系统性的了解，此处的了解则指向具体和特殊的了解。易学再发展所产生的各种学术发展，是结合抽象性《易经》思维系统和特殊性的世界问题、理论和经验的研究而来的。所以今天对《易经》的研究必须是入乎其内而出乎其外的，必须是一种内外兼顾、天人合一的探讨。

对《易经》的研究，首先要提出一个重大问题，即《易经》思维模式的特质到底是什么？《易经》的思维到底代表了哪些活动？如何了解这些活动并如何规划出来加以掌握？

简单地说，《易经》思维具有辩证思想的特质。它包括四方面的运动：一而多与多而一；静而动与动而静；外而内与内而外；知而行与行而知。

《易经》思维在宇宙创生的层次上包含着一而多与多而一的运动，此即指从整体的"一"走向多种事物，再将多种事物统合为整体的"一"的过程。《易经》思维也包含静而动与动而静的运动，此即指从静止的结构来掌握变化运动的过程；同时又从变化运动来掌握静止结构的过程。正如《易传·系辞上》中所说："寂然不动，感而遂通天下之故"，而"感而遂通天下之故"又可转化为"寂然不动"，以进一步掌握天下之动，创发天下之情。

《易经》思维的外而内与内而外的运动是指在人的意识发展层次上，从外物的观照和认识，进而到内部思考及意义的确认，以及人的理想价值的认定。此即：语言的确定、意义的确定和价值的判断。同时我们也可以从内部的意义思考，展现为外部的现象认识，并予以新的诠释。

在人的意识层次上，我们还必须从知到行，参与到事物之中而成其变化，此即知变、应变和变通。再由变通来观变，以致参与变化而主动变的整体过程，这就是知而行、行而知的过程。

从以上四方面看，《易经》思维本身的发展，反映了其掌握了宇宙的本体，并在此掌握的过程中，产生了《易经》的思维方式。掌握宇宙本身是以对外在世界现象及其关系的认识为基础的，在这一认识过程中，便形成了思维的特性。因而，我们可以说，《易经》有三种不同的起点意义，即本体论、宇宙论和人的思维。

从本体论角度来看，宇宙本体一方面展现为宇宙论，另一方面又展现为人的思维方式。从宇宙论来看，《易经》有一个历史的起源、经验的起源和宇宙论的起源。外观事物及特殊宇宙现象，使人产生了本体思想，并产生了思维方式。使宇宙论导向本体论和方法论，从人的思维着眼，我们又可了解到，人的主体方法的认识，导致了外缘宇宙观的建立和整体本体论的知解息息相关、环环相应的有机关系，如下页图所示。

基于此一了解，《易经》可有三个始点，即本体、宇宙、思维。但从已经完成的《易经》这本文献来看，三者的合一才是整个《易经》哲学的开始。三者合一所产生的结果，可以同时是本体论、宇宙论和方法论的。

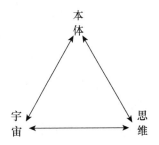

总结以上的了解，《易经》作为思考的方法，它包含了四种运动：一而多和多而一、静而动和动而静、外而内和内而外、知而行和行而知。同时，在这四种活动中又包含了三个面向，即本体论、宇宙论和方法论。如果把这"四方三向"结合为一体，就成为一种通达神明的境界和仁智合体、开物成务的人类智慧。此亦即《易经》所描绘的圣人境界，《易传·系辞上》言：

> 《易》与天地准，故能弥纶天地之道。
>
> 与天地相似，故不违。知周乎万物，而道济天下，故不过。旁行而不流，乐天知命，故不忧。安土敦乎仁，故能爱。
>
> 范围天地之化而不过，曲成万物而不遗，通乎昼夜之道而知，故神无方而《易》无体。

综述以上四种力量和三个面向，我们可以引申出《易经》的四种思维力量，并借此以理解《易经》。事实上，我们也可以从上述三个面向来探索，即天、地、人三项存在的层次的深度义理。这三项显示的是：本体就是天，宇宙就是地，思维就是人。在此三个层次上，我们可以了解宇宙、本体和人的四种力量。我们可以把这四种力量看做包含在本体、宇宙和人的思维之中，也可以把宇宙、本体及人的思维看做这四种力量的组合。

（1）第一种力量是外观的能力。

它指外观于世界，掌握和认识世界。《易传·系辞上》描述伏羲为："仰以观于天文，俯以察于地理。"观察是一种外向的认识，这种认识应是周游六虚、涵盖万物的整体认识，它必须要有一种开发性和探索性，以求其观察的全面包含及精察入微。如果不了解这种外观的能力，就无法掌握《易经》的精神及方法。

（2）第二种力量是内省的能力。

从思维模型来看，这种能力的表现是间接的，《易经》本身也并未直接提出内省的这一种活动，只是在卦爻辞中间接呈现出来，事实上，六十四卦本身就是从八卦的外观转为内省引申出来的，也可说它是一种内省的结果。六十四卦中一部分表达的就是一种心灵内省和价值认知状态。如"谦"卦，就是一种内省确定的价值，又如"中孚""睽""泰""否"以及"豫"卦等都含有内省的价值意义。事实上，透过象辞，更多的卦也都被赋予内省的价值判断。

《易经》的卦辞作为吉、凶、悔、吝、得、失的判断，是以一种趋向与后果来认定其价值是吉是凶、是悔是吝。内省并不是单纯为了追求价值，也是一种以"原始返终"的心态来了解宇宙的过程和趋向。"原始返终"能掌握死生之说，"乐天知命"则能仁爱万物。内省在《易经》中是一个明显的过程。虽然如此，《易经》却没有明显说出，但《易经》毕竟已表现出内省过程的重要。

在《易传·系辞下》的第六章，孔子的话被用来说明易爻辞的意思。第七章的九德之说则是引申孔子有关德的思想来说明九种易卦的含义。这种道德化的诠释的了解，也就是一种内省的了解。要掌握《易经》，就要有内省的能力，就是对语言、意义以及道德价值内在于心的判断，显示对行为趋向的认识。

（3）第三种力量是超越的能力。

《易经》作为一个思维模型，它还具有一种超越的能力。这种能力表现在跳出有限的观点，去掌握更广大的宇宙世界和更高的层次。超越也就是运用知性的眼光，涵盖千差万别的现象世界于一整体之中。这就是超脱宇宙的"多"而掌握了整体的"一"，但又同时涵盖了"多"。所谓"超越"，并不是超离，而是既能超越出来又能包含于内的这样一个境界，就是"一"而"多"走向"多"而"一"、"静"而"动"走向"动"而"静"的境界。"太极"的观念就是如此发展出来的。

（4）第四种力量是投入的能力。

这一能力是就具体个别之事来掌握关系和动向，并能引导为更深入的发展，达到人生需求的目的和充实生活的需要。这种能力是投入到特殊具体事务之中，掌握主客观的具体行动。投入的另一层意思是能够掌握主体参与和推动，从而建立主动性和发展性；不只是单纯的认知，而是从知到行、从行到知、从通变到变通、从变通到通变的过程。《易传·系辞上》称之为"极深而研几"，"唯深也，故能通天下之志。唯几也，故能成天下之务。唯神也，故不疾而速，不行而至"。

总结四种能力，简言之，外观的能力是由外而内，再由内而外；内省的能力是由内而外，再由外而内；超越的能力是由一而多，再由多而一，静而动，再由动而静；投入的能力是由知而行及由行而知。若我们不了解这种外观、内省、超越和投入的意向，我们就无法掌握《易经》的本体和宇宙，也无法掌握《易经》思维的作用。

必须指出，《易经》思维不仅有四种能力，而且这些能力是结合在一起的，它需要整体活动及运作，并完成一贯而圆融的境界。这种"易"的思考，不但是外观、内省、超越、投入的过程，也能从外观导向内省、超越与投入，从内省和投入，或从投入导向外观、内省、超越。

在此，每一种能力都能贯穿其他能力，四种能力之间也是相互贯通和并行的，由此形成完整、综合和开放的宇宙，并掌握宇宙背后的本体内涵，同时呈现出更完善、更开放和更整体化的思维过程，产生出相应于不同需要的人类完整的知识体系和价值体系。

"易"的思考包含的四力及其产生的思考的扩展与凝聚作用如下图所示。

以图中所述的三向四力来了解《易经》,《易经》可以被当做一个诠释的成品,它的许多意义是隐含其中而未显露于外的。这种蕴涵的三向四力的整体结构若能被了解,那么《易经》之所以能成为诠释的主体也应能被了解了。《易经》能诠释客观世界的具体事物,也能诠释自我,《易经》中的各项能力也更能投入具体行为而产生作用。

但是需注意的是:《易经》不单是一个诠释的系统,它也是一个创发的系统。当然,在此所说的创发,并不是说《易经》能先验地导出所有的事情或先验地包罗万象。从《易经》静止已有的内容来说,它并不包含我们所知或能知的一切,但《易经》既然具备外观导向的能力,它的原始本体意义应是创发性的,应有助我们组合已知,开发未知,它必须以创发和洞见作为其诠释的条件。

从这点出发,当我们谈到科学与《易经》的关系时,不能舍弃科学而只谈《易经》。就现有的科学成果来说,《易经》可以与科学建立关系,但这也并不能代替科学本身的自发、创发过程。这个创发过程是蕴涵在易的思考之中的。真正要运用易的思考,就必须发挥科学的外观认识,然后才能用《易经》体系来诠释。所以,应该是先有创发后有诠释,诠释基于创发,但不能代替创发。

前已指出,创发本身也是《易经》的思想方法,也是宇宙本体之所在。创发不仅存在,而且我们从内、从外都能感受到,我们必须以创发作为最大前提。有了创发,才能整合,才能系统化。同时,我们也不否定推陈出新,因为它也是一种创发的方式,它是在旧的形式上推陈出新的事物。但对陈旧的东西的认识还不等于创发。只有从故纸堆中跳出来,才能开创出有新意的东西,面对这个世界创造新形象、新思维和新认识。

以上已对《易经》思想本质有了较清楚的说明。关于《易经》今后的研究方面,我们在以下可以提出五个问题以为总结。

（1）关于《易经》的本源问题。

虽然《易经》作为一个思维模式具有创发力，但进一步从经验上探讨《易经》产生的根源，还是有意义的。以上曾以宇宙形象及本体精神谈《易经》，在历史中、在经验条件下，《易经》为何是发生在中国而不是西方？《易经》思考为何具有此特性？这些就构成《易经》的本源问题。

（2）关于《易经》的理论建构问题。

在对《易经》的本源掌握之后，对它所代表的整个宇宙观、主体观和方法论也应该有一个建构。

（3）关于《易经》思维在中国哲学中的发展问题。

这是一个值得探讨的历史发展问题。中国的《易经》研究从早期的象数走向后期的义理；并再一次走向象数，再从象数又一次走向义理。这是一个从先秦象数义理化，到西汉宋明的象数义理化过程。在此之后，象数、义理也各逞其能，相互作用与影响。当前我们又面临诸多面向，须作一个历史的认定及评价，并开发新的境界。

（4）关于《易经》的时代问题。

对现代人类社会的发展、科学技术的发展，《易经》能提供何种诠释呢？对《易经》本身的了解又能开发出怎样的科学呢？怎样才能促进人类新文化发展呢？这就要把《易经》研究及其理论、历史发展和本源提出来面对现代世界的问题、人类的问题、社会的问题以及文化的问题来作一解决。在这个层次上，我曾提到有十种不同的《易》学，即文史易、哲学易、逻辑易、语言易、民俗易、医学易、科学易、管理易、军事学易、艺术易。不同学术分科就有不同的《易经》研究角度与范围。各科之间本身也是相互关联的。把易的整体体系用在部分学科上，再用部分学科的实际成果来彰显人类思维的文化成就，建立一个根本的方法，从而创造一个更完美的宇宙、人类、文化。这样，对了解《易经》时代性及展现其作用有很大意义。

（5）关于系统的相互诠释问题。

《易经》作为一个学术系统，它有其不同的哲学体系方面，西方的或东方的，都可与《易经》联系起来考察。举例来说，中国先秦诸子百家都与《易经》有很大关系。儒家继承了《易经》的阳刚自强精神及思考方式，道家则继承了谦柔处下的思考方式，其他各家也都各自继承了易的隐显、分合的思维方式并在其中取得定位。

西方思想的境界相对《易经》也有可比较的意义。柏拉图思想、亚里士多德思想、近代理性主义思想、经验主义思想、笛卡儿思想、康德思想、黑格尔思想以至海德格尔思想，都可与《易经》作相互诠释，这种诠释能纳入到整体人类具有《易经》特质的思想过程中。这种诠释及纳入并不表示要一元化，而是在一体多元之中找寻一个和谐的秩序，从而产生更深入的创造并达到一个更高层次，成为推进人类文明发展的动力。

以上五个问题是当前《易经》研究的重要问题。在易学研究方兴未艾的今天，众多《易经》研究的学术课题中，有很多深入的、个别的、特殊的研究，但我们抓住了这五个方向定位，就更能掌握《易经》的智慧，更能拓展人类思想的新境界。

除此之外，《易经》作为辩证的思维方式，它的作用及内涵也有待于加强和探讨。以下我提出三个特殊的问题作为结语。

（1）对《易经》辩证法的了解。

今天我们应跳出将《易经》作为素朴辩证法的看法的阶段，而用外观、内省、超越及投入的方法来掌握更高层次的《易经》哲学的辩证内涵。

（2）对科学易的了解。

我们毋须用《易经》去诠释所有科学内容或将所有的科学内容纳入《易经》。相反，我们要用《易经》开拓科学并激发新的科学研究，秉承《易经》内在的创发精神而真正投入于科学之中。就是说，应用掌握外观的能力来掌握新的义理，从而对科学易有新的帮助。

科学《易经》应导向《易经》科学，所谓《易经》科学就是一种开发中的整体科学。强调差异、强调深入研究、强调关系研究和交叉研究，在这些研究之后使整体突出，并在整体中能把自然科学、生化科学、社会科学、人文科学纳入不同层次而建立整体结构。同时，在这一整体运动的相互影响的转化关系中，拓展出价值科学，指导人的判断及行为取向。

（3）对管理易的了解。

这与决策科学与预测科学有很大关系。我们不应把《易经》单纯看成预测学。《易经》认为预测是两方面的，一方面是对客观世界的掌握，掌握变化之机；另一方面是掌握自我，从事决策和抉择。换言之，没有真正的、绝对的客观预测，预测事实上是一种建筑在归纳法上的假设和决策，由预测者自我投入并负责。

需要强调的是：预测与决策是联系在一起的，预测在决策基础上实现，决策包含着对某种事物的判断。这是就决策与预测的互动关系来了解《易经》原始筮卜作用。在我看来，预测即决策，决策即预测。用这样一个眼光来看《易经》，就更能掌握《易经》超越而投入的精神以及《易经》外观而内省的能力。这样自然能对《易经》占卜问题作出比较公正的评价，从而掌握和发挥《易经》预测和决策的真正意义。

第三节 《易经》管理哲学的理论与实践

首先我们从东西方文化上的差异来考虑。我国的文化在近一百年来遭受外患的侵略，基本方向已与传统文化大不相同，以至于改变了传统方向。但毕竟中国人是讲究道德以及家庭荣誉感的，而西方人比较讲究权利，他们是为了取胜而取胜。如同古希腊人所谓"卓越"的成就感，亦即为了个人的权威性。这点与中国人大不相同，中国人多半为了家庭、社会着想，但往往却被家庭、社会所局限，更缺乏西方冒险患难的精神。除去文化，单就科学方面来说，在理性上，科技发展的必然产物是科学的管理，依据分析的成分、计量的关系，求最大的效果。在国际竞争中要能知己知彼才能百战百胜。所以我们透过对文化与科学的认知，利用科学来突破因文化而产生的限制，在不同的场合中求改进。另一方面，除了科学管理外，还要对自己文化价值体系融会贯通，不放弃自己文化的独特点，也就是取西方的长处，保留自己的优点，做到中国管理科学化、管理科学中国化的灵活运用。

一、比较管理学

在介绍《易经》哲学之前，先讲一下比较管理学。根据美国 20 世纪 90 年代一些未来学学者关于大趋势的研究表明，21 世纪最能影响人类的国家，第一是中国，第二是日本，第三是美国。这种从重视欧美转变为重视太平洋的方式已成为美国朝野的潮流方向。试观日本人的成功有其文化的特色。欧美讲求功效主义，重视个人责任及理性的规划；而日本重视团队精神，对团体的忠实感，更重要的是它的家庭化的精神。家庭化可分为两种，一种是家庭的涵用性，能将家庭从同姓血亲扩大到外人，以平等待遇将公司视为一个大家庭，日本的家庭化精神就是属于涵用性。我国虽然也是家庭化的社会观念，但属于排他性的家庭化精神，有如老板、伙计间的排他关系，不能发展到其间的包容性。至于与其他国家的比较：欧洲国家中德国人有好胜的精神，而一般欧洲国家的保守性重于进取心；韩国人的精神在于勤俭自修、团队进取，深受儒家伦理思想的影响。

二、中国管理学的传统

现在谈谈中国的管理哲学，讲中国哲学一定要讲传统，这不只是从现在的中国来看，一定要实际地经过印证及体验，不光是引经据典来断定。在此将儒、道、法三大家提出来申述中国传统哲学。

（一）儒家。

儒家讲求道义，这是儒家的理想。在心态上以诚、敬为出发点，达于仁义的目标。企业家必须能够知人、知事、知时，了解全局。以儒家的观念来衡量，在整体情况下，"才"与"德"何者重要。我们讲究德行，但不应将德的观点死板地扩大到个人的私生活领域。另外儒家讲义利之辩。人要追求道义，不是利益。一般人常常是双重性格，要求别人的是道义，自己却追求功利。而儒家最大的特色是性善论，对人应有信任感，这最值得我们发扬。

（二）道家。

道家与《易经》关系更密切，讲求正反两面。从上下、左右、内外、前后、阴阳的观念来看事情。简单地说，阴是看不见的、不方便说的一面，如感情、欲望；阳是光明面，可说出来的。阳是有，阴是无。但并不是看不见就不好，往往看不见的作用更大，它可以包容一切。所谓"无生有"，若将它用在做人上就是宽容的德行了。道家还讲"物极必反"的道理。反其道之用也，正的意思可能有反的作用，所以用人要看清楚正反两面。另一方面要发展谦容之德，"不为天下先利"求取自然的美德。

（三）法家。

法家的主要精神在名副其实，名是面子、地位的代表，光有名而无实是不坚固的，但有了实也要勇于承认其名。名家讲平等主义，名家与道家发明了统驭术，在大环境中达到一个目标。鬼谷子的连横、合纵就是一种战术。还有一种"飞钳术"，就是在打击一个人之前，先将他捧出来，然后再打击他，将他钳住。这是阴谋控制的权术。法家讲求权、术、势的考虑应用，若能应用得方寸不乱，甚至败了也不引为耻。这在《易经》上是定位的问题。

三、《易经》哲学与《易经》管理学的建立

《易经》哲学综合了儒、道、法三家，是中国哲学思想的基础。《易经》不只是占卜之书，它还有象、辞、意的观念。《易经》是对世界的图像显示，在图像中找出一个定位，将它应用于人生，发挥最大的效果。伏羲画卦，描写宇宙的八种象征息息相关、变化不已。从八卦中再提炼出八种不同的精神原则，可以在管理上知己知彼。比方说，"天"是乾的原则，有创造的意思；"地"是坤的原则，有包容一切的作用，在守成中求发展；"山"是稳当的，适行则行，适止则止；"泽"是安和快乐的；"兑"是和乐的原则；"雷"是生机发动的意思；"震"是动的原则，有一鼓作气、万象更新的意思；"风"表示大地更新、风和日丽，是流动的原则，所以风代表财，"货畅其流"，财是透过流通的；"水"是柔中有刚，而"火"则刚中带柔。此八卦表示宇宙是对称、平衡、流动、变化的。若能掌握宇宙，也就能掌握自己。何时该创新、何时该平衡、何时该以柔克刚等，都是做人做事的运用。从这里可以归纳出四个原则：守成知变、穷化创新、定位断疑、简易即时；三大重点：简易、不易、变易。宇宙现象在变与不变之间生生不息。管理哲学就是在简单自然中寻找变与不变间的关系。

在今天这个忧患的时代里，处处充满了危机，但从《易经》上来讲，危机就是生机，我们并不怕危机。要看危机是否能处理得当，能够在忧患里求生求变，所以忧患之学是《易经》的一个特点。最后，《易经》的另一个特点是调和之学，今天我们很多问题的发生是因为不调和、不沟通。天、地、人、时间、空间不调和，无法作整体性的沟通，不能开诚布公地解决问题。《易经》最讲究冲突的调和，《易经》中提出很多冲突面，解决之道可以从理和气来看；有些事情我们不一定要从理的方面来解决（如法律），因为整个宇宙是理和气的结合。气是一种流行的感受，人的感情、身体的状态也是气。

需在理中求气，气中求理。气是人，是具体的；理则是具有普遍性的。《易经》讲的就是理气调和。最后的目的是成己成人。

四、《易经》的五种分析

（一）《易经》的系统分析。

一个系统由许多小系统组成，每个系统都能够作用而达成大系统的目标。另外，一个系统是多元的，并非单向的系统，现在的人乃是感受专业化，系统复杂化。《易经》上告诉我们在不同的情况应该有不同的感受、不同的系统作用。该进的时候进，该退的时候退，不能固定一个感受，在系统间应造成转化的关系。很多问题有形而上、形而下的关系。形而下方面一件事往往只看到结构而无法知道它的动向。动向与环境有关，所以要将自己与环境结合成一个系统。了解自己在整个系统中的定位，在大环境里随时注意自己定位的变化，定位于阴阳、刚柔、虚实、理气的关系。所以，《易经》告诉我们的是定位之学，在原则当中作最好的改变。《易经》中有一个卦叫"革"卦，革卦就是顺乎天、应乎人的意思。

（二）《易经》的沟通分析。

要了解关系才能沟通，由了解来打破不通的地方。沟通分析就是一种关系分析，从定位中去找关系，再把关系网应用在沟通上。《易经》中，天地相交时即为沟通，故谓"泰"，表示利的意思；天地分开，不能沟通，而成"否"卦，就是不利，做事情不能成功。今天来讲，搜集"资料"是属于未沟通，将资料组织成"信息"后还不够，再将信息解释成多方面的"知识"，有了知识还必须通过"了解"贯通才算是沟通。因为了解形成了感情的沟通，在"知识"上仍旧是属于理，了解后才结合了气的成分，这是《易经》中基本的理气沟通的道理。

（三）《易经》的决策分析。

《易经》是最讲究决策的。每一个卦都在分析作决策。卦中都有一个"辞"，辞就是决策、判断。既分析又综合，看卦是从分析中找综合，知微才能彰显大事。透过卦我们可以了解到"象"，卜卦就是表现出现象。象之后要抓到言也就是"辞"，辞是过去人的经验，将象与过去的经验连在一起，最后是"意"，是自己的意思，主观的状态下做自己主观的目标、客观的现象加上过去经验作综合的决策。在这当中所追求的不只是个别专家的能力，而是整体的决策能力。

（四）《易经》的领导分析。

领导要求适当的定位，当领导的时机未到时不能抢先上任，当领导时机已过便该适时停止。领导术的分析在于能够知己、知彼、知事、知道。简单地说，天是过去、现在、未来；地是前后、左右、上下；人是感情、理性、欲望，把它配合起来就是最好的领导。领导也要懂得经、权的关系，经是守成不变，权是变通的。我们要能变通但不流于乱，这靠所在的位子对、关系对、沟通对。

（五）《易经》的协调分析。

调和的目的在追求生生不已的发展。从《易经》的分析来看，在于使得阴阳配合、刚柔并济、上下沟通、理气夹持。例如在气上做安排，但要与理相调和，如请人吃饭是气的作用，但是也要有原因，这就是理。在协调后，则能够增加效益，增加生产，发挥全体大用。

五、X、Y、Z、A 理论与阴阳虚实及刚柔动静

通过管理哲学研究来看，有下列四种理论的产生：

（一）X 理论。

强调人基本上是懒惰的、被动的，所以在管理上重视如何将他们组织起来。

（二）Y 理论。

强调人基本上是向上的、求进的，在管理上强调如何协助他去发挥他的善性。X 理论趋向阴的方面，因为阴是不动的，是虚的；Y 理论趋向阳的方面，是动的，是实的。

（三）Z 理论。

日本的 Z 理论强调团队、家庭、安稳，不要太多的专长；重视共同作决策，在大家族上共同上发挥。这在制度上升迁较缓慢。

（四）A 理论。

美国的 A 理论讲求功效、责任感，在管理上重视效率、绩效的衡量。

以上四种不同的理论，把 A、X、Y、Z 合起来，视不同的人来加以应用（如表所示）。

组织＼人性		阴（虚）X	阳（实）Y
刚（动）	A	AX	AY
柔（静）	Z	ZX	ZY

据上表，四种管理方式分析如下：

AX：我们叫做阴以刚制之，因为人性是阴的，就以刚来管理，提高他的责任感、积极性。

AY：称做阳以刚迎之，因为人性是阳的，就顺其向上之心用刚来训练他，使他成就。

ZX：阴以柔容之，因为人是阴性，就用感情来涵容他。用柔的性情去包容。

ZY：阳以柔融之，因为人是阳性，就用柔来融合他。

这四种管理方式都可以用《易经》来看，都可以相互运用，看何时、何地、何事

来用。

六、结论

所谓管理方式可以说是阴阳、刚柔、虚实、动静的关系。这可以显示出利用传统哲学的道理，更可以发挥管理的功用。《易经》所提出的哲学是一种安和乐利的境界，也就是管理最高的境界。安就是定位；和就是调和上下、左右、内外、阴阳等；乐就是安稳、快乐；利就是尽大利，发挥全体之大用。《易经》中安和乐利的境界若能做到，则无往而不利，这也是中国人应该做到的。

第四节 西方管理危机与东方人性管理

管理是有意识、有组织、有目标的规范和约束行为。但管理除其特定的目标（如企业目标）外，尚有其一般性的目标。其一般性的目标，乃在建立社会的秩序，发展文化的创造力和促进个人的自我实现。如何运用管理的一般性目标以达到管理的特定目标，是当前管理的重要课题；而如何运用管理的特定目标来实现管理的一般性目标，更是当代管理思想的重大问题。当代西方管理界所倡导的"目标管理"，旨在控制目标以控制方法，增进效率，但它未能深化目标，开拓更深沉的（更一般性的）方法以达到特定的目标。这也是由于未能将管理哲学与管理科学及管理技术相互结合运用所致。但这却根本显示了西方管理科学缺乏一个对演化管理目标和方法的管理哲学向度的确切认知。由于此认知的缺失，西方（美国）企业管理乃出现了各种空前危机。我们可以列举三种危机来说明一个新的管理认知和一个管理哲学提出的需要。

一、兼并化危机

为了垄断市场、扩充利益及财力影响，进行恶性及强行兼并，妨害公平竞争及平衡发展原则。

二、机械化危机

科学化管理导致人事和人力资源运用的机械化，工作者为了谋生而工作，却不一定能认同公司，管理者除了谋利没有更高的企业和生活目标，因而造成工作者心理闭塞和不稳定性，也因之形成人才的退化和流失。

三、呆滞化危机

大型企业过分成熟，变得庞大分散，无法灵活应付社会需求变迁，也未能充分吸收利用新的科技早作改良革新，以致形成财务亏损，人事负担沉重，企业精神颓丧殆尽，成为淘汰的对象。当然，西方管理者能够运用诸如结构改组、财务重整、人事更换等手段来解决这些危机中的个别企业的问题，但从理论层次看，企业发展、企业用人和企业持续和转化等根本问题并未解决，因为西方管理者缺少了一套完整的管理哲学以及对此管理哲学构成的人和社会因素和潜力及其价值的充分理解。

西方现代企业管理重视下列三个因素：

第一，专业知识和技术。

第二，组织与推销能力。

第三，功利性的企业目标。

在一定条件下，这些因素主导了西方企业的发展，但也同时限制了西方企业的发展。前者是自明的，后者却是由于对此三项因素的过度重视导致对人性全面价值需求和人性一般潜力的忽视。我们可以说这种西方现代的企业管理体系充分发挥了人的工具理性，并使理性演化为控制人性以获得利益的机制，因之也就形成了管理制度的机械化，使管理丧失了对内（人事）与对外（市场）适时应变的灵活能力，也使管理系统中的个人与群体的创造性和创造力丧失殆尽。这在20世纪90年代美国企业多次的濒临崩溃中表露无遗。它说明了上述企业的三个因素只是企业成功和成长的必要条件，而非充足条件，甚至这三个必要条件还会阻碍企业的持续发展与全面提升：专业知识和技术不能保证实用性和适用性；组织与推销能力不能保证通变性与变通性；功利目标往往表现为企业的短视和短利，以至缺乏韧性和革新精神。

相对西方理性的企业精神，中国儒家以开拓人文和实现人性为重点的个人管理、社会管理和国家管理的思想自成一套卓然独立的人性主义的管理体系。在此体系中，人有人之为人的目标，人有极大的可塑性，在充分的自我修持、自我规范的过程中逐渐实现理想的人的完善性。人（个人及群体）有自我发展和自我实现的能力，且能在此自我发展和自我实现的过程中获得满足，也获得稳定。我们可命名此为"人性论的管理哲学"。在此管理哲学中，我们可以寻绎出下列与管理密切相关的要点：

（1）顺应人性的自然关系的建立和调和（此处人性含理性、感性、情性和悟性）。

（2）对领导身体力行和实践表率作用的重视。

（3）层级性和推展性的追求目标的达成。

（4）启发自内而外或内化的动力以实现目标。

（5）从事恒常的学习和反省的教育。

（6）建立互助、互信和忠诚的责任和德性。

（7）结合利益与安和愉乐以求生生不息。

（8）从具体经验中求改善并锲而不舍。

儒家的人性论的管理哲学代表了一种对人性普遍潜能的自觉，并代表了对人性包含的层级性的普遍价值目标（个人、家庭、社会、国家、世界）的认知。再由此一自觉的认知发展出行为规范、制度规范、组织规范以作为追求及达到目标的方法。事实上，我们把握了儒家人性论的中心理念和价值，就可以把儒学看成一套完整的管理哲学体系，投射在现代管理功能、管理目标和管理方法的架构上，突显出其发挥人性、开拓人力的管理特色。此一特色也可以简述为对人生价值和社会价值的"目标管理"。所谓"管理"即为自觉的自内而外、自外而内的同时约制及激发行为以达到价值目标。可见，儒家哲学无疑是具有普遍性的管理哲学，它不是专业知识和特定目标规定的管理科学，但它却不妨碍专业知识和特定目标的管理科学的建立。

事实上，管理科学可以有两种发展的选择：一是基于人性论的管理哲学而建立完整的系统；一是完全独立于人性论的管理哲学而以其自身为最高标准。西方当代的管理体系显然是走后者的路，其严重的问题也就难以避免。相反地，如果现代的管理科学能够辅以人性的管理哲学，如果现代西方的科学管理能够辅以人性论（如上述儒家哲学所示）的管理方法，则科学管理体系的缺失也就能够避免，而管理的有效性和管理的价值也就自然提升了。

儒家的人性管理哲学当然不是以促进及改良科学管理为终极目的，虽然日本企业确从这个努力中获取了企业管理的莫大成功，也创造了企业的莫大的竞争力和效益，使日本成为经济大国。儒家的人性管理仍有崇高及独立的人生和社会目标。它应该是转化企业活动以达到其目标的动力，也应是能以企业活动来达到其目标的方法，因之，它不应只为企业所应用，也应规范企业文化，提升企业伦理，以促进人性社会的实现。在此意义上，儒家管理哲学才显出其最高的价值。但对此课题，我们要进行深入的探索。德国社会学家韦伯指出，西方基督教新教伦理促成了资本主义精神和资本主义社会的兴起。当代中国学者也一再强调了"儒家伦理"对东亚经济和工业的现代化发生了点火和催化的作用。比较管理学者也论证了日本式管理引用儒家伦理达到企业目标的成就。但必须指出的是，如何基于企业目标以及强化企业活动以成就儒家的理想，如何包含及基于管理以完成社会伦理达到理想社会，乃是非常重要但尚未被学者充分探讨的课题。此一课题亦即为基于伦理以达到管理、基于管理以达到伦理的"形上管理学"课题。这也许是发展现代中国管理模式的一个必要起点，也是发展前瞻性的世界理想管理模式的一个基础及发展方向。

第五节　中国管理与美日管理比较

为适合中国现代化的需求，今天我们所谈的管理必须结合传统与现代、东西方的精华，取长补短。根据许多分析调查显示：美国式、日本式与中国式的管理观念都有深刻的差异，无论在管理计划或决策方面亦各有不同之处。把中国式管理与之比较，主要的用意在认清自己的问题、危机，经过外来的冲击、吸收、凝聚而成新的体系，进而发挥更好的功效。

其实，不只管理如此，几千年来中国历史也一再重复着同样的过程，由于中国哲学文化较具包含性，每当本身的核心文化呈弱势时，外来的强势文化便乘虚而入，形成凝聚、扩展的现象。但是若只是盲目地吸收，本身不知求变、强化体质，很容易就会为外来文化所吞噬。只有认识危机，设法改变自我，因应变化，重组自我成功者，才可能成为主导文化，进而扩展，经过相当时间后，又会再落入松懈、封闭、腐化，面临新危机的循环中。

一、日本是个好榜样

由于管理牵涉心理、价值、观念、文化等问题，要想使它"青出于蓝而胜于蓝"，亦需花费同样的努力。在这方面，日本是最好的榜样，他们本身体质并非很强，但先吸收中国文化智慧，建立起一种制度，再吸收西方高度组织形式和追求效率、卓越的理想，而后发展出一种强烈的企图心和制胜力。

在吸收的过程中，他们并不盲目，透过自有的价值观来加以消化、改善，以更符合社会的需求。日本汽车业的成就举世公认，它的制造科技是外来的，但其设计、生产与品管，皆融入了日本本身崇尚小巧精致的价值观。

由此可见，中国式管理要成气候，也必须把中国文化哲学当成后盾，但同时必须对自有文化反省改造，吸收东西方文化精华，再与西方科学凝聚结合，如此才能形成最佳的中国管理模式。

一般而言，管理大致可分为西方的理性管理及东方的人性管理，前者以美国为代表，后者以日本为代表，所以又称为美国式管理与日本式管理。

二、终身雇用，安定生活

基本上，美国式管理强调功效、创发力与责任心，重视数据，公私分明，个人参与公司纯属理性，而非全面生活性的投入，因此人事变动性极高。在一个标准化的规范下，个人与企业可以自由竞争，互相抗衡，因此早有工会的存在，经过理性的运作与良好的规范，社会利益不因劳资对立而消除。在实用主义之下，企业虽以获利为最高目标，但亦强调与社会结合，成为其中一部分，利人利己，使利益长存。

日本式管理具备了东方人性管理最大的特质——将不同个人结合为一体，在一个共同的信条下工作、生活，所以个人是全面性地参与企业，为了使人员完全献身，发挥忠诚度，企业以终身雇用制来安定其生活，并发展出家族化的经营模式，不强调阶级管理，而强调内部的融洽。

日本人所谓的家庭化，与一般中国式的不同，它是属于包含性的，以家庭为中心，将朋友及所雇用的人都包含在内，视为家庭的一分子，这种做法一方面要求员工奉献牺性，也同时提供各种进修训练与福利保险，使其与企业共存亡，不必担心被裁员。这是日本企业成功之处，可见家庭化并非不好，关键在于是否能将排除性的家庭化转变为包含性的。

另外，日本式管理亦强调团结生存，这是其包含性家庭化所发挥出来的"群"的功用，他们知道要保护自己，发展自己，就必须团结，因此重视集体智慧与群体力量，强调不断的改进，而非突然的转化或改变。

细致化也是日本式管理的一大特色：由于客观环境的影响，日本人善于运用空间，重视条理与整齐，长久以往，转化为一种注重细节的心理，强调潜移默化，重视默契，日本人模仿力之强与其细致心理亦不无关系。

三、面对功利，折中妥协

至于传统的中国式管理，讲求道义精神、心性修养与和谐思想，但发展至今，这些特点都徒具表面形式，实际上，面对的是功利与折中、妥协。

不过，受文化影响，重计谋策略与积极进取却是中国式管理的另一特色，在良好的规划与适当的环境下，可以出奇制胜，但用之不当，则会流于投机取巧，中国人的一窝蜂心理与现象，便是太重谋略而不重整体观的表现。积极进取的特质亦然，如能将之善加整合运用，自会发生一股群体活力，否则会形成牵制力。

中国式管理亦强调家庭化，但和日本不同的是，因中国历经太多变乱，人与人之间的信任已逐渐丧失，因此是属排他性的家庭化，而不是日本那种包容性。这种趋势往往会导致内部的不稳定，老板与伙计间各怀异心。

由美、日、中三种不同管理观念的比较，可以看出中国式管理虽也强调人性管理，但对人性资源的开发掌握不够，往往只发挥了人性的劣根性，如好面子、排斥心、小圈圈主义及家庭本位等，反而对自有文化中优良的特质未加发掘善用。

另外中国式管理在理性方面也十分缺乏，虽然近代以来中国人已意识到科学理性与组织的重要性，积极吸收引入，但由于中国人大而化之的习性，只一味模仿西方，未从本身的文化哲学出发，加以凝聚整合，因此发展出来的现代中国式管理，既缺乏日本式管理所强调的精神力量与中国思想，组织形态方面又不如西方管理那么严谨，管理危机因而出现，企业不知何去何从。

四、速成方式已经落伍

这两年来，在经历种种内外的冲击与变动之后，台湾企业渐渐了解急功近利、人人为己、马马虎虎、薄利多销的"速成"管理方式已落伍了，为求长远而全面的发展，更需要一套良好的管理文化，来改善企业和社会风气，此外还需要建立一套理想的中国式管理体系，来克服现有的缺失和危机，这套体系包括三方面。

第一，中国式管理标准。

第二，中国式管理的哲学理念。管理是活的学问，不但要能应付外在、内在世界及人、事、时、空的变化，也受政治、经济、文化、伦理的影响，所以除了需要科学、技术，也需要包含管理科学的哲学，如此这套管理体系才能与政治、经济、社会和生活相结合。

第三，中国式管理系统。中国式管理的运作要制度化，就必须加以系统规划，建立各种制度、规划，除此之外，还要建立一种解决纠纷、问题的方法与原则。

第六节　现代化经验与中国式管理

一般而言，台湾经验被视为是台湾地区经济发展的经验，但广义而言，应是指全面性现代化的经验，由此看来，台湾经验仍有其未完成的过程与不足之处，其中最主要的就是经济发展与政治发展、社会文化配合的问题。

也正因政治与社会文化的发展脚步跟不上高度的经济成长，台湾经验面临空前的瓶颈，台湾经验亦因此承受严苛的考验。参考台湾地区的现代化经验，将更有利于中国管理哲学适时地发挥它的重要性。

一、台湾经验值得参考

其实，台湾经验与中国式管理有密不可分的关联，它的成功，显示出中国式管理独到之处，它的问题亦反映出传统的中国式管理无法掌握当代所有问题。所以，从台湾经验的探讨中，我们可以发掘现实中国式管理的优点，检讨其缺失，加以改善发展成一理想的规范，使其更符合中国社会现代及未来的需求。

台湾经验可以说是多种因素相互配合发展而成的一个过程，人力资源的运用是其中一重要因素，单从台湾经验在这方面的表现，便可找出许多中国式管理的特色。

乐观进取、奋发向上、刻苦耐劳的精神，这是中国传统文化中美好的特质，也是台湾地区经济发展的原动力，过去三四十年来，台湾各界都充分发挥了中国人认真进取、勤俭、自我牺牲克制的民族性，上下一心，自强不息。

所以，过去台湾的小商店都是从早开到晚。六七十年代的中小企业，也都是把生活家庭完全投入工作中。这在西方人看来是缺乏管理，但对传统的中国人而言，工作即生活，生活即工作，两者是很难划分的。这种全面投入生活的工作能力，以家为一工作单元的生活形态，不但让中国人具备了很大的韧性，也激发了我们的潜力，因此格外经得起社会或经济风险。

积极乐观的精神，是中国人生命与工作的动力，这种对未来永远有所预期，不断追求运气与机会的人生观有其哲学根源，其一是出世的宗教观。中国人认为，宗教是补足、充实人生的工具，而不像西方人或印度人，把宗教当成人生最终的目的。因此，随着经济日益发达，人的精神益发空虚，宗教便成了平衡、支持生活与心灵的工具。这也是这些年来佛教在台湾蓬勃发展的主因。其二是儒家的生命观。儒家强调自强不息、向上进取，中国人严肃认真的生活态度，便是深受儒家思想的影响。

二、人际关系一大关键

重视人际关系的情性文化，也是台湾地区发展中国式管理的一大特色。人际关系是台湾经验中人力资源运用的一大关键，因为中国人重视人情、人性，人在家庭、社区、社会与企业中发展广阔的人际网络便十分重要，中国式管理尤重于此，也因此容易基于人性而非理性判断，产生相互的信任，并建立起人际网络。

这种相互信任的人际关系，是中国式管理的一大特色，对早期的台湾经验而言，是一大资源，也是其成功关键之一。在今天的经济环境中，它固然仍有相当的价值，但是却也容易造成很大的阻碍，因为如果不能掌握好人情、人性，则没有情，理也不通，诸如背信、纷争、倒卖等现象便层出不穷，这也可说是中国式管理的致命伤。

一般而言，人情关系可分为利、义两种，中国人强调义，而不讲求利。比方说，长官照顾部属，朋友间互相扶持，应该是为义而非利。这种义气关系一旦结合成企业组织，追求利益目标，便会发挥很大的力量。但一个团体若因利而失义便会有争执、瓦解的危机，所以，从管理的角度来看，若要让中国人团结，必须以情为基础，纯粹理性、利益的结合都是不够稳定的。

不过以情性文化为基础的中国式管理却面临两大危机。一是一味讲究情，会逾越了理、法，使情成为一种负担。二是以情为基础，一旦无法扩大容纳所有的人与事，便会出现排拒性而流于徇私保守与自我封闭，这对企业而言，是莫大的危机，只有在"情"的组合下加强对"理"的认知，在"理"的基础上扩大"情"，在"法"的基础上使组织结构合法、客观，才可能避免中国式管理的危机。

从另一个角度来看，台湾经验亦是一种协调配合艺术的表现与掌握时空、应变能力的发挥。正如前面所说，台湾经验是多种因素配合发展的过程，也是政治、社会、经济三方面搭配而成的产物。从它的发展过程中，我们不但可以很清楚地看到政府充分发挥主导、协调功能，民间充分发挥配合的精神，亦可看出高度敏锐的应变能力。

三、多种因素配合发展

整个台湾经济发展过程大致可分为五个阶段：

（一）计划决策阶段（1950—1959 年）。

这是属于当局决策主导时期，当时为在安定中求发展，实现民生主义的理想，先从土地政策开始规划，因此有三七五减租及耕者有其田等政策的诞生。

（二）强而有力的当局领导阶段（1960—1969 年）。

在当局强而有力的领导下，台湾经济在既定的决策之下，按部就班实施经济计划，辅导民间投资，发展企业，不但为其提供方向、机会、资源，而且还发挥调解功能。台湾今天许多大企业，都是如此茁壮成长起来的。

四、应变能力高度敏锐

（三）代工生产、拓展海外市场阶段（1970—1975 年）。

为突破地域经济的限制，台湾当局和民间通力合作，汇集广大勤奋的劳力，成立加工出口区，以代工方式为日本及美国大企业生产、供应其市场需求，并借此拓展海外市场，发展国际经贸关系。台湾在这个阶段的表现充分显示出高度敏锐的应变能力。

（四）大量生产、薄利多销阶段（1976—1985 年）。

在这个时期，由加工而走入制造业，集合大量劳力，发展劳力密集型工业，大量生产，一切以外销为主，并以薄利多销策略掌握更多的市场。

（五）人力资源的高度开发与运用阶段（1986—1990 年）。

在这个阶段中，教育水准明显提高，为台湾培植了不少科技人才，再加上留学生回台加入经济发展行业，使整个经济结构由劳力密集而走向智力密集与资本密集。

协调配合与应变能力，对台湾经济固有重要助力，但用之不当或过度，便会产生负面作用，这点在台湾经验中亦同时存在。以协调配合为例，直到如今，台湾的经济虽强调自由化的发展，但仍有浓厚的人为调节色彩，比方说，证券市场经常受当局各种调节配合措施的影响。

从管理的角度来看，不论是国家或企业，协调配合一定要为整体的发展着想，而不是片面的，否则便会出现特权勾结、派系纷争与投机行为。

五、时时着眼整体发展

掌握时空与应变的能力亦然，台湾由未开发地区而有今日的经济成就，实得力于天时、地利、人和。台湾当局在 70 年代的十大建设，吸引外来投资，以大量生产、薄利多销，掌握国际市场行销机会等，皆是配合世界经济潮流的最佳决策与行动，这说明了成功管理的一个要素是，认识大环境的气候、方向，并适时掌握，予以应变。

六、敏感轻率追逐短利

应变其实是中国人的本土智慧，从《易经》变化的宇宙观便可看出。长久以来，中国人都很重视人生宇宙的变化，并认为唯有掌握变才能制变、应变，生成发展。

但也因为这种善于应变的民族性，中国人易于产生投机心理与一窝蜂心态，许多行业的兴衰都是由于这种心态使然，而台湾股市的敏感脆弱与狂升暴跌，也正是投资人过于敏感轻率，追逐短利的表现。

投机与应变为一体两面，其差异在于动机，前者只重个人短暂暴利，一切以私为出发点，凡事不经深思判断，不但易于患得患失、大起大落，而且极易危害整体，地下投资公司便是最显著的例子。

七、发挥长处改善缺点

从台湾经验的探讨中，可以发现深厚的中国文化与哲学基础，这些也是中国管理的根源。但是国人一般对于中国文化与哲学缺乏深入认知，虽沉浸于其中，日用而不自觉，实际上，唯有从文化的根源来探讨发展的管理思想才不是空洞而抽象的。

台湾经验反映出的中国式管理有其优点和缺失，唯有发挥长处，避免缺点，更积极去开发掌握中国文化和哲学的资源，中国管理才能成为一完整而理想的系统规范，对经济乃至整体面的发展，产生更大的效能。

第七节　中国管理与人性哲学

管理与人性其实是密不可分的，管理的范围无一不与人有关，由于人有喜、怒、好、恶的不同，观点、心态、感情、欲望各异，因而会产生许多不同的管理形态，也唯有了解人性潜能，开发引导，方能发挥管理的效能。对于人性的定义，中国古代思想家就有不同的看法，孟子主张人性本善，强调诱导启发的管理，荀子主张人性本恶，强调学识、纪律及组织控制，孔子则兼而有之，一方面以启发教育为主，一方面以制度规范为辅，此外，他也强调克己复礼。

综合而言，儒家是以性善说为起点，继而以启蒙、礼乐来教化，然后再以法制来规范，相形之下，在法制上就不如法家那么严谨。

一、重视潜能探讨与开发

不论观点有何差异，基本上中国管理哲学对于人性潜能的探讨与开发十分重视，这也是中国管理最大的特色。关于这方面，从中国管理中所谓的知人善任、人定胜天及知己求正便可看出。

所谓知人善任，即知己知彼，如此才能使人心服口服，充分发挥潜能，并减少摩擦，提振士气，形成具有亲和力的企业文化。

所谓人定胜天是指启发人的智慧与知性，善加运用，突破困难，解决问题。

所谓知己求正即孔子所说的"克己复礼"，它是指了解自我内在，约制短处，发挥长处，因为人性是可以修养、塑造的，必先有自知之明，行得正、坐得正，才能被人尊重，此即正己正人。

由上述分析可以看出：知己力、知他力、知物力是中国管理中人性开发的三个重点。

孔孟儒家虽有性善、性恶说，但是对人性的诠释并不完整，根据本人对中国哲学多年研究所得，认为透过人心自我的反省，人性至少包括下列四种潜能：

（一）感性。

对外界知识感受的能力，感性能力和理性能力一样需要发展，否则无法培养高度的敏感，了解外界及他人，作正确的判断，或适当包装自我。除此之外，外在环境也会影响感性，而产生内省作用，管理最大的问题就在于感觉迟钝。

（二）情性。

是指一个人的喜怒哀乐和内在的种种感受，这也是价值观的起源，中国人特别强调情性，因此重人情。实际上，在人际关系中，情性十分重要，如果不能透视人心，以我心来度他心，人与人之间便无法产生默契、共鸣与体谅，进而凝聚力量、化解冲突。许多管理与人生的问题，皆因"情"无法疏导沟通而起，由此可见情性的把握多么重要。

（三）理性。

自我反省、辨别是非的能力。也是逻辑推理，组合秩序，建立规则，发现规律的能力。

（四）悟性。

超脱情、理、感，对整个世界及人生真理有所了悟，所谓"山重水复疑无路，柳暗花明又一村""登泰山而小天下""欲穷千里目，更上一层楼"等，皆在强调人性是可以提升的，只要能跳出世俗眼光，便可看得深而远。比方说，经济发展要突破现有困境，就必须先顿悟到不论社会、治安、经济等问题，皆来自文化及管理制度，若不能先改善这些问题，经济亦难有所突破。

二、四性应平衡发展

以上四性应平衡发展、相互补充调和，其中任何一性过度发展都会影响一个人的判断，流之偏差，身为管理人，尤应如此。不论对任何事件，皆可以从这四个角度去分析、厘清，再因时、因地、因事而制宜，或单刀直入，或双管齐下，或三位一体，或四马齐驱。

根据人性四种潜能，我们可以进一步了解人内在的思想和心灵活动，此即所谓的知、欲、意、志（见下页图）。

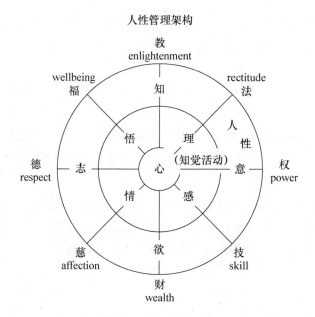

知介于理与悟之间，欲介于情与感之间，志介于悟与情之间，意（意识）介于理与感之间。所谓法，即理的投射，在群体中基于理的考虑，将众人都认为合理、符合公众利益之事予以制度化，便是法。

从人性观点来看，考虑事情时应先顾及是否合法、合理、合情，但解决管理问题时应反向而行，先设法用情来解决，或寻求兼具情、理、法的方案。

从图中，我们可以看出把人性由个人生活投射、扩大到群体生活时，便产生八种不同的制度——教、法、权、技、财、慈、德、福。比方说：理投射成法，情性扩大到群体则成慈（关爱），知性的推广，有赖教化制度。感性强化后为技艺或技术，许多科技便因人对外界知识的高度敏感发展而来，而人对社会、企业组织目标的了悟，便是一种福祉。权力的来源是自我的认定与意向，所以意的投射便是权，志的扩大即为德，因为人必自尊而后人重之。欲扩大至群体时，即求均富之欲，此即财。

以上八项，是由人性扩大而来，因此也是人性管理必备的架构与制度，由于它是由人性扩展而来，因此也是切实可行的模式。

三、善恶定义不同于传统

由此而论人性，对善、恶的定义就不同于传统的说法。我们可以说：利己不害人是小善，利己利人是中善，牺牲小我完成大我是大善。相对而言，恶的价值层次则不易区分。损人利己是大恶，损人损己是中恶，损己而利人则可谓之小恶，此小恶近乎善矣。

由上述分析看来，人性的善多于恶，人性管理目标就是在开发人性，去其恶而行其善。人性受文化、环境、个性影响，比方说，西方人重理性，中国人重情性，日本人重感性，印度人重悟性，必须知己知彼，运用制度来补充，并适度权变，才能发挥人性管理的效应。

第八节　中国式管理的特质及其现代性

科学管理是现代人不能缺少的，它根源于西方工业革命，是从工厂管理慢慢发展出来的。因之，是以西方文化为背景及主导。这也说明何以国内大学讲管理总是以西方为模型。事实上，管理行为早在中国历史中存在，"管理"的概念也在中国传统哲学中具有重要的地位。譬如说，古语中的"主""知"，其所显示的，就是中国的管理概念。"主"是主导和领导，"知"是掌握情况，并能作出正确的判断。

就字义来分析，"管"就是控制，"理"就是顺应理性和原则创造秩序、维持秩序。经过一种控制来产生一种秩序，而这种秩序能达到我们要达到的目标，这就是"管理"了。

中国传统政治的行政工作是中国式管理的一个来源。西方18世纪启蒙时代的学者曾十分推崇中国的行政制度，认为中国政府通过考试制度任用文官是最好的治理国家的方法。可见，西方早已肯定中国的行政管理经验，并从中吸取经验。

现代的管理学者好像就只重视企业管理，没有想到管理是一个很普遍的观念。当然，现代人的管理的确受到企业文化的影响，源于西方观念的工业管理，具备了科学的模型，就是所谓科学管理。目前国内管理学院里几乎所有的课程都是从科学技术和科学知识着眼，以科学管理知识作为目标，构成了管理教育的主流。

在这样一种环境下，怎样使"现代管理"和"中国哲学"结合在一起就变成一个很重大的问题。这就是"中国管理哲学"发展的缘起。

我现在把管理分成四个层面，以便看出中国哲学与现代管理的关系。

首先，就管理方法的层面而言，现代管理需要方法，而方法却可以在中国哲学的思考方式中扩充和取得多元化的了解。假如你要追求某个目标，达到目标的方法就是管理。这些方法可以有很多种，并不是只有一种，尤其涉及的资源愈多，时空愈广，方法的可能性也就愈多，这是由于方法涉及了人的思想、思考以及如何掌握问题。

管理方法也可以看成是硬体与软体的关系。硬体可以看做任何外在化、标准化的物品，但物品最多只是器具或工具。至于我们如何运用这些已经存在的器具或工具，却还需要有一套运用的计划、运作的系统、运作的程序、运作的策略，这就是所谓软体的设计。

企业的目的在于掌握外在的物、事、人与资源。资源来自社会，但却在企业里运转循环，产生利益成果。这之间需要的技术可名为管理科学。管理科学有一套标准化的方法，包含决策理论、统计学、管理经济学、组织行为心理学等。这些学科知识是基于经验慢慢客观地发展出来。有的是预测方面，有的是决策方面，均可以量化，基本上是标准的。我要强调的是管理科学可以标准化，可以当工具、软体来用，管理科学可以让企业来运作，以达到企业目标。可以说，管理哲学是主观的，而外面的世界则是客观的。主观而主动是阳，客观而被动是阴，我们用管理哲学来运作管理科学就是以阳运阴。我们对管理的认识是有层次的。从动力的来源来讲，管理愈往内走愈阳刚，在管理的活动上是有这样的过程。管理哲学只是说它比较靠近主观心灵思想，管理科学则是比较靠近客观的事件。

"中国式管理"哲学到底指的是什么？

管理，简单地说就是"你说话，我实行"，或"你说我做"。管理到最后也就希望能不言而喻。当然，管理这个过程可能很复杂。譬如，我们有一个目标，也许你要通过许多人和事的安排才能做到。我们还要运用许多关系，采行一个可用的策略，作出许多适当的决策。管理是以目标为中心，以决策为方向。你的目标愈高远，你需要动员的时、空就愈大；也就是你的目标着力点愈重，你的使力支点就需要愈远。有些事只要有权能的人说一句话就能做到了，但假如换一个人说话就半点用都没有。尤其在中国人的管理圈中更是如此，谁讲话是最重要的。谁讲的话，看谁的面子。当然，至于是否有效，还要看时、空、人的关系：在什么地方、什么时候、怎么说。

管理是很复杂的过程。在这过程中可以分析出五个重要活动或功能，这五个活动或功能即决策、领导、权变、创造、协调。"决策"就是作决定，但不只是单纯地只作决定，决是决定，策是策划。要达到目标，就是先决定是哪个目标，再想怎样达到目标。管理最重要的就是要认识你的目标，以及知道怎样达到目标。

决策是一种阴阳互动的关系：作决定是一种意志的行为，作策划则是一种理性的思考。作决策是要意志和理性思考都能配合起来。领导就是实际地推动决策和实际地带动人事和组织，追求企业目标。

怎样认真执行，如何适应外在环境，就是要知道"权""变"，也就是依具体情况在策略和方法上作适度的调整以求达到预定的目标。无可避免地，管理的过程总是会遭遇到许多外在的因素。因之，管理的技术和方法总是要有允许修正的空间。

其次，管理的"成品"，不论是生产业的生产品，或服务业的服务提供，都涉及"创造"活动。创造分为改良式的创造和完全的创新。改良是比较被动的、柔性的；创新则是积极的、刚性的。两者是一样的重要，日本的经济成功可说大都来自产品和服务的改良。

管理功能的最后一环是"协调"。协调就是环绕着一个企业的目标以及企业的创造活动来应变，以创新的智慧来化解人与事的冲突以及人与人的冲突，并同时开发人力资源，人尽其才、物尽其用。故"协调"应包含开发潜力、建立标准。

这些管理功能是可以和中国哲学思想结合起来的。仔细地看，这些管理功能显示一种《易经》思考的开展和生发关系。所谓"太极"就是一件事情的开始和根源。在五种管理功能中，"决策"就是一种开始和根源，故"决策"是管理的"太极"。你没有决策就没有开始，有了开始你才能够产生阴、阳。所谓阴、阳，在管理中可看做对内和对外的关系，也可看成对人和对物的关系。

"决策"又可四分为主导性、权变性、创造性、协调性。其关系是：决策好就会影响领导力，领导好就能很恰当地适应市场需求；适应得很恰当就能够决定到底什么是最好的创新形式及产品。在生产企业来讲，这就叫做"产销一致"。成品好，企业就产生了一种新的局面及利益分配或工作调度。因之，极需做好协调和沟通工作，也需要开发人力资源。有了好的人事关系和工作调度，即可从事新的决策，达到管理的再定位。经过领导、权变、创造、协调，就自然形成一种自我改进、自我调整和自我完善的"管理循环"了。

以上所述"管理循环"的关系可以拿五行相生来简单说明。在五行相生中，土生金、金生水、水生木、木生火，火再生土。"决策"像土，必须有非常的包容性，以及具有远见和信念，才能孕育出活力；"领导"像金，要刚毅并有韧性；市场和世事像水，变动不居，面对市场和世事权变的能力也要像水一样灵活。孔子说的"智者乐水"的水也有这层意思。火代表士气，以及人际间的协调关系。

中国先秦哲学的诸子百家基于以上的思考，都可成为一个完整管理体系中的思想和智慧资源。譬如，我们可以把道家看成决策的基础，可用"土"来代表。它能够帮助我们作出比较宽阔深厚的决策，因为道家强调的是自我的约束、无欲和超越偏见、私利来看整体，来想远处。道家重含蓄和沉静，甚至强调"生而不有，为而不恃，长而不宰""功成而弗居"。这种决策资源对管理人是非常有用的。

"金"可看成是法家的代表。法家可作为"领导"的基础。法家要求严格的纪律、坚强的组织。有纪律、有组织才能做到公私分明、条理清晰、强势有效的领导。

"水"则是兵家的代表。兵家，作为"权变"的基本资源，是一种掌握情况和环境以制胜求生存发展的技术和策略。它强调的是"知变"和"应变"的能力，所谓"知己知彼，百战不殆"，表现的是战略性和战术性的思考。

我们常以墨家作为劳动阶层的代表。传统劳动阶层包含农人和工技人，他们的德性是勤劳节俭。中国社会多是农民。墨家代表工业的进步思考，但却发源于农业社会。故墨家一方面反映民间，民间也受墨家影响很大。历史上墨家与儒家一样是显学，但墨家为何未能当道，值得我们深思。墨家本来就属工艺（工技）阶级，包含了都市的有创造性的劳动者，所以很强调科技和工艺的发明、生产线的组织等等。

我们可以把儒家看成"协调"的代表。人与人之间相处以和为贵，表现为"火"的热力。"和"的力量来自相互关怀、相互尊重。儒家的社会哲学和人性伦理是以仁爱为中心来发展个体的和社会的内在与外在的和谐。这也就是儒家的基本精神。

基于以上的讨论，中国先秦哲学各家都可以成为"管理"的资源和基础。正由于此，我们才能有一个完整意义的中国式的管理哲学和管理传统。此处我必须特别指出：

第一，为了发展一个完整的中国管理哲学和中国管理系统，我们应该重视和掌握我们所有及全部的资源和动态的中国哲学传统；在适当而深切的理解下，能够提供我们以丰富的管理资源，同时也能帮助我们建立一个完整而有创造性的管理主体（管理人的品质人格）。

第二，我们必须认识，中国管理哲学中的各门各派（道、法、兵、墨、儒、易、禅七家）在一个《易经》整体的、系统的诠释中，已是相互平衡、相互补充的，也就是相辅相成，可以密切联系来应用的。

有了这种理解，每派的思想效力都远胜其各单独的自身，也就是"整体胜部分"的道理。或者也可以说是"诸家旁通"的原理。但这自然要求各部分都能真正圆融结合起来。上述的"C 理论"就是这样一种圆融中国传统哲学为一整体的管理哲学的理论。总而言之，我们切不要把"中国管理"看成是一家一派。它是有整体性的，它包含许多思想资源。由于这些思想资源的相互糅合，我们才可以发展一套中国管理哲学，用之于实际管理、管理设计和解决问题，才能开花结果。

中国的儒家讲仁，不仅可用之于人文社会，也可用之于自然世界。中国的道家强调自然的宁和，但也可用之来建立个人精神的宁和。儒道可以互用，至为明显。因种种因素，人从人文世界隐退到自然，但当自然世界的问题也面临困境之时，人应更进一步超越出去，追求一个更深邃的精神境界，并把这种精神境界的安稳力量和人的明智力量用以改造现实、提升现实，包括解决管理中的决策、领导、权变、创造和协调等问题。基于印度佛学发展出来的中国佛学，可说是从自然世界超越出去的一种精神活动。释迦牟尼建立了超越生老病死轮回的思想方法，这种思想方法基本上就是毫不执着——不执着于功利的得失心，回归到自然以及超越自然的状态。这种境界并不需要外求，而是基于对自然和人生现象、经验的认识，超越又超越，最后回归到个人的本心和本性，人的本心和本性就已包含了这种境界。因之，我们也可以说，掌握了人们的本心和本性，也就可以超越和不执着，这也就是禅的修养和功能。

禅是直指人的本心和本性的内在的超越。在现代管理中，西方人已经开始注意到"禅"的力量了。在行销策略上，或在投资策略上，最怕的是牵肠挂肚，提不起放不下。针对此一问题，禅的管理功能就是超越小圈圈，超越自我，超越成见，基于整体的深知，找寻及建立一个越简单越好的简易精神，当机立断地解决问题。

一般而言，东方社会目前的内政问题可说有一大部分与缺乏管理哲学有重大关系。首先，最大的问题就是不能重视决策，也不知如何作好决策，这是由于没有一套决策哲学及决策能力。决策应有一种道家的包容性和深入性。而事实上，政府的决策往往都是临时性的，从没有想得宽广长远，而且只在一群特殊个人的利害里兜圈子。没有高瞻远瞩，如何作好决策？没有大公无私又如何作决策？因之，很多事都是策而不决，或决而不策，可说完全没有掌握中国管理哲学中的阴阳互补之道，落到只永远应付问题，而问题总是在滋生，因而总是被问题所淹没的境地。

第九节　了解和应用东方管理

东方管理是人性管理，即通过人自身以及人与人之间的关系所进行的管理，与此相反，西方管理是理性管理，即通过合理性概念以及理性推断所进行的管理。我认为，东方管理和西方管理是管理哲学的两极，二者都为成功并富有创造性的企业管理和行政管理所必需。理性离开了人性，就不能得到完善；人性离开了理性，就不能得到扩展。许多美国企业所遵奉的西方管理，其缺陷恰恰就在于，根本不了解除此之外，竟然还有一种主要依靠人自身以及人与人之间的关系来进行管理的东方管理模式。但在日本的东方人性管理实践中，理性和理性推断却是构成管理有机整体的一个不可或缺的部分——这正是日本管理成功的秘密。

东方管理以人为中心，探究的是一个人如何同他自己，如何同他周围的人，如何同他周围的环境，如何同整个世界所发生的关系。为了发挥领导的能力并提高解决问题的功效，一个领导者将把他的主要精力放在处理人与人之间的关系上，了解人以及人与人之间的关系，是大多数管理问题得以解决的关键。这是因为，人本身才是一切知识、信息和技术得以应用的基础。

儒家和道家对于强调人性与人道的东方管理作出了理论上的建树。

儒家提出了五条原则：

第一，"仁"。

关心你的下属，设身处地为他们着想，这样，你对于问题的人性方面才有可能获得深刻的把握，你所作的计划与决策才有可能反映出企业的长远利益。

第二，"义"。

在正确的时间、正确的地点，做正确的事情，并取得个人利益与企业整体利益的调和，从而对于基本的原则总是保持着一个适当的了解和运用。

第三，"礼"。

以恰当的方式，在恰当的时间、恰当的地点去尊重每一个人，这样，你就可以从你的下属那里得到更加坚实的信赖和相互的支持。

第四，"智"。

依据事物的法则，运用你的才智，去作出正确的决策，具有洞察事物的才能，就能克服危机并不断创造新的成功机会。

第五，"信"。

为了企业组织的凝聚和管理措施的推行，信任感的培养和形成是不可缺少的。在你的工人和雇员中发展出归属感和忠诚感，你就可以获得和谐、稳定、支持和合作。

上述原则构成了管理中人际关系的系统原动力，管理者可以把它们运用到他自己、他的下属以及顾客大众。这种人性原动力必将促使企业中的计划与决策、个人与组织、领导与控制，都能够取得更好的成果。

道家则从体现人自身本能的"道"的哲学理念出发，对强调人性与人道的东方管理，提出另外五条原则。这五条原则，对于克服"过度管理"所带来的紧张情绪，是十分必要的。

道家的五条原则是：

第一，无。

第二，无为。

第三，无言。

第四，无欲。

第五，无己。

儒家与道家的理念构成了东方人性管理的两极，它们有时候看起来似乎是相互对立的，实际上却是相互补充的。它们构成了东方管理的精髓。其成功的实例体现在日本、韩国、新加坡和中国台湾、香港等地区的企业管理实践中。而根据我的观察，中国大陆的企业管理也必将体现和展示出对东方管理精髓的理解和把握。在东亚办企业固然要把握东方管理的精髓，就是在美国，那些执行西方模式的管理者，为了提高企业的生产效率和竞争能力，对于东方管理的精髓，也必须要有一定的了解。

东方管理的历史根源和哲学基础，来自古老的中国经典——《易经》哲学，《易经》哲学的基本原则，为儒家和道家思想的结合提供了必要的理论基础，这些基本原则是：

第一，整体性原则。

第二，对偶性原则。

第三，转化性原则。

第四，应变性原则。

第五，创造性原则。

从管理的角度研究《易经》哲学，把它作为东方管理的典范，乃至在世界管理系统中，发挥《易经》哲学的作用，这就是我们今日的努力方向。

第十节　C 理论与现代管理决策

一、现代管理研究的趋向及省思

这里将提出和讨论一个新的管理概念，这一概念的基础既来自于管理的理论，也来自于管理的实践，特别是来自于中国哲学的理论及其应用的实践。毫无疑问，管理既具有理论的基础也具有实践的基础，而管理的研究既可以是理论的探讨也可以是经验的描述。但遗憾的是，以往的管理学研究论著中，大多是经验的泛泛描述而很少是理论的深入分析。不可否认，经验的描述是必要的，而理论的探讨如果不说是更加重要的话，起码也是同等重要的。尽管我们承认管理是一种实践而管理学是一门应用的科学，但从人们对于诸如"计划""组织""领导"这些管理学概念的理解，以及诸如"决策""人事控制""政策调整"这些管理手段的运用中，恰恰也可以看到管理理论的重要性与复杂性，这些理解与应用，其理论依据显然是来自于西方早期的古典管理理论。而现代系统理论与决策理论的提出，更加彰显出管理理论研究的迫切性。现代管理越来越需要系统理论的基础，越来越具有决策理论的趋向。实际上，正如西蒙（Herbert A. Simon）所指出的，管理就是系统，管理就是使决策系统化。

依据上述理解，管理可以被说成是十分普遍化和能够普遍化地解决问题和消解冲突的一种技术，或者一门艺术。这一观念在工程上显然要比在商业中更有意义，不过商业活动也可以借助大型和小型的电子计算机而系统化。

我们可以看到，在管理的研究中存在着两个视角、两个层面，即理论的视角和层面以及经验的视角和层面。我说是两个视角，因为我看到了管理研究从重视经验描述走向重视理论分析的历史进化；我说是两个层面，因为我看到了无论是经验描述还是理论分析，二者在管理研究中都是不可或缺的。在当代的管理实践中，我们很容易地就可以感受到这两个视角和两个层面的存在和影响。例如，由于系统理论与决策科学的影响，加上电子计算机的运用，突出了管理的技术面；但是，个人的风格和背景对于管理工作的成败，依然有着不可忽略的影响。我们强调管理研究从经验层面提高到理论层面，但并不因此而否认经验层面的价值。这样带来的一个良好结果是，管理作为一种实践，既可以受益于经验的观察，又能够受益于理论的反省。

现在我们又要进一步提出管理研究及其实践的第二种视角、第二种层面。管理的研究不应该仅仅限于经验与理论的层面，而应该进行文化、价值与哲学层面的综合把握。而如果我们对于文化、价值和哲学的重要性有清醒的意识，管理的实践也必将得到更好的指导。日本经济上的崛起和管理上的成功清楚地表明：文化、价值和哲学这些因素，对于一个国家的经济发展及其管理风格的形成，具有多么重要的影响。最近20年来，我们开始意识到，管理不仅仅是一门科学（理论层面上的，体系层面上的），也不仅仅是一门艺术（个人层面上的，经验层面上的），而且是一种哲学（更高层面即超理论、超经验层面上的）。事实上，文化、价值与哲学可以说是管理的真正起点，管理就是人（包括个人、领导与组织）的文化、价值与哲学的具体实践。任何管理决策的制定，任何管理方针的贯彻，任何管理策略的运用，总是有意无意地受到一定的文化、价值与哲学的影响。

在理论的层面，我们可以清楚地看到，任何理论都不是包揽无遗、完美无缺的。所以无论是对于理论的建构还是对于理论的解释，文化和哲学上的思考都是十分必要的。不同的理论反映着不同的哲学价值，而任何理论的解释和实际运用又体现出不同的文化背景。

但遗憾的是，直到目前为止，人们对此还没有引起足够的重视。例如，许多美国的管理者，他们学习日本管理经验的时候，只是强调后者的一般文化、习惯和风格特征，而不能把握潜藏在日本管理风格背后的深刻的观念形态和哲学基础。我们知道，日本管理的基本理念是"《论语》加算盘"；要了解日本管理的本质，就要读一读《论语》；而要读懂《论语》，则要对整个中国哲学，特别是其中关于人性与人际关系的理论有一个全面的了解。有了这种全面的了解，不仅可以真正把握日本管理之道，而且可以使管理在其他的时空条件下也能够获得成功。进而言之，有了这种了解，还可以使《论语》所引发出来的人性管理哲学进入其他的文化背景，批评和修正其他文化背景中的管理实践。在当今日益复杂和变动的世界中，如何改进管理，上述人性管理哲学可以提供有益的启示。

从上述对现代管理研究趋向的介绍中，我们可以得出两个结论。第一，对于管理的经验和理论上的研究，必须包含文化、价值与哲学上的考虑与省思。哲学作为管理科学的基础而发挥作用，文化与价值则作为管理科学应用的依据而发挥作用。文化—价值—哲学不能简单地理解为管理思想与实践的必要条件，而应该成为管理思想及其实践的灵魂。对于管理实践先决条件的追寻以及对于管理决策基础的探究，必然导致哲学的参与。这种追寻与探究当然有助于管理经验的升华，而作为一种反馈，又使哲学得以进入管理理论及其实践的领域。

第二，在管理艺术、管理科学与管理哲学之间存在着明显的一致性。在经验操作层面，管理是一门与技术并行的艺术；在制度与组织层面，管理是一门需要客观知识的科学；而在战略与决策层面，管理是包含着对人与文化的理解以及对理论的批评的一种哲学。但作为一种实践的行为，管理则是艺术、科学、哲学三者的混合体。一个优秀的管理者，一定会把管理的艺术、科学与哲学这三者紧密结合在一起，以获取最大的效力，达到管理上的成功。

上述观点图示如下：

经验层面——文化上与价值上的

管理研究 ← - - - - - - - - - - - → 管理应用

理论层面——方法上与哲学上的

二、管理的两极：理性与人性

无论是管理的理论还是管理的实践，都存在着很多种类型。而这些类型最后都可以归结为带有两极的连续统一体。如果我们把握住这一连续统一体的两极，就抓住了所有管理类型的特征。这两极我们可以分别称之为管理理论与实践中的"理性"与"人性"。"理性管理"（RM）的特征在于把理性运用于管理，而"人性管理"（HM）的特征则在于把人性运用于管理。由于现代人对"理性"与"人性"的流行理解，可能会有人问我为什么在对立的意义上使用这两个概念。不错，在现代一般的情况下，我们可以把"理性"当做"人性"的集中表达，而把"人性"当做"理性"的某种体现。但是，在西方古代哲学的传统中，"理性"常常被放置在"人性"之外。"理性"构成了形而上学与理论体系的至高无上的系统，而"人性"仅仅作为一种有价值的思想。这正是西方古典理性主义的发展过程。15世纪以来的西方人道主义，正是为了对抗这种古典理性主义的过分权威而发展起来的。人道主义强调作为自然个体的"人"的重要性。此后这种人道主义逐渐成为现代理性主义的新的出发点，促进了现代科学的发展，科学的目的在于了解自然与控制自然。由于现代人不能够全面了解理性的本质，仅仅凭借个人的聪明才智，利用科学知识去达到生存的目的。因此科学被当做展现人类智慧从而控制自然的工具。这正是现代理性主义的根本特质。

由于上述对"理性"的片面理解，使得人性从自然的观点出发被当做科学的客体，从而不得不服从于"科学规律"的支配，使得人性被科学化和理性化。不幸的是，这种科学化、理性化的过程同时也是人性丢失的过程。这就是人性在20世纪中所遭受的命运。因此，当我们使用"理性管理"这个概念的时候，我们指的是那种纯粹依靠科学知识与技术控制的管理模式。事实上，现代意义上的"管理"越来越被归结为科学与技术的控制，而人在这种管理中只是同物一样被平等地当做管理控制的客体。

与理性管理相反，"人性管理"认识到人与人性是一个复杂的、多种功能的混合体，它包含了理性的功能，而又不仅仅限于理性的功能。人具有直觉、想象、记忆、情感以及其他的多种官能，每一种官能都扮演着不同的角色而不能加以外在的控制。在现实的管理活动中，人的各种官能和功能都有可能对诸如计划、决策、组织与领导等活动带来影响。换句话说，人不仅受理性的支配，而且被情感、直觉、记忆和想象所左右。我们绝不能简单地把人当做管理的客体，而要把人当做管理的主体，充分考虑并积极发挥人的各种官能和功能在管理中的积极作用。

一个值得注意的事实是，所谓"人性管理"在西方从来就没有得到贯彻和坚持，更不用说成为一种潮流和行为方式了。西方对于"理性"的发现与推崇，使"人性"始终成为"理性"的奴隶。本来，理性作为工具应当服务于作为目的的人，但最后却支配了目的，支配了人。在"理性"的步步进逼与销蚀之下，所谓的"人性"成为消极、冷淡、无用的东西，被理性所控制而丧失了它的主动性与创造性。古代的人道主义被理论化的理性主义所支配，现代的人道主义则被科学化的理性主义所压倒。西方的人道主义大概存在着一个致命的弱点，这就是它一定要为人性寻找一个科学的理论基础，要不就干脆没有基础，总之，它无法为人及其人性建立一个独立的强有力的基础。所以当我们今天提出与"理性管理"相对立的"人性管理"概念时，我们只能认同西方晚期的某些管理传统。而另一方面，我们却完全可以认同东亚的管理传统，特别是正在日益引起当代西方人所重视的中国与日本的优秀的管理传统。

三、理性管理与人性管理的五个特征

理性管理与人性管理各具有五个特征。

理性管理的五个特征是：抽象性、客观性、机械性、二元性与绝对性。

（一）抽象性。

指的是思想的概念化，也就是从具体的事物中抽象出一定的理念与观念，并把抽象的概念原则与结构加到具体事物之上。抽象化对于定义的明确和理论的系统都是很有力的，而这正是科学知识发展之必需。但是，当抽象性在把具体的经验与具体的真实相分离的时候，却丧失了它的开放性、生动性以及对于事物关联的敏感性。这就造成了决策的僵化与政策的空洞无力。抽象性在管理中的一个特点就是过分相信统计数字。而人们仅仅依靠统计数字来作决策的时候，却发现自己的决策很难符合不断变化中的客观世界。实际上统计数字对于把握真实世界来说，实在是太抽象了。同样地，当人们试图用一般系统论去解决管理中的特殊问题的时候，也会陷入无法把握客观真实的危险。

（二）客观性。

就是把所有的事物都理解成独立存在的客观实体，它们可以不断地被割分，从而供人们所研究。经典物理学就是依据这种客观性的原则建立起来的。把这一原则运用到管理中去，我们可以保持超然的科学态度，公正地了解外界事物，从而作出正确的判断。但是这一原则的有效性是有局限的。它往往会把人们引导到原子主义的思路上去，只注意事物的细节而忽略事物的整体，只注意事物的自身而忽略事物之间的相互关系。真实的世界并不是个别事物的静止的、简单的集合。因此我们不得不采取非客观主义和非原子主义的思路，以更好地把握事物之间的真实关系及其发展过程。此外，客观主义的观点也忽视了人们的意志、情感等主观因素的参与，很容易造成计划与决策的僵化与偏颇。

（三）机械性。

来自于前两个特征。它把世界看成是一个被永恒的法则所支配的客观系统，既没有任何变化也不可能有任何变化，有的只是一定的组织结构、等级秩序和外部的机械运动。这一机械系统是抽象思维在纯粹客观的逻辑与数学的基础上构造出来的。因此，以抽象性与客观性作为其出发点的机械主义观点，同样不可能反映客观世界的真实。

（四）二元性。

主要是用于了解价值趋向及价值判断。既然理性来自于抽象的、客观的、机械的思维，它同时也就必然需要一个非抽象、非客观、非机械的思维，即非理性甚至是反理性

的思维来了解事物，这就造成了价值判断上的两重性即二元性。事实上理性管理并不能够真正了解通过非抽象、非客观、非机械的途径来认识事物的价值。事物的整体性被理性主义的方法所掩盖了。这就造成了理性与直觉的分野，以及客观与主观的分野。这种分野并不是二者的简单分别，而是价值选择上的偏好。二元主义在管理上带来的结果是：既无法把握事物的整体，又无法适应事物的变化。

（五）独立性。

说的是管理控制中的推断性、直线性和唯一性。管理的力量似乎是来自于一级接一级的管理者的梯队，就像一条流线型的控制渠道。

最高的管理者在这根管理链条中是一个具有绝对权威的"老板"，他进行预测，作出决策，不断地发号施令，既不考虑整个管理系统的互动，也不顾及这一系统不同层面的行为反馈。换句话说，最高管理者既可以不顾整个系统的实际情况而进行决策，也可以不鼓励下属的互动与参与。他具有这种独自决策的专断权力，并把这种权力完全集中到自己的手里。所有的下属都不过是贯彻他的政策的代理人，体现他的意志的工具。这种管理控制中的独断主义模式也可以称之为"老板主义"。这一模式使管理更像一种军事活动：始终处于一种警戒的状态，始终保持一种进攻的姿势，始终维持一种等级森严的组织结构，以完成某种神圣的使命。这就不难理解，为什么理性主义的管理总是鼓励持续不断的成长、发展和扩展，以避免管理陷入混乱。

上述五个特征相互联系，相互支持，构成了理性管理的基本模式。这一管理模式我们可以在美国的很多或许可以说是绝大多数的公司中看到。不可否认，理性管理模式具有它的长处，促进了许多大企业的成功。这是在大规模生产和资本主义经济基础上的成功。但是，在今天社会越来越开放，交往越来越复杂，经济越来越市场化和社会化的时候，理性主义的管理模式就越来越暴露出它的缺陷，越来越减少了它的竞争力。因此，在当代管理学的研究中对于理性主义模式的批评也就越来越激烈。其中一个例子就是彼得斯（Thomas Peters）和沃特曼（Robert Waterman）的批评。他们在《追求卓越》一书中，描述了理性主义管理模式的兴起与没落，并指出了它的毛病之所在。依据彼得斯和沃特曼的描述，理性管理模式的基本观点是：大的就是好的；产品的生命力在于成本的多少；分析、计划与预测管理；刻板的长期计划；文件里的平衡比实际上的执行更为重要；依照固定的模式控制一切事情；鼓励拔尖的执行者；对质量控制进行检查；依据财政报表管理一切事务；保证市场收入；维持增长甚至为此进军你所不熟悉的行业。理性管理模式的短处则在于：目光短浅；缺乏活力；忽视经验；不重视实验，缺乏灵活性；排斥一切非正式的东西；贬低现实的价值与文化。

在当代西方管理学界对理性管理模式正在进行深刻反省的情况下，我们提出人性管理的模式就更加具有现实的意义。人性管理模式的特征正是上述理性管理模式特征的对立面，也可以表达为以下五个方面：

第一，具体性。

第二，主观性。

第三，有机性。

第四，整体性。

第五，相对性。

这五个特征可以分别同理性管理的五个特征一一对应。它们可以说是对理性否定人性的再否定。例如，理性管理否定人性的具体性，否定人性作为主观因素的各种非理性功能，人性管理则反其道而行之，强调人性的具体性，强调人的主观因素，强调人的各种非理性功能，诸如情感与记忆之类的功能，以此作为管理的重要资源。具体性与主观性正是人性管理的传统，当然我们也要看到在这一传统中存在着某些差异，亚里士多德的古典理性主义者同现代科学理性主义者存在着差异，而弗洛伊德与马斯洛的人性学说之间也存在着差异。因此，我们不可能寻求一个准确的人性主义传统，换句话说，我们不能把人性管理看成是一个封闭的、充分发展的、已经完成的系统。

至于人性管理的有机性特征，我们认为它比理性管理的机械性特征更有助于控制复杂的社会事物以及多变的人类行为。人类的行为不是机械的而是活生生的。当贝塔朗菲（Bertalanffy）首先提出一般系统论的时候，曾经特别提及生物系统或生命系统，作为其理论的例证。当然，人类的行为系统与一般的生物系统相比，存在着等级上的差别。而无论如何，我们都不能把人的行为归结于简单的机械性。

人性管理的整体性即非二元性特征，就是不像理性管理那样把理性从人性的各种功能中特别抽出来，而是把人性当做一个整体。当然，如何把所有的功能都结合到人性的整体中，并不是没有问题的。在实践中我们常常看到的是人们往往只是简单地把理性因素运用到管理决策中去。而当代行为心理学家告诉我们，人类的预感、知觉、灵感等等这些心理活动，对于管理活动的影响是不可忽视的。

最后，把相对性作为人性管理的第五个特征，其理由是很清楚的，因为人性管理不像理性管理那样采取绝对的"老板主义"，而是对于下属的自主性及其自由意志等给予了更多的注意。在实践中，人性主义的管理者不会过分自信，不会不同下属们商量就作出决策，他更感兴趣的是互动而不是服从，他对于下属们的意见和建议会采取更加开放的态度；当他作决策时，会更多地借直觉而不是依靠推论。当然，这种思想方式的短处则在于过分的灵活从而缺乏原则的坚定性。因此人性主义的管理者会比他的理性主义对手们更容易受到下属的责难。

以上我只是对应于理性管理，把人性管理作为管理活动连续统一体的另一极，而一一展现出后者的五个特征。但我们不必由此而把人性管理当做比理性管理还要好的管理模式。实际上，在管理活动的实践中，人性主义的管理模式远远不是那么完美无缺的。因为这种管理框架的模棱两可，它在实践中很可能受到滥用乃至误用。

回顾整个西方管理理论与实践的历史，我们可以清楚地看到，几乎所有的管理实践都会留下与之相符合的管理理论框架。没有一种管理理论不是成功的管理实践的反映，也没有一种管理理论不带上理性主义的倾向。事实上，推动管理理论发展的主要动力来自于理性的控制。西方管理理论是以美国管理学家泰勒（F. W. Taylor）的《科学管理原理》（1911 年）开始的。作为理性管理的典型，这一理论通过强调以工作设计来控制生产并以物质奖励来控制工人，而充分体现出它的理性主义特色。科学管理的宗旨被法国管理学家法约尔（Henry Fayol）等人的古典管理理论进一步阐发。这一理论的目的就是运用更多的理性手段更加有效地控制生产和工人。这些理论用具体的案例彰显了理性管理的抽象性、客观性、机械性、二元性和绝对性特征，从而形成了整个西方组织管理理论的背景与基石。它们也进一步增强了所谓"经济人"的观点，这种观点认为人只是追求经济利益，其工作动力取决于物质上的奖励与惩罚。

到了 20 世纪 30 年代后期，在研究人类行为的基础上发展出人际关系理论学派。这一理论注意到了人的社会性的一面，但它仍然属于理性管理理论的范围，因为它仍然把管理看成是运用人的客观知识并以最小的代价来取得最大的效益的一门技巧。人际关系被利用来作为一种控制的手段，其内在的价值没有得到正确的评价。从 40 年代直到今天，行为科学一直在美国得到广泛的运用。虽然新的管理实践和新的管理理论不断在发展，例如马斯洛（A. H. Maslow）的《动机与人性》（1954 年）等，但是从根本上说，它们都还没有脱离理性管理框架和方法的窠臼。事实上，这些理论由于结合了心理学、人类学以及其他社会科学的知识，反而使理性管理的框架和方法得到进一步的加强。当然，这些理论确实具有某些软性的效果，具有更大的灵活性，从而更便于人们进行理性的管理与控制。甚至就连马斯洛的"自我实现的人"的模式也可以被理性化，成为运用于任何人、任何时间、任何地点的普遍模式。我们由此而得出的结论只能是，在西方的管理实践和管理理论中，理性主义已经成为根深蒂固的传统。

作为西方理性主义管理传统的对立面，我们应该注意到东方特别是日本与中国的人性主义管理传统。很明显，从明治维新以来的现代化过程中，日本人能够把它历史上的人性主义传统运用到工业管理中去。这种人性哲学的运用使日本在第二次世界大战以后的经济发展中取得了举世瞩目的成功。日本人性管理的成就促使西方学者们进一步去探索其中蕴涵着的理论基础。事实很清楚，日本的人性管理主要是从《论语》以及儒家和新儒家的其他著作中汲取了智慧，而这些著作是在历史上从中国流传到日本去的。因此我们可以说，日本管理的最后根源正是来自于中国儒家的人性哲学。

我们还应该注意的是，最近 20 年来，韩国、新加坡、中国台湾和香港这些具有儒家文化背景的地区在经济发展上所取得的成功。这将有助于我们在更加广阔的背景上全面评价人性管理模式以及中国哲学传统对于这一模式的贡献。下述的"C 理论"则打算从中国哲学的根源——《易经》的立场探索并正确评价人性管理的模式以及它在现代管理中的作用。

作为本节的结构，我们可以说，麦格雷戈（D. McGregor）所说的"X 理论"相当于西方的理性管理传统，"Y 理论"则相当于东方的人性管理传统；同样，威廉·大内（William Ouchi）所说的"A 理论"相当于西方的理性管理传统，"Z 理论"则相当于东方的人性管理传统。我们的"C 理论"既包含"X 理论"，也包含"Y 理论"，既包含"A 理论"，也包含"Z 理论"，当然不是这几种理论的简单相加，而是在中国哲学特别是《易经》哲学的基础上对于上述理论的有机综合。

四、C 原则与 C 理论

对于理性管理和人性管理这两极的推定，必然引起二者的综合问题。这一问题与二者在管理连续统一体中的联系是不一样的。如上所述，理性管理和人性管理是管理连续统一体的两个极端，存在着一定的联系。实际上，在管理的连续统一体中，二者只不过是被描述和作为象征的两个极端而已。这个管理的连续统一体，其中包含着许多不同的管理状况，某一管理状况并不完全体现着理性管理或人性管理的特征。我们在这里提出的综合问题实际上是理性管理和人性管理的完整结合，这一结合既要体现出二者各自的长处，又要服务于一个最高的目标。因此，关于理性管理和人性管理二者结合的问题，就需要满足下列的条件：

其一，认识二者的对立统一，而不仅仅停留在二者是管理连续统一体对立两端的理解上。

其二，消除二者的缺点而保留二者的长处。

其三，使二者的结合服务于一个最高的目标。

为了达到上述目的，我们需要充分把握理性和人性的本质，需要掌握价值判断的适当标准，需要发展出一个新的理论体系，并能够把这一新的理论体系运用于决策以及其他的管理活动。

这一理性管理与人性管理相互结合的理论体系，我们称之为"C 理论"；这一理性管理与人性管理相互结合的原则，我们称之为"C 原则"。它们实际上是上述理性管理理论和人性管理理论的统一。理性管理原则和人性管理原则的统一，包含着以下五个方面：抽象性与具体性的统一，客观性与主观性的统一，机械性与有机性的统一，二元性与整体性的统一，绝对性与相对性的统一。

这里所说的"统一"，指的是二者整体和总体的交汇、理论和实践上的融合。这种交汇融合的原则建立在二者相互作用、相互依赖，互为条件、互相补充的基础之上。因此，这种"统一"，可以说是二者的相互依存、相互渗透、相互作用、相互激发，彼此补充、彼此产生、彼此提高、彼此转化，共同形成、共同发展、共同享有、共同贡献。这种相互性、相关性和共同性的关系，足可以使理性管理和人性管理这对立的两极形成一个有机的整体，有利于极与极之间的发展和转化，从而形成一种创造的力量。简言之，这是创造性的统一，在创造过程中的统一，为了达到创造性的目的而进行的创造性的工作。在这个统一体中，理性管理和人性管理各自的短处得到排除，而各自的长处得到发扬，从而能够实现更高和更广的管理目标。

（一）抽象性与具体性的统一。

就是在抽象性的思维中渗入具体性的思维，让具体性来中和并修正抽象性；同样，我们也可以在具体性的思维中渗入抽象性，让抽象性来中和并修正具体性。这里的关键是我们绝不能仅仅停留在其中某一种思维方式上，而应该同时发展和运用这两种互动的思维方式，并使它们合二为一，即形成一个相互性、相关性和共同性的创造性的统一。这样，我们就得到了一个具体化的抽象性，或曰抽象化的具体性。

（二）客观性与主观性的统一。

同样，我们可以在上述二者互动的过程中使客观性与主观性合二为一，就是使客观性主观化，主观性客观化，二者形成动态的统一。在管理中，这种主客观统一的思维方式和行为方式，既可以使管理有相应的组织架构和规章制度，又可以使被管理者的个人潜力得到充分的发挥。

（三）机械性与有机性的统一。

我们必须看到二者的相互包含性，一个机械系统既可能作为一个亚系统而被包含在一个更大的非机械系统之中，也可能包含着一个更小的非机械系统作为它的亚系统。机械系统基本上是人所能够管理和控制的；当这一系统扩大或缩小到人所不能管理和控制的时候，它就成为一个非机械性的或曰有机性的系统。简言之，一个机械系统既可能包含着一个作为它的亚系统的有机系统，也可能作为亚系统而被一个更大的有机系统所包含。因此，机械化既受到系统层次的限制，也受到操作因素的限制。机械性与有机性的统一须要有一个体现二者在大系统中相互贯穿和相互包含的观念。这有点像"光的波粒二象性"理论：光从一个角度看可以是波，而从另一个角度看又可以是粒子。同理，对于某一系统，从这个角度看它可能是机械的，而从另一个角度看它又可能是有机的。即使是一个站在中间立场的人，也可以从明显的机械系统中看到有机的因素，或者从明显的有机系统中看到机械的因素。例如，现代物理学已经在机械性的基础上，看到了物质结构当中的有机过程及其网络关系；而现代生物学和心理学却还停留在寻找生物体发育和人类心理发展当中的机械规律和统计数字，这就完全取决于它们观察问题的角度。

（四）二元性与整体性的统一。

应该是毫无疑问的，因为只要对立的两极结合为一个创造性的整体，那就既不存在所谓"二元"也不存在所谓"整体"的问题了。现在的问题是，在这种对立统一中，对于理性思维方式和非理性思维方式的作用应该如何理解和评价？一般地说，人们总是习惯地认为，如果事物二元化的理性思维方式是有用的和有效的，那为什么却不能平等地把整体化的非理性思维方式在一定的条件下也看成是有用的和有效的呢？人们总是固执地认为，理性的方法或建立在理性基础上的方法，是有价值的，那为什么却不能同时把建立在人类整体思考基础上的非理性方法也看成是有价值的呢？实际上，有机整体性的思维方式往往也许是更加符合"理性化"要求的。因此，只要我们打破理性和非理性的截然分野，我们的评价态度就会变得更加灵活和更加开放，也就有潜在的可能去发现和发展更好的价值观念。这正是理性和非理性、二元性和整体性相互结合的最终目的。

（五）绝对性与相对性的统一。

意味着在一个相互作用的整体系统中，权威和理性将被相对化，从而变得更加灵活。在管理中，权力和控制的推演以及支持和信任的整合，对于维持管理者与被管理者之间的互动关系，都是十分重要的。我们反复强调，在一个管理控制系统中，生硬的命令，往往比不上自觉的理解和支持更加有效。但是，获得这种自觉的理解和支持，其前提却在于人们对于系统的整体感和归属感。简单的命令或者简单的参与，对于管理者的权威来说，都是远远不够的，而来自组织不同层面的支持才是管理权威的重要保证。为此，绝对性就要相对化，相对性就要绝对化，既考虑到组织的理性又考虑到个人的行为。这用中国式的管理语言来说，就是所谓"法、理、情"——它并不追求组织内部的简单一致，而是强调在整个管理决策的制定、传达和贯彻的过程中，相互激发、相互说服、相互影响的重要性。

以上我们描述了理性管理和人性管理融合的大致轮廓以及五对特征的创造性统一，这种融合和统一，本质上是理性和人性的融合和统一。本来，理性就是人性固有的一部分，产生自人性，发展自人性。因此，我们应该使理性服务于人性的目标，而不是破坏人性乃至取代人性。我们也应该鼓励理性从人性中汲取营养，就像人性从理性中汲取营养一样。理性与人性之间的相互激励关系，本来就是一种客观的存在，可惜却被人为地破坏了。现在，我们应该把二者之间的这种关系重新建立起来，使二者通过相互作用而得到更好的发展。为此，我们不能把人性看成是静止的，就像不能把理性看成是不变的一样。我们所说的"人性"，必须扩展到整个人类，包括过去、现在乃至将来的人类整体。我们绝不能把对于人性的理解仅仅停留在个人的层面上，而必须把这种理解提升到整个人类共同体的水平。即使是在个人的层面上，人性的范围也必须包括整体的存在，特别是包括整体的理性。

人类从根本上说乃是整个宇宙系统及其发展过程的一部分；而作为其中最具有创造力量的部分，它又能够推动宇宙系统及其过程的发展，从而体现出自己的存在价值。这用中国哲学的术语来表达，就是所谓"天人合一"。依照这一观念，理性乃是进化的结果，是人与自然互动发展过程的题中应有之义。可惜，西方经典的理性观念却不这样认为，因而无法适应当代社会中的人们的创造性需要。在完整的理性概念中，有一点是很清楚的，这就是理性必须人性化而不是非人性化，理性必须发展出一个多元的系统，这一系统又能够在人性整体的基础上达到最终的和谐。这一后现代主义的理性概念，既保留着现代西方理性观念的长处，又汲取了古代中国理性观念的精华。在理性的人性化改造过程中，无论是现代理性观念还是古代理性观念，其缺点都应该得到剔除，而其优点都应该得到保留。对于理性的这一改造，同时也意味着人性的发扬和光大。

正是理性与人性之间的相互渗透、相互转化和相互补充，使得理性管理与人性管理五个特征之间的统一成为可能。依据这一理解，我们可以把理性管理和人性管理之间的融合，看成是"理性人性化"以及"人性理性化"的双向运动过程，具体表现为：

第一，抽象性的具体化以及具体性的抽象化。

第二，客观性的主观化以及主观性的客观化。

第三，机械性的有机化以及有机性的机械化。

第四，二元性的整体化以及整体性的二元化。

第五，绝对性的相对化以及相对性的绝对化。

从以上的讨论我们可以看到，所谓理性管理与人性管理的结合，就是对立的两极创造性地融合为一个整体的系统。对立两极的融合是同时发生的，又是恰到好处的，这就是所谓"时中"的原则，它使得两极之间以及两极的不同等级之间的结合，都能够取得最大的和最适当的效益。这可以说是"C 理论"或"C 原则"的精髓。

五、整体性与时中性

"C 理论"或"C 原则"的关键概念乃是系统中的"整体性"和"时中性"。"整体性"使整个系统得到统一和融合，"时中性"则使整个系统能够及时、恰当、灵活地运用于管理的实践。简言之，"C 理论"作为一种管理理论需要创造出一个两极融合的整体性系统以及使这一系统能够实际运用的时中性。具有时中性，"C 理论"才有可能运用于管理的实践。这样一来，"C 理论"就既能够为管理的理论提供诸如人与实在、人性与理性等问题的见解，又能够为管理的实践提供各种正式的或非正式的指导。而"C 原则"就既可以作为合乎时宜的整体系统的理论原则，又可以作为整体系统合乎时宜地运用于管理的实践原则。

整体性系统或曰系统中的整体性概念，其先决条件在于对宇宙实在的理论，而人则是宇宙实在的组成部分。这种理解，与中国古代哲学中的"道"的概念相符合。当我们阅读中国哲学特别是《易经》或孔子、老子、庄子等人的著作时，就会极其自然地引发出对于宇宙实在的整体性概念。正如我们所看到的，整体系统实际上是可以从"道"的概念中引发出来的。一方面，我们可以把"道"看成一个完美的整体系统，它具有广阔的内容，能够创造性地转化，因而具有不同的层次；另一方面，我们也可以把整体系统看成是"道"在特定状况下的表现，它的特性可以在我们对"道"的理解的基础上加以表述，例如整体系统中的对立两极就可以理解为"道"的阴阳对立统一，如此等等。此外，"道"的概念也带来了整体系统的过程因素，《易传·系辞上》的"太极"概念，就是对整体系统发生过程的描述。因此，整体系统的概念最终可以被"道"或"太极"的概念所完全表达。我们越能充分理解"道"和"太极"的概念，就越能充分理解整体系统的发生和创造。

整体系统中的"时中"概念同样来源于《易经》并为《论语》和《中庸》所反复强调。所谓"时中"的概念，指的是我们在作出决策、推行政策以及采取行动的时候，都必须因地制宜、因时制宜、因人制宜，而这里的"人"、"地"、"时"都必须被看成是整个系统的有机组成部分。因此，"时中性"实际上是以整体系统中的时间过程及其转化为先决条件的，它强调在决策过程中决策者的创造性参与，以适应整体系统所包含的时间过程并进而创造出新的整体系统。在这个意义上，我们可以把"C 原则"建立在《易经》所阐明的时间哲学或时中哲学的基础之上；并同上述的《易经》整体性哲学相结合，发展出整个"C 理论"，以服务于管理和决策活动。由此，"C 理论"就由以下三个部分组成：

第一，人性管理与理性管理相互结合的理论。

第二，整体性及其在管理决策中运用的理论。

第三，时中性及其在管理决策中运用的理论。

这里"C 理论"和"C 原则"中的"C"，指的是创造性（"生"，英文为 Creativity）和中心性（"中"，英文为 Centrality），它们都来自于中国哲学，从而显示出"C 理论"根植于中国哲学传统的深厚的历史渊源。"C"同时也代表着"权变"（Change）和"协调"（Coordination）。"生"即创造性的概念使我们更容易把握整体系统，因为整体系统本质上就是创造性的系统——创造性的联系、创造性的转化、创造性的发展。创造性的基础在于人的理性和人性，而理性和人性则是作为宇宙整体系统的"道"或"太极"的产物。通过"道"或"太极"的力量，人性和理性可以进一步实现创造性的转化。创造性同时也意味着人可以通过时中性，积极参与整体系统的架构及其转化。在管理和决策中，创造性意味着人们对系统整体性和时中性的洞见和把握。就此而言，创造性可以说是我们把握系统整体性和时中性的先决条件。

"中"的概念则使人们联想到创造性的起点，整体系统的架构及其转化的起点，以及时中性的起点。"生"代表着动态的行为，"中"则代表着静态的结构。实际上，"中"也可以被看做整体系统中的创造性力量，它使系统得以保持着稳定的结构。所谓"中"不能简单地被看做对立两极之间的中间点，而应该被理解成一个整体平衡系统中的焦点，或曰"阿基米德点"（Archimedian Point）。因此，"中"意味着系统中潜在的创造性或者时中性，它是人们对于系统的创造和平衡能力的量度。用《中庸》上的话来说，所谓"中"就是"中和"，乃是整个系统和谐的基础。"中"的基本功能就是使一个包含着多极的对立从而引起冲突的系统得到和谐，并保持这种和谐。"中"因此可以被认为是整体系统中创造的必要条件。

对于管理和决策来说，达到"中"的境界，就是要使创造性和时中性成为可能。为了达到这一点，一个人应该了解整体性及其根源，这就是"道"或"太极"的概念，只有在"道"和"太极"之中，"中"和"生"（创造性）的功能才能得到充分的体现。一个管理者，只有把握"中"和"生"的真谛，才有可能在具体的管理活动中应用自如。他不仅能够作出决策，而且能够推行决策，修正决策，展现出强有力的管理决策水平。《庄子·齐物论》中说"得其环中，以应无穷"，这正是对"C 理论"所强调的"中"以及"生"的概念的生动写照。

六、"C 理论"对现代管理理论的综合

"C 理论"实际上也可以看成是对现代管理理论特别是"X—Y 理论""A—Z 理论"的综合。如上所述，"X 理论"作为"理性管理"的典型，把管理决策的基础建立在"人性恶"的假定上，此一假定认为人是自私自利而没有工作责任心的。与此相反，"Y 理论"作为"人性管理"的典型，则把管理决策建立在"人性善"的假定上，此一假定认为人有理想目标并且是值得信任的。"X 理论"在古典管理学派如泰勒和法约尔的理论中被认为是正确的，这些理论认为人是一个经济的动物，他工作的目的仅仅是为了得到更多的报酬。后来的马斯洛虽然认识到人有不同的需要，但依然把生理上的需要置于支配的地位。而在中国哲学中，孟子则认为人性是善的，就是在人类生存的基本层面上，人也依然可以展现出他的道德之善，即使是在本身的生命受到威胁的情况下，也依然保持自尊并关心别人。

同样，我们也可以把"A 理论"当做"理性管理"的典型而把"Z 理论"当做"人性管理"的典型。根据威廉·大内的描述，"A 理论"主张机械性的组织网络和直线型的控制系统，是一种高度理性化的管理理论；而"Z 理论"则主张团队精神、宽松的组织结构、意见一致的决策等等，是一种高度人性化的管理理论。

从以上的理解出发，把"A 理论"所主张的"A 型组织"运用于"X 理论"所假定的"X 型个人"，而把"Z 理论"所主张的"Z 型组织"运用于"Y 理论"所假定的"Y 型个人"，这似乎是十分顺理成章的事情。但是，这种结论只能是理性推论的结果，恰恰反映出理性思维方式的抽象性、客观性、机械性、二元性和绝对性的特征；而从人性思维方式的具体性、主观性、有机性、整体性和相对性出发，却不会得出如此简单的结论。

如果我们深入观察人类及其演化的客观实在，我们就会看到在各种不同的条件下和各种不同的内容中，由于各种不同的对象，为了各种不同的目的，因而有了"X—Y 理论"以及"A—Z 理论"的不同的组合运用。如果我们深入观察作为整体的人性的潜力，我们也可以发现人性能够用不同的方法得到训练、培养、控制和转化。人性的运用并不

存在着一个固定不变的简单模式。在实现某个特定目标时，"C 理论"所要求的是一个发展整体系统以及整体系统中的时中性的整体思维方式。因此，对于人性及其控制和转化的整体性思考，也必然带来"C 理论"和"C 原则"的觉醒，使得一个关于人及其组织的整体理论能够发展出来，一个在整体人性假定的基础上运用组织形式的整体系统能够发展出来，一个运用时中性的整体系统能够发展出来。

在下面的图表中，我将展现出把"A—Z"组织理论运用于"X—Y"人性理论的各种可能性。

组织 ＼ 人性	X	Y
A	AX	AY
Z	ZX	ZY

如上所述，"AX"和"ZY"，从理性的思维方式来看是可能的，那么，"ZX"和"AY"也能够说是可能的吗？我们的回答是：从整体人性的理论来看，它们是完全可能的。对于"ZX"，我们可以看到，通过真诚宽厚的组织行为（"Z"），自私自利没有责任感的恶的人性（"X"）转变成具有责任心值得信赖的善的人性（"ZX"）。同样，对于"AY"，我们也可以看到，通过理性的严密组织（"A"），值得信赖的善的人性（"Y"）可以形成强大的组织力量（"AY"）。以上四种结合的模式，不仅是达到目标的四种方法，而且是实现方法的四种目标。而如果我们没有对于不同目标和方法的整体系统的认识，那上述目标方法结合的类型都是不可想象的。当然，上述结合是整体系统思维的必然结果，是"C 理论"对于"X""Y""A""Z"理论的阐明和发展。这也是对建立在"C 理论"和"C 原则"基础上的整体性和时中性功能的生动说明。

我们应该重申的是，上述"C 理论"及其运用的实例，其基础正是《易经》哲学的整体性概念。我们可以把"X 理论"看做人性中"阴"（黑暗）的一面，而把"Y 理论"看做人性中"阳"（光明）的一面；把"A 理论"看做处理人性的"刚"（强硬）的手段，而把"Z 理论"看做处理人性的"柔"（温柔）的手段。这样上列的图表就可以演变成下面的形式。

手段 ＼ 人性	阴	阳
刚	阴刚	阳刚
柔	阴柔	阳柔

在这个图表中，阴刚和阳柔的中和是很好的，而阴柔和阳刚对于人性与手段的相互结合与转化来说也是十分必要的。在《易经》哲学的整体系统网络中，我们既可以看到纯阴的自然之善（见"坤卦"中的六二爻），也可以看到纯阳的人工之美（见"乾卦"

中的九三爻）。坤卦六二爻的爻辞是："直方大，不习，无不利。"而乾卦九三爻的爻辞是："君子终日乾乾，夕惕若，厉无咎。"六二爻说的是天地自然正直、方正、广大，因而该爻处于卦象的中间位置；而九三爻说的是君子兢兢业业，日夜操劳，因而该爻就不处在卦象的中间位置。这也许是对纯阴纯阳的最好解释。

第四章　C 理论的管理境界

第一节　建立中国的管理哲学

一、分辨技术与知识

德鲁克（Peter Drucker）讨论管理研究的性质时，指出管理研究有潜力发展为一门科学，成为管理者知识与纪律的来源。但在另一方面，他又指出管理学也可能只成为专业者的技术囊，为技术性的特殊需要提供工具而已。于是，管理学被认为只是有关货物订存、检验、保养、价格、财务、市场、销售等管理技术。管理学甚至也被认为只是一套数量化的方法，用来设计或控制成果，提高效率。然而，管理技术与数量化方法并非管理学之主旨所在，因而并非管理科学。唯当我们理解管理学的主旨为何，运用科学方法来阐明此一主旨时，方能称为管理科学。

管理科学的主旨究竟为何？德鲁克指出：该主旨在于研究如何将人与事组合为相互依存的整体系统以达致企业目标。值得我们注意及深省的是，德鲁克把管理学看成整体系统之学，全体与部分、部分与部分相互配合之学，以及运用决策达到目标之学。因此，管理学不仅是工商企业的发展学，也是政府机构的行政学，更是现代人生活的组织学。简言之，管理科学就是用科学方法研究如何做到系统化、整体化、调配化、决策化及绩效化的学问。在此理解下，管理活动就是从事系统策划、整体调配以及绩效决策等心智活动与具体行为。这些活动与行为显然都是现代专业所需要的，也是现代人处理社会所必需的。因之，作为现代专业者及现代人又怎能漠视管理科学这一门学问？

上述管理活动自然包含及融合了专业技术的应用。但这些活动本身并不等于技术，却自立为一套高层次的动态知识。因其为知识，故有原则可循，因其为动态，故能应用于实际。管理也就可以说是智慧地运用知识，借以创造整体的价值境界。就企业管理和公共行政而言，管理所创造的整体价值境界，就是绩效与成果。显然，每一行业都有每一行业的绩效与成果目标，而此等目标也有层级高下的区别。然而任何行业的终极目标，除充分发挥其个别的功能之外，也是与促进社会进步、提高社会生活品质此一绩效及成果目标分不开的；因之，也就是与不同层次的整体设计、系统策划、关系调配、目标建立、绩效决策等管理活动分不开的。这些也就是管理科学研究的中心课题。

二、运用技术与知识

德鲁克对管理技术与管理知识的辨别，显然源自亚里士多德对技术（Techno）与知识（Episteme）的辨别。技术是一套可以训练采行的运作程序，具备了特殊的目标性与工具性。知识则是一组界定及描述真实的原理法则，基于理性的认知与经验的证实，具备了观念的概括性与系统性。技术与知识的不同乃在于：技术或技巧必须经过重复的实习训练才能获得，也需要不断地运用才能臻于熟练。知识则需要心智的理解，不但能够实事求是，而且能够洞达事实的所以然。再者，技术已包含了行为指示，知识则需要通过意志的决定以达于行。此处我们要强调的是：无论是手工技艺还是科学技术（科技），都预设了知识为其发展的条件。更有进者，无论如何复杂的技术，也无论其需要多少心智灵巧来驾驭、掌握，均能在一定的条件下，逻辑地解析为一系列的运作步骤与程序；也就是原则上使之运作程式化与机械自动化。人类的科技渐趋自动化与程式化是有目共睹的事实。电脑软件的大量设计就是科技程式化与自动化的表征。如何基于知识发展科技，如何基于科技发展自动运作系统，乃是我们当前发展知识、应用知识的两大方向。

技术是知识用于实际问题所产生的解决之道。知识越发达，技术则越精密，人类也越能改变生活环境，增加行为能力。但人类绝不能在开拓知识、发展技术的过程中，变成科技的奴隶，丧失生命的自主和谐与人性的道德自由。因之如何把握人类精神的自主权以及价值的抉择力，创造人类精神的福祉，乃是人类追求知识与技术的最终目的，也就是倡导现代管理科学的根本含义。

三、管理与知识的关系

知识与管理关系的密切更可见之于知识对社会的影响。知识通过理性的说服力，以及通过技术的应用性，不但促进了社会变迁，而且也把社会逐渐转化为知识创造的成果。现代人的思想、生活与行为也愈来愈受假设的刺激，突破传统价值，走向多元形态。这自然也是社会知识化、知识社会化双重影响下的结果。更重要的是，知识解决了问题，改变了现状，但现状又出现了新的问题，因之必须再度求知。如何掌握知识，以掌握现状、解决问题，就是对管理的第一度自觉；再进而掌握现状，以开拓知识，解决问题，乃是管理的第二度自觉。于是管理科学乃构成知识与实际交相为用的活动，是与现代社会重视知识、仰赖知识密切相关的。因之，我们也可视现代管理意识为社会知识化与知识社会化的结晶。管理就是应用知识于社会，以满足社会对知识秩序的需求，以此更理性地改变社会。

现代社会实可描述为一知识性的生态体系。不但社会中各专业都以知识作基础，社会中的各专业也都以知识为沟通媒体。知识的通道也就是社会主要的通道。在此一背景下，现代企业也成为一知识性生态系统中履行供应、疏导与消费、发展等功能的重要结构。若不能就此观点发展企业，企业也就无繁荣可言。在此一观点下，现代企业必须对外顺应世界潮流，通过知识掌握真实世界的多面化与变化性，以求深入发展；对内却要相应时空条件，透过知识，力求革新自强，立于不败之地。管理也可说是知识策略性的应用了。

具体言之，管理对知识策略性的运用是掌握现在以掌握未来。相应未来，把现在做最好的运用，也相应现在，把未来做最好的运用；也是掌握全体以掌握部分，相应部分，把全体做最好的运用，也相应全体，把部分做最好的运用。更简言之，管理也就是发挥群体与个体的知识、意志、勇气与想象力，开辟社会进步之道，提高社会生活的品质。在此了解下，管理科学是鼓励冒险犯难的精神的，此即在知识的基础上作合理的冒险；勤于筹划，勇于决策，更敢于承担责任。

合理的冒险就是结合知识、意志、勇气与想象力的冒险。任何创新与应变的决策及其承担都是合理的冒险，只要它是以知识、意志、勇气与想象力为起点。通过知识、意志、勇气及想象力来掌握现在、开拓未来也就是管理的最高境界。成功的管理以成功的决策为核心，而成功的决策则有赖掌握现在以掌握未来，掌握全体以掌握部分的知识见地、意志勇气以及应变创新的思想透视力。人类已创造了世界的现状，并已投身在瞬息万变的事态中。知识不应是静态的概念，而应是创发的活动；不应是孤立的观照，而应是整体的判断；不应是机械的部分，而应是活泼的全体。这些都是现代知识性生态体系的社会所决定的知识特性。管理科学作为管理的现代知识学就必须接受此一知识观念，并努力求知于社会的生态体系之中。

四、知识的决策化

用知识来掌握现在以开拓未来，我们可称之为"知识的决策化"。"知识的决策化"是非常重要的概念，它不止于"决策的知识化"，因为虽然指的是利用知识来作决策，却不仅仅利用知识来作决策。在"知识决策化"过程中，决策者的综合判断及思想透视力也与知识一样重要。知识不应机械地应用于具体的情况，而应配合对具体实况的理解来达到决策的目的。"知识决策化"乃是把知识应用得恰到好处，用知识来配合目标，发展方法，健全决策。"知识的决策化"因而包含了决策的知识化，而不限于"决策的知识化"。就以决策应用的时空范围为例，短程、中程及长程计划决策所需要掌握的知识因素并非一样；不但所需要掌握的知识因素不一样，所需要掌握的价值观、目标感、思想组合力及判断力自然也不一样。决策的成功与否，往往更系于对时、空变化度的确切掌握。

"知识决策化"兼重知识与决策。决策无知识则陷于盲目判断；知识无决策则陷于呆滞架空。知识是知，决策是行。行有得于知，方是真行；知有得于行，方是真知。这也是知行合一的新义。决策的行是把位能化为动能，把现在推向未来，也就是把知识变为能力。因之，也就导向了"知识技术化"的考虑。

五、知识的技术化

"知识的技术化"是管理科学的另一重要部门。它包含了两个重要步骤：一是找出知识应用的边际条件；二是在此等边际条件下把知识的原则、原理分析、分解为具体的运作步骤和程序。在一定的边际条件下，对知识原理的运作步骤的遵循就是"技术化"。"知识的技术化"是以达到制造工业成品为目的的。大规模地运用知识技术以达到大规模的生产目标就是工业。工业及工业化社会的发展乃是知识技术化的成果。泰勒所称"科学管理"主要是指工业生产过程中知识技术化的活动。但我们要指出的是："科学管理"应同时兼含"知识技术化"和"知识决策化"两方面。"知识技术化"实为"知识决策化"的后果，没有对知识策略性的运用，则科学技术何来发展？欧美工业社会的建立及科技的昌明莫不源于此。故在管理科学中不可不同时重视"知识决策化"与"知识技术化"两者相互依持的关系。

六、知识的资讯化

知识除有别于技术外，也有别于资讯（Information），此一区别在管理科学的实用上十分重要。知识具备普遍的律则性，通过概念系统来显示真实世界的结构；资讯则是一套符号系统，在约定俗成的规范下，记录消息，传递资料。自然，我们可以把律则性的科学知识加以资讯化，但资讯化的科学知识只是资料记录，却并无认知真实的意义。故一本物理学教科书并不等于物理学。唯有通过再认知的功夫，资讯才能还原为知识。在现代电脑的设计下，我们可以把知识大量地资讯化，也能详尽地记录具体事例，并把此项记录条陈化，图示在荧光屏上。当然，我们也能把抽象的理论与推理应用在电脑上，借以抽取结论，预测未来。因之，现代社会的管理者必须面对丰富精确的资讯资料，随时作出判断、选择与决定。故管理科学决策的重要性也因资料工业的繁荣而更显重要。

总而言之，现代管理科学系之于知识三方面的运用："知识决策化"、"知识技术化"与"知识资讯化"。"知识决策化"是三者的最初条件与最终目的，因之也就是现代科学管理的重心所在。

七、从管理科学到管理哲学

前已提及，决策作业除知识的吸取外，尚要依靠整体的思想过程以把握真实。真实虽具备错综复杂的结构，但为一变动不居的过程。若要把握此一动静兼具的真实整体，我们就需要整体地思考问题。决策本质上是意志活动，是把现有的资源作明日的投资，以期基于今日的努力获取明日的成就。此项活动显然带有冒险的成分。透视明日更需要远见及睿智。唯有整体的思考才能提供远见、睿智及合理的冒险精神，也唯有整体地思考问题才能达致下列规范决策活动的理想条件：

第一，提供正确判断的一般标准，而不局限于一科一门专业知识的平面。

第二，洞悉知识应用的边际条件与运作问题，作出适当的评价与抉择。

第三，掌握观点与经验，能对知识作方法上的反省，促进知识的成长。

第四，整合不同范围的知识，开拓思想的新方法与新境界。

第五，认识不同的发展途径以及不同发展的模型，确立发展的有效路向，并掌握发展的动力。

第六，察微知几，深入管理系统各部门的关联，就整体平衡发展，予以平衡的运用。

第七，提高概念层次，创造有效环境，解决难题，融化冲突，化对立、紧张为和谐、协调。

第八，革新自强，吸取新经验，调和旧经验，认知新事例，发现新意义，树立新观念典范，借以突破现状，创造新境。

第九，理解人生，配合时空因素，确定相应真实的价值目标，并以择善固执的精神，全力以赴。

第十，分辨常则与变例，把握具体事项与抽象理念的有效结合，经权并用，不但可以守常，也能够应变。

以上所举十项规范决策活动的理想条件也可以说是对管理的整体思考规范，更可以说是一个理想的现代行政者或管理者所应具备的心智能力。时代愈进步，科技愈发达，此等规范条件与心智能力也愈受重视。现代社会成为上述知识性的生态体系，使社会中每一分子的判断与行为都具有影响社会安危的潜力。因之，社会中任何一位决策者不但要彼此负责，且要对全社会负责。因之，也都应具备整体思考的心智能力，能够在适当的时机作出适当的价值判断与采取适当的行为方式，即使不能裨益社会，至少避免危害社会。

更进而言之，现代科技增进了人与人之间的关联，也加强了决策者对他人与社会的影响力，因而自然地赋予了任何有意识的决策行为以深广的道德意义。故社会大众对决策者所需求的道德严谨度及思考严密性也愈益加强。决策者需要高度的智能来开拓有效的活动境界，也需要充分的自律意志来防止危害公益的行为。这种两极的要求正是现代人必须面临的社会立法，更是一个管理决策者所必须接受的理性规范。没有深厚的整体思想能力是无以为功的。

以上所述的整体思想的需求就是管理科学应该提升为管理哲学的理由。管理科学与管理哲学的差异乃在：前者着重在管理知识应用于管理实务或仅关注于管理知识的运用化与技术化，后者则强调发展整体思想以充实管理知识，并促使知识决策化的实现。无疑，科学研究是管理知识的来源，但科学研究的进步则有赖于综合的、整体的、创新的能力思考。把管理科学提升到管理哲学，因之乃是就科学知识的再发展立言，亦即就管理科学的理论性与应用立言。管理哲学包含了管理科学而为管理科学的理论基础与应用基础。如果没有管理哲学，或管理科学不能发展为管理哲学，管理实际所需要的灵活性与变通性也就荡然无存了。上述十项决策活动的规范也就丧失其意义了。

今天我们正处在科技日升的时代，社会及经济的发展愈来愈依赖管理知识的进步。管理知识的进步不仅是"知识技术化"的问题，也不仅是"知识决策化"的问题，亦是"知识整体化""思想整体化"的问题。故管理的研究应在管理技术与管理科学的层面上，更上一层楼，尽力发展整体化的管理哲学思想及其应用效能，借以创造现代社会发展及现代经济发展的新境界。

八、建立中国管理哲学的可能性

中国哲学包含了丰富的人生与社会智慧。基于其对整体思想的重视与发挥，显然能为管理科学提供一个哲学的基础，把重视技术的科学管理推向灵活的整体思想管理。有关此一认识，可以提出下列重要说明：

（一）中国哲学重视整体观念，有关整体观念，中国哲学包含了最丰富的资料。

无论个人、家庭、社会还是国家，均可自整体观念来理解，个人为家庭及社会中的个人。家庭、社会及国家均为天地宇宙中的结构与秩序。就天地宇宙而言，也是一个整体，不可能单独谈天说地，离析宇宙。中国哲学的整体观念如太极、太和、天道、性命等，一则显示为一整体的结构，另则显示为一整体的过程。在整体中，一切事象息息相关，形成生态体系。整体最为真实，也最具有发展潜力，人之整体具备了进德修业完成人格的能力。

（二）中国哲学强调整体中个体间相互依存的关系。

凡物皆由相互依存的关系所组成，人事也是一样。表现这种相互依存关系的是阴阳二气统合一体的观念。阴阳二气，相反相成，相得益彰。此一相依并存、变通统合的关系也是其他相应的观念（如刚柔、动静、虚实、有无等）的思想模型。整体与部分的关系，以及整体中部分间的关系也莫不可依此一思想模型来理解、掌握。由于阴阳关系的相对性、多重性与相互转化性，整体事物与事件均可析为重重相叠、层层蕴涵的依存关系。通过此一思考方式及此一思想模型的运用，我们才能深入理解事物变化的契机与道理。

（三）事物相互依存的关系，因平衡安稳而有和谐，也因平衡不安而生冲突。

整体的和谐带来生生不已的创造力，而整体的冲突则带来破坏与毁灭。但宇宙整体中的生灭成毁现象，必须假设终极的整体和谐性，方有意义。人为宇宙之一部分，自然具有对和谐的需求。事实上，人格的发育完成也莫不以和谐为理想。儒家强调发展道德人格，就是发展人性的和谐性与整合力以成就最大的整体感。儒家所谓中道并非折中之道，而是不偏不倚，体现及保持平衡及和谐的原则。没有平衡及和谐等观念，所谓中道也就流于折中妥协了。

（四）中国哲学重视"合一""合德""无碍""圆融"等理念。

这些理念不但基于对宇宙事物的认知，也基于对实际人生的体验。表现这些理念的是"天人合一""天人合德""知行合一""理事无碍""情境圆融"等等命题。它们阐述了主体与客体、天道与人性、心性与道理、知识与行为等原初及动态的关系。它们可以通过反省的心智予以理解，也可以通过笃诚的修养予以实践。此一理解与实践实已包含了"知行合一"的要求；理解需要实践，实践需要理解。这也说明了中国哲学中宇宙本体是与人生实践相互界定的。

表现"合一"理念的另一个要素是：经权互通。经是常道，权是变道，但经中有权，权不变经，因为在宇宙变化现象中，变中有不变之道，不变之道却又是变动不居的。基于此一了解，变通、变易、变化、变革等观念也都具备了宇宙论及实践论的三重"合一"意义；理解中变与常的"合一"，实践中变与常的"合一"，以及理解与实践的相合为一。

值得提出的是，这些重要的"合一"理念，以及上述整体、相互依存、和谐性等观念莫不包含在中国哲学的《易经》哲学之中。上举各命题也可以看做《易经》整体思想的发挥。整体思想在中国哲学中的中心地位也于此可见。

（五）中国哲学中有关宇宙及本体的观念永远与具体的人生实际密切结合。

《中庸》所谓"道也者，不可须臾离也，可离非道也"，形而上的道与形而下的器相即互与，而不可析然分割。这种普遍原理与特殊事物结合的关系说明了"知行合一"作为行为要求的理由。知与行在概念上可以析而为二，但在实际生活中都必须合二为一。不但知在观念上必须会摄行，行在意念上必须会摄知，真知、真行必须结合一体方能相互完成。儒家对此最为重视。故儒家不轻言知，言知就必须笃行。

"知行合一"的关系若用于现代管理科学，其意义乃十分重大；管理决策不仅是知的作用，也是行的作用。如果没有行的承担，所谓决策也只是纸上谈兵而已，因而缺乏意志的执行力。如果没有知的指引，所谓决策也就变成瞎子摸象，因为缺乏理知的确定性了。德鲁克分析管理决策因素即就"知行合一"的精神立言的。

（六）中国哲学所包含的丰富的哲学理念与哲学命题具备了极宽广的说明性及极深刻的表达力。

由于此种说明性与表达力，这些理念及命题莫不可用之于今日的个人与社会，也莫不可引申为科学研究、社会组织、经济发展、企业管理、公共行政等活动的理解参考系统，从而令我们更能掌握现实，开拓未来。《易经》中"生生不已"的本体观，以及"与时偕极"的时中变通观念，不仅是我们所以进德修业的立身之道，也是开物成务、整合知识、创新方法、贯彻始终的管理原则。若将德鲁克论管理科学及决策化过程之真知灼见与之相较，我们不难发现两者在思想上是不谋而合的。

综合以上六项论点：以中国哲学为管理科学的哲学基础，并从而建立及发展中国管理哲学，既合乎文化传统的自然需要，又合乎管理思想发展的趋势。今日管理决策所需要的整体性、依存性、调和性、创新性、变通性与实践性也都可以据此发展开来。管理之学不但是技术与知识的领域，也将是智慧的园地了。

中国管理哲学是依据中国哲学理念发展出来的管理哲学。但它并不意味与管理科学或科学管理有任何冲突。实际上，如无科学管理，中国哲学在管理上的应用就无以彰显，正如无管理科学，管理哲学的需要也无以彰显一样。中国管理哲学既能补足管理科学之所短，也能补足科学管理之所缺。科学重部分解析，中国哲学重整体综合；科学重客观知识，中国哲学重主体智慧；科学重主客分明，中国哲学重主客合一；科学重群体的实证，中国哲学重个人的践行。科学与中国哲学两者在方法上及层次上的配合使用，是现代管理研究所必需的。自此一意义观之，科学管理与管理科学也正好弥补了中国管理科学之所短与所缺。事实上，科学管理与管理科学也正是发展中国管理哲学的条件。

中国哲学能够应用于管理问题，并为现代管理科学所需要，一则显示了管理问题对发展中国管理哲学的重要性，另则也显示了中国哲学内在的活力以及对现代社会的适应力与应用性。更进一层言之，中国管理哲学的发展，不但显示了中国哲学对管理科学及管理问题的现代贡献，也为中国哲学的内在生命提供了一个发展的良机。中国哲学必须具体落实才能进一步发扬光大。所谓发扬光大，就是中国哲学的现代化与世界化。中国哲学的建立可说是中国哲学落实及现代化的一个重要层面及环节。如何再进而使之世界化，是值得中国哲学家及中国管理学者共同深思的。

九、中国管理哲学的文化意义

建立中国管理哲学除满足管理科学的基础需要外，还具有一项历史文化的深厚含义。此即中国管理哲学为"科学管理的中国化"提供了一条道路。现代中国管理是因应民主法制社会的需要以及工商业的繁荣而兴起的。因之，除发挥中国哲学在管理方面的精义外，它必须包含科学的理性，兼容科学的技术与知识。换言之，现代中国管理必须努力把传统的哲学智慧与现代管理知识及技术结合起来。此即为中国管理哲学之精神与理念所在。

目前台湾的管理现状中，问题丛生，也都是源于未能努力于传统的哲学智慧与现代管理知识及技术的结合所致，这也反映出知与行、理论与实际的大幅脱节。

因此，我们提倡中国管理哲学，不但要为科学管理及管理科学求进一步的发展，也要为中国当前的管理问题提出传统与现代相互结合之道。唯有此一结合之道产生理解与共识，管理的中国化及科学化才能同时顺利进行，管理的诸多问题也才能迎刃而解。

德鲁克在 1971 年分析问题"美国能从日本管理学习到什么？"时，特别举出日本管理的成功三秘诀：能作有效决策；能调和劳工保障与生产效能的需要；能结合经验与活力以发展及教育年轻一代管理人才。如果我们细察德氏的分析，即不难发现日本管理之长实基于：知行合一的决策；变与不变的调和；新陈代谢的运转。此三项原则均为日本管理者通过制度化与运作化而施行无阻，且能予以恰当地配合使用。三者都包含了中国哲学的精华，自然也发挥了中国哲学中"惟精惟一""择善固执"的精神。

德氏肯定日本管理的成就，直接表彰了日本管理的特色，并与美国的管理相互比照，但也间接地揭示了中国管理哲学的有效性与创造力。中国管理哲学的重要性也就在此获得了一个重要的实证。

第二节　寻求现代化的中国管理模式

一、传统与现代

在我们讨论寻求现代化的中国管理模式之前，应先对传统与现代作一简单的说明。

"传统"是指我们自己的文化、历史所形成的一些观念、想法、做法，它代表有两种层次的意义：第一，它有观念层次，即意识形态、价值观念等。譬如，中国人讲求家庭式思考方式，它是以孝道为中心、以父母为中心的。第二，它有行为层次，是现于外表的。

"现代"的观念比较模糊，我们对它常有多元化的了解。五四运动后，有欧洲的现代、日本的现代、美国的现代等，对我们都产生很大的影响。现代，它也可分为观念形态与行为模式两项。

传统与现代两者不一定能配合，常互相冲突，冲突的形式有：

其一，传统观念与传统行为的冲突。

其二，传统观念与现代观念的冲突。

其三，传统行为与现代观念的冲突。

其四，传统行为与现代行为的冲突。

其五，传统观念与现代行为的冲突。

其六，现代观念与现代行为的冲突。

因为冲突是不可避免的，所以，传统与现代必须要结合在一起，成为我们所需要的观念；而管理也要兼采传统与现代，形成一合乎情理、能产生最好效果的观念与行为，使观念与行为相互影响，这也就是"传统的现代化，现代的传统化"。

然而，结合的方式有许多种。有些好的结合，能产生好的效果；有些不好的结合，不但浪费时间，且没有好效果。现将结合分为两种：

一是，理性的结合。

譬如用餐，如将西餐代表现代，中餐代表传统。有人将中餐简化，讲求卫生、少吃、不求油腻，这是参考西餐特点，用来改进中餐，应属理性的结合。

二是，非理性的结合。

如吃过中餐后又吃西餐，或吃过西餐后又吃中餐，或两者同时吃，这都可能造成消化不良，不是合理的生活方式，不能产生真正的快乐，是属于非理性的结合。

二、“经”与“权”

今天我们谈管理，要把传统与现代结合在一起，提出一适合中国现代化的管理模式，这个模式不是要维持现状，而是要开创新世界，解决问题以达到目标。

管理是对一件事情作一有次序的处理，必须是既管又理，不能只管不理。“理”有它静的观念，就是要有次序，有一格局，建立起井然有序与特殊的次序来；它尚有动的观念，就是在求“理”的过程中须讲求沟通、流通、贯通、变通，这可称之为“气”。管而不理，理而不通，都不可称为管理，因此，管理要能做到：

第一，有格局，不能“乱”，这样才可以生存下去。

第二，有次序，充满生气的次序，对沟通、流通、贯通、变通这些因素要能维持。

第三，要既管又理，有“生”的原理，这就是成功的管理之道。

管理在求管而理之，以求生生不息之道，这种观念是一般性的，也就是“经”的原理。

身为管理者握有实权，应制造次序，进而维持次序，以达生财有道，也要考虑特殊性的因素，这也就是“权”的问题，亦即在经的原则之下，如何针对各种情况，采用不同的特殊政策、制度、方式，以不变应万变。

因此，“经”与“权”的配合应用，就是一般性与特殊性的应用；但是，我们很多人的做法常有“权”无“经”，这是短视的观念，只是临时性的考虑，没有长远的计划，不能有计划思考，往往只是玩票、投机、凑热闹的心态；事事将就将就，当然不能提高管理层次，也不能为企业带来生机。因此，管理是在原则下适应环境，要达到有“权”亦有“经”。

通才就是对事物有一般性的通盘的了解；专才则对事物有特殊性的局部的了解。现代社会讲求专业化，每一样事情要有专业基础，才能发挥最高效果，而专业以知识为导向；但是，专业之上的主脑，即组织上的主管要全盘性地了解，这就是要有通才，才能使专业之间流通、贯通、变通、沟通，使其能发挥更好的效果。

三、观念的比较

管理是一种艺术、技术、思考方式，但不能将管理局限于一隅。有人谈管理科学，往往将其限制于技术的观点，但是，管理并非只是技术问题，尚有心理、价值、观念、文化等问题。很多人也将西方的管理观念用于中国，可是并不成功。因为，中国有一"忠"的观念，它是以人为中心，不以制度为中心。因此，很难将一套新的技术用到现存的文化中。所以，今天的管理，不能不涉及文化、哲学等传统的观念。

管理中国化即在中国之文化、思想、历史背景当中，去找寻对中国人有效、适合中国人的管理方法，通过中国哲学优良的成分，作为借鉴，发挥应用，摒弃中国传统中的陋习、偏见。

依据有人做过的问卷调查得知，美国式、日本式与中国式的管理观念，无论在管理计划、管理决策等方面都有不同之处。而现在谈管理中国化不是抄袭日本、欧美，而是要提高层次，认清问题，替自己找出一条出路来。

管理是一种应用哲学，对基本哲学了解之后，可对特殊的时空，划分为不同的观念，这就产生了"比较管理学"；它是从不同的文化、地区等的管理哲学中，比较其不同的观念。现在我们比较三个不同的管理观念。

（一）美国式管理形态强调三点。

其一，功效（Efficiency）：美国思想、文化，大部分要配合实用主义（Pragmatism），以效用作为目标。譬如，建立工厂，要达到生产目标；设立公司，则要达到利润的目标。

其二，创发力（Creativity）：着重个人能力的发挥，他们讲求自由，自由要维持下去，则要在思想上突破，发挥功效，产生其价值。

其三，责任心（Responsibility）：对事情要负责、要讲求个人突出。因此，美式的管理观念在方式上较积极、主动，私人间具有荣誉感。

（二）日本式管理形态强调三点。

其一，家庭化：以家庭为本位、为利益中心而来用人、来处理事件、维护公司的体制。通常家族化，分为两种：

一种是，包容的家庭化：以家庭为中心，将朋友、所有的人都包含起来，将其视为家庭的一分子。

另一种是，排除的家庭化：将与我没有家庭关系的都视为外人，强烈排外。

有人说，中国太家族化了，而日本不讲求家族化。其实，日本是包容的家族化，它对其所有的人使用安抚的心理，使其与企业共存亡，不担心被解雇，这是日本企业成功之处；而中国企业把外人分得太开。所以，家族化并非缺点，而是要将排除的家族化转变为包容的家族化罢了。

其二，团结生存：这是日本包容的家族化所发挥出来的"群"的功用，他们知道相互追求理想；要保护自己、发展自己，则要团结以求生存。

其三，细致心理：日本人讲求细致，其花园、住家都很有条理；而且虽然其缺乏美国式的创意，但其产品模仿力甚强，这都是从细致方面去发展的。

（三）传统中国的管理形态三特点。

其一，讲求道义精神：传统中国士大夫讲求道义精神，志向很大且高瞻远瞩；人际间讲求信义，尤其五伦思想特别发达，形成一套礼仪表达关系；处理事情方面，表现合乎礼、义、道，重于实务。换言之，即"正其谊不谋其利，明其道不计其功"。而现在中国的道义，只是一种托词，实际上，面对的是功利，与原义不相符合。

其二，讲求心性的修养：处处为别人着想，谦让他人。现在虽也提到修养，但只是表面而已，内心完全不是如此。

其三，讲求和谐思想：它表现在中和思想上，取中用和，做事要恰到好处，以和谐为目标，所谓"家和万事兴""以和为贵"。但是，现在也把它形式化了，只是形式上的"中"，它是折中、妥协；只是形式上的"和"，只求表面无事、相安无事，并无积极、和乐的推广。

四、范畴的划分

我们将管理范畴划分为下列七项：计划、决策、组织、用人、领导、控制及协调。首先要做到计划与决策、控制与协调分开。

（一）计划与决策分开。

计划对事情发展，作预期的安排，把各种因素分析得很清楚；决策是在决定事情做过之后是否发生效果的过程。有的人有计划而无决策，有的人有决策而无计划。但在传统中国的思考方针下，计划与决策是同时存在的，彼此互应。管理过程讲求"理"的思想是计划、"气"的思想是决策，我们要求的是理与气同时发挥作用。

提供我们作决策的基础有下列三项：

第一，资讯（Information）：包含市场资料的信息，可以当做中国人所讲求的"经验"。

第二，知识（Knowledge）：它不等于资讯，而是一种思考的过程，这也是中国人所讲的"科学"。

第三，理解（Understanding）：它是要掌握事情变动的因缘与主客观因素来作判断，即属于中国所讲的"哲学"。

判断事物理解的过程，这是管理的软体。中国的《易经》有两个作用，一为察微知变，这是通过细微的东西作判断；一为变通入神，在变通当中，了解对方内在心理，这些都是管理的软体。另外，中国管理的软体因素尚有相人术、驭人术，软体所考虑的五行、八卦、图书（《河图洛书》）、干支都是在理解的过程所作的判断。

在软体当中又要配合硬体，就是调节主观的心理来适应客观的环境，如中国的堪舆术①就属于中国管理的硬体。譬如说在营运上出问题，则要观察室内布置、光线、桌子

---

① 即"风水术"，迷信术数的一种。指住宅基地或坟地的形势。也指相宅、相墓之法。"堪"为高处，"舆"为下处。认为风水与祸福有关。

摆向等，然后，再加以调节。

由此可见，中国这些哲学提供理解的方式，科学提供知识的方式，电脑提供资讯的方式，把这些应用在决策方面，做事要顾及理解的过程，不要只注重资讯或知识，还要在软体上、在理解上去发挥。

计划是属于知识、资讯、理解的成分；而决策是要去行动，故两者要分开。

（二）控制与协调分开。

控制是指管理组织在人事、权责分配之下，能使其运作并作改进过程。这里所发生的问题，往往是矛盾的现象，这些矛盾现象最大成因在于两极化问题，它包含：

第一，权威与责任的两极化。

第二，名与实的两极化。

第三，法与情的两极化。

协调则是在体制之外作应急的处理。假如协调无法独立作业，就如汽车开久了，如不加添润滑油、不给它维护保养，让它自然行走，则其寿命恐不会长。

这里强调控制与协调必须分开，就是要通过协调来处理、解决冲突，其解决的方法有二：

其一，以"诚"来处理，即真诚地把需要告诉对方；以诚的观点来建立情绪。

其二，以"明"来处理，即建立共识，大家都认清其中的道理，以提高大家的认知。现在很多法律难以推行，就是由于大众无法对法律产生共识。

但是，目前为何国内公司、行政系统的管理制度不作计划？为何不以理解来作决策呢？据调查显示，有下列因素：

一是，有人说是资讯不够；这是基于求全的心理。

二是，有人认为计划太多，太麻烦，事情变化无法适应；这是补充式心理。

三是，有人要"萧规曹随"，不愿多作计划；这是保守式心理。

四是，有人说因公司老化，有很多事情要做，主管无时间去思考。

以上所列这些求全、怕变的心理，造成公司发展遭阻，人事组织松散。

五、新旧的配合

结合传统与现代牵涉四个层次问题：

（一）本体。

这是指自身对事物的认识，这也是中国文化的精神。如自己到底在想些什么事情，到底能否掌握管理目标与对管理作全盘认识，皆属于本体。

（二）原则。

对事物产生认识，还要找出其中的原则来。如"正其谊不谋其利，明其道不计其功"为做事之原则，这中间有很多道理都可以应用。

（三）制度。

这是将原则化为可行的条理；利用原则作基础，制度才有一标准。

（四）运作。

只有制度，仍难以执行，必须要付诸实际行动，所谓"徒善不足以为政，徒法不能以自行"。

本体与原则是属于传统面，制度与运作是属于现代面，要传统与现代结合，即要本体、原则、制度、运作相互配合。

时至今日，国内企业在东西方管理哲学与传统、现代化的冲击下，正需要一套属于自己的管理模式，这套模式就是"安和乐利"的管理模式，也就是结合现代资讯、知识与理解，经由知识的导向，走入理性的权威。

第一，安：求得安稳，是要企业团体员工安稳，达到"安无倾"的境界。

第二，和：这就是致和，使人际关系达到和谐境地，使大家都能沟通、流通、贯通、变通，内外上下和谐，众人同乐。

第三，乐：使大家喜气洋洋，实现"独乐乐不如与人同乐"的愿望。

第四，利：通过理性的观念去追求权利，主动争取应得的利益。

唯有经由"求安、致和、与乐、正利"的理性途径，才能建立起"安和乐利"的管理模式。

第三节　论工业化与伦理化的双管齐下

近代西方在古希腊罗马文化的影响下，发展了冒险犯难的探索精神，也开拓了客观求知的理性方法。基督教神学更带给西方人以救人淑世的宗教热诚。三者结合遂导致西方科技与工业化社会的形成。故西方科技与工业化社会是在一定的文化环境与伦理意识下培育出来的，其形成绝非历史上的偶然。若我们把伦理定义为规范社会行为的价值意识与确定社会秩序的价值原则，则科技作为客观知识与科学技能的追求，工业作为运用科技、制造成品以满足社会需求的生产方式，显然都有其相应的伦理条件。毋庸争辩的是，此等相应的伦理条件包含了对理性知识价值的重视及对自由意志与独立思考价值的肯定。因而，西方科技与工业化的发展，也往往以实现自我的创造力与满足权力意志的征服欲为主要前提。

与西方伦理意识相较，中国传统儒家的伦理是以家庭为基础、建立人际社会和谐为其中心旨趣的。在此一旨趣下，传统知识分子着重人格的修养与完成，把精力投向道德的实践与相应政治地位的获取，因而对独立于人事的纯理性与纯经验的格物致知缺乏生动的兴趣与深刻的动机。传统知识分子更把"开物成务""利用厚生"看做当道者的事功，而非一般个人的责任，故而"不在其位，不谋其事"。科技与工业之未能充足发展，成为中国传统文化的主流，显然是由此一心态影响所致。但自 20 世纪以降，西学东渐，科学新知启发了新人生观、新宇宙观，当道者亦渐能深切体会科技与工业化对国家富强与民生经济的重要性，致力于科技与工业的发展已非选择不选择的问题，而为生存竞争所必需。在此项现代意识觉醒下，求变求新、发愤图强不但为形势使然，也可认为是儒家哲学内在的"日新又新"精神的复活。事实上，儒家思想中，不但《春秋·公羊传》含有进化革新的观念，《易经·革卦·象传》更明言："天地革而四时成，汤武革命，顺乎天而应乎人。"我们今日提倡科技，努力于工业化自然是顺乎天而应乎人、既合乎理性又合乎时需的大业。

近代东方国家的工业化以日本肇其端。第二次世界大战以后，东亚诸地区包括新加坡、韩国、中国台湾和香港等的现代化与经济发展的过程就是逐步工业化，并利用工业化，逐步革新社会结构的过程。推动此一过程的力量来自开明的政权与进取的知识分子。在一定程度的民主政治基础上，更引发了自由经济、私有大企业的发展，促进了更多社会大众的参与。自此一意识观之，工业化并非单纯由于科技的引入，实更基于社会意识相应的价值认知。其成功的程度因而有赖于此项认知的普遍性与正确性。此项认知显然具备了伦理价值的含义。

若就伦理的意义进一步发挥，我们可指出，作为生活秩序与价值行为的规范，伦理已内含于生命与生活之中，而为维持生命与生活平衡、和谐、完整与创造力的原则、道理。质言之，伦理即人生与社会存在、延续的逻辑，生命与生活兼含个体及群体。故伦理内含于个人而为个人生命的伦理，内含于群体而为群体生活的伦理。个人为一有机体的整体，其人格必须在群体生活中逐渐发展完成，故个人生命已指向群体生活，正如群体生活已包含个人生命。伦理化即为个人生命与群体生活相互实现其内在律则性的一个过程，亦即人之发育为人、社会之成就为社会的过程。在此一意义下，中文"伦理"一词所包含的意义远较希腊文"Ethos"或拉丁文"Moralis"所包含的意义为深。"Ethos"一词仅指个人的性格或群体生活的气质而言，而"Moralis"一词则仅指群体生活的习俗、惯例而言。中文"伦理"一词已自个人生命的气质与群体生活的习俗透露出对内在于生命与生活的秩序的觉醒。中国哲学中"理"的观念的发展即已显示了对生命价值的自觉与对生活秩序的肯定，故有人必有伦，有伦必有理，"伦理"即人与人之间内在于人的理。理显于伦即为"伦理"。同理，有人必有道，有道必有德，"道德"即人性中显露道的德。德得于道即为"道德"。"伦理"与"道德"在意义上原为一致。

由上观之，所谓伦理化应包含了四个连续一贯的程序：生命自然显现为一有机组合的关系和相互依存的秩序，此为生命伦理。对此有机的组合关系（和谐性）与相互依存的秩序（整体性），加以理性地体认以求人格的发展与完成，是为个人生命的伦理，亦即人格伦理。再进而扩大个人及于他人及群体以求实现更普遍的和谐与完整，是为群体生活的伦理，亦即家庭伦理、社区伦理、社会伦理。再推广到群体之和谐及完整于天地万物，则为宇宙伦理。此四项伦理化的程序早已潜藏于个体生命萌芽之初。因为没有宇宙大环境与地球小环境的协调和谐，生命的组织与秩序何由出现？故生命组织与秩序的出现，即已预设了一宇宙与自然和谐的状态。生命包含秩序并追求扩大秩序以实现个人及群体的完美，此乃是生命自然的倾向。所谓实现即实践体验与理知省察之意。实践体验经理知省察以求完整稳定，理知省察经实践体验以求扩大秩序。此一相互连锁、彼此推进的知行关系，其最后目标指向理性与行为的合一，生命与秩序的合一，个体与群体的合一，人生与宇宙的合一。这也就是儒家思想中"天人合一"的思想所在。"天人合一"可看做一过程，此过程即生命整体化、生活秩序化的过程，亦即生命与生活伦理化的过程。

自儒家哲学观之，内在于个人生命的伦理为仁。仁民爱物是扩大自我实现生命的过程。仁即生命，即生命的创造力与亲和力。因仁的推广，个人生命参与了群体生活，而仁也导向正义（义）、信守（信）、礼制（礼）、智慧（智）等价值规范的建立。故儒家所称诸德均内在于群体生活而为群体生活的伦理；也就是根植于人性，而为个人完成群体、群体完成个人的道德力量。

在肯定伦理内在于生命及生活及肯定生命及生活的目标在实现人性的价值理想的双重前提下，若考察工业化社会的内涵，可以认知工业化一方面带来新的生活方式及新的生活环境，另一方面却不可能脱离人性与理性来思考行为规范与价值秩序问题。新的生活方式与新的生活环境需要新的伦理意识与新的道德规范。但所谓新的伦理意识与新的道德规范，应指伦理意识与道德规范形式上、方式上的新，而不应指两者实质上脱离人性及理性。故我们考察工业化社会的伦理化问题，必须扣紧人性本然与理性自然来寻找答案。儒家哲学既针对实际生活中的人性与理性，揭示了上举伦理化的连续程序，其对工业化社会伦理建设的启发性乃不言而喻。工业化不但促进了我们对儒家伦理深一层的了解，我们对儒家伦理深一层的了解，也促进了对工业化过程深一层的反省。

儒家伦理中所包含的和谐原理（仁）与道义原则（义）已为现代工业化日本社会所吸收，创造了成功的企业管理制度，直接或间接地促进了日本经济的腾飞与其工商业在国际市场上的高度竞争力。新加坡在工业化社会的基础上倡导儒家伦理，如果能够把握工业化与伦理化彼此相应的枢纽，彻底推行，则其成功将不限于儒家伦理之适用于新加坡，其成功亦将为现代化、工业化社会之伦理化树立一般性的楷模与典型。就以上两例观之，如何把儒家伦理与工业化社会结合起来，以解决工业化社会伦理化的问题，并发展工业化的潜力，是任何对工业化社会发展的关心者不可不面对的课题。

基于以上对工业化与伦理建设关系的认识以及对伦理化理论的分析，我们应可了解：工业化社会伦理意识的再提升与"伦理工程"的新设计与推行实为适应工业化社会新知识、新生活、新环境所必需，亦为工业化新发展奠基所必需。我用"伦理工程"（Ethical Engineering）一词，旨在说明伦理化也须经过理性思考与分析、经验与检验来达到改造社会的目的。一如其他工程设计一样，"伦理工程"更须配合时间、环境、制度等因素来作策略性的发展。"伦理工程"的必需乃由于工业化的自然演进，往往有导致歧途的危险：无论基于有限知识造成的无知，或基于权力意志造成的自私，当工业化不顾社会伦理的目标时，社会的福利也就遭受威胁了。故"伦理工程"是积极从事伦理化的理性活动，借以调和积极从事工业化的意志活动，其重要性至为明显。

在急速的工业化中，社会面临工业化的新需求及新问题，理性的伦理意识与伦理价值显然并未发展与提升，也未受到应有的重视。传统的伦理价值则表现出落后与过时。故如何为当前工业化社会注入伦理的新生命，并进行设计与推动伦理的革新工程，乃是有识者不可不考虑的问题。尤其如何真正继承儒家伦理的传统，深入儒家的人性哲学与人生、社会理想，设计及发展一套具体适用于现代工业化社会的伦理规范，更是学术界知识分子的责任。对于此一设计与发展的基础，我们所应注意的大原则有可得而言者五：

第一，科技与工业化有益于民生经济与国家富强。

基础科学与基础工业尤为长远推展科技、巩固国力所必需。唯我们在推展科技及工业化的过程中，必须参考工业化先进国家所遭受工业化危害及危机的经验，而力作防范，在时空人事整体中把措施安排妥当，以杜绝后患。我们更应精用科学理性的思考来检讨科技与工业化带来的社会结构、人际关系与价值秩序等的变迁问题，并早拟定制宜之计。

第二，科学研究精神为科技及工业化之本，在其根源上并不与伦理化精神对立或相左。

两者均为生命及生活所必需。我们应提高知识与价值、科学与伦理相互为用的共识，对于科学方法更要作广泛且正确地应用。除自然科学外，社会及人文的研究也是科学方法应用的对象。但对社会与人文正确地应用科学方法，则应先行肯定社会与人文研究的独立性与创发性，并在此项肯定基础上把握生命、人性、理性、意志、个性、群性等基本范畴。科学方法并不划除此等范畴，而应在此等范畴的基础上提供概念的认知与清晰的系统化，导向伦理价值、行为规范的建立。

更有进者，科学方法也当用于科学自身价值的评估，反省科学对社会人文的贡献，权衡科学对达到人生与社会价值目标的效能，再相应于社会人文的理想价值目标，不断订正可行的科技政策。在此评估中，我们应务使科技发展与工业化策略配合全面文化政策一体推行，以求达到社会工业化与伦理化的双重目标。

第三，科技与工业化虽强烈地影响了现代人的生活，但传统文化并不因之而消失，而人的生活内涵仍以人性为基础。

工业化社会的伦理化应以发挥人性、理解传统、调和现代为宗旨。科技与工业化也应永远视为实现人性的方法及工具，接受人性需求与整体性的理性的指引。

第四，基于第三点的了解，我们应在发挥人性的五伦思想的基础上发展其他伦理关系。

任何伦理关系都是从人性需求、理性认知而来，代表了人与人之间、人与事物之间关系的认知与价值态度。但如上所述，任何一种认知与价值态度与其引发的行为规范，都应以发挥及满足人性为目标。工业化社会不但面临社会环境、生态环境及其他生存环境的交互影响问题，也面对专业化生活方式与工作方式的适应问题。对于此等问题，我们应确定相应的具体价值标准与目标以指导如何权衡轻重，如何判断是非，如何决定行为之道。我们的总目标仍在求得目标与手段的平衡、技术理性与自然人性的平衡、个人利益与社会福利（利益）的平衡。因之我们不仅应发展对社会群体的公共道德伦理，建立普遍的社会责任感，也不仅应发展对生态环境的尊重与对生态系统的关怀，而且要建立各行各业的伦理规范与职业道德标准。基于此理，我们还应发展医学—医生伦理、遗传伦理、法律—律师伦理、企业—企业者伦理等。

我们不必把所谓第六伦、第七伦看做人性五伦以外的伦理规范，而可看做人性基本伦理的延伸。如何在人性基本伦理基础上发展更完善的伦理，以适应工业化社会的需要，预防科技与工业化的不良反应，并导致更多人性价值的实现，乃是工业化社会伦理化的课题。至于五伦关系因工业化引起生活方式的改变而应作形式上与方式上的调整，自然也是现代化伦理建设的一个要求。

第五，工业化社会带来专业知识分工。

专业知识分工造成专业间的隔阂及专业者间的沟通匮乏，故科际整合、科际沟通极为必要。无此科际整合及科际沟通，伦理建设必难进行，因伦理建设在工业化社会中涉及各种专业知识之故。伦理建设更涉及行政管理、企业管理及工业管理诸面。管理为维护秩序、争取效果之学。其终极目的具备社会伦理的意义，而社会伦理也必依赖管理思想的推行。管理需要通才，此处若就伦理化的需要而言，管理的通才是指能挑担大任、勇于负责之才，也是孔子所说"不可小知，而可大授"的君子之才。要培养这样的人才，我们需要加强通才教育。除要求深厚的专业学识外，广博的胸襟、公正的判断力、创新的想象力、对人性的信念、道德的修持与坚毅的行止，都是不可或缺的。基于伦理化的要求，我们也不能不对通才教育、管理教育加以关注与反省。

总结以上五项，我们诚挚期望社会的工业化不但带来经济的繁荣富庶，而且也带来社会生活伦理的新气象、新境界。

第四节　谈企业伦理

企业伦理是应乎社会的需求自然发生的。在现代社会里，伦理的关系不只限于家庭或传统的人际定位。由于现代的个人可以归属于各种不同的社群，社会上的人际关系也因而愈复杂化。同时，也因各种团体、机构等社群的存在，团体与团体之间、机构与机构之间、团体与个人之间，都必然产生一种规范行为的期盼，亦即制约行为的伦理关系。更有甚者，每一个特殊行业都有其特殊的伦理要求。例如，从事医疗工作的医生或护理人员必须遵守医疗行业的伦理要求，所谓医生必须有医德，又如律师这种行业，也要求有律师的道德。其他如工程师、财务人员皆有其应遵守的特殊伦理。政府具有规范社会各行业行为的最大权力，并可辅导各行业及社团、机构，实现其伦理要求的功能，然而它本身亦有其应遵守的伦理。甚至国与国之间也有共同遵守的伦理原则，所谓国际伦理。总而言之，现代社会除肯定个人道德、家庭伦理外，尚演化发展出其他促进社会进化与分工合作的职业与企业伦理。随着未来社会更进化、分工更细、新的行业增多，更多的伦理关系自然应运而生。

一、伦理

什么是伦理？所谓伦理是指规范两个个体关系及行为方式的规则。这些规则最好为关系者所遵从。假如不遵从，一定会产生破坏秩序的后果，甚至于影响到关系者本身的存在，变成一种"自我毁灭"（Self-defeating）的情况。所以一个社会对伦理原则的需要是十分明显的。伦理不同于法律，法律有强制性，并通过公权机构具备制裁的能力。伦理并没有这种强制性的制裁力，它是关系者基于生存与发展的需要，自觉地建立起的一种共识。违反伦理，虽不必受到法治机关的制裁，然而却会受到其他同业或从属的关系者的抵制。举例来说，医生凭其医生执照行医，这是合乎法律的。但是一个合法的医生可能缺乏医德，小病当大病医，即使不受法律制裁也会遭受患者或同业医生的谴责。当然每一行业所面临的问题不同，其行为的效果也不一样，牵涉的伦理问题也不一致，这里仅就行业的目标、功效与行业负责者的道德、心态来加以讨论。

二、企业伦理

企业伦理（Business Ethics）是指任何商业团体或生产机构以合法手段从事营利时，所应遵守的伦理规则。企业伦理与商业道德（Business Morality）有重叠的意义，但是两者范围大小不同。商业道德指从事商业行为者，尤其指从事商业行为的个人合不合乎道德的考虑，例如，一个老板做生意时他的行为是不是能做到童叟无欺？企业伦理较商业道德的范围更大。企业伦理指企业的发展与推动，不只影响到个人或只影响到消费者，且能影响到政府、社会、环境及其他企业。企业伦理依其特殊企业性质具有其应用时之特殊条件。

企业伦理所面临的问题可分两部分讨论。一是对内的（Inward）企业伦理，一是对外的（Outward）企业伦理。

（一）对内——劳资关系。

所谓对内企业伦理，乃是针对企业家或主持人与受雇的员工，即劳资双方的关系谈伦理原则。19 世纪工业革命后，英国的资本家皆只顾牟利，而不顾劳工的生命安全与福利，更对童工、女工采取剥削政策，这都是不道德的，违反企业伦理的行为。由于资本家与业者采取压榨剥削的态度，所以劳工组织起来，组成工会与资本家对抗，采取罢工方式来争取劳方利益。工会与资方的对立是现代欧美劳资关系的最大问题。

劳资对立所牵涉的伦理问题有二：一是资本家的心态，二是劳资双方应有的共识。如果资本家把工人当赚钱的工具，而工人以打击资本家为目的，如此劳资敌对，将会导致社会问题，甚至于会演变成为马克思所谓的阶级斗争。劳资双方应该建立彼此尊敬与相互依存的一体之感，并进而了解互助合作的重要，同时致力于企业的发展，共同担负起企业对社会的责任。如此劳资问题才能解决。在现代美国，资方允许劳方参与投资；而资方也尽力为劳方建立福利制度，减少劳资的冲突。自此观点推论，最好的解决劳资问题的方案，应该是劳方资本化、资方社会化。劳资双方如果面临一时不能解决的困难，两方应该建立谈判磋商的原则，发挥相互信赖的精神，开拓彼此沟通的管理，理性地寻求解决劳资问题的良策。孙中山的民生主义劳资的看法值得我们重视。孙中山在民国六年（1917 年）时，提到民生主义之意义为何时说："我将使劳工得其劳力所得之全部。"在今天的经济发展下，我们亦希望中小企业或大企业能够允许劳方参与资本，使劳方每年的收入能够积蓄到投资的地步。我们也应该对最低工资的问题有所解决。有人认为最低工资应该能维持一家三口的生活。从解决劳资的问题来看，最低工资应该是劳方的收入比维持一家三口生活的费用为多。唯有如此，劳方才能储蓄，参加投资，有生活保障的安全感，使社会的财富平均。总之，劳资如何合作及劳力如何资本化，资本如何社会化，社会立法如何保障劳资共同利益及社会利益，是我们目前面临的重大问题。今天台湾大中小企业里的雇员不愿守其岗位，而多喜另起炉灶，造成台湾商界每六个人就有一个董事长的现象，反映出劳方与资方的关系仍需检讨。从这个检讨中，我们也了解企业伦理能导致企业立法，而企业立法能导致良好的企业伦理的建立，同时促进社会秩序的安定与发展。

（二）对外——社会责任。

我们再谈企业对外的伦理。企业发展是社会发展的一环，也是社会整体的一部分，因此它对整体社会应有一层权利与责任的关系。换言之，企业之存在以社会之存在为条件，所以企业应该建立在企业家的社会责任观念上，而不要建立在企业家的权利观念上。当然，企业家以他的劳力、心力、资本来发展他的企业，增进他个人的财富是合理的，但是他应该了解，他追求利益也是促进社会繁荣的要件；相反，如果他的企业行为违反社会利益与社会安定，那么他的企业不但没有伦理可言，也没有存在的理由。

有关企业对外的伦理，我们可分下列五方面来讨论：对政府的关系，对环境的关系，对消费者的关系，对其他企业的关系，对其自身发展的关系。

其一，遵守国家法规：先就对政府的关系言。

企业对政府的关系就是守法或不守法的关系。企业是否遵守政府的法规乃属于企业伦理的范围之一。政府对工商业有课税、管理和其他商业行为的规定。在台湾有许多商人从事经济犯罪，故意违反票据法，或贿赂政府官员，或假造配额文件，乃至逃税，这些皆是非法的行为，同时也是不道德的行为，因为它们直接或间接地破坏了社会秩序，危害其他个人或团体的经济安全与利益。举个例子，商店不开发票，达到逃税的目标，其行为与动机皆不合伦理，而社会个人也往往故作大方，或怕麻烦，不向商店要发票，所以每年因发票的漏税不知多少万。这种情形显然不是一个进步的社会、一个讲究企业伦理的社会应有的现象。

其二，顾全社会利益：企业对外的关系，还是对环境的关系。

一个企业，尤其是生产企业，应该考虑到环境卫生及环境生态的维持。如果企业只顾自己的利益，对自然环境造成短期或长期的破坏，自然也就造成对社会及个人的损害。所以企业应该讲究对环境的伦理的认识。五十年来，美国的大工业已经警觉到这个问题。当然，这个问题的认识是基于社会人士或社区居民的反映。如对空气、水流或食品的污染，当地居民觉察到，并积极地要求业者改善。就此经验参考，我们应该要求任何生产企业、工厂多方面考虑，自动自觉地防范其对环境的污染，而不应该投机取巧地草率处理。当然，对环境的保护，也需要相应的利益团体来推动，因为如何去维护自然生态，这是一般社会大众的责任。我们今天谈到企业对环境的伦理时，一定要谈到对环境生态的自觉与共识，任何伦理都一样，若无共识与坚持，则很难运行无阻。

其三，确保消费权益：企业对外的关系，是企业对社会个人的伦理责任。

此处的社会个人，指的是直接与间接的消费者。多年前台湾成立"消费者文教基金会"，表示消费者已经能主动地要求生产业者的产品符合健康安全的原则，给予消费者合理的价格，要求经销者不得居中剥削，并要求生产者提高货品的品质等等。这自然是好的。但是从企业伦理的观点，企业本身早就应该建立正确的针对消费者的伦理观，其目标在促进社会的繁荣与发展。就二者而言，虽然我们已有消费者保护的观念，但是我觉得仍不够积极，不够普及化。也许基于许多行业的自我保护，所以我们还没有医疗方面的或法律方面的对消费者的保护。假如一个医生误诊，病人得到保护的几率不大，假如一个律师判断错误，误人误事，消费者似乎也受不到保护。只有一般化的保护消费者的观念显然不够，我们仍要求特殊的行业与企业本身具有特殊的伦理观念。今天我们谈企业伦理，不能不把维护伦理的相对团体意识提高。

其四，建立互信关系：有关企业对外的伦理关系，是企业与企业之间的关系。

企业之间有的是同行，有的不是同行，有的是有关的，有的是无关的。企业间相互的伦理关系，应该谨守公平竞争的原则，以求发展自己，谋取利益。企业之间的恶性竞争与彼此互相排挤，尤其在对外贸易上，不顾行业的整体发展而削价倾销，或通过不法的手段窃取工业秘密等，这些皆是不道德的行为，也不合乎企业伦理的原则。企业与企业之间之伦理规则，更需要沟通与协调，才能发挥出来。同时，政府的辅导也很重要。我们社会上必须建立企业与企业之间、个人与企业之间的信任制度，就以银行贷款为例，我们是不是能做到公开公平呢？企业之间没有伦理，因此才产生不伦理的行为。当然，我们也应该发展一些有利于维护与实施伦理原则的条件，如此，才能使伦理制度通行。

其五，提升企业理念：有关企业本身的成长与发展问题。

企业家一方面应该认清对社会的责任，即应该将其盈余贡献于社会与文化。另一方面，也应该以卓越的产品为目标，以改良产品的品质，在研究发展中追求卓越的理想，促进社会的进步与繁荣。这是企业伦理有关自我实现的、理想的要求。今日台湾的企业显然缺乏这方面的精神。例如以电脑业而言，台湾可以抄袭别人的苹果二号，却无法生产自己的电脑，是急功近利不愿投下资本研究发展，还是能力不足？就私有企业的利益或政府策略而言，大力发展电脑的研究都是很重要的，自我实现也是企业伦理发扬的重要环节。

三、整体观念

总结以上所说，企业伦理是一种复杂的现象与复杂的关系，我们不能单从商业道德或个人道德的观念来理解。我们必须就社会全体以及企业发展的目标来建立企业伦理，认清企业发展的理由及其存在的理由，同时了解企业发展与存在对社会的关系。在此等了解的大前提下，进一步来确定企业内部的组织问题、劳资协力合作问题，以及企业对外的各种关系问题，亦即对政府的、对环境的、对其他企业的、对消费者的、对本身成长的各种关系问题，加以适当的解决。我们尤其应该加强企业伦理的共识与规范，在国际贸易上、多国公司企业投资上，才能维护我们企业的信誉，才能通过企业促进社会与国家长远的进步，而不只是增加家庭和个人财富，制造一些百万富翁而已。

第五节　战略的哲学基础分析

西方的学术思想，从古希腊开始，就是理性的、分析的思考。所以今天西方学术思想最后的根基，仍然要回到柏拉图的辩证法或欧几里得公理系统的思考方法。当然，西方的文化发展不仅限于古希腊的理性主义，其他如古罗马的法律精神、基督教淑世的热诚等，都对形成西方在世界文化中的重要地位，具有深远影响。

就中国来说，中国文化是一个伦理的、中庸的、中和的文化，其发展过程包含很多层面，但却不包含理性分析上的特别突出；相反地，却在生命的和谐上特别讲究。

西方的理性分析的哲学以及工业科技的发展，固然对人类有很大贡献，但也造成人类很多的困扰和危机；而中国文化、中国哲学以一种生命的经验和智慧，正足以补西方之短。如果能把中国的哲学发扬光大，加以现代化，应该是非常有意义的事。同时我们应不只是把中国的哲学现代化，更要进一步推广，使中国哲学世界化，亦即与世界文化相结合。中国文化与西方文化立于平等的地位去发展人类新的文明，这应该是我们努力的方向！

为了认识中国哲学对形上学、本体论、价值哲学等方面到底有什么贡献，有什么作用，我们可以把中国哲学的深厚思想，落实在现代文化的各种层面。我想从五个方面的定位来讨论：第一是管理，即管而理之；第二是传播，即交流、沟通；第三是个人修养，即自修、修身；第四是伦理建设，即基于工业社会的重新组合而产生新的人际价值规范；第五是科技知识的整理，即指出科技知识（如生化、物理等）与中国本体思想之间的密切关系。例如，西方学者最近提出生化方面遗传因子的组合与《易经》的六十四卦组合方式正相吻合，这绝不是偶然的巧合，而是研究生命发展的一个最根本的、共同的道理。

至于用在策略（战略）上面，我想先从基本概念加以分析，然后再指出其哲学性，以及通过对中国哲学的了解与西方哲学的认知，来寻求结论。

从字义上来看，策略应该含有计谋、方略、方法等多种意义。仔细分析这些概念，可以得到一个图构，就是首先确定一个大方向、大目标，然后再划分以下的层次：首先我们要确立国家的基本大法、基本方针，以实现富国强兵、经世济国的理想；为实现此一理想，必须制定政策；要推行政策，必须有很多方案；把方案步骤化，就需要程式的设计，就是计划；执行计划就到了运作的阶段。其中重要的决策就可以称之为策略（Strategy）。把策略落实到具体的运用上，因人、因时、因地、因特殊情势，作达到目标的努力，则可以称之为战术（Tactics）。

策略是从知到行，从原理到实现乃至运作的一贯作业，故必须从整体思想去了解。也就是要针对一个计划、一个方案、一个政策、一个基本原则去了解。如此研究策略，策略才有其深厚的意义。

策略还具有连贯性和衔接性，一方面衔接整体的方案，一方面衔接推行的具体行为。

要了解策略的意义，最重要的是要认识到决策的重要性。在现代化社会的运作中，要达到任何目标，都必须经过决策阶段。决策是从理性到意志的过程。从哲学观点来讲，人要知，知要行；知是理性的、知识的；行是意志的、行为的，而策略正是把理性贯彻在意志之中，具有融贯知识与行为的特点。

从整体的认识来看，策略应组织一切力量来实现目标。其过程是：首要把握一个中心思想，也就是思想的本体；然后导致政策或原则；然后再设计成制度；最后规划成技术、技巧去运作。

策略是整体及其所含各部分的部署和定位；战术是适当的、灵活的时空运用，亦即对策略时中的运用。制度是时空的定位问题，运作是时空的掌握问题。所以策略的哲学基础，应该从讲究时中整体定位、时中变通之学的《易经》中去了解。《易经》是中国哲学思想之源，中国早期的思想都来源于《易经》。定位是《易经》的基本观念，即天地定位的意思；时中是依时、依地作最好的变通的运用。定位是讲求守经，时中是讲求达变。因之，运用有应变的意义。归纳起来，我们就可以自《易经》的哲学观点对策略与战术获得一个较深入的概念。

一、《孙子兵法》的策略思想

在回归《易经》策略哲学之前，我们现在先从《孙子兵法》来看策略的有关问题。我们必须认识今天世界上还没有一本有关策略的书较《孙子兵法》更具有哲学意义及周延性。西方对策略及战争技术的研究比较晚，而中国则因为文化发源较早，到春秋战国时代，已经有很多经验需要综合；综合的结果，在军事方面就产生了《孙子兵法》这本书。所以《孙子兵法》虽然完成于古代，但它是来自广泛的经验累积，其中包含的思想实在具有相当大的现代性，可以用现代语言清楚地加以解释。另一方面，我们可从《孙子兵法》追溯更深的根源，也就是老子的思想，然后我们可以更进一步地从老子引申出《易经》的思想。下面我想从四个方面来说明《孙子兵法》的策略思想。

（一）首先强调的是"立于不败之地"。

这是一种非常高明的说法，因为策略是要实现政策、达到目标的。如果能以最小的代价，获取最大的成果，就是最好的方式。这显示了中国人非常的智慧。要达到目标，并能把自己的损失减少到最低限度，一定要先站在一个稳固的基础之上，这也就是《孙子兵法》中所说的"无死地"，是战争的最高原则。

什么是"立于不败之地"和"无死地"呢？一位美国学者写了一本书《新世界的管理观念》，其中提到"超稳定性"（Ultrastability）的概念。他说美国很多的工业是应运而生，背运而灭，时间一过就无法生存。1982 年出版的《追求卓越》一书中，曾举出当时四十几个卓越的企业，但到今天，三分之一以上已经完全落伍了，其原因之一就是这些企业在管理策略上缺乏一个"超稳定性"。

"超稳定性"就是基于深厚的思考所产生的一种长远计划，足以应变，也就是足以适应任何风暴和转变而不会受到根基上的影响。一般系统如果没有"超稳定性"，会因环境的变化或内部的变迁而受到损失，所以必须建立"超稳定性"的概念。

"超稳定性"的概念，结合《易经》来说就是"不变"的概念。宇宙间"变"是一定的现象，如何以"不变"来结合"变"，容纳"变"，整合"变"，是《易经》的主要原则，即所谓"以不变应万变"。"以不变应万变"的关键在如何去"应"。"应"是要在开始设计的时候就应该想到，而不是临时去"应"。换言之，一个一般系统要整体化，使其具有相当大的伸缩性与变通性，这样才能以不变来承受变易。如果不仅有应变的能力，并且能有"未来管理"的能力，来控制和预测管理及控制未来（即具有所谓"前知"的能力），那就是更高明的层次了。

另外一个管理原则是"简易"。基本原则在把握"简"和"易"的要求。如果系统太复杂，过程太分散，就很难收到统驭控制的效果。所以如何以一驭万，也是一个最基本的观念。《易经》对变化的认识，就是从一个简单的组合，到一个稳定的系统，以应付时代外在或系统内部的变迁。从这一思想来看，"立于不败之地"就是立于"超稳定性"的整体化的系统之上。这个整体化的系统在中国来说就是"道"。只有"道"才有这样的力量。"道"是中国哲学中的一个理想的境界，同时也是人生实际体验到的境界。世界与人生整个变化之机，其主动性、整体性、自然性都是"道"的特性，都可以从事实上体验到，而不是虚无缥缈的。

关于道之为用方面，《孙子兵法》也特别说到几项要素，就是"道、天、地、将、法"，这一结构是相当清楚的。首先是"道"，然后再一分为二是"天、地"；然后再把天地之道合起来是"将"；从"将"再产生"法"。此即所谓五校之计。其中"道"是基本大法或根本的原理，是和宇宙、人性相配合的。所说的"道"必须是"大中至正"的，也就是"中道"。此一"大中至正"之道，如何在自然秩序里分化为二，实现其潜在的力量，其分法就是"天、地"。天是时间，地是空间，时空的关系是一而二，二而一的整体。一分为二、二合为一是《易经》本体哲学的思考方式。最重要的是必须把握那个"一"，如果一分为二以后，不能合起来的话，就会失败，因为铺陈太大便不易掌握。这是由于整个宇宙必须一分为二，二要合为一。因此，讲辩证法实在没有比《易经》更好的了。

孙子将"道"分为"天、地"，也就是时间和空间，再结合为"将"。"将"就是领导，领导就是组织，就是用人。从管理哲学来看，我把管理分为七个层次，即计划、决策、组织、用人、领导、控制、协调。一般谈管理哲学，只提到计划或决策，然后谈组织、用人、领导，并没有把控制和协调分开。我认为控制是对物，即人对物、物与物的关系；协调是对人，即人与人的关系。中国人在这方面有很大贡献。中国人把人和物的关系与人和人的关系分开。人和物的关系是控制；人和人的关系是协调。协调是通过人性的沟通与建立共识共信来达到的。如果只有控制而没有协调，和平仍是一种假象，最多是和平共存而已，不能持久。

"将"本身包含很多意义。孙子解释"将"的时候提出"智、信、仁、勇、严"五德，这乃是从人性的立场来着眼。换言之，要谈领导不能只从物性来看，还要从人性来看，还要从人性与物性的配合来看。"智、信、仁、勇、严"五德表示的就是从人的共信、共识、共和来建立领导。如此才可以立为大法，成为制度，变成策略，付诸实行。所以"立于不败之地"也就是掌握人心。孙中山先生说："顺乎天，应乎人。"也是

《易经》上革卦与兑卦所说的话，"顺乎天"就是顺乎世界潮流，"应乎人"就是适合人群需要。这是革命的基本原则，也就是"道"。以这个"道"来结合时空中的相关因素，统合为一来加以进行，这就是"立于不败之地"。无论从管理哲学、人性发展或历史教训来看，这都是一个不变的道理。

（二）"知"的重要。

根据我个人的体验，人如果不知，就很难对事物下判断。有时知道也并不一定就能够作判断，但是不知道则根本无法作判断。知识是判断是非的基础，同时知识具有启发性，可以使人产生判断的能力。科技知识也是如此，因为科技知识基本上是假设性的，必须通过客观的实际验证才能得到。我以前曾多次强调知识决策化，决策知识化，也就是决策要以知识为基础，知识要以决策为目的。如果知而不能用，则知是抽象的，所以如何把知用于生活之中，是十分重要的。

《孙子兵法》中谈到"知"的地方很多。大体说来强调要知道三样东西：

一是，要知道整体和部分的分别，也就是全偏的关系，孙子所说的"道"就是整体，"九变"就是部分。

二是，要知道"反正"，也就是"奇正""经权"的运用。

三是，要知道彼此，如《孙子兵法》上所说"知彼知己者，百战不殆"。

总括来说，是由主体来知对象，以能知知所知，这是一种一分为二的活动，而用的时候则要把所知和能知，主体和对象结合起来，成为一种二合为一的活动。所以，"知"基本上仍然是辩证法的运用，仍然是《易经》中的辩证思考。

（三）如何因时、因事、因地、因敌而行，也就是应用的问题。

当我们有了"知"，有了"立于不败"的道理，要怎样去用它呢？这就需要应变、变通的原则。这个原则在《易经》上可以找到根据。知道原则、知道敌我关系是策略层次，而如何把它推行到事物上面，达到成功的目标，则属于战术范围。孙子说："能因敌变化而取胜者，谓之神。"不但敌情可以变化，不但要因敌变化，整个宇宙也是变化的，所以孙子说："五行无常胜，四时无常位。"面对这种情况，就更要能一般地通变、应变。不过应该注意的是，通变还是要基于一个整体的知识系统来通变。

（四）从主体自我加以升华，加以把握，以加强整体中主体的深度，其表现在于治心、治气、治力、治变等方面。

这也就是如何去多层面掌握主体的"道"。"道"通过主体，也就是要通过作为一个领导者、一个策略家不断的努力，不断的用心，才能达到百战百胜的目标。要掌握"道"首须治心。中国哲学家谈"心性"，有心因而有性，有性因而有天，心与道有贯通的一面。治心要通过自我反省，认识外界的宇宙。《中庸》说："合外内之道也，故时措之宜也。"能合外内之道，才能把心充实起来，表现为时中的行为。治心之后，形之于色，形之于形，化为一种实际的形态就是气。气是一种实际的身体状态与行为状态。气表现为力，然后达到治变、致用。依这样的次序来达到变化莫测的境地。所以主体升华，是基于对客观事物的了解与配合来做的个人的修养。这也是儒家哲学与道家哲学共同所特别强调的。

《孙子兵法》的内涵很多，从以上所提出的四点，可以看出《孙子兵法》确实具有策略哲学的意义。

二、老子《道德经》的策略思想

如果把《孙子兵法》和老子《道德经》作比较研究的话，我认为《道德经》为《孙子兵法》奠定了一些认识论上的基础。当然从历史上考证，到底两者何者在先，其间的相互影响如何，是属于另一个学术上的问题，在此不敢妄作论断。不过《道德经》一书很可能是《孙子兵法》重要的思想来源，而《易经》又是中国思想文化的主流。其发展应该是从《孙子兵法》《道德经》到《易经》一步一步地向上追溯。《易经》是夏、商、周文化的累积而为孔子所接受、所阐扬，《道德经》则是此一主流中的一个重要支干。

《道德经》包含的道理很多，有人说它是权谋的思想，有人说是纯粹的本体论、宇宙论与人生哲学。总而言之，它不只是一样东西，甚至不是一个人所写。下面我只就几个与策略有关的问题，提出参考的意见：

（一）得一无适。

《道德经》很讲求抓住根源，根源是无或无极，至少是已忘于形，而其本身则是一个整体、一个统一。《道德经》第四十二章说："一生二，二生三，三生万物。"其意义是抓到一就能创造无已，有所成就。《道德经》第三十九章说："天得一以清，地得一以宁，神得一以灵，谷得一以盈，万物得一以生，侯王得一以为天下正。"如果得到这个"一"，就不需要特别执着在那一方面，且能实现一物之理想状态。所以如何掌握"一"非常重要，了解了"一"的观念，就能驾驭自我，驾驭这个世界。换言之，就是立于不败之地，立于不败之地，运用才能够自如。

（二）无为转化。

得到"一"即可以立于不变应万变的立场，然后才能无为而转化。无为并不是完全清净无为，是无为而无不为的无为，所以一无所为不能叫做无为。无为是动态而非静态，要通过无为使一个整体发生自然的转化，不假以机械而达到一种最佳状态，才是最高明的。从策略上讲，如果能运用谋略自然解决问题，不动一兵一卒而得到胜利，乃是一种最高的境界。这也就是《孙子兵法》所说的"全国为上，破国次之"的道理。

（三）相反对治。

为达到目标，可从相反的一面去想办法，不应把事情看得很呆板，要把宇宙看成一个变化不居的宇宙，把时空看成一个变化不居的组合。《道德经》第三十六章说："将欲歙之，必固张之；将欲弱之，必固强之；将欲废之，必固兴之；将欲夺之，必固与之。是谓微明。"指出事物的发展，其变化规律是发展到极致，自然就会归于消除；"消息"是宇宙的自然现象，能够掌握"消息变化"之机，就是成功之道，也就是相反对治的道理。

（四）大象无形。

掌握了相反对治的原则以后，在运用上还要能大象无形，见小为大，掌握整盘的棋局而不流于形迹。如何看到大的现象固然重要，而如何看到最小的现象也是很重要的问题。我认为一个成功的战略，就是要能够掌握大和小。历史上的许多失败，就是失败在当事者没有看到大局，也没有看到小点。所以，大小、远近、强弱，都是相反对治的延伸，都是很重要的认知对象。在这一方面《道德经》里提到很多，不再加以引述。

（五）未兆先谋。

未兆先谋就是在事情还没有开始以前，先作整体计划。处于现代社会中，此点尤其重要。如果只是临时应变去求发展，最后必然有一些想不到的问题存在。只有事先考虑周详，制定很多方策，才能掌握先机，立于不败而方寸不乱。但是未兆先谋要知道"兆"之所以起，就是见小。《道德经》有很多启示，要从最微小之处，找到最大的东西。预见先兆在《易经》里就是"察几""见几"。

总而言之，从《孙子兵法》到老子《道德经》是一个哲学基础的延伸。

三、《易经》的策略思想

中国人的思考方式的来源是《易经》。马王堆出土的帛书《易经》，可能是最古老的一本，其卦序与《周易》有所不同。由此推断，《周易》以前可能有另一种《易经》的组合，传说中的"归藏""连山"也确有可能。从《易经》的历史渊源来看，的确有夏、商、周文化的背景。整个夏、商、周都重视"天命"，《尚书》中也曾提到"天命无常"，从这一点体会，判断《易经》是综合夏、商、周文化所发展出来的一套彰显"天命无常"的符号系统，是很有可能的。我们虽然不能确切说出伏羲是何时之何人，但《易经》为中国思考方法作了最早期的定位，是可以肯定的。

尽管有很多人不赞成《易经》，不研究《易经》，但是其思考方式，从现象学去观察，仍是《易经》式的，只是没有自觉化、体系化而已。中国人不论是在语言上或价值判断上，往往受《易经》的影响而不自知。《易经》本身的组织成分——卦，代表一个结构和变化。宇宙的现象都是一个结构，并且是活的结构，随时处在变化之中。可以从内部的、局部的变化形成外部的、全体的变化。内部的变化是说内部产生必须变的因素，由于内部某一部分的变导致另外一个卦的形成。这就是中国人常说的"变卦"，其整体性的意义非常明显。变卦之变甚至于相反也可以变，颠倒也可以变，其方式可以用错、综、移、互来说明：错是相反；综是相对；移是上下转移；互是内部的重新组合。

以上所说的是汉朝以来几种较为常见的方式，事实上还有很多其他方式，因为不尽符合简易的原则所以不再列举。

卦的内部的结构包括空间意义、时间意义与性质上的意义。这三种意义是天与人的结合、天与物的结合。易卦结构整体化之后，变成一个象征系统，这一象征系统，从数学上讲，是逻辑严谨的，从解释学上讲，是丰富多元的。

《易经》还有一个重要之点，是应比。应是彼此呼应，每一部分都有其呼应性，如一与四、二与五、三与六等皆是。彼此相邻近变成比，邻近之后有上下关系即成乘、承的关系，其中又有定位与时中的关系，定位看当位不当位，正不正。正而中最好，正与中是从整体中产生的。正中的观念是《易经》哲学的中心思想。

《易经》是一个整体系统；整体中产生定位，所以是定位系统；定位后讲求彼此之间的沟通，所以是沟通系统；沟通之后讲求彼此之间关系的转化，所以是转化系统；应付时间的变就要讲求融合，所以是融合系统。融合的目的在应变，融合的意义是因时、因地再次成为整体，再定位、再沟通、再转化、再融合。如此才能生生不已，以应无穷。此一观念可以用于管理，也可以适用于其他方面。

《易经》哲学更重要的一点是：掌握一分为二、二合为一、一体二元、变动不居的思考方式。掌握此方能生生不已，能收能放，能分能合，能正能奇。

整体就是一，可视为太极，太极变成现象，自然就成为阴与阳；阴阳又可为二，一直推行下去，就可以放之弥纶六合；另一方面又可以统之有序，归之有元，以至退藏于密，既简单又复杂。讨论辩证法，坚持一分为二，但却完全不了解《易经》中一分为二、二合为一、相辅相成的思想，将没有办法得到结论。

归纳起来，《易经》整体定位时中之说，是最好的决策系统。其最高境界是天、地、人的调和，以谋求消除矛盾，解决冲突。至于用于军事政治，我有以下四点体会：第一是立极；第二是知几；第三是应变；第四是时中。

总括来说，如果把现代策略观念作《易经》的定位分析，显然能够获得深厚的哲学意义。从《孙子兵法》来看策略问题，非常符合现代管理哲学的原则，而《孙子兵法》的思想基础，与《道德经》实有着密切的关系，《道德经》又源于《易经》。所以，《易经》是策略观念的最根本的哲学基础。

第六节　决策过程的哲学分析

决策可以说是管理中的一种预测行为，也是管理过程中的核心，如何运用中国管理哲学于决策中，是企业所不可忽略的一个重点。

一、决策要立其大者

从西方管理思想来看，决策是根据经验科学与行为科学所作的一种理性而客观的判断。利用资讯系统，对于所有的可能性加以评估分析，衡量收益的质与量，再加以选择，这样的过程几乎已完全摒除了主观的因素。

但是，作决策的人毕竟是人，人不是思考的机器，而是感情的动物，有许多不同的面，因此不可能完全实行"理性决策"的模式，实际上，如此产生的结果也往往不见得切实可行。

相形之下，中国人重视大原则的把握及个人参与，容许相当成分的主观理想、目标与认知融入其中，反而使决策过程更为实际可行。所谓大原则的把握，即儒家所指"立其大者"，在作决策之前，先行确立原则，然后就各种可能性加以评估，由于融入个人主观目标、理想与认知，所以产生"有所为，有所不为"的原则性选择，这样的选择，不单纯是理性、知识性的，而且是智慧性、整体性的。

二、心灵的四种思考能力

人的心灵分为四种不同能力，分别是：

（一）感性能力。

对事物有知觉性的认识，如一叶知秋、由小见大、见微知著的能力。

（二）情性能力。

是指以己之心度人之心，设身处地、知己知彼的一种心态。

（三）理性能力。

即观察、分析、评估、判断的能力。

（四）悟性能力。

以情感而非以理性投入人、事、物，进而掌握趋向核心、症结，理出头绪的能力，此即《易传》所说的易简精神：返博归约，由繁入简，直指人心，迎刃而解。

为使理性能力在决策中发挥实用的效能，必须培养感性、情性及悟性能力，来配合理性能力，因为这三种能力所产生的是智慧、灼见，理性能力所产生的是知识、资讯，两相配合之下，才能产生最好的决策，这也是中国管理哲学所强调的智慧决策，它不排除理性决策，但在决策性质牵涉模糊、变化、不确定及风险等因素时，理性尤需智慧的协助。

感性、情性、悟性等内在能力的培养、整合，便是所谓智慧潜能的开发，它必须经由锲而不舍的教育、训练、自我充实和自我修持才能达成。

三、决策者善用资料

对管理而言，目前最大的一个问题就是资料库建立得愈来愈普遍而频繁，容纳的资料愈来愈多，输入的速度也愈来愈快，管理者往往难以从变化多端、千头万绪的人事资料中作出有效的决定。因为，机械性的数据，对于管理者所面临的人物交混的状况及一些心灵世界，所能产生的分析效能相当有限，股市变化的难以预测，投资决策的难以掌握，便是最明显的例子。

决策分为"决"与"策"两个步骤，决定后策划决定的执行，两者有互为因果的作用，决定愈坚定，愈能深入策划，策划愈完整精密，决定也愈能确保成功，两者是知行关系也是目标与方法的关系，因此必须密切配合，才能产生作用。

四、决策与预测相辅

决策之所以是管理中的预测行为，是因为管理者可通过眼前所作的承诺、目标、计划来规划未来。一般事物的预测，是根据经验定律，采取科学化、数据化的方法来进行，但因管理牵涉的是人文与经济，尤需运用人的主观能力去进行客观性的预测，并借人的主观能力去积极开发实现。以决策规范未来，便是一种动态而整体性的预测，它所蕴涵的积极主动精神，便是孔子所说的"知其不可为而为之"，实际上，未来往往可经由决策的规划贯彻而改变。

决策与预测亦各为主、客，前者代表意志，后者代表理性，两者互动，相辅相成，企业潜力便得以开发。

第七节　整体定位、应变创新的思考

一、从整体化到具体定位，从应变到创新

中国哲学可以落实于管理。

中国哲学提供一个有关一种管理的理论的基础。据此，我们可谈中国管理。所谓中国管理，就是从整体的观念来确定个别的作用，也就是整体定位，这是由《易经》而来的观念。没有整体，就没有个人；没有整体，就不能确定相对的个体的位置，也就不能发挥个体的作用。

另外一个相关的观念乃是如何在整体定位之下，对世界之变、人生之变，做到适当的应变。有应变才能创新。变是必然的道理，但要在变中求不变，就要有本体，才能应变。从应变到创新，从整体到定位，这是中国哲学最恒久的智慧。中国哲学的智慧，如果能够落实到管理方面，必然可以解决许多政治、经济、社会与文化问题。所有的管理，都不外乎整体、定位、应变、创新这四个方面的考虑。我就是从这个角度来谈中国管理的。

日本企业的成功，甚至美国企业的成功，都是基于这些道理发挥出来的。原是中国固有的哲学道理，却被日本在管理上借用，而中国人反而没有去肯定它们。这就是我为什么要提倡中国管理的缘由。

二、加强沟通、促进和谐，强化伦理、健全分际

中国哲学可以落实于文化的传播。

人类文化的发展，已经到了必须要相互沟通的阶段。只有在相互沟通与相互嘉惠的条件下，才能促进人类的和谐。所以，沟通是非常重要的，传播亦是非常重要的。中国哲学特别强调人与人之间的沟通。而人与人之间的种种关系，都是从情、理、法的沟通发展出来的。所以，人际关系是沟通的根本基础。现在人类的文化是走向沟通的文化，在此，中国哲学可以发挥很大的作用。

中国哲学可以落实到伦理的层面。

伦理是人与人之间的一种关系，而这种关系是合乎道理、合乎人性的。伦理是基于物理与生命之理之上的。理有三种：物理、生理、伦理。先有物理，才有生理，就好像先有宇宙，然后有男女、夫妇。但是有夫妇还不够，还要有子女、父母。这种关系是不能变的，在这种关系下可以发展新的关系，进而形成社会，形成国家，形成世界。虽然人性与文化是一体的，但也有它的分际。在分际里面求全，在全里面保持分际，这是伦理的基本原则。所以，中国文化与中国哲学可以落实在伦理方面，达到使人类组织整体定位、应变创新的目标。今天是个科技发展的时代，但伦理的本质却有基本的稳定性。中国传统的伦理，可以现代化，可以世界化，更可以多元落实化。

三、肯定知识、明辨是非，追求知识、由博而约

中国哲学可以落实在知识方面。

这个观念非常重要，归结为一点，就是如何发扬中国文化。关于知识方面，我要特别强调，现代人的进步，全赖于知识的发展。知识的发展，改变了人类的生活方式。如何求知，如何肯定知识，来建立正确的人生观、社会观、世界观，这些都是现代人必须正面考虑的问题。为此我们又必须考虑，如何分辨什么是正确的知识，什么是不正确的知识，什么是正确的语言，什么是不正确的语言。我们必须要有真理的观念和正确的知识观念，也就是说，我们要有是非、真假的判断。在科学知识方面，今天人类的知识已经到了错综复杂的阶段，甚至陷于矛盾而不自知。如何从错综复杂的体系中，找到简单而又深入的原则；由博而约，由繁而简，再发挥其新的知识力量，这是中国哲学可以给予的启示。

我们并不能因外在的知识爆炸而受迷惑。譬如很多青少年问题和社会问题，是因为每个人都站在自以为是的知识多元体去行动，并没有了解到知识本身也有一元的基础，并具有简单的原理。况且，知识也有它一贯的目的。不了解此点，就容易产生知识的认识标准问题与应用范围问题。求知与求知识的整体是一贯的，也是中国哲学能够提供给现代科学和现代知识的极大智慧。基于这个原因，我才来谈管理问题、传播问题、伦理

问题和知识问题。这四个方面是中国哲学与中国文化可以在现代社会及现代生活中运用的方面。当然，我的主题还是中国哲学，还是从《易经》到儒家与诸子，到宋明，以至现在的中国哲学传统。

四、文化之本体为天道、天命

现在我要谈的是如何发扬中国哲学、中国文化。首先，我要对"文化"作一个简单的解释。文化是一个很复杂的现象，我基本上是从四个层次来看文化。所谓"文化"，顾名思义，"文"是一个表象，是显露在外面的东西；"文"是形式，是看得见的章法，是一种生活行为，但它也是一种力量，能够产生一种境界和价值。至于"化"的意思，是指人类生活行为的转化，能够转变现实为一种新的气象。综合"文""化"，行为与价值的转化作用，就叫做"文化"。它代表一种创造力，也代表一种创造成品。文化有它的根源，是基于宇宙的力量发挥出来的现象。

文化有它的根源，那根源是什么？我们可称其为本体。因此，文化亦有它的本体。就中国哲学来说，文化的本体就是天道、性命。在这里，我不想作太深入的阐释，但我要指出，文化有它的本体性，这个本体性，就是天道，也就是宇宙万象变化中一般的、不变的道理。天是最高的存在，代表良知、真理。天道乃是中国最古老的观念。从天道产生生命、产生人性，所以叫做性命，天道与性命就是文化的本体。

五、把握本体、建立原则，把握原则、改善制度

仅有本体还不够，如要转化世界，化为天下的力量，则必须有另一番道理。所以本体落实到第二个层次，我们称为原则。原则是通过人的理解而发生的，我称之为"是非道理"。应用本体在生活上面，能够辨是非、明善恶，就是是非道理，也就是原则。所以从本体到原则，是文化的第二个层次。但是，光有原则还不够，还要有制度，制度就是大家都可以遵行的法则、规章，也就是所谓的"典章制度"，这就是文化。这是本体落实的第三个层次。因为人类有了生命、有了理性去认识宇宙、认识人生，人类就可以建立一些大家都可以遵行的规范以及法则，这个就叫做制度。当然制度不是一成不变的，从夏商周而下，一直到今天，制度是就本体及原则来建立及变动的。在这个过程中间，人的心智有个灵活性，即必须抓住原则改善制度，抓住本体建立原则，这是一贯的道理。

六、实践力行、达到目标，持中致和、一以贯之

第四个层次，是如何运作，如何行为。我们有很好的制度，但是没有很好的行为，大家不去做，只是空谈，那也不行。因此要达到"化"的目的，要有行为。我们称为"生活行为"，也就是运作，也就是道的实际面、实用面、实践面。革命的

目的就在建立一个大原则，然后通过制度到行为来实践。实践就是在生活里面，表现出人的理解，达到一个共同的目标。所以，"生活行为"是非常重要的事情。从本体到原则、到制度、到行为，是一以贯之的。今天有许多问题发生，就是因为不能抓住这个道理。有人只是盲从，这是不好的行为。孔子说"一以贯之"，这个"一以贯之"，还可以分两面来看，一个叫做纵贯，一个叫做横贯。从本体、原则、制度、行为，各层次一贯而下，来抓住根本的真实、真理，来思考问题，这就是纵贯的"一以贯之"。

另外一个"一以贯之"，乃是要铺排出去，这是横的关系，就是从原则到制度，已经牵涉很多人、时间、空间的因素。在时间、空间上展开制度及实践制度，这是横的考虑。就文化本身来说，它有时间与空间面，有纵贯与横贯面。假如我们现在讲现代化问题，那是从纵贯面来看，因为传统的行为方式、习惯有问题，所以才要改变制度、改变行为。如果现在的制度有问题，我们就必须要有新的原则来改变制度。如果原则有问题，我们就要追求本体，认识所谓人性的真理，然后来改变我们的原则，达到创新的目的，这是一种"持中"的道理。我解释"中道"，是从本体、原则、制度、行为，一以贯之，叫做"持中"。至于横的一面，如果你能够将纵的事物在空间上作各种安排，这叫做"致和"。"和"是横的一贯，"中"是纵的一贯。文化本身应该有"中"与"和"的两面道理，这是中国哲学最基本的智慧。而这个智慧，是世界性的。所以，中国人了解文化，不仅仅是读读文化人类学而已，而且需要找到根本的道理。要从纵与横的方面来找，同时要找它的价值。因为中国文化包含了很深的哲学智慧，包括了中与和的道理，所以我们要使中国哲学现代化，不但使其具有现代的面貌，也使其能为现代所用，促进人类生活的现代化。我们今天要返本求源，再将中国哲学的成果创新为新观念、新用途，这就是一种世界化。这种世界化，是一个横贯的道理，而现代化，是一个纵贯的道理。

七、医治社会之大病，必须从文化着眼

我们的时代面临着许多问题，我将它归纳为社会问题。什么是社会？社会是从文化发展出来的。社会就是一种制度、一种行为。社会的问题反映了文化的问题。我把目前社会的现象归纳为四个趋向：

（一）保守主义。

就是食古不化，头脑僵硬，不知如何改变自己。

（二）本位主义。

只顾自己，忽略了全体。譬如今天经济发生了问题，就是财政自以为是，经济自以为是，工商业自以为是，而造成工商界、学术界与政府之间无法沟通，所以才需要革新，这是本位主义。

（三）空言主义。

这是学者的大病。常常空言、大言，不切实际。

（四）现实主义。

就是太重视当前的利益，而缺乏长远的计划。

从以上所举的这四个问题，反映出从本体到原则、制度乃至行为的不一贯。换句话说，就是缺乏纵贯的道理、横贯的道理和两者统合的道理的自觉，这是我们社会的大病。为了要解决这四个问题，我们只有回到本源，回到中国的智慧源头，整体定位、应变创新。这是中国哲学最基本的道理，也就是如何开创新的宇宙气象的道理。在这种了解之下，我们可以从生活上的衣、食、住、行以及精致文化等方面着手，来发挥我们哲学智慧与文化智慧的潜力。

八、几个具体例子

就以麦当劳快餐店来到中国为例，虽然是外来的投资，也不一定很好吃，但是它可能带来好的效果，就是其所在地很干净，有餐巾纸，一般中餐馆又脏、又乱、又吵，又没有餐巾纸。所以，至少麦当劳起了示范作用。中国餐厅并不是不能达到如此的卫生程度，这就是中国文化中现代化的实际管理问题。

再以中国的音乐来说，我最近在夏威夷为两位师专的教授主办一场古筝演奏，我发觉古筝很有意思，因为它的音域和钢琴接近，如何能使世界接受，甚至变成交响乐的演奏方式演出，值得研究。古筝并不古，日本人、韩国人可以把他们的筝发展到很精致的境界，我们为什么不能？我相信我们也一样可以从音乐上来转化这个世界，这是第二个例子。

第三个例子，是我在几个月前，见到美国一位学者写的一本关于中国语言未来的书。他说："中国语言没有什么未来，必须要把它音符化。"我完全反对这个理论。人类的知觉，来自五官。譬如基于眼睛所见形象的语言，是视觉语言；基于耳朵所闻声音的语言，是听觉语言。声觉固然重要，但视觉更为重要。中国语言是形象语言，这种语言与听觉语言有相辅相成的关系。因为那位学者不懂得哲学，所以他认为中国语言必须音符化，这是一个错误的观念。今天电脑很发达，我认为我们要努力发展中国文字的输出、输入系统。我曾经向王安电脑公司有关单位建议，发展双语化的软件系统，这样才能建立中国语言的地位，不至于被英文文字系统所主导。中国语言无疑具有世界性的内涵，因为它本身就是视觉形象发展出来的。世界上没有一种语言能像中国语言那样具有形象性，为了人类文化的平衡性和丰富性，我们要发展这种形象语言。

第四个例子是中国医学。从整体来看，中国医学在诊断方面有很大的潜力。所以中国医学也是可以现代化、世界化的。总而言之，现代化、世界化，是必然的趋向，我们必须肯定自己。肯定自己，必须要追源溯本，然后整体定位、应变创新。

九、建立自己的模式、撷取欧美长处

反观中国过去，自鸦片战争以来，中国所遭受的处境十分困难。中国已经有一套完整的思想、制度及行为方式。行为方式发为权力，而行为方式则来自制度，制度来自思想。但西方有西方的思想，发展成为制度，再演变成为行为方式与权力。中西两个系统发生冲突，在权力方面，中国人遭受到了很大挫折。在这种挫折下，中国人自有一种情绪的反应，这个反应走到极端，就是否定自己传统的一切。军事上中国是打败仗了，但打败仗并不表示中国的制度、中国的思想完全有问题。纵使有问题，也可以改进，并不必全盘否定。另外一个事实是：就在西方这个冲击之下，中国并不了解西方权力背后的制度是什么，思想是什么。这需要中国的知识分子花较长时间去探求。但在未获得对西方理解之前，中国人的种种情绪反应和自我否定，虽是可以想见的，但不一定是正确的。历史的教训和痛苦的经验已证明了这点。

今天中国人痛定思痛，一方面我们必须从学理上来分析造成西方列强侵略中国的因素何在，另一方面我们则要了解中国为什么失败。必须痛定思痛，检讨过去，策励将来。中国历史上有好的制度，如考试制度与监察制度就是很好的制度，但中国也有不好的制度如君权专制。历史上虽早有民本、民权观念，但没有发挥成为制度，这些是值得我们作理性检讨与理性批评的。

西方在两次世界大战后，已成为先进的工业化国家，但西方国家，仍有许多问题存在。工业革命后，贫富悬殊、劳资对立都是重大问题。中国要学习西方的科学知识、技术和经济发展模式，但不能囫囵吞枣地全盘接受过来，因为全盘接受过来，就会带来新的问题。我们必须将"传统"与"现代"同时作一个理性的检讨，也把两者的好处，作一个理性的结合。例如从《易经》到儒家之"大中至正"的中国哲学就大有值得开掘、发挥之处，特别是《易经》哲学的变通性、贯通性与融通性。从通变、变通、通情达理来看人生、宇宙、文化，就是《易经》哲学。《易经》哲学就是整体的思考、定位的思考、应变的思考以及创新的思考，在不变中求变，变中求不变。这是很重要的思想，这种思想也可以称为革命的思想。

事实上，革命的观念是从《易经》的"革卦"而来。"革"是什么意思呢？"革"就是革新、改革、变革的意思。为什么要革新、改革与变革？因为宇宙人生有新的情况产生，我们就要整体应变。"革"因之是一项基于整体的思考的行动。"命"也有它的道理。什么叫做命？命就是天道流行的秩序。秩序发生了问题，要建立新的秩序，这个就是"革命"。并不只是个人的命才叫命，天地的命也叫命。命也不是一成不变的。中国人一向认为人类可以创新，但创新必须先了解天道的本源，然后才能创新，也就是需要整体化的定位，应变以创新，这是非常重要的道理。

十、中国——人性自觉的文化，西方——理性自觉的文化

依据"传统现代化"的模式，我们来谈伦理、民主、科学，应该从中国哲学与中国文化的整体来看。关于中国指向与中国文化，我在这里要特别加以说明的一点是：中国哲学与中国文化包含了极崇高的"人性自觉"。人性是善良的，人性具有民胞物与的潜力。中国的哲学与文化，是"人性自觉"的哲学与文化。如果与西方哲学与文化来比较，西方的哲学与文化乃是"理性自觉"的哲学与文化。理性是分析的、客观的，以世界为对象的。简单地说，中国文化强调人性的自觉，西方文化强调理性的自觉。人性与理性，都是人类所需要的。如果只有人性，而没有理性，人类就只有质而没有文，只有情而没有理。只注重人性，会流于只注重人际关系与个人面子，而不能运用理性去寻求普遍化的原则。若只有理性，而没有人性，则人将流为冷血的机器，丧失道德价值的肯定，只讲求方法而不讲求目的。就是有目的，也是不正确的目的。今天我们要谈中国哲学与中国文化的发扬，一定要坚持人性的自觉，同时也要扩大理性的自觉。现在我就人性与理性兼顾的立场对伦理、民主、科学等价值分别来作简单的分析。

十一、认知现实，把握自我，发展"伦理工程"

民族主义以伦理思想为要义。要恢复中华民族的自尊心，就要恢复中华民族的文化本体，也就是必须恢复中华文化的伦理精神。所谓伦理就是人与人之间的基本道理，是内在于宇宙的。今天我们要谈伦理，只讲传统的五伦是不够的，必须要谈各种不同的人际关系。在这里我要说明一点，我的立场是跟一般所讲五伦的观念延伸不一样。有一种说法，就是除了五伦之外，加上第六伦、第七伦、第八伦，来强调人与群体的关系、人与环境的关系等等。我认为发展伦理思想，必须要在整体的思考之中，作整体的定位。换言之，五伦的关系，也应该在整体的思考之中，作适当的调整。譬如说父母与子女之间，我们应该强调教养与孝敬，但必须基于知识的了解，来强调教养与孝敬。今天我们如果要解决家庭问题、青少年问题、老年问题，以及一些新行业所带来的关系调整问题，就必须要在知识基础上建立适当的职业伦理、企业道德、法律道德和医疗道德。这些都是非常重要的课题。我们要清楚地认识到什么是公共道德，什么是私有道德等。在此，我无法一一加以详尽讨论，但这些都是要基于对现实的认知，对自我的把握，通过整体的规划才能解决的。我曾创造了一个名词来说明此项整体的规划，那就是发展"伦理工程"！如同遗传工程，把遗传学应用在优生的设计上，"伦理工程"就必须把伦理学应用在人际关系的定位与设计上，以树立尺度与标准、观念与价值。在这种"伦理工程"的设计中，公共道德与私人道德、家庭伦理与社会伦理、人性伦理与职业伦理才能同时建立起来。今天我们拥有孙中山先生所提

示的"传统现代化"的模式，我们应进一步在知识的平面上，把我们整个的价值体系，作整体的规划，建立一套完整的"伦理工序"。这就是我们为何要发扬中华文化来达到伦理的建设。这里我还要补充一点：我曾提到"管理"与"伦理"相互为用的问题。"伦理"是内在的，"管理"是外在的。我们今天要强调：若要建立一个好的伦理，同时就要建立一个好的管理。伦理不足的地方，要用管理来弥补。同样，只靠管理也是不够的，只有管理而没有伦理，只是一种外在的规范，而没有内在的约束，因此不能收到最好的效果。所以，管理还要内化为伦理。也就是管理之不足，必须济之以伦理。伦理与管理是相辅相成、相互为用，并互为因果的，必须并行发展，缺一不可。因此，今天我们必须同时讲管理伦理化、伦理管理化。如此我们才能发挥整体定位、应变创新的方法论。

十二、加强政府与民众沟通，建立良好的民主程序

谈到民主问题，有人把民主分成实质的民主与程序的民主。我们认为这种分法并不完全正确，民主就是民主。无论是实质的或程序的，都应该以民为主。换言之，主权、政权、治权，三种要沟通。这又是整体观念。主权在民，政权在民，治权最后也是在民，这也就是"寓政于治，因治而正"的意思。有国家，就有政府与人民。政府与人民之间应是相互沟通的。在相互沟通之下，民主自然实现。因此，政府应善体民意，人民也要了解政府的政策，这是一种沟通过程。政府的政策应经过沟通来达到目标。人民群体愈复杂，政府与人民的沟通愈重要。中国的传统哲学，有民本思想，也有民主思想。的确，中国儒家强调民本思想，《尚书》谓"天命"就是"民命"，孟子谓"君轻民贵"。很明显是强调民本之重要。至于民主的过程，"选贤与能"，以中国的传统来解释，是从上选下，但从下选上这种过程还是可以肯定的，只是没有完全理性地发挥出来而已。在这点上，西方的知识模型是值得借鉴的。基于知识的了解，为民主找到一个好的程序，由好的程序达到好的目标。所以，为方法讲求目标，为目标讲求方法，这是自然合理的发展。今天我们要吸收知识，加强沟通，来建立民主的程序。这个民主的程序自然不可撇开民主的实质。这民主的实质是什么？就是为民服务，造就一个人人共享的、安和乐利的理想社会。总之，建立中国民主，可以把中国的儒家哲学在知识基础上加以扩大充实，并制度化，使其适应世界的潮流。

十三、肯定中国哲学的目的性，吸收西方哲学的方法性

在科学知识方面，更明显的是：中国有整体的、本体的自家思想，是与科学的精神不悖不违的。中国思想中往往强调的是科学的目的性，而不是科学的方法性。譬如《尚书》《易经》中所强调的"利用厚生"与"开物成务"思想，就是这种观念。其实科学本身内含了要达到民生的目标。为了要达到民生的目标，人类必须开发资源，

发展科技，把洪荒宇宙开发成人文世界，这是一种科学精神。但是科学精神有它内在的目的性，即为了生命与生活的目标而获得肯定与发展。西方哲学强调方法性，却不强调目的性。科学的方法是一步步地去实验，一步步地去搜集资料，然后一步步地去分析、推理，进而求证，这就是科学的方法性。但是，有方法没有目标，这个方法是盲目的。相反，只有目标而没有方法，那也是徒劳无功的。今天，中国发展科技，是可以从西方得到许多启示的，但我们不能放弃自我。当我们反省到目的与方法的整体性时，我们一方面要肯定自我，一方面要接受他人。返本溯源，我们更应该肯定自我，更可以容纳他人。吸收他人之长，并不是非把自我放弃之后，才能做到。我这里所讲的重点，就是要发扬中国文化与哲学，才能接受西方文化的优点。不可为了接受西方的文化，而放弃自我，若是如此，那必是因为自我反省与自我觉悟的根基不深、层次不高、范围不广。唯有在深入了解下，才能包容，才能整体定位、应变创新。

十四、唯有发扬中华文化，才能实现世界大同

中国文化必须发展，只有发展才能现代化，才能世界化，才能达到大同的理想。大同的理想，中国哲学早就有所发挥，如《论语》言"四海之内皆兄弟也"，《礼记·礼运》提出了大同世界的理念与理想。宋儒讲"民胞物与"的思想、明儒讲"天地一体之仁"，都是讲天下一体的大同思想。至于"中国"一词的观念，更包含了"文化大同"的理想。中国是一个文化的国家，是一个发展人性价值的国家。所以，"中国"一词本来就有世界化的意义在里面。大同的思想，并不是要消除一切的差异，而是要在差异中求沟通、求和谐，同时实现人类个别的价值及整体的价值而不相碍，也就是和而不同。这是中国哲学的基本思想，也是王道的政治思想。从这个观点来说，只有发扬中国文化，才能实现世界大同，亦唯有如此，才能帮助西方，走向大中至正的道路。总而言之，为了现代化，为了世界化，为了人生价值与人生理想的实现，中国哲学、中国文化，必须要积极地去创新、去发展。至于发展的方法，则必须切实求知，认清目标，讲求方法，力行实践。力行实践是讲求目标、讲求方法后一致的努力实践。团体要实践，个人也要实践，这样我们才可以开拓整体定位、应变创新的局面，为人类带来光明的前程。

第八节　C 理论走出中国管理自己的天空

如果今天要为三十多年来的台湾管理模式下一个定义，我认为是东拉西扯、没有格局，也不成气候。可以说是一窝蜂地赚钱，短视近利，是实现功利主义的个体管理，这是一种管理危机。

所以，归纳出来，台湾企业没有自成一格的管理，除非我们创造出具有中国特色的中国管理。事实上，今天我们已经面临一个经济转型、需要经济层次再提升的关卡，势必要在管理的方法上、意识上作再认识、再出发的觉醒。

一、中国管理科学化，管理科学中国化

1979 年，我第一次在台湾提出"中国管理科学化，管理科学中国化"，其动机有两个：其一是，台湾企管教育以美式或西式管理为教材的重点，留学生自国外带回来的也是西方的观念和方法，究竟他们如何将它利用在中国人的环境？其二是，台湾企业成功的理由何在？基础何在？能不能将它转化为一套科学理念？

二、科学、哲学、艺术三位一体的结晶

从哲学的观点出发，我有一个基本的体认是：任何管理都应该有思想基础。管理不能看成是技术，它是科学、哲学与艺术三位一体的结晶。可以说，它的方法运用是科学的；它以知识为本位，以系统、判断组合为工具。而哲学的基础在于知识能和人性、人的远见结合，使知识的基础更深厚。所以，它是管理科学的网络，缺乏管理哲学，就不能将管理科学延伸，也不能更为灵活地运用。

我们看西方管理的沿革也是如此。从 19 世纪发展至今，不管是人性和组织理论或 7S（System，Structure，Skill，Supergoal，Staff，Style，Strategy），都是基于某种哲学的考察和反省而得来的。但是它的考察是否很周延？从比较哲学的观点来看，我认为显然是中国的文化更深厚，中国的历史经验更丰富。所以，整个中国哲学是中国人智慧的泉源，可以成为一种资源。如果能抓住它的奥秘、体系，那么就可以用之于现在，促进现代化，而现代化又可以成为工具，发掘我们历史的资源，这是我们要走的路，唯有如此，才能灵活运用管理知识，达到更高的管理效能！

谈到管理的艺术，在管理的过程和行为中，有很多无形的方法和个人经验结合的智慧。所以，管理艺术是个别化的，同时也是许多人经验的累积，但不能死板运用。所以，它是融合了个人和历史经验，却运用了科学方法和知识的管理智慧。

三、日本人一手拿《论语》，一手持算盘

20 世纪 70 年代以后，日本汽车工业在美国市场大放异彩，很多人在问："日本人为什么能成功？"

美国哈佛大学教授归纳出日本式管理的特质，认为他们是充分顾问制、长幼有序、平等协调、组织弹性运用、重视新陈代谢、人才一般化。一般认为，这是 Z 理论的印证。

日本人自己将这种成功归诸日本文化。事实上，日本文化要溯源至明治维新的

唐化运动，无疑是中国文化的翻版；从那以后，许多大企业谈日本管理都喜欢引用中国《论语》《中庸》《资治通鉴》，显然日本现代企业很成功地运用了中国哲学的智慧，而将它们与现代企业目标及科际相结合，产生了一种新的管理组织和人事运用。不仅在决策计划、人事组织、财务的长远投资方面，日本人做得很成功，日本人也善于将思想转化为制度实行。

事实上，西方的管理和日本的管理都有缺失。基本上，美式和西方的管理，是理性控制的模式。日本是一种人性管理，配合一点理性，但是人性运用层面只限于独善其身，不能兼善天下，虽然以建立东亚工业圈为号召，事实上很自私。另一方面，日本管理创发性不够，只是借助别人的文化开拓自己的文化。

四、中国管理以理性开发人性，以人性充实理性

而中国管理在先天上所表现的圆融和整体性，可以弥补西方及日本管理偏执在 AX 和 YZ 理论上的缺失。在《易经》的系统里，中国管理可以灵活运用；同时于一个时间和空间的系统里，作人性的考虑和目标的达成。换言之，中国人兼顾了整体运用的配合。

具体来说，除了既有的 AX 和 YZ 模式的管理，中国管理也可以涵盖 ZX 和 AY 两种管理模式。以《论语》感化的力量教育顽劣之人便是 ZX 的模式；在对人本性善的认同下，相信"天将降大任于斯人也，必先苦其心志、劳其筋骨……"，适度施压，这又衍生出 AY 理论。我将这些可以代表中国管理的思想方法，统称为"C 理论"。

五、C 理论的外在意义

这个 C 理论有外在和内在两个层面的意义。就外在意义而言，我们可以说，C 代表 China（中国）、Change（《易经》）、Confucianism（儒家）、Culture（文化）。很凑巧，我的名字英文语音也有一个"C"。所以，"C 理论"的外在表征有五个"C"（详见下页图）。

不可否认，文化是整个人性实现自己的过程和表现。所以，文化的意义也包含其中。我要强调的是，"C 理论"代表的儒家精神，是一种伦理思想方式的管理，人如何管理？人与人、人与物、人与世界的管理如何结合？因此，考虑客观形式的建立，还需注重人性的自发、自我的实现，作人性和理性制度的结合。因此，孟子说："徒善不足以为政，徒法不能以自行。"

六、C 理论的内在意义

C 理论内在的意义，我以为也有五个（详见下页图）：

C 理论架构图

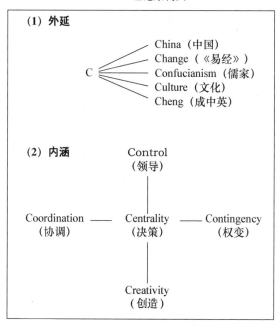

第一，Centrality——中国人居中自我修养，而能兼善天下。

第二，Creativity——生生不已、创造不懈。

第三，Coordination——协调、包容。

第四，Contingency——权变。

第五，Control——王者之道的统治。

Control 是最高境界，但前四个要素缺一不可。

如果将它们落实在现实经济管理上的名词，Creativity 是生产部门；Coordination 是人事部门；Contingency 是市场部门；Centrality 是决策部门；Control 即为行政部门或经理部门。

所以，这样的中国管理包含很多面，是一个较为完美和整体的化身。事实上，今天台湾地区经济成长，在整体来看，多少反映了中国管理的特质。它是社会、政治、个人的多面参与，加之国际条件和整个历史条件所发展出来的成果。

这是我从哲学的观点，来看中国的管理理论。至于如何变成实际运作，应用在企业上，促进中国的经济再发展，正是今后可以积极推动的软体工程，应用的范围不仅在人性开发、市场拓展、生产品种、人事协调、政策规划，而且在五者的相互运转和相互促进之中。

第九节　多元动态平衡系统

一、C 理论是一个动态平衡系统

首先，C 理论所理解的宇宙是一个多元的动态平衡系统，这一系统包含了我在前面所说的五种 C 功能，是五种 C 功能的一种动态平衡。所谓相生相克，实质就是一种动态平衡。可以把相生看成是事物间相互推动、相互促进的作用，而把相克看成是事物间相互抑制、相互压缩的作用。在一定条件下，任何事物都具有促进或抑制的功能，也就是具有一种发展的潜能或潜势，表现为一定量的特性，因而在一定范围内构成互动、互换的关系。一般而言，推动、促进所产生的效果就是扩充，抑制、压缩所产生的效果就是凝聚；而扩充到了极限就是涣散，凝聚到了极限则是怠滞。两者都是一种平衡的状态。因此，在扩充和凝聚、促进与抑制之间有一种张力，问题在于如何维持不同张力的平衡来达到新事物的产生，新产品的发明，新价值的实现。

C 理论所体现的宇宙系统是一种多元的动态平衡系统，所谓"多元"，就不仅是一对一的关系，而是一对多、多对多的关系。由此看来，多元平衡关系是一个复杂的系统，完全可以将这一系统运用于管理。从表象上看，管理所涉及的功能表现是比较有限的，然而，更深入地看，其功能中所包含的潜在的作用则是无限的。因此，我们不仅要懂得理解功能的现实形态，更重要的还需把握诸功能中所包含的潜在的运势，其目标是为了达到最大的平衡，实现更高的创造价值。

因此，这样一种动态平衡的概念既可以运用于经济学，特别是运用于金融经济学，也可以运用现代的金融理论来检验、说明、深化 C 理论所阐发的多元动态平衡系统，从而创立更为良好的金融管理体系。

必须指出，金融作为一种经济现象，既是某种既有的存在，又是一种现实的活动；它的基础是现实，它的活动目标是实现更多的价值，体现在人的生活的丰富化和生产力的增加，而这一目标达到的过程就是管理的运用，它的具体表现就在于建立一套人与人、群体与个人、国家与社会之间的信任（confidence）、信用（trust）系统，也就是说，运用信用和信任来达到对现实的价值扩充。

那么，经济现实是怎样的一种现实呢？首先，构成现实的基本因素就是时间。现实就是时间的变化、自然的变化、事物内在的变化，在所有的现实变化过程中，时间都存在。其次，构成现实的关键因素是人，现实也可以说是由人的智力活动及其各种行为所带来的变化，而真正的变化事实上是人力的变化，是从各种动力所带来的变因和变果。因此所谓经济变化事实上是人和时间相互作用而导致的协力变化，而时间和人的协力变化可以用下页的坐标图来表示。

中轴是生命创力，横轴是时间变力。所谓生命创力即由人的智力和种种行为作用于自然的事物所引发而形成的变化内力。按照人的生命创力的发展，达到意愿和实现一种更高的目标就属于成功，相反则属于失败。也可以说，在生命创力的努力中和在时间变化的变力的影响下，一个行为更偏向于成功，就属于精神力量的主动，如果偏向于失败，它就属于被动。当然，这样一个成功与失败的分野，正是自由意志的创力与非自由意志力量的一种遭遇。更深入地看，非自由意志的遭遇在时间的量变之下，不一定是这

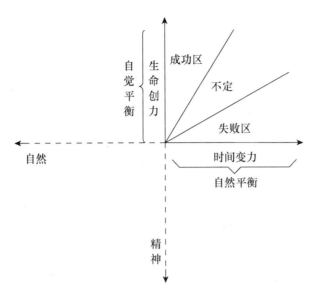

种意义所说的被动，因而并非仅仅只有失败的意义。例如，从道家的立场而言，自然无为也是一种成功，而且是更大、更根本的成功。持同样观点的还有禅宗。禅宗不仅将激流勇进看做成功之路，在一定意义上，它也将随波逐流看做本身即一种成功的标志。这是一种悟性的成功，与理性意义的成功有所不同。因此，这一坐标所界定的成功不完全是从个人意志和人力的创造来决定的。在一定的意义上，它能够容纳道家和禅宗所处理的悖论。推而论之，没有一种成功是绝对的、完全按自由意志而活动的，总是会受到时间变力的各种自然因素的影响。在时间与精神、生命创力与时间变力之间有一个中间线，或不定的临界状态。由中间线偏向创力的行为就是成功，由中间线偏向变力的行为就是失败，因而所谓成功与失败是相对决定的，说到成功有许多指数，说到失败也有许多指数。所谓成功指数就是平衡的指数，而所谓失败的指数，则要用是否能达到平衡、是不是达到了平衡来加以说明。

　　从自然的概念来看，事物自然的演变，就像生物的生、老、病、死过程一样，无所谓成功或失败。不能说，当宇宙的进化还没有发展生命，还没有创生人类时，这样的宇宙价值就较低，或倾向于失败，因为"无为"的宇宙也是一种自然存在的方式。不过，若从另外的角度，从文明的观点看，一个产生了人类文明的创造的宇宙，有一种反思的心理，显然可以称为较有价值、较为成功的宇宙。同样，一种文明若能晋升到更为复杂的生活形态，具有更多的价值内涵，更高的价值层次，以及充分展开各种活动或充分保持创造的活力，这样的文明当然是更为成功的，是更为文明的发展方式。经济发展也有这样的特征，有简单经济，也有复杂经济。可以说金融制度的发展和国际化金融市场的形成，代表了一种更高的经济创造活动。这样一种创造活动现在面临的问题是，如何求得多种动态平衡，产生更高的价值，使之带来文化的发展、社会的发展及生活品质的提升。但是，另外一方面，它也面临时间变力的影响，时间变力能够打乱、解散、解构各种平衡的因素，使平衡变成不平衡。使不平衡变为平衡往往是一种更为低层次的平衡，因此，可以把时间的变力看做一种重力（gravity），一种往下的重力，而精神创力作用则能把各种活动，包括经济活动提升到更高的层次。

我们现在所要考虑的是，这个多元动态平衡在一个经济活动中是如何表现出来的？它的成功或失败又有怎样的深度意义？简单地说，经济活动的平衡体现在金融市场的发展当中，既是一种现实的状态，也是一种能够支撑某种理念和信念的系统，也就是说，现实、现实的因素能够通过动态的平衡，实现某种观念或信念的行为或认知，或者说，能够支持、承受一个处于发展中的信用和期待体系。所谓信用和期待，既是对发展的前瞻，也是未来在现实中的投影，因而必须以现实因素为基础来支撑和承受。所谓支撑、承担是表示一种期待和信任能够在现实中定位，能够为现实所认同。假如信任、信用、信念过分地膨胀、扩大，它就不能够为现实的因素所承担、所支撑，而当信任、信用在现实中不能兑现，那么这个信念或理念系统就会崩溃，这就是为什么任何权益、利益的发展，都不能脱离其现实的基础。任何一种文化、经济、社会的发展，都有一个稳定、固定、坚实的现实基础，而当它不能在现实中还原、兑换、实现，它的价值就会像泡沫一样破碎、缺损、消失；相反，如果一个信念、信用系统能够不断在现实当中实现、体现、兑现，它就可以得到更高形式的扩充、发展、提升。这就是我所谓的多元动态平衡运用于说明经济社会权益发展的一个基本关系，这种关系若从更深度的哲学观点来探讨，也就是维护两种平衡，一种是理念、信念系统内部的平衡，它必须是内部的各种因素的相互的动态平衡，另一种是现实因素和理念、信用系统之间外化的多元动态平衡。由于现实因素是多元的，理念的信用系统也是多元的，因此，它们之间应该有一种相互的多元的平衡关系。一个现实因素本身的稳定性又必须基于诸多现实因素之间的平衡。这样，由现实因素内在的平衡与理念的信用系统之间的平衡，产生第三种更具有整体性的多元动态平衡，而现实因素的平衡与理念的信用系统内在的平衡只是这整体的多元动态平衡的一体之两面，这种平衡关系，犹如一阴一阳，能够推动事物的发展，产生更高的价值。由此可见，这里所说的多元动态平衡系统与 C 理论所说的最根本原则是一致的。一个多元动态平衡系统，也可以说是一种五行相生的关系。五行既是一种精神的内在的系统，也是一种现实的系统，如何利用这五种指数来说明一种经济、社会、企业、生命、文化的价值，如何把五种功能结合为一个整体的创造活动，结合成一个经济成品、文化成品，以此来逐渐实现各种经济价值，并从经济价值提升到社会价值、文化价值，从而达到整个经济、社会、文化的可持续发展，这就是多元动态平衡理论所要进一步探讨的问题。

二、经济与管理的统一

因此，可以把在整个经济运行中起作用的种种因素归结为两股基本力量：扩展的力量和凝聚的力量，无论是扩展还是凝聚，事实上都代表了一种信用和信任的程度与关系。信任是主观的，因而体现在具体的经济行为中，得看它能不能承担或支撑起发展的重量或重负。

当经济发展过速或过分的时候，信任即开始膨胀，膨胀到一定地步，当它不能维持时，信任就会崩溃。就是说，经济的发展、扩展必须与其所承担的能力相平衡，这种平衡也可以说是张力和凝聚力的平衡。由社会方面所提供的价值，代表效率，代表制度，代表某种实质性的成果，任何产品不能没有这个价值，没有成为价值，当然不能兑现；作为一种期待值，若没有成为价值，当然不能兑现，而作为一种期待值，就是一种亏本。因此，在经济危机当中就有一个国际投资者或投机者的操纵问题。这也同样可以检验一个经济制度、一个金融制度是否完善，在整个经济活动的周转的循环上能否畅通，是否具有发展的连续性，会不会出现重大的分离、断裂，这根本上就是管理的作用。我们从自然力量的认识进至对经济活动的认识，再进至对管理作用的认识。从管理的观点看，经济学就是对经济活动中张力和凝聚力的研究，就是对经济扩展和经济紧缩的研究。在经济的不断趋向平衡的循环过程中，可以通过管理解除经济危机。因此，任何一种经济危机都必须在根本上检讨管理作用的问题。管理在经济活动中的最大作用就是以人的知识和智慧来不断平衡经济发展所形成的张力和凝聚力，使经济发展具有一个合理性的内部结构。管理的另一个重大作用在于维护一个价值标准，按照这一标准，任何经济活动都应是为了增加生活的品质，改善生产效率，从而达到使社会全面发展的目标。

任何一种经济，无论是南美经济，还是东亚经济，甚至中国经济和美国经济，都会发生一些特殊的现象，即出现泡沫现象。泡沫现象是现实的经济扩展没有实际的能力来承担所致，当然不同的国家泡沫化的程度有所不同。东南亚金融危机发生以后，促使我们进一步重视对存在于经济背后的力量的认识。在一定意义上，经济可以理解为基于自然的、宇宙的一种变异力量。经济领域中存在的问题必须用深度的管理哲学的观点来理解。如果说经济是一种自然现象，那么管理才是有意识的规范作用。真正的自由经济只有在自觉的管理基础上才能实现，这就是经济与管理的统一，同时也使经济学研究上升到经济哲学的研究，是经济哲学与管理哲学的统一。

第十节　"858工程"：21世纪企业管理策略

21世纪就是一个管理哲学、哲学管理的时代。人类从朴素的经验主义走向理性的科学主义，再走向智慧型的哲学主义，这是社会发展的趋势。中国的管理是在刚刚起步的阶段，中国的管理必须进入一个科学化的时代。同样，中国的科学管理必须中国化，科学管理必须和文化结合，和中国的基本哲学结合，科学化和哲学化必须同步进行。管理科学必须上升到管理哲学层次才可以整合不同经验，整合美国、日本和欧洲的经验。

它们经济上的成功，中国是必须参考的。

一、世界经济发展的八种趋势

（一）市场经济全球化。

全球化的市场已经慢慢形成，阻碍全球性的贸易障碍要打破，让人类各种群体来参与。1999 年欧洲货币已实行一体化。

欧洲共同体形成的原因可以初步指出两点：第一，取消各种不必要的限制：竞争就是国家要减少不必要的繁文缛节，一些制度上的阻碍，对国家没好处。尽量让个人有发挥的空间，欧盟是一个欧洲共同体，就是大家结合在一起，结合在一起不是不要竞争，而是取消人为的障碍。德国人、葡萄牙人要放弃自己的货币，为什么这样？是为了较长的效应，一个可持续的发展。为了一个可见的可持续的发展必须打破人为的障碍。第二，尽量做到私有化的经济结构，把发展的决定权交给个体领导人来作决定，公司控制权要放出来，尽量让个体发挥才华。人的因素相当重要，个人不是盲目的个人，而是有知识能力的个人，个人的社会地位提升了，个人的预测和决策能力放权、分权是一个重要的趋势。欧盟的例子可作为全球化经济发展的一个典型例子。人类可以制造一些对自己有利的限制，需经过谈判和发展来突破。

（二）世界经济的信息化。

经济信任的充分展开，信息的大发展，信息网络的形成，已经是挡不住的潮流。信息网络你只能利用它，而不能排挤它。这种全球信息化的发展是非常重大的事件，如何把它变成资源来利用，是管理者必须考虑的重要问题。以后的时代讲求的是及时性、分秒必争及如何组合信息、怎样累积有关的信息。

真实性是个判断问题，时间上的后果判断也是人去做的，21 世纪的管理策略是首先管理好自己，如自我的情绪、欲望等。自我控制很重要。

（三）世界经济的开放化。

什么是市场？市场是不断变化的，没有绝对不变的市场，市场有很多主观因素、变化因素，是一个开放系统。市场就是允许你作出竞争，好的市场公平性较高，合理性较大。不好的市场，公平性、合理性都较低，绝对封闭的市场是个萎缩的市场。市场是人所组织而成，包括时间、空间、人、政策等，还有宏观、微观等因素，因此市场是变化的。未来所有经济活动是市场的经济活动，这是个重要趋势。作为 21 世纪的人，应尽量制造一个公平合理的市场，提供能够发展得更合理或较合理的市场条件。

21 世纪，人的因素很重要，所以人才的培育也是相当重要的。

（四）市场因素、信息因素的多元化。

市场因素、信息因素自然是一个多元化的发展。人的因素是很重要的，个人或集体组合的公司可以扮演不同的角色，可以分化和组合，一方面掌握普遍性，一方面掌握特殊性。不能知己知彼就不能百战百胜。

（五）未来的趋势是东西融合化。

未来的趋势是东西融合。中国要走向完全的现代化，要到 2050 年，那时国民收入才能接近美国。从购买能力讲，美金 1 元买多少东西，人民币 8 元就可以买多少东西，1 美元等于 8 元人民币的购买能力，人民币的购买力将比较强，以这个作比较，中国在 2030 年的购买力将会超过美国，但人均国民收入在 2050 年才能接近美国。东方活力增强，财富趋向东方，西方要占有东方市场，谁能向东方学习越多，谁就能占有东方市场，谁就是 21 世纪的主人。十年风水轮流转，16 世纪葡萄牙强，17 世纪西班牙强，18 世纪法国强，19 世纪英国强，20 世纪是美国强。21 世纪重要的观点：东边指中国，但日本人却认为指日本。美国经济改造相当成功，美元趋势越来越强，它的企业重组很成功。日本人仅次于美国成为世界经济大国，日本处心积虑地发展自己。未来谁能掌握东方，是日本人还是中国人？美国杂志认为中国超强时，中国将构成威胁，用以来激励自己的竞争力。谁先掌握了对方的一套，又能不放弃自己的一套，而进行强烈组合，谁就是胜利的一方。中国有许多不幸的经历，通过学习西方经验可以形成强有力的自己的一套管理体系。谁具有更多的综合能力、学习能力，谁就具有竞争力。

（六）未来是各种市场规范的一个综合化。

综合性是通过法制规范综合的，中国人能否作为标准的制定者？品牌的制定者，未来是发挥这方面特长的时代，规范为一个美好的市场，使人类进入较好的经济环境，包括生态等。美国是先进，欧洲是跟进，日本是冒进，中国能否超进？

中国对品牌能否建立世界性的标准？

中国走向世界的能力还薄弱，中国的跨国公司成功的不多。

（七）未来的经济环境是一个非常激烈的人才竞争时代。

竞争就是品质的竞争，也是把握品质的人才的竞争，所以培养人才非常重要。

兼并已变成非常重要的历史现象。人类最早是土地兼并、民族兼并。所有战争都变成经济战争，所有冲突都是经济冲突，这就是 21 世纪的特征。

（八）21 世纪是人才市场的时代。

人才有五个方面，其中预测能力和决策能力是最重要的。决策也是生产力。如何培养人才、充实自己成为人才，是 21 世纪的发展趋势，教育、培训显得十分重要。

二、五个基本管理策略的建立方向

根据以上八种趋势来谈五个策略。

（一）创造力的发挥。21 世纪所展现的是一个变化的时代，变是常规，不变是例外。如何对竞争加以管理？竞争可以兼含合作，竞争与合作也是一个组合。

（二）企业重组、重建。一个好的管理系统就要不断重新建造自己、重新发展自己。

企业就像一件衣服和房子，到了一定时间需重买、再造。企业再造就是组织的改造、目标的重组，目标应该多元化。

（三）要做到可持续的发展，能够循环改进，长久经营下去，资源利用上不造成浪费、污染和破坏。好的管理系统应该考虑生态、环境因素。

（四）尽量发展和利用新科技。产品的周期跟人的欲望结构是有关系的，科技能提出新的设计、功能，科技产品跟知识密切结合，是未来产品的趋向。好的管理应该尽量利用科技，新科技在管理中尽量作为工具来使用，管理控制系统，包括管理信息系统（MIS）、会计信息系统（AIS）、机器自动化的咨询系统，将这些系统结合起来随时诊断管理上的问题，这也是一种高科技。

（五）伦理重建。未来公司的发展不仅是企业的重建，而且也是伦理的重建。当经济利益和社会利益出现矛盾时，应该以社会利益为重。在今后的竞争中，经济目标要配合社会目标，要有所自我约束。21 世纪人将成为管理的核心。

管理永远要掌握一个结构，发展成为一个过程，这个过程是一个应变的过程。吸收市场信息掌握市场，市场也是变与不变的结合，管理体系也是变与不变的组合，未来管理体系更是变和不变因素的组合，这样才是变化管理，也就是竞争管理，也就是目标管理加过程管理来对应市场的变化性和不变性。人的基本需要不变，但满足价值需要的各种品味在变，要掌握它，就是竞争管理的重要性。

五个新的管理策略就是这样形成的。

在建立五个基本管理策略的同时还要注意两种关系：人和机器、独立性和依赖性。

其一，人和机器的关系。

人发明机器，利用机器来达到人的价值目标。机器是一个工具，机器、科技系统是一个机械系统。人应该控制机器。机器若反过来控制人，这就是一个危机。人不应该被机器所代替。西方文化的趋向是机器代替人。首先不要把自己当成机器，要掌握、控制、发展机器。人要不断地发展自己，相对机器而言，人为本。

管理人首先要了解人，管理自己，了解人的价值不能被代替。最近生物技术出现复制人的问题，克隆人是一个很大的问题，人可以复制，人还有什么价值？以长期的人的发展、社会的发展作为基础，中国文化的长处正在于对人的价值、整体性有更深的了解。

其二，依赖性和独立性的关系。

1989 年出版的史蒂芬·柯维（Stephen Covey）写的《高效能人士的七个习惯》，是美国当前最流行的管理智慧书之一，书中指出：要有一个自我目标；积极的结构、目标的内在意义，如何实现目标的先后次序问题，注意长短、轻重；不断积极地活动，达到知行合一，未来在现实中，你就是制造未来的一个因素；善用工具；协作的思考，要注重双赢，但要在竞争中求得合作；理解他人并为他人所理解；相互依赖，形成一种网络结构。这就是未来的管理形式。

三、八种改良

世界经济发展的八种趋势、五个基本的管理策略以及八种改良，构成了"858 计划"或"858 工程"。

"858 工程"可以通过 C 理论来掌握。C 理论是现代化的中国管理模式，一方面掌握过去，掌握中国历史背景；一方面改良现在，创造未来，是 21 世纪的管理工程。"858 计划"属于 C 理论。管理就是用手的学问，英文 Management 的字根是手，中国人的管理字根是用脑，不是手，用手能够刺激脑的活动。手脑应该并用，实际上中国人是手、脑分开的。中国人的总经理如果要在电脑上找东西，会去找秘书，而西方人的总经理如果秘书不在，自己照样操作。中国人用手的不用脑，用脑的不用手，手脑分开，这样，机器就不会发展。软件、电脑的发明就是手脑并用，发明机器，就是科学。心脑双用是传统中国的方法，道跟心合一。手控制机器，脑需要用一个东西来控制，脑是思想的活动，使思想在活动的是心，心是一种意志、感情、价值观，一种深入的感受，一种信念，一种心态。古人说立志，立志就是一种方向感、目标感，然后用脑去做。心之后就是道，道是宇宙的力量在人的生命中的体现，人能掌握道就有活力，犹如源头活水。道是对宇宙生命的体现产生的一种创造力，表现出各种形态。怎么让管理上下沟通，形成一贯的系统，用道是第四个阶段。21 世纪是用道贯穿心、脑、手、机器，道能发明机器，"道"就很重要，"机器"体现"道"，操作达到深层的目标，企业目标内涵——文化目标。深层管理和操作管理结合在一起。

C 理论结合了美国、日本的管理经验和中国传统。美式管理是脑、手、机器的运作。日本是手、脑、机器以及心的运作。中式管理是脑、心、道的管理，"四体不勤，五谷不分"恰当地描述了这种模式的士大夫形象。现代化的中国管理，应该是以中国的文化为基础，包含日本、美国的管理模式，同时超越日本、美国。管理一定要靠自己，自我控制才能真正发挥管理效果。C 理论有五个意思：C 代表中国（China），C 最重要的意思是创造（Creativity），创造力是 21 世纪管理的核心，道是创造力的根源，创造力是通过很多层次来体现的。从管理上讲，创造力表现的最佳方式是权变（Change），21 世纪是变通、变化的管理，怎么掌握变化就是"道"，"易"是个变易的管理。另外一层意思是文化（Culture），要从传统文化中吸取精华，因为 21 世纪的管理策略是个文化的策略。孔子（Confucius）是作为"仁"的表率，孔子的实践，持续不断地重视人的精神，是一种很好的主张。所以"C"也代表了一种孔子的精神。可以从五种创造力的结合了解"C"。作为中国管理的计划，"858 工程"（八点认识、五项标准、八种改良）让大家走向未来。管理是一种能力，怎么把它结合、凝聚，一分为二，二合为一，这是《周易》哲学的道理。周转不已，达到管理实现目标的功能。"易"——掌握整体性，是个动态的"易"。"易"生万物，"易"是一个原点，回到原点，回到根源，往往是解决问题的窍门。"易"的妙处在于一分为二，阴阳之道，一阴一阳之谓道。万物起于"易"，而表现为"道"，是管理最深的道理。"阳"是看得见的，"阴"是看不见的，看得见跟看不见是彼此对立又统一的。"阳"还代表"刚强""运动"，"阴"代表"柔和""静止"。阴阳之道就是刚柔、动静、主动与被动、虚实、进退、有无、隐显等等对立统一的关系。《周易》是中国的辩证法，首先是辩证，后来拿来占卜，占卜在古代有它存在的道理，现代可以用决策预测来代替占卜。"知"者不占，知易者不占，真正的管理人不需要占。《周易》是一部宇宙辩证法。

回到 C 理论，它是受《周易》的启发而产生的。

（一）C 理论的五个功能。

第一个功能是计划与决策（C1）。

C1 其实是一个中心领导人的功能，是创业者，最高管理人的功能。

第二个功能是组织与领导。（C2）

C2 说明有组织才有领导，领导需要组织。组织是阴，领导是阳；计划是阴，决策是阳。

第三个功能是权变（C3）。

C3 说明要有组织，要有领导。权变就是市场，就是人民，就是群众，芸芸众生。我们要适应这个变，权变是理解，权变是参与。我们要掌握市场，控制市场，分享市场，这就是市场功能。

第四个功能是创造与发明（C4）。

C4 说明 21 世纪是商品的世纪，产品的世纪，经济发展需要更好的工业产品，要不断地发明才有新的产品。改良就是把旧有的东西，不断加以调整。改良管理，中国人有创造发明的能力，但缺少改良的功夫。日本人很会改良。美国人发明太多，来不及改良，就被日本人拿去了。

第五个功能是协调与落实（C5）。

C5 说明人与人之间需要沟通。

管理涉及五个方面：董事会、总经理、市场经理、生产经理、人事经理。涉及五个功能，五个功能如何运转结合是个重要问题。任何一个管理都需要有目标和决策，这是 C1，要创业，要做最高领导人，就要随时知道如何创造计划、决策，领导人推动执行理想，决策带动组织领导，组织领导面对市场，面对各种组织，这个组织要带动市场，掌握对象，才能进一步决定自己要提供什么产品和服务，产品服务必须以市场为根基。有了产品的计划才能完善人事，培植人才，有了更好的人才才能更好地决策，又回到了 C1，这是一个循回的决策过程，循回的领导过程，循回的改良过程，循回的人才培植过程，这是一个良性循环。国有企业的问题就是一个恶性循环，把一个恶性循环变成良性循环，管理就能产生效益。

（二）C 理论与五行对应。

C1 代表土，土能载物，土能包含，土能生长万物，土是一个中心决策人的特征。C2 代表金，领导人是金，领导人是刚性的，我们用金来代表。白金是最好的金，不腐烂，不腐化，我们需要一个领导人是刚而带柔，不腐化。C3 是市场，用水来代表，水能载舟，亦能覆舟，要很好地掌握其动向。C4 是创造、发明、改良，用木来代表，木不断在生长，生出各种形式、样式，是一种生长的机能和方式，培养得好欣欣向荣，否则就不行。C5 是人事，用火来代表，人靠热力，没有热就不能凝聚，人的关系就是要同心协力，团结就是力量。

周而复始，这五种力量相生相成，这五种力量都是创造力，成为整体系统创造力，是一种良性运转，构成 C 理论的创造力理论。

C1 是土，以道为代表，道是一个系统，一个整体，一个创造的过程，每样东西都离不开道，道是一种非常有宇宙性的概念，中心决策人就是要有道。实际的推动的领导人是法家，代表 C2，法家的用处在于执法很严，推动一个方案，做事讲究法规法制，具有刚健推动的领导人的特性。处理外在的关系需要兵家，用兵如神，运筹于帷幄之中，决胜于千里之外。《孙子兵法》强调策略。策略管理，不战而胜。《墨子》体现了中国很好的传统，呈现中国人的创造性，墨子是胼手胝足，勤劳节俭，苦干实干的典型。他也为正义而战，墨子是一个有组织、有团队精神的人。墨子还有科学精神，发明了许多东西，讲究逻辑、科技，代表 C4。儒家是一个做人的哲学，强调人际关系的建立，强调人的自然亲情，中心点是仁者之心，讲亲情帮助，亲情主义。中国早期的资本主义发展靠家庭，儒家作为人才资源发展的基础。所以，这五个家要结合，中国管理不是一家的管理，是五家的结合管理，是现代化的系统论管理，这是一个相生相存的管理体系。

怎么把 C 理论变成电脑软件开发出来，是属于计算机管理的问题，是一个推广的方法，重要的是让企业了解中国文化的重要性，确定管理的价值体系。

波特（Michael Porter）写了一本书，名为《国家竞争优势》，它是以美国为基础的理论，可以参考。

国家应该提供使公司具有竞争能力的环境，减少干预。中国的公司能否跟西方的公司竞争，如何解决国内公司的竞争力问题，是值得思考的问题。目前，中国公司还没有一家像西门子、波音等具有全球竞争力的公司。要起步在于改善自己的管理系统。

（三）积极竞争和消极竞争的几大要素。

积极的竞争力，第一是要掌握产品、市场的状况，要了解市场。第二是要发展市场，开发市场，竞争的优势在于找到空间，主流的设计。第三是争取资源，争取原料市场。第四是争取合作，尽量跟有关的经济发展单位合作。这四点是很重要的竞争之道。

最后一点是调整、强化管理系统，C 理论就变得很重要了。

消极竞争优势如何建立？有的情况不一定是自己的问题，自己有很好的管理系统、人才，但资金不足，自己要生存怎么办？第一，弱者要有弱者的尊严，建立在自己是否有健康的管理体系上，弱者求生之道要刚正自强。第二，弱者要考虑市场的死角，找寻比较稳固的基础。立身之道是市场的死角，在这基础上再求发展，争取补充角色，固守基地。第三，加入联盟，弱者联合起来，组合起来，共同奋斗，对抗强敌。第四，争取较好的时候改组公司，重新寻找方向。C 理论能够使你产生较好的竞争力，C 理论说的创造力，两句话：真正的竞争是创造竞争力，竞争创造力。希望大家思考，并作为发展的方向。

（四）八种改良。

改良是我从管理的角度看，一个管理人对他自己的要求，是能够实现 C 理论，既有中国特色又有全球化倾向。公司要改进自己的体系达到 C 的要求。八种改良是对照西方人说的，是中国人跟美国人、欧洲人、日本人的竞争。中国人每一个优点后面都有一个缺点，所以提出了八种改良措施。

第一种改良是中国人追求和谐，到了后来变成一种妥协，我们需要和，但和要有和的道理。西方人追求上帝给我的荣誉，是一种上帝的使命，把赚钱作为最后的理想。中国人不追求最后的理想，这是要改良的。不以现实的感觉为满足，不仅仅是经济目标，要有终极信仰。

第二种改良是中国人过分的情感主义，缺少理性的批判。人性有感性、情性、悟性、理性，中国人偏向情性发展，西方人偏向理性发展。如何在情性之外发展理性批判，要建立制度，注重情、理、法如何平衡。

第三种改良是中国人是德性主义者，强调个人声望、尊严、修养，但过分强调个人修养而忘记权利、责任，也会造成企业的困境。自由经济必须和权利、责任配合在一起。责任包括一种功利的责任。

第四种改良是中国人有一种庸俗化、现实化，重短期利益的倾向，过于强调表面的形式或根本不强调形式。

第五种改良是中国人过分主观、情绪化和轻信别人，不能合理地掌握别人的心理。中国人的人性化的管理往往变成一种容易产生反面效应的机制。因此，过犹不及的情况需要改进。如西方人利用中国人的弱点请吃饭、拉关系等，而中国人往往放弃自己的权利，轻信别人。

第六种改良是中国人缺少冒险精神，安于现状，不愿探求新的环境。西方人的成功就在于对不知道的海洋，不知道的彼岸，一只船往前去。中国人应该出去，而不是让别人进来。

第七种改良是中国人融合、包含，有时会造成滥竽充数。西方人有一种优越感，造成排他性。适度的优越感是一种民族文化的自信基础。中国人由于长期包含，缺少一种选择性的优越感。我们应该优越而不排他，包容而不滥竽充数。

第八种改良是中国人应变能力强，但应该在变通中寻求稳定，不要有贪图短期利益的冒进。有一种说法说得好，说中国人是赌徒，日本人好色，美国人是酒鬼。中国人的赌徒心理是很强的，但最基本的东西不能放弃。中国人有汉奸，有出卖朋友和国家的人。所以我们要坚持最基本的伦理原则。我们要变通，但要有原则。"858 工程"是通向 C 理论的基础。

第五章　C 理论的新发展

第一节　《周易》决策管理学

一、西方管理的发展

　　管理科学是基于科学发展后，引入西方管理模式而来的。引入中国的早期叫科学管理。20 世纪 60 年代末，台湾经济开始起飞，加工区存在并开始发展，开始发展外向型出口经济。考虑到公司及企业组织对外贸易的需求，于是感觉到管理的重要。不是说以前没有管理，只是"管理"这个词是由西方引进的，英文是"Management"，它原意指用手操作的过程和方法，"Manage"指"用手"，与"Manipulate"（操纵）是同一词源。中国人讲管理比较宏观，不仅说用手操作，管理机器与管理一群人、国家不一样，涉及的量和质都不一样。中国也有管理，中国人最早的管理意思是所谓控制的观念。治曰管理，控曰管理、控制，治规定一些事情或目标，并能用一种力量掌握，使之运作，按自己的意志达到既定目标，即管理的最主要的观点。谁做主，谁就管和理。政也是管理，《尚书》里说怎么能治国，政和治都是管理。中国强调用《周易》管理。

　　西方管理的发展是在工业革命后，英、美企业家建立了工厂制度、企业法人组织，在企业组织与企业目标的要求之下产生管理。管理基本上是工厂管理，即一群人在生产中怎样使之增加生产、减少成本。管理也可科学化、技术化。当然西方也有治国管理，但管理的主要意义在于用各种主使观念来控制、操作，以达到企业目标。这个管理有个重视及利用科学法则的隐性模型即科学管理，它是由美国人最早提出来的、以科学技术为基础的管理模式。作为生产管理的科学化还有个意思是客观理性地去考虑工作怎样数量化，人的劳力如何数量化，用经济公式计算产生价值，把投资价值与之对比，作一种改进。管理中属于技术性研究的是时间序列研究，在一定时间中能做多少工，考察在规定时间里怎样增加工人工作量。管理是先了解客观情况然后作出要求，基于情况提出和制定法则、法规，达到要求、目标。企业的目的当初是以生产为基础，而在生产的背后则是赚钱，即商业目标，企业发展最终目的是赚钱。当代中国走向市场经济，大家向钱看，也就是看是否收支平衡，是否有市场，是否有利润。

　　管理初期，只是努力增加工作量，对提高品质没有注意。现在西方管理是增加量、减少成本、提高品质。西方科学求量化，量化是客观化、标准化。但是否任何事物都能当做客观过程来量化？是否量化的标准不变？是否要精确的量才是最好的时间管理方式？这都是问题，西方追求精确的量最后都成了束缚，尤其是在现代企业管理，可以有量，但在量之上，还应有量子论的模糊性，一个活动的动态空间。这样才能够发展，这就是为什么要检讨所谓的西方科学管理观念。

　　中国在引入西方管理模式时出现这种情况，在台湾，科学管理方面的许多教科书都是从英、美直接翻译出来的，学校里讲的都是科学管理。但台湾没有哪个企业用科学管理，讲和做分离，讲的是很好的名目，做的却是另外一回事。讲的不做、做的不讲是个显著特色，台湾大企业是土法炼钢。所以那些受过科学管理教育的人还必须接受本土化的教育。我在 1985 年提出"中国管理科学化，管理科学中国化"的主张，管理是可以客观化、量化、精致化，这个过程是从科学管理到管理科学化。运筹学、决策分析、模型理论都是管理科学，它是相当数量化的学问。数量方法的好处即脱离管理来看管理，建立完整的数量系统、控制系统。把计划管理中一环的建立作为校正计划、作为参考资料或作为预测的方案提出来，这是基础要求。管理科学把它当做基础，是作为必要条件而不是充足条件。管理的精华就在于管理科学，管理科学是从科学管理中形成而又慢慢脱离出来的模型。模型可用于管理中，应用不再是作为决定性的规定，而是作为模拟式的参考，作为联想型的开发，作为学习训练的思考工具，也可作为可行性研究的规则，更可作为对企业长远开发计划的规范模型而提出。

　　讲管理仅讲管理科学是不够的，西方以美国为标准，东方以日本、亚洲四小龙和中国大陆为代表。当然作为发展模型，德国和法国也自有一套，英国与美国较接近但也有自己的特色。西方的概念有大有小，在讨论时可就其共性来了解。西方有很多问题，问题也可能是它的长处、事情好的一面，长处推到极限就变成坏处，相反，一件事的坏处在一定条件下，在深入认识之后也会变成好处，这是辩证的观点。中国的《周易》《老子》都已提出类似观点。西方管理中一些结构性问题要从正反两方面看，由于管理科学发展为理性的、数学化的东西，因此，西方的管理就变为一种形式。西方根据模型来决策，最后反而造成很多失误和问题而落后。与日本相比较，这是西方管理中最大的问题。

　　20 世纪 80 年代以后，日本管理成功，美国管理下落。这在于美国太重视管理科学模型，把人看做管理系统中一些项如 A、B、C，但对于这些项因不能掌握它的变值而成为固定项，即把工人假设为自私自利、懒惰的人。管理中有 X 理论和 Y 理论，西方大多讲 X 理论，假设人是自私的，有好的条件就去享乐。17 世纪，英国的霍布斯就有这样的看法，认为人好斗、自私、自利，充满欲望、不相信别人，这可以说是早期达尔文主义，自然进化基本上是这个道路。新进化主义又加上了新特色，认为适者生存，物竞天择，整个自然是公共竞争的市场，一个开放的世界即弱肉强食的世界。西方的历史也显示了这一点，从古希腊罗马到中世纪，欧洲人种的兴起，神圣罗马帝国的建立到分裂，文艺复兴到宗教改革，到启蒙运动，再到工业革命，最后到信息工程革命，都是人与自然竞争的结果。从进化论观点说，基本上是个进化过程，科学战胜人文精神，也是一种进化。古希腊有所谓人文品质观点，对人认识比较深刻，文艺复兴尤其是启蒙时代，18世纪和19世纪，由于科技发展，资本主义发展，人的基本欲望是追求财富、权力，若不能用和平手段追求就用暴力追求，暴力也可用和平方法表达出来，把科学知识作为追求财富、权力的工具，知识成为工具，甚至宗教也成为工具，最后的目的是控制和掌握权力（Power）。权是可以用的、发挥的，可由多种方式表现，如人权、政府权、企业权等，有些权在国际社会不是用明显方式表达，而是用意识形态、口号、观念表现，例如，现今大家都讲和平，和平甚至成了暴力手段。美国总统利用各种说辞来阻挠他国的发展，也是一种权。现代西方对人的假设是人要权，权表现为财务、自由、发展、权力，权是无形的管理，最后目的让人知道有权，享有一种自由。西方工业革命发展后，把人看做自私自利的，对权力要求很强。若没有对抗平衡，就会导致专权、滥权，走向不道德。权力是会腐化的，绝对的权力是绝对的腐化。表达西方人对权、人性的认识，构成了西方管理核心。中国人对人的认识不同，我们追求的是人类共同点。中西不同，在不同看法中能否融合、交融，对人的了解更深，创造出更好的人的文化，这是管理的最高目标，也是世界目标、宇宙目标。任何企业经济发展若带来更多问题，发展就没有价值，经济发展，文化不发展，没有用。任何企业的发展都应有转化，对大陆投资，经济投资重要，教育投资也很重要；经济发展到一定程度，应至少把10%～15%的利润作为教育文化投资，这对企业发展很有好处。美国对教育文化上的投资减税，国内也应采用。当然在中国经济发展中，再投资对企业发展很必要，但教育是无形的经济发展力量，教育提升可推动企业的发展，任何企业、个人若能注重人才培训，注重开发人的能力，提供职工、领导者各种受教育机会，它的发展就更大。作为董事长也需要不断提升。好的领导会时常考虑自己缺少什么，应补充什么，因为决策管理是要认识到这个世界是在不断变化中的，人能否主动变，创造好的变化，这就是对人的挑战、对管理的最大挑战。变化是在时间、空间、人的环境中进行，未来也是一种环境，它会给你一种处境力量的压力。压力若不予以疏导，人性就会被扭曲，所以企业一定要注重人才，一定要发挥人才的作用，对人的认识要基本正确。西方问题，从管理角度看，就是不能对人有更好的开发，对人认识僵化，管理科学模型变得抽象、脱离现实，所有大公司问题都源于此，政府也如此。美国里根入主白宫后几年，财政赤字、国债高达30兆美元，人的运作僵化，已达到不得不改变的地步。

在企业规划中，在长期设计中应有短期应变处理，但任何短期都不能忘记长期目标。长期设计应考虑阶段性、机动性，阶段性应考虑长期性。美国在这方面没有做好，应变力不够，大公司，像 IBM 被誉为不老常青树，也发生财务问题，因为它长期设计失败，没有考虑电脑的普遍化、灵活化。一些小公司如苹果公司慢慢发展，适应了现代需要，小而美，小与大同时兼顾，而 IBM 整个重点放在大型计算机上，对社会变迁、市场投资太抽象化，它的股票曾由 500 跌到 40，跌幅很大。美国的另一问题是管理科学抽象化，一切以数学为决策基础，什么都变成投资化。金融作业最容易赚钱，若决定正确，一天内可赚很多钱，但若每个人都如此，产业就变成金融数字，产业本身动力失掉了，结果使产业空洞化。生产是跟着原料、劳动力市场、好的社会环境来发展的。环境好、治安稳定、劳动力便宜、原料充足、交通方便，在开放情况下，这样的市场就是好的买卖环境，买卖环境与经济因素、文化因素、人口因素、社会因素有关。这说明西方对人的概念、对管理科学抽象化的运用造成了西方管理的失落。

到西方学习管理没错，但技术科学不是充分的而是必要的，因此在应用时，应把它当工具之一用。手动脑想，但脑力结构不只是脑，还包括理智分析、意志、直觉、整体性智慧，现在要开发脑的意志力、判断力、创造力，作为现代化的中西管理哲学发展。它用在现代管理中，就成为现代型的中西管理科学，用在实际上，就成为中西结合的管理技术和管理艺术。管理技术包括操作规则，管理艺术包含人的因素，二者是不同的。管理应有层级发展观，如有的公司发展到一定程度，必须更新，不是把成果当做进步，而是把成果的产生过程及其背后的动力作为进步，这样公司才能日新月异。有了品质观念，才能不断创造新的观念。公司不应把利润放在口袋里，而应用来改善工作环境、激励工人、培训人才；老板与员工沟通，鼓励他们，以形成向心力、协同力，公司才能不断发展。美国是经济技术大本营，现在经济不景气，但他有自由空间，社会开放，物产丰富，管理上若能改进，必然可以重新发展起来。

二、日本管理的特质

第二次世界大战后，日本人的管理不只走管理科学的路，不抄袭但也不否定以美国为代表的管理科学，而是很注重科学管理。1993 年，我在日本讲学期间，参观了一些大集团，如在横滨参观了规模很大的汽车生产线，每分钟就有十八辆车开出来，给我留下很深刻的印象。我还注意到了日本工厂亦有下列特征：第一，工厂干净、整齐，设施好，十分注意生态；第二，机器与人的配合良好，机器焊接和组装完全由电脑控制，操作十分流畅；第三，讲效率。在台湾，一分钟只能生产七八辆汽车，不到日本的一半。这一方面可能因为技术，另一方面也显示华人不如日本人更严格地讲求效益，没有精确感，对信息和系统化的看重也未能如日本人一般普遍地建立起来。日本人向西方学习有两个阶段：一是明治维新，一是第二次世界大战后美国的占领期。日本人会抄袭但又不仅限于抄袭，学来后能改造的就加以改造创新，而且反过来教给你。例如在汽车工业上，技术是抄来的，但他生产出的汽车却对美国造成了很大威胁。在夏威夷，本田汽车占领市场的二分之一以上，打破了丰田的纪录。日本其他产品如照相机、表等也很有竞争力，日本人精益求精，中国有句话"青出于蓝而胜于蓝"，很适用于日本，中国人自己却没做到。

这里讲的管理是超管理、管理哲学、管理智慧，这对高级管理人员很重要，涉及决策和整个潜力的开发。日本管理把西方管理作为结构性的核心，再加上了美国没有的东西，即对人的开发、培护、依赖，形成牢不可破的企业体，这个企业体也是文化体、教育体、生命体，做到了这一点，经济不景气对日本影响才不大。当今美国失业率达10.3%，日本没有失业，因为不景气，日本工人可以少分一点，少拿一点。但美国人做不到，经济不景气，只好裁员，日本则没这个必要，企业基于感情、经验给他们彼此内在情感。日本人包含力弹性大，日本企业内部不贪，他们讲信誉、道义，这也是战后要建立好的企业信誉的努力的结果。也可以说是接受中国文化熏陶，用上中国文化与哲学传统，在相当大程度上以儒家、道家、法家的理念为信条，去实现企业的野心，用得最多的还是儒家，强调儒家忠诚观念。中国人强调孝，孝是亲情，但容易走向家庭经济、企业、政治，变成宗法社会、封建社会。日本也有封建，但日本的家庭概念与近代中国的家庭概念截然不同，日本是包含式的家，而中国则是排斥式的家。中国的家是我做老板，你永远是伙计，伙计跟老板一辈子也可能得不到什么好处，这样每个人都想做老板。在台湾就是这样，"宁为鸡头，不为牛后"。这是因为一般中国人没有得到应有的尊重，美国人则不会因为职业而得不到尊重。美国人自以为好便好，而中国人是别人认为你好才好。而日本人有家族特性，只要你忠于家族、企业，就有机会成为公司的中坚分子。松下企业的首长不是松下的儿子、女儿，而是他女婿，在日本做老板，看谁有能力，对公司忠，对国家忠。另外在日本历史上没有内奸，而中国历史上常出现汉奸，尤其是在内争外斗时。日本人在任何时候都保持忠，这对企业的发展很重要，孟子哲学"至诚若神"，荀子哲学"学海无涯"都被日本大公司所采用。在明治末期，一位政治家、大商人写过一本书，把人际关系当做企业发展的力量。他认为伦理可以成为企业发展的工具，做人做得好、忠诚及企业对人的认识了解全面透彻，人尽其才有利于企业发展；企业也是伦理发展工具，企业为建立良好的社会提供物质基础，二者是相互为用的，企业需要伦理，伦理也需要企业支援。在良好的社会中企业才能迅速发展。那时，日本人还不太了解，因为应用中国文化资源还比较少。

三、中国管理：《周易》决策管理

《周易》决策管理就是要把《周易》文化资源更广泛地开掘出来，不只讲单个的儒家、道家或法家等等，而是把儒、道、法、墨、兵五家包含在更大的资源里来论述。如果再加上禅学之超凡入圣、彻悟生命本体的精神，那么我们要整合的中国管理哲学的资源应是七家之言，在前述五家之外另加系统化、开放化的易学和超脱的禅学。这是一个净化的过程、提升的过程。人要开发这种既创造包容又彻悟的精神超越、深入扩大的内外一体化精神，净化心灵。把五种资源融合在双轨并行、融合兼包的哲学思想中，就是《周易》哲学。而《周易》决策管理是把中国文化思想资源作为管理方法、策略知识来应用、组合起来成为一套方法学和本体论，也就是对人的深入开发。这个理论我称为C理论，C强调权变（Change），在变化中创造（Create）自己的财富和美好的世界。C代表中国（China）、文化（Culture）。把中国人对宇宙人生人事（天地人）的变化的理解当做动力，并依之制定不同运作的方针和原理，创造更多的价值实体，就是《周易》决策管理的中心思想。我们可以说，C理论是融合中西这两个传统开发出的综合型、智慧型的管理哲学。

人不只是单纯性存在，人有文化性、历史性。基于这一点，每个人处境都不同，从这个意义说，科学所说的时间是一个抽象时间。我们所能经历的时间是文化、历史、生命的时间，有时人会觉得快，有时又会觉得慢。主观决定的心理时间也受文化、历史影响，决策要考虑文化时间、文化空间、历史时间、历史空间。假设一个抽象的模型不能考虑这一点，则其有效性是不会高的。决策管理科学基础一般是理性，应用媒体是文化因素，但人能融合理性、文化、历史，把它看成生命体系，并开拓其广度、深度与高度。我们要对宇宙本体有所了解，对人在宇宙中的定向、地位、扮演角色有所了解，对人与宇宙关系有所了解，这是很基本的认知。就这个认知而言，中国与西方不同，在本体论基础上不一样。今天我们要对中国哲学有更多认知，就必须提及《周易》哲学。管理基本问题导向对《周易》本体论、方法论的了解，以这个了解作为决策管理最基本原则。在《周易》本体论、方法论的基础上融合理性、文化、历史，才能对决策管理及它的效用有更深、更好的把握。

用C理论整理中国固有的文化哲学资源，C理论管理哲学不是单纯哪一家，至少包含了易、儒、道、法、墨、兵、禅七家。把它还原到现代决策管理的要求上，使它能对决策管理提供真知灼见，能帮助我们作更好的决策判断、认识和利用。因而，C理论提供了一个体与用的体系。C理论本身还容纳理性科学成分，把理性科学决策看做基本结构来发挥。不是取代理性科学，而是把理性科学融合在整体性管理决策模型里。把实际理论模型用在企业中来评估，看具有哪些特色、问题，甚至看出自己企业中的优点、弱点，从而进一步加以改进、完善。当然，还可以进一步考虑对决策管理的具体事件加以分析，看是否可由具体经验提出对C理论的评估、建议、看法，进行某种程度的论证、扩充。体和用相互激荡，用更大，体更精，用支持体更大。再者，作为领导人或管理人不是发挥权威，而是要有深入理解。智慧让你能够作出判断，并对自己的判断、决定负起责任。世界在变，人也要了解变化，并对变化作出反应方案，对方案作出说明、辩护、论证，在实行时负起责任。要认识变化，掌握变化中的因子，作出应变。应变不是投机，投机是没有原则，而应变是有原则，步步为营，能考虑后果，而后做更好的发展，并建立管理人格。管理人格应与文化、历史、时间连在一块儿，应是不断创生的能力。对高级管理人员来说，应要求具有这种能力；对中层管理人员说，应努力培养这种能力；对基层管理人员说，应有接受的能力、认识好的判断的能力，这样的能力才是取之不尽、用之不竭的。

以上是从宇宙论的角度来说管理哲学的基础问题，指出了人是在自然环境中创造文化，建立人的生活的；人的生活资源、创造都是从宇宙中得到灵感。人能够善于认识、了解宇宙，就能适应宇宙，寻找新的价值，因为人不能脱离宇宙、自然。人是在不断变化之中，变是一种不变，不变是在变，对变的这种深层了解是必要的。历史、社会在变，尤其是今天社会变化更大。作为宇宙变化，它有一种相对固定性，在其中又产生各种变化，然后形成对比，这就是在变化中感到不变的东西，在不变中看出相对的变化。中国人说天地是不变的，但天地本身是变化的；天地不变是就天地定位来说的，天长地久，但天地还是在变。科学是对天地之变得出的规律性认识，所以，科学的观念、定律也是一个变化过程。

天地就是宇宙，用法上，宇宙是自然体，把宇宙看成更原始的存在，世界（天地）则是宇宙变化出来的。人文包含在层层变化的世界中，人的变化能造成更大的变化。人创造人文世界，造成历史，各种变化如社会变化会影响到管理企业。人的变化影响到天地即生态平衡的变动乃至破坏，当然，天地本身也影响人，影响是相互的。有了更深层宇宙体变化，才能有天地变化、道的变化。相互影响产生的是价值还是反价值，是要探究的，有些变化导向毁灭、破坏、失序，甚至是无序。有的变化增加秩序、结构、再生能力，这种价值是创生力，创造更好状态。这种状态包括和谐、美、善和中正、正义，这些是高层次的生命价值。在此基础上可产生人的吉凶、祸福和利害。利具体化为实际的好处，可用金钱表达，即利可抽象化为货币、金钱观念。它的真正价值在于能提升成为人的综合和谐状态，一方为道德面，一方为功利面。道德与功利不是矛盾的，不是用道德压制功利，也不是用功利取消道德，而是把道德看成是功利的一个高的层面，道德能帮助功利发挥更大的功利作用。在宇宙变化中，基本原理在于形成创生能力。中国人讲情义，它是种投射，自己不一定得到享受，可觉得你的朋友能得到享受，就快乐。人不只为钱，还为了一种认知。感应表现在心中，是一种很高秩序、价值，人与人之间感应中有共鸣、激荡，而产生一种价值。变化是绝对的，有创造也有毁灭。有些中国人认为宇宙在变化中走向善，更多地带来正面价值，克服反价值；宇宙是有生命的、有希望的，因此人也是有希望的。与此相对的看法以佛学为代表，认为反价值多于价值。欲念带来烦恼、问题，虽然同时也带来短暂快乐，但很快会失落、痛苦。这些是从反面看，人有太多欲望，欲望若得不到控制则变成毁灭性力量。在轮回中，人越来越走到莫名状态，除非你能超脱生死，跳出变化，远离变化，走向空无境界，斩除烦恼，走向菩提宁静状态。但《周易》的创生精神从体系上看更符合实际，虽然创生精神也不代表对事物执着不变、食古不化。在管理上，我们确实需要中国佛学中的禅悟、净化作用，及超越自我的能力，但它是投入宇宙中，与时偕行。但不受宇宙一些变化影响。中国佛教已经中国化了，具有一种世间的投入，但其所具有的不执着的心态，可以导向更好地决策与判断。

再回头看，道代表本体，天地为何产生由道来解释，道需有人整体对宇宙、生命的认识体验。《周易》有"观"的观念，"观"是一种对一件事物整体性的可以不断深化的认识，然后产生的整体直觉。有的事不看不知，看得太多又会丧失对事物整体性了解。对事物整体性的直觉认识是"观"，"观"要求在心境平和中掌握事情的全貌、事物的相对关系、事物变化的机制。观很重要，不只可以观物、观象，还可以反观自己。观的过程看起来是流动的、变动的状态，但观更是创通，是行动、行为。孔子言"听其言，观其行"，更有用观来考察的意思。观有宏观、微观之分，即使是小的角度也是观，观本身是展开观识。人要决策，要掌握、管理复杂现实，就不能不观其大小。

什么是主观性？主观性是指既已成为自我所观的那些沉淀的因素。我们看一个外面对象，如白的颜色，中、西感受是不同的。中国人感受白，如白布代表丧礼，而西方认为白色代表纯洁，代表婚礼，这就有文化上的差异。观可以有多个面，是掌握现实的重要认识，观可以深入。人的主体性可以抽象到理性境界，也可以放在感情上，想象某种欲望状态。可以从情理、从无关痛痒的法律、从关系、从理性等假设人的几种状态。中国人喜欢讲情理，不认识某人时，完全从法讲，具体时讲理，最后讲情，如何把三种融合在一起，没有矛盾性的观，是决策的重要因素。如何统合自己，得到统摄的观，作为决策管理参考系统是需要观的认识的。中国人从观肯定宇宙变化，观可以悟道，具有经验性的特殊立场。观从某个立场，会感到悲观，从另外立场则会感到乐观，这种观带有一种价值眼光，看你内部修养、文化、历史的组合的内涵如何。观可以发现事情，也可反观自己，产生主客平衡，那样就比较完整、稳定。《周易》哲学即由观而产生，中国人观了几千年。《周易》体系的产生经历很长一段时间，中国人在长期的观察中获得宇宙图像，形成八卦与六十四卦的卦爻系统。宇宙系统是长期修正观的结果而来的，《周易》与佛学不一样，佛学是通过释迦牟尼式的内心领悟产生的，中国的《周易》则是基于一个宇宙的观而来的，有相对稳定性、客观性。

关于变的问题，社会的变有复杂因素，变有变的因素在里面。社会的变跟管理、经济有关，有下列几种因素：

第一，人口因素。人口在变，对整个商业讲有很大作用，人口多少对市场、企业发展很重要，企业决策、发展、投资与人口有关。

第二，科技在变。人能科学地思考，能作出发明、技术改进，逐渐用更高速度、效益达到某些方便，更能处理和解决一些人的问题。科技变化影响我们如何处理变化，企业用人的创造力解决变化中的问题。以前用政府力量解决问题，变化性不高。要发展企业的多元性、适应性，能针对变化，解决问题，且反应灵敏。了解企业最终目标，制造更好的价值，企业作用是解决问题，利用变化创造更多价值，从被动变为主动。《周易》哲学是变的哲学，基本思想是变化思想。变化是创造价值，变化是寻求和谐平衡，因此，以变化作为决策管理的基础是很重要的。

第三，消费者趣味变化。流行不流行与一代人的心态有关，趣味决定感受、感染，产生一种流行，现代人生态意识加强，比较喜欢自然颜色，以前有人喜欢怪异事物。年龄对趣味也有影响，吃东西也是如此，以前人们喜欢吃大鱼大肉，现在却改为喜欢清淡食物，人们开始了解如何保健自己。这种变化产生企业新的决策，掌握变化、事物间的关系才能决策。闭门造车，寻求纯粹主观，而不是主客观互相平衡，是不行的。决策管理是以对宇宙、自然、人的平衡观察和了解作出来的。

四、宇宙论与《周易》变化哲学

宇宙是一个开放系统，充满生机活力，是变的根源，它不断地产生力量，这是经《周易》哲学的考察获得的。这个系统与科学系统及一般系统不同，一般系统是科学比较能掌握的模型，是封闭的，有边界，它所含的质量不变、功能不变。系统论是把封闭系统用在其他事物上，用在物理现象上有其作用，在相当稳定状态下也很有作用，一般系统模型是有效的。牛顿物理学即古典物理学在某种意义上讲是绝对决定论。古典物理学是一般系统，这个系统即现在所说的客观事物系统。动力学把这个系统作为对象，想说明系统中元素间的相互作用，然而并未对每个元素在内涵上作进一步分析，系统有多少元素，把元素分解出来，须假设把任何东西都能还原到最原始因素即基本元素。过去人们认为原子不可分割，现在知道原子可分割，是否有最原始元素存在，而且是质量不变的存在，却仍不可知。基本元素在封闭的实验室存在，而它也是不确定的。另外在一般系统中，运动量是否完全不变，实际上也不能确定下来。过去说物质不灭，物质不灭在于状态的转变。就物理学宇宙起源论而言，原始爆炸的发展、扩散，扩展成宇宙。这里面是粒子状态还是波动状态，测出的量都是不稳定的，也不是确定的。不灭、永恒只是相对而言，"道可道，非常道"，真正宇宙不一定能用一个系统、一个模型或一个定理来说明。"一个"就有主观性、限制性，由于时间、空间的变化，在人的关系中加入社会和历史，这个动力学就有更多的变动因素。从哲学上讲，承认这种变动因素是要以世界观的体验来决定，尤其是在决策管理中，不能把物理学模型用在决策管理上面。决策管理是历史文化的产物。《周易》是变化哲学思想、变化论，《周易》不外于科学，却包含科学，用在决策管理上不是套公式，而是新的宇宙观。物理科学开出的世界观，它最终融在变化哲学里。

宇宙充满生机，而不是走向死亡，也不是物理学家用第二热力学定律所描绘的慢慢走向无序、冷漠状态。认为存在一个浑然无序的宇宙是一种纯粹的妄想，是把系统看死了，没有认识到宇宙演化的整体性，因而，找不到先行内在结构，不明白自然结构化就是"道法自然"的意思。道是在整体中，是动的、活的、变的秩序。自生组织即自身能产生自身结构，并生机益然。人有生命、有自生能力，但须基于外界感应，仍是大系统的一部分，是源头活水。道就是那样的源头活水。在《周易》中，道被称为太极，道即太极，太极即道。道是从整体的观、整体的动态过程来讲的；太极是从道的根源性来讲的。就宇宙创生说而言，有三大系统，即佛学、《周易》和西方的上帝系统。《周易》的系统是开放性的，充满生机和活力，而且有不断发展的根源；它无法用物理学规定，物指物的理，讲物不讲人、事的理。就人对事物的经验而言，宇宙有创造性，也要相信人有创造性，不能把系统看得太死板。宇宙系统是有相当大变化性和随机性的，即事物间的感应，这种感应产生的效果，只能观察、感受。时间性不是因果关系，而是感应关系，是基于原始点的感应关系，是通过媒体进行感应的。通过媒体可做自己做不到的事，媒体、介体对决策的发展很重要。有时需要间接性，从一个机体系统才能掌握，每个整体可以影响它的任何部分，影响方式看个体在整体中的时空定位；部分也可影响整体，意即任何部分都会对整体产生或多或少的影响。掌握整体、部分结构，掌握自己的地位，作出适当决策，能产生价值，减少反价值。对某机体系统作具体了解，作出决策，基本标准是要产生好的价值。掌握适当机会，失败不要气馁，成功也不要得意。

汉代郑康成谈到传统《易经》的观念有三种含义：简易、不易、变易。宇宙在变，天气在变，季节在变，人口在变，等等。变易是从一种状态到另一种状态，任何变易都有其内在动力，越是属于人，内在动力就越多，它是一种内在的自然力。自然力通常说为自然本身的动力源，但人也有自然力，人越能认识外面世界，就越能主动变化，主动去改变事物。宇宙在变，人也在变。自然变、宇宙变是《周易》的观点，每一样东西包括人都与动力根源连在一起，《中庸》有句话："道也者，不可须臾离也，可离非道也。"道是根源，你不能离开它。你愈能感觉到它，就愈能发挥它。人和社会的动源都是道的作用，天地、自然的变也从道的内涵动力而来。动力学是道的动力学。变有自变和它变，自变是生命性的，任何事都有自变的一面，变的速度、时间长短由个别事物决定，愈是人就愈有自变能力，这是人与动物的区别。物有矿物、微生物、植物、动物、人，是层递性存在。不易是个限定词，相对的不变。在一段相当长的时间内人变化很大，日、月、星辰表象上没怎么变，但实际它也在变，也有生有死。不变是相对于变来说的，有稳定性，道以变易为不易，变即不变，不变即变，看从哪个前提讲。变易经常发生，一件事不易，表现出相对稳定性，有继承性。推理也是，掌握不同继承性，就能作不同的决定。

遇到冲突问题，如何解决，有两个原则。层次性原则：决策中的冲突矛盾在这个层次上解决不了，就到另一层次上解决，扩大范围或缩小范围。有时可缩小范围、降低层次解决问题，有时可提高层次、扩大范围解决问题。宇宙有层次，可由层次来解决。简易性原则：简易基本上是对事物的看法，站在宇宙起源点看都是很单纯，是单纯状态，被称为太极。它是一种非常统一平衡的状态，也可有内涵，即阴、阳、动、静、刚、柔。任何事都可从一个原始点、起点来了解，或从事物的终点来了解。在过程中有许多复杂因素，可还原到起点或引申到终点，就能够达成共识。所以简易是个目标原则，抓紧一个目标解决问题，排除干扰因素，抓住核心、问题焦点。事实上变有原始点、核心点，毛泽东在《矛盾论》中谈到主要矛盾和次要矛盾，矛盾主要方面和次要方面，也是讲这个问题，主要矛盾即敌我矛盾就要在相对原点上或相对最终目的上解决。

传统哲学中变从以上三种含义讲，此处，还可以提出两个含义，即交易与和易。交易即事物之间兴趣、货物、劳力、权等的交换和互换的平衡与变化。自然状态下也有很多变化。气流的变化代表一种交易。在大环境里系统中平衡经济也如此，交易求得生产和需求平衡。"交易"一词在《易经》中出现过。另外有"和易"，即趋向于平和的状态，和也是改变事物的方法，和产生互补、互承作用，家庭在和中产生新的价值，一种愉悦状态，从个人产生一种对称的美感。有些和是雄壮的，有些和是宁静的，都配合得恰到好处。中国画有种和谐美，人与人以和为贵，人际关系的改变，以和为基础，这种和易的精神在人类社会中非常重要。为了更多的和，也会有冲突、矛盾，是把和当做一种终极价值，冲突、矛盾最终也是为了和。这不是否定竞争，而是作更好的价值分配。和应代表公平、正义、和谐。

新的决策研究中有多标准决策，如买车子，考虑颜色、价格、品质等等。多种目标，就要考虑综合问题，机体内的系统论提供多标准、多目标决策体系。对阴阳认识也是从经验中来的，阴相对于阳是隐蔽的，看不见的东西，阳是光亮的，阴阳是对自然现象的描述。水之南、山之北是阴，水之北、山之南是阳，任何事物都要双向了解。阴对阳，多元性表现，阴是静、柔，阳是动、刚。阴是看不见的东西，给人感觉是静的。静的生命给人柔的感受，柔对你是没有压力的。主体人对宇宙客体本体的感应产生刺激。阳在光亮中事物进行变化对主体人产生刺激，就有种阳的光亮感应出来，动是阳的作用，动的是力量，刚的东西是有力的、动的。这两种状态可用很多种不同感觉经验阐述，用动和柔来说明静和刚，说明事物完全可就其感觉来说：进、退，动、静，长、消，热、寒等等，都可用感觉来说明。中医用这种方法来诊断、测试人的生理和病理，这种诊断、测试也是把静动量化，把变单位化。作为决策管理对一件事态的说明，也可作出阴阳分析，在分析中掌握变化及阴阳的多样性。注意：阴阳还有相对性，并不是一件事为绝对阴或阳，而是相对于另一件事而言的。相对某人我为阴，相对另一人，我可能就为阳。某人对上司是阴，对下属为阳都是可能的，事物具有阴阳二重特性。就相对关系说，一件事物相对各种事物后才能定位、定性、定量、定向等。管理中也可把权威和力量看做阳的特征，把受动、包容、接受看做阴的特征。

阴阳是互生的，阴阳之间的关系是阴到极点变为阳，阳到极点变为阴，宇宙是一个动的宇宙。所有东西都是相对不变的，静之极就自然有动的发生，处在动的极致就走向平衡与静，诚之谓"动极而静，静极而动"。道家讲有无，有无相生。有无相生与阴阳互生是同一意思。无是看不见的，并非绝对虚无，它是动静完全平衡的状态，基本上是一个没有规定与限制的状态。存在或存有是一种自我限定的表现方式，界定阴和阳的自生组织。阴阳互生可以同时存在，也可在时间序列中存在，时间、空间是阴阳互生的表现形式。空间表示阴阳同时存在的关系，时间表示阴阳连续存在的关系。

社会主义开放市场的概念是指，市场经济处在一种状态，从经济上讲是公平分配、财务收支相对增加、分配生产平衡。亚里士多德认为在政治体制中没有绝对形式，只有循环发展的形式，贵族政治→民主政治→专制→贵族瓜分，是相互交替的循环。每种状态都有它动的方向，假如不能创造平衡的条件，就有倾斜和变化。阴阳之间互生、互动，是对立的、对抗的、平衡的、补充的、相互完成的，是一个动态的平衡；作为人的创造来讲，静态平衡加深创造。从自然看，道在平衡中找不平衡，在不平衡中找平衡。从自然进化讲，在最好的情况下，宇宙产生人。人不可离开道，从原始宇宙本体讲，人与自然有相生关系，人能弘道，人能够发挥本体的宇宙创造力，人不能与宇宙疏离，人不断追求知识、体验，认识存在过程。具有这种力量才能成长，同样，用在管理上才能创造更好的品质和秩序。在市场竞争中，品质很重要，品质是一种价值，追求品质，提高品质，使消费者了解品质的重要，这是管理中需要重视的，故管理决策要考虑提高品质。

阴阳走向互补、互承和在互补、互承中创造新的事物，因为互补、互承导向创新。生命创造也是两种力量的配合。所有产品都是各种因素配合创造出来的，故在生产管理中重新认识，创造、认知、再融合是十分重要的动力。另外一方面，用得不好，阴阳对抗、对立到相互销毁、抵消。一个状态有两种可能：创造价值或消灭价值。作为人，人的因素很重要，参与、主动性有很大作用，在临界点上能保持平衡，走向创造。

了解了宇宙原理，人就可以立于不败之地，这是说他可以在动态中不败。做生意，薄利多销，如果季节过去了，而不知转型，分向投资，主动变，就会赔钱，但也不能太超前，要跟着时代走，才不会被淘汰。

五、管理哲学与人性论

在西方企业管理研究中，关于人性有两种理论，采取两种对人的认识的理论作为企业人事管理的基础。

第一种是 X 理论。

相信人是自私的，以欲望作行为标准，是懒惰、被动的，否定自我奋发、自我管制的存在，因而人要在外在的训练、要求、控制下才能达到工作目标。西方基本上采用 X

理论管制人、训练人，并给予很强的纪律、压力、规定，企业组织严密，强调权威观念，是 X 组织基本要求。这套美国企业组织基本方式也可以叫做 A 模型，从董事长到科员划分很多等级，早期的 AT&A，员工七十万人，分十三级，领导与普通员工必须逐层沟通。美国的企业文化中，沟通很困难，文化心态基本上是个人主义的文化、自由主义的文化。不像日本，美国人本身自由程度高，个人独立性强，在这样的文化背景下，加上许多企业制定各种法规制度，造成基层无法清楚了解一个指令，一个指令经过层层解释已面目全非了。判断、决策需要信息，信息进来后若不经过组织整理也没用，整理后如无正确解释也不能发挥效用。如股票市场是难掌握的，没有整体观，没有对人的了解，完全靠数字作业，是行不通的，这说明组织不能太死板，要随环境、科技、人口的变迁作调查，增加功能化。功能化与对人的管理、对人的了解有关，如把人看做懒惰、自私，就会采用严密组织 AX 形态，这是 X 理论从阴暗面看人的结果。

第二种是 Y 理论。

把人看做开明、好学、有自尊心、性善。对这类人组织上就松散些，不需要太死，阶层不必太多，日本式管理有走这样路径的，如松下集团。松下的信念是：相信人是好的，训练他、尊重他、保护他。当然日本也有阶层观念，那是因为年长，资格老，自然就有高地位。然后看专长，但也不完全看专长，日本招工人宁可招没有技术的工人，不像香港喜欢招有技术的工人。日本组织趋向于弹性，只要负责任，职务不很重要。从日本人名片上，你看不出他的职位，他在自己的职权内有地位，说话算数。

说到中国管理哲学，我们不能把这两者中的任何一个看做最好的，应参考中国文化对人的了解，扩大丰富管理理论内涵。有一种人的确自私，心地不好，有很多缺点，对这类人管得严，他可能花样更高。所谓"道高一尺，魔高一丈"，在此情况下，应用怀柔的态度，在一定目标下，用柔感化、影响他。最好的例子如《三国演义》中诸葛亮"七擒孟获"，七次抓获孟获，七次把他放掉，最后孟获终于被感化，心甘情愿地归顺蜀。从长远目标看，这未尝不是个好的态度。对某些人和事，进行评估，然后决定用哪种方法最好，用整体性思维来决定。对性善的人，也要给以锻炼，孟子相信人善，但也说要"苦其心智，劳其筋骨"，因为天将降大任于斯人，大任在身也不得不严格训练。这也是其策略上的意义。相对哪类的人作哪类决策，这是高级管理人应解决的，既要考虑人的惰性，又要考虑人的自觉性，再好的人，如放松他，就容易堕落，用严格态度以求其自我约束，方能造成良性循环。

企业内在的变化，训练人才机制的变化，也可从阴阳变化来了解、判断。

太极分为阴、阳，阴阳之为道，代表一种继承。相互影响产生，也可以说是相对的，一阴一阳，代表阳的是"—"，代表阴的是"－－"，它是八卦的根本，这两个符号的不同组合构成八卦，把八卦两两配合，经二次方共得六十四卦。六十四卦实为深入观察宇宙的结果，反映人的思维方式（要对宇宙深入考察、认识，直观才能把宇宙定在八卦中）。

八卦如何产生？抽象地讲，八卦是思维方式一分为二的结果。从宇宙讲，宇宙展现的历程是从分化中展现出空间、时间，每阶段都存在层级，层级不是撒开过去，而是超越过去，还可说层级是一种继承。太极—两仪—四象—八卦，八卦与前阶段的分化同时存在，太极分为阴、阳两仪；两仪又分化为太阳、少阴、太阴、少阳四象；四象又分化出八卦；八卦再分化出六十四卦，这是由思维方式决定的。现代决策中有个理论由美国学者提出：分析层级决策，与《易经》层级继承思想不谋而合。例如买车子，有多种选择，首先要选择一个标准再推下去，找到自己的目标。感性和理性不能完全配合，选择以理性为基础作决策，也可以根据感觉，但从企业长远发展看，则需要理性。例如关于三峡的广泛论证，不是思维决定存在，也不是存在决定思维的问题，而是观和选择的问题。卦包含一个内在层级思维方式，每个卦都有它的发展历史，讲卦象，卦象背后有历史。讲人，人背后也有历史，有时间、文化作为原背景。人性有文化性、时间性的原背景。思维应是双向的，从下而上是归纳，从上而下是演绎。天、地，火、水，山、泽，雷、风都是对应，这种对应是内在的交感，作为宇宙看不见的力量，相辅相成，对应也是一种平衡，是内在的平衡，也是整体和谐的对称，秩序在于我们掌握一定的对立性和互补性，不是任意的，是基于对整个宇宙最简易的太极状态的描述。

在企业，企业目标决定后，也可用这样的思维方式。首先组织架构平衡，有董事会、经理，然后向下分，企业组织可以通过这样的认知作评定。同样为达到目标是否要确定一些事物？掌握什么资料？假使有资本、人才，又如何平衡目标和资本？从组织上讲，基于资本和人才，如何拟订政策达到目标？先是目标指挥组织，牵涉结构人事安排，组织与人事由目标确定，组织与人事又如何执行策略达到目标？如何进一步就人事、组织结合一些生产的管理达到目标？若达到的是另外一个目标，则要评估人事、组织哪方面有问题。《易经》能帮助我们掌握宇宙的创造力达到企业目标、发挥自己思维的判断，能帮助我们作组织和人事的进一步决策管理，因此，它很重要。宇宙观代表企业平衡状态，但仅维持这种平衡是不够的。宇宙已经存在，它是动态状态，追求平衡，这种平衡是创造性、发展性的平衡。

六、C 理论与《周易》系统

早期管理者思考水与火之间的关系，水可以浇灭火，火可以蒸发水，水是阴的，阴中有阳；火是阳的，阳中有阴。五行学说是古代中国人长期观察世界物质变化的五种存在状态而得出的，基于它们的相互关系作出对它们的相克相生关系的认识。从相生眼光看，生长最需要水，水生木，木生火，火生土，土生金，金又可融化为水，金生水，构成互生的循环关系；从相克关系看，水克火，火克金，金克木，木克土，土克水。相生理论导致另外一个宇宙观即经验的后天八卦。后天八卦是五行的展开，五行是后天八卦的简缩，中国人认为自然的趋向是相生的趋向，相生多于相克，宇宙趋向是生生不息的。人的努力也是尽量认识事物相生关系，造成相互发展及支持的关系。基于宇宙的相生认识企业体，C 理论提出把五个状态看成一个企业体的五种作用、五种功能。

宇宙发展过程与思维方式是相配合的，宇宙发展过程和思维方式的配合的认识、宇宙论与方法论的结合都属于《易经》哲学的原点。西方思维方式即上帝思维，中国人思维方式是太极思维、宇宙思维。上帝思维中有个上帝，上帝基于他自身的目的创造世界万物，他无所不能，无所不知。他有意志力，也会愤怒，上帝创造是因为他高兴，他不高兴时也随时可毁灭一切，他是不可知的。他创造出的东西彼此相克的成分多，相生成分少，从某个意义上看，西方认为自然是上帝创造出来为人所用的，人可以统驭自然，与自然不是为友，不是中国人的"天人合一"，而是"天人分离"。中国人认为人是太极，人要对自己的宇宙负责，对自然要有自然伦理，道家有很好的自然伦理，今天可称之为环境伦理，对自然是欣赏、爱护并从自然感到快乐。而西方人的快乐往往是人为的、刺激的快乐，天人分离，人与人争斗，基于对抗产生平等。正因为许多不合理，所以特别强调合理性。自然奴役人，人反过来奴役自然，产生抽象的理性，于是产生逻辑，产生科学，人与自然分得清清楚楚，主、客分开后产生科学，人与人分清产生个体性、责任、权利等价值概念，这也有其好处。中国人主、客分得不清，难说谁好谁坏，在管理上西方人不认为有内在联系，需在法律、权威约束下认同权力，权力最大者是上帝，但由于上帝不可知，西方管理中最高权威是实际掌权的老板（Boss），他绝对可以决定一切。管理中是直线控制和横线分离。管理模型是上帝模型，从上而下式，平等个体各不相关。而印度不是这样，印度因为超越，把变化看成走向极灭状态。西方人尽量争取做上帝，上帝被宣告死了，西方人内心希望成为人间的上帝，唯一的办法是办企业，兼并企业走向大发展，这是西方文化的大特征。只有在企业里，才能享受假设中的上帝权威，企业发展在西方特别重要。新教的兴起与资本主义兴起有密切关系，新教基于上帝的权威及对上帝恩惠的争取，人不断努力，以理性为工具，名为工具理性。完全冷静发展企业，不只为了钱，还为了权力感。东方人是智慧型的，谁最有德，谁就最受尊重，但今天的企业文化也受到西方影响。西方人是绝对型的，决策快，但实行慢，而东方人以日本为典型代表，决策慢，但执行很快，日式管理不同于美式管理。

先天宇宙观转化为五行观的看法，从哲学上看，是为了掌握宇宙资源来创造一个秩序，达到一个目标。如此就要了解各种因素的相生关系以促成和谐，也要了解相克关系以创造平衡。以相生关系组合一个企业，因而产生后天的宇宙，学理上五行的宇宙就是后天八卦，基于守护各种事物之间的相生相克关系所了解出来的基本结构及过程即五行，如此则能把五行变为人类可以用来作为企业发展的基本观念规划的符号象征结构。这就是 C 理论发展的哲学内涵及理由。关于 C 理论中之土，土是不动的，包含一切有生力量，因之它是一个中心目标，就以中心目标而言，我们可以作理性意识规划、计划，然后再决策，决策与计划是一体两面的。有了计划没有决策，计划就没有动力。决策人处于中心位置，作为一种宇宙太极，提出中心价值作规范，从而进行企业管理决策，是人的主动性表现，符合宇宙自然发展规律。控制怎样推动计划达到目标，需组织和安排，这是对五行中土所生之金的功能的表达，但决策需包含静止、能承受，决策人本身应先静然后动。金的功能则包含组织、领导，可看做阴阳、刚柔在同一层次上的统合与互动。好的决策产生好的领导。

任何企业要考虑对外界变化的掌握，用变通产生策略，这样才能够掌握生产资料，创造出好的相应于外界的成品，甚至改造产品来作为面对变通世界的需要，这是生产与改造。创新与改造是阴阳关系，日本人的成功不是创新而在于改造，美国人的失败是由于只知创新，不知改造，尤其是在汽车工业上。这里可看出生产与市场的关系即产销一致。过去企业以生产为导向，现代企业以市场为导向。没有通变，就无法竞争，随时拿出好的品质，才有竞争能力，造成内部团结，改善工作环境和人事，人和事通，有好的沟通，金生水，水生木，木成长及生火。由企业的各种人事汇报产生新的决策，新的决策再影响领导，领导掌握反馈，再调整人事，一直下去最终实现企业目标，这就是应用宇宙中的相生关系达到理想目标的过程。

宇宙永远处于活动状态，现代物理学中，基本粒子没有一个点在时间上说一直存在，但它透过波的形态仍然可说是存在的。任何事物在某种意义上都有个点，任何点都是平衡点，把范围扩大到足够大时，平衡点包含阴阳，阴阳本是任何事物的内在本质，所以偏离那个平衡点，既不是这个又不是那个，好像不存在，若不是阴又不是阳，那也就既是阴又是阳。所谓新秩序的产生，不能用机械的动力学来说明，人类基于他的理性能建立他的文化，不好就被淘汰，好就人所共取。中国的发展，存在生态危机、人口危机、教育危机等，可是我们还是尽可能去解决，有些问题不是靠工业发展就能解决的，但就中国现状而言，发展比不发展要好。中国人可以基于自己的文化，建立好的可以贡献给世界的秩序，经济发展中的问题、地区整合的问题、环境生态改善的问题需要解决、改进，但我们不能因噎废食，只有发展才能对抗工业国。

《周易》是先秦保存最好的书，被认为是占卜书而没被秦始皇烧掉，但也因此历史上没有给予正确的评价。它在民间流传，在官方却不是显学，这也就涉及中国哲学的发展问题。现在已承认有中国哲学，它是中国人对宇宙、人生作出的价值观念的认知思维，即究竟在何处，究竟有何起点，究竟有何模式？任何文化都有其开始点，到夏、商、周形成的《周易》中，开始有宇宙图像、八卦观念，宇宙图像走向社会图像，八卦讲自然，六十四卦讲人事，图像是宇宙论也是思维方法。在应用上，最显著的是占卜，占卜是《易经》的应用，是以宇宙观为体、为基础，因为占卜要有个参考系统，否则无法对占卜作出诠释，没有宇宙论作基础，意义就无法确定，中国人思维方式决定于宇宙观者就是《周易》。这是中国哲学思想的源头活水，孔子首先基于《易经》思考作新的人文主义发展，孔子在《论语》中很少谈《易经》，但他的思维方式已经是《易经》式的。他讲对应性、和谐性、全体性，他讲的易是人参与的行为，人的参与力、创造力产生人文世界。道家强调恢复原始点的创造力，认为人在文化创造中会产生很多积淀，会产生很多问题，会失掉人的本性，产生不快乐。道可以说是基于天地自然对人文世界的批判，这是由于周的社会不安造成的。墨家基于体验走向实用主义，墨子讲究理性、功利。道、墨在某种意义上都批判儒家。法家是进一步融合了道家、儒家、墨家的新体系。基于老子，基于战争经验、《易经》的思考，《孙子兵法》是《周易》的应用，基本思想是《周易》哲学加上老子哲学用在实际的战争策略上，理论基础应该说是老子的，另外还可找到纵横家、名家等的影响。庄子在《天下》篇中说"道为天下裂"，裂即分化。有道可循贯穿在《周易》思想里，当今中国人的思想还是有《周易》思想，不变不是不好，但变能变好，则是真好。《周易》是自然状态下表现自然内在的形式，天人合一，人和天相互感应。西方人是以上帝为模型，跳出自然，相信上帝，一切都讲理性，但起点是信仰。今后人的思想方式可多样化，但研究显出这样的迹象，中西必须融会，《周易》变化哲学应受尊崇。

七、《周易》管理的四大原则

马克思主义在中国有过很大作用，但现在对它的需求已超出了它所能提供的，把它作为文化资产来用，但不能作为唯一文化资产来用。马克思的辩证法基本上走黑格尔的路，黑格尔的辩证法是演绎系统，是一种精神辩证法，它往往基于西方理性主义格式化的情况而走向形式主义、机械主义。辩证法应当是创造性的，马克思主义的辩证法却往往以公式化的方式提出。马克思主义曾发挥很大作用，现在也可以发挥作用，但应正视中国人的思维方式，给它一个好的结合，道家、儒家、《易经》都作出很好的贡献。在思想中、谈话中，只用框框式辩证法没有意义，因此不如把马克思主义当做资源结合其他的考虑提出完整性的思维模式。《周易》不是限制而是开启我们的能力，让我们自由发挥创造更多的文化价值和经济效益。马克思主义是一套有时代使命的哲学，今天我们面临更多的挑战，所以要有更多的资源。在当今经济发展中，中国只有善于变化、安排、调剂，才能慢慢发展为真正的、具有中国特色的经济制度，也可叫社会主义的市场经济。西方有人称之为中国的资本主义。事实上，资本主义和社会主义已混合在一起，资本主义走向社会主义，社会主义走向资本主义，二者间不能划一道鸿沟，应从太极思维把它们调解起来。

任何符号在创造出来后都可以有无穷意义，这些意义都是后人加上去的，问题在于它能否承受对它意义的注释，是否注释会产生好的效果，即为什么有些著作经久不衰，而有些著作渐渐为人遗忘，因为符号连注释都不可能。我们可以赋予一个符号意义，但这个意义要能为我们感觉，否则意义就会慢慢消失。如有人认为骂人也是暴力，这是注释。所有书都是符号，看不懂，对于你，其意义就为零。宇宙有同构性，有多样的表象，《易经》的符号表现的结构，其思维可能是宇宙同构性的表现。但这样的同构并不是放之四海就皆准的，它必须经过实践、求知过程，与实际经验结合起来。《周易》管理理论就是基于自然宇宙论符号化的过程而来的。对西方的管理批评是因为它只是理性构造，而未考虑宇宙的基础，西方许多实证科学也如此。虽然没有一样东西是绝对的，但是事物之间的同构性我们也不能否定。《周易》有管理作用，因为它与我们的文化具有同构性，也因为它有宇宙论基础，事实证明它发挥了许多作用。

《周易》哲学是重要资源，不单纯因为它是历史书或资料，而是它表达的意义是经验和思想的结晶。《周易》管理不是复古，而是求新。C 理论总结《周易》管理指出四个原则，基于对《周易》了解，掌握时机和变化，针对生活、宇宙实际加以全盘性的深入了解，不应是片面的，应有个整体性原则，要随时面对实际变化的内涵去考验，不把实际当做一个抽象的概念，而应当做具体经验，强调变化。《周易》管理是变化管理，要能认知又能参与变化之中。一般变化可简单化处理，尽管它本身不简单。人看世界，是基于自己的眼光，生活实践是一个哲学名词，世界是由许多生活实践构成的，基于生活实践，就可与世界发生关系，既能了解又能观察、参与它。《周易》所说的观，观现象背后的东西，变化背后有个源，变化源即太极，把握变化的各个层次，掌握变化源及其层次就能掌握变化的动向、趋向。大趋向研究，从数学来讲，是一个微分方程式的研究。大趋向从归纳可看出，能知道新的地方又能看到转变因素，就可慢慢掌握方向，把世界每个变化换成微分，计算出来成为积分，二进位用微分达到积分，这是个从认识到参与的过程。我们现在提四个《周易》决策原则如下：

第一个原则是整体认知原则。宇宙先有易，易就是变化，才有《易经》，才有易象，才有易数、易学，用易学掌握易象。作为主观者，由主体性产生透视力、观察力、判断力、思辨力、解释力，最后把它变为新的形式，新形式是由内而外发展而来的。《易经》从管理角度看，培养判断、认知能力即决策力，决策力是综合应变，若不以认知、理解为基础，就判断不好，行动也不会有效。判断力是意志与已知的结合对现象变化的掌握。主体是结构性主体，世界有很多层次，一方面有时间性，又在现实中存在，过去在现实中可发生作用也可发生反作用，把过去变成正作用即主体性。主体与客体都是从本体而来的。把主客体结合起来就产生认知。

第二个原则是整合差别和矛盾的原则。世界是矛盾的，矛盾差别需简化。世上没有绝对矛盾的东西存在。从逻辑上讲，绝对矛盾不存在，如圆的方，A 并且非 A 等。已经存在的矛盾可见只是相对矛盾，相对性由不同观点决定，由相对性可变成不存在，变成反价值，有的矛盾可转化为相辅相成的矛盾。管理中，不能意气用事，不是你死就是我活作为赢的一种游戏规则，不是非要不可的，最好是双方都赢，最坏是双方都输，一个新的秩序应该互能转化为对方的互补因素。

第三个原则是持续发展的原则。决策管理一方面从现实中达到成效，另外也要考虑方向、规则，开发潜力，不求一时成功，而要在实践中持续成功和发展。因而就必须懂得通变和变通。

第四个原则，以一体多元方式解决问题，评估问题，发展企业成果。创造有价值的目的系统，以带动方法和工具的创造。

这四个原则可用八个字说明即"整体定位，应变创新"。在 C 理论系统中是不断创造性循环，去决策、领导、掌握市场、生产、改造、协调沟通，再决策，再计划，再开发。决策者应有坚定的凝聚力、确定的目标，还要有哲学基础，即管理领导上的简易。模糊不清就有问题，要刚定、坚定。交易，应变、交换信息，取得企业与市场密切开放关系，争取影响力。变易，则在创造与改造中力求新，力求与时代变化配合考虑，它与人口、科技进步等有关系。和易，在人事问题上、管理上力求和安，以情感为基础来发展理性，情理兼顾，如此方能使变化管理达到人和为贵，五个易能融合在 C 理论中。

八卦代表的东西很多，有很多意义不是单纯从科学上讲，从意义的认知和体验讲提出八个价值，刚好是八卦代表的价值。乾代表力量（Power）；坤代表关怀、爱（Affection）；离是智见，有光亮（Enlightenment）；坎代表技术（Skill），科学的应用；巽代表财富（Wealth）；兑代表平和、安定（Wellbeing）；雷代表学习和智慧（Learning）；艮代表正直与正义（Rectitude）。八卦即八种要求，C 理论认为任何决策都是综合性的，要考虑各种价值，不能单独考虑其中之一，如钱或权，还要考虑是否公平，是否合乎法律。从个人讲，应有公平、正义原则在你心中作为决策标准，还要考虑决策是否带来个人充实，基于知识而又不是单纯知识，还要加上智慧。此外还得考虑决策是否带来新技术，所以应有整体考虑。决策还牵涉其他，如是否带来后遗症，能否带来人性的温暖、对人的关怀等等，把这八种价值综合起来，因时、因地、因事作出决定，就是一个综合的判断。决策标准可在不同时间、不同过程中体现普遍性与特殊性的有机结合。

决策者面对外界，个人价值判断标准可有多元的，不是每个人都要有一样的标准，每个人不同，主体性可以发展，对客体现实及其发展的认识投射即预测（Forecast，Foretell）。在经济学中，预测基于对时间序列中发生的事件归纳得出对未来的投射，通过统计学、管理科学技术运用进行趋势研究，不是单纯个别的个案，而是基于综合的法则。预测是综合性地对客观事实的了解，当然预测也不是绝对准确的，因为无法掌握所有资料。基于经验，尽可能用客观综合的方法得出结论，它的正确性若大于80%，就说预测是长期有用的，叫大数原则，还可尽可能地不断修正。预测有随机性、波动性、非决定性、解释性。另外，个人与环境关系可影响预测结果。有些预测涉及人的世界如股票投资等，人的行为、企业行为的预测与人的关系尤其密切。预测之外还有决策，有种情况，不考虑预测就做了，因为人有基本自由，存在选择的权利。在开放社会，存在内在意识的选择，即意志自由。意志作用表达一种决定即决策。但决策仍是多样的，有合理的决策和不合理决策之分，决策从风险上看有大、小之分。作出决策后，人还有能力使之成为现实，成为追求决策成功的人。决策包含某种程度的预测性，正如预测包含某种程度的决策性，决策时反映了某种预测。预测常常能成功，因为预测包含决策；决策有时会成功，因为决策包含某种程度的客观性。在预测与决策间找到预测与决策、主体与客体相互配合的行动方案，方是对策。在 C 理论中，决策与预测联系在一起，以《周易》为参考系统发展 C 理论，是一种创造性的发挥。

在很多地区和一些少数民族地区，占卜是一种具有相当普遍性的文化行为，很多是非常原始的信仰，找个征象看怎么做。把主体性投射在客观上面，有一点点根据就作出决定，虽是完全自由，但自由又无法落实。中国人占卜有个长处在于基于宇宙观的认识来用占卜方式，看自己处于哪种情况。对于《易经》应先把它看做宇宙观，然后再用于占卜上。中国人一面搜集外面情报，一面根据情报采取行动，《周易》成书时，宇宙情报显示为一个图像，图像表达在六十四卦中，六十四卦表示宇宙六十四种情况。有两个意义：

一是，宇宙包含六十四种情况。

二是，宇宙中任何一种情况都可用六十四卦中的一卦来说明，在同一层次上，宇宙包含六十四种情况，不能包含再多，也可说宇宙任何情况都可用里面一种情况来说明。

尤其是一个人生活情况属于一种，而不属于另一种，这些情况之间可相互转化、牵挂，任何情况经不同方式可达到另外任何一种情况，宇宙图像加上价值观变成《易经》占卜的基础。占卜是个过程，使你找到你面对的情况和如何做，可以归纳出两点：不一定要通过占卜找到情况，占卜不是找到情况的唯一途径。《荀子·大略》曰："善为易者，不占。"懂《易经》的人不一定要占卜。了解变化，胸有成竹，不需要卜。人到后来对于宇宙知识已有了解，对自己有自我管理、控制的能力，管理就不需要占卜。例如到了中午要不要吃饭，就不需要占卜。当我们没有任何知识，处于黑暗时，处境困难，没人帮助解决问题或问题亟须解决时，是盲目听命运主宰，还是有某种程度参与性？占卜代表哲学意义上的一种参与，参与比不参与好。占卜有其决策学的意义，投射主体到客体中，找到一条人造的自己解释出来的路，但不能把占卜当做一种习惯。作为职业研究和应用，把卦投射在各种情况下，说明关系，这不是理论，只是种暂时投射，本身用处在于说明宇宙现象，对世界本身考察，了解世界中关系变化因素，才能解释卦，用卦解释现象。我们要用《周易》启发一种求知心情去了解世界变化，用《周易》注释世界，在哲学上采用"整体诠释论"，文化是相互诠释出来的。西方人用其方式解释中国人，中国人以自己方式解释西方人，解释有共同性时，就可以沟通，沟通后不妨碍有两种不同解释系统。

人员组合是很重要的，同一个人才，组合后可发挥不同功能。因为很多时候是个配合问题，组合不好会互相牵制。作为管理者，他应知道每个人的长处，如何与其他人配合，给他一个目标、任务，组合不一定是永久组合，只是问题小组，问题解决了，就回到各自岗位。对人才、人事资源都是组合问题，好的主管，善于组合，把人适当运用。在西方一些强调英雄主义色彩的情报电影里，解决某个问题必须找某个人，《周易》是个循环系统，任何一个有生命的系统都是循环系统，整个地球生态是个循环，一旦有阻碍，生态就被破坏。环境保护关心如何使循环不断进行。人的身体也是个循环，同样一个管理制度也是循环，一定找寻管理环节关系，在管理中实现管理目标。

八、禅学的重要性

《周易》的生生不息原则是创造性原则。了解一个管理，发展一个管理体系，需在一定层次上掌握动与静、刚与柔的配合。动的机制是《周易》所说的一生二、二生四的发展过程。静是从有到无。禅代表悟的境界，这是个静止、超越原则，从头做起，超越出来。禅宗与《易经》有相互转化作用，禅为中国佛教最精密、精华部分，当然是中国文化。禅从六七世纪到 9 世纪再到 12 世纪，有着辉煌的发展，持续至今。中国改革开放后，对禅的研究开始并发展。禅在中国没有断绝，中国人思考方式上也有禅的意味。西方人有幽默感，中国人有禅机、禅趣。相比较而言，中国人比日本人更有禅趣，日本人想学，但学得不像，日本人把禅看做自己文化的一部分，但禅是从中国道家和佛学中发展而来的。禅的品味在中国人心里早就有了，中国人"一笑置之""心无牵挂"等都是禅。管理上也如此，不再执着、盘旋。中国人喜欢率直、诚恳。事实上禅源于道家精神：变动，能够投入也能跳出创新，拿得起、放得下，不拖泥带水，开门见山。禅代表道家精神落实在生活、文字、思想的表现，由佛学注意静思参悟发展而来。它有佛学的形式，有道家的精神，禅是内于中国而不是外于中国。

禅的特点以慧能为标准，基本上是不执着于象、心、某一定点。定，此处不作冥想，禅定是一种意见或主见，必须澄心静虑方能达到自我思想解脱。佛教最高境界是不执着，作为无所求、无所得境界，有超脱作用，心完全不受任何东西束缚，达到不带任何成见、不带任何情绪的空灵世界。这种禅在生活中有净化作用，生活中仍要有动作、现象。《易经》在此提供了很好的原则，生生不息使生命具有生气、生意，使人享受生的境界。故而，由静而动、由动而静是一个生命进化与生命发展的必然。那是一个标准，从空无到生命化，宇宙不失有空灵，而也不完全空灵，空无化还要生命化。因为这是根本经验，人的经验脱离一个处境，回到一个生命的原点，那个原点还要产生新的宇宙。宇宙再出现、再变化出现的是易的境界，也就是一个由无而生而动的生命境界。禅是主观性的，易则是把主客相互结合起来。有人说禅易，我们说易禅，把禅当做《易经》深化系统中的本体性的超越。而禅易认为易不过是宇宙变化的心灵状态，具有相当的主观性。静、定、悟、超越是深刻了解，没有限制、障碍。也是对纯粹自由的了解，自由到自然，这种自由基本上是心灵自由，能够自由地探索可能性而又有所见。

现代管理太容易为自己情绪或当时的处境所限制、影响，管理决策面对很多问题，是很大负担。成功固然好，得到快乐、满足，失败怎么办？怎样不让自己情绪、个人得失过分影响自己？能够跳出来，换个角度看问题，保持内心平衡。这就是禅的最大作用，就是自我平衡与自我超脱的作用。一些失败管理，在于跳不开，陷入因果轮回中，禅使你跳出因果轮回，不必为个人爱恨纠缠。另一方面，禅吸收佛教文化，中国文化吸收佛学，融合儒家与道家。

西方理性管理机制同样能为中国融合，产生所谓理性中国化，成为生机活泼的开放系统。掌握西方管理事实上很重要，C 理论本身是以西方理性主义作为结构发展起来的。作为现代管理形式，作为行为方式，行为是自己经营权力的发挥，寻求社会目标的达到。西方自工业革命后，在企业组织、组织行为、组织结构上有很好的建制，我们是以对企业组织、企业功利的分析为基础，来掌握企业精神运作方法的。在组织方面、结构方面可以西方为起点，这一起点是学习企业硬件，硬件的功能是面对客观，掌握现实。西方尽量寻求掌握客观现实的东西，变成知识和资讯。所以新的组织去吸取、掌握资讯，把资讯转化为一种组织运行作用，才能达到功利，满足能力的需要、利益的需要。需要可以分层次，有吃饭需要、安全需要、秩序需要、满足需要、发展需要，如此需要形成树形结构。需要决定功利，当然也反映在市场里，市场最能反映需要，功利决定市场如何反映和满足需要。创造出功利、利润，需要企业硬件，就要把客观知识、资讯转化为功利。知识、资讯是科技，加上历史的因素，资源如地理、人口等，一定要组织好，这是企业硬件，现代硬件。

西方管理的硬件除组织外，最主要是金融、财政、市场，企业硬件掌握财政→掌握市场→再变成功利。财政结构是硬件结构的一部分。比较而言不太重视人的资源。企业硬件之上还有一些企业软件，同一个企业机构可有不同软件来配合它。C 理论假设一些基本的企业硬件，来运行企业软件。我们可以把西方管理硬件当做必要考虑，然后再加上自己的文化软件，即历史资源与思想资源，必能走上成功之道。历史文化是资源也是主体性，是自己可以发掘的。在这一点上，美国与日本竞争，美国必须承认日本管理有其长处，美国人可以学，但不一定成功。中国人有自己的文化软件，西方人不一定用得好，因为他们没有这个思想，同时总是会回到他们自己的思想方式上，只有经过很多次超越、摸索，才能用得上、用得好。C 理论代表对中国的历史资源、思想资源的开发，这个优势不掌握，而去掌握西方的硬件来与西方竞争，是不够的，应当知己知彼。掌握西方的硬件不难，但没有自己的软件，竞争力就不会高，就缺乏独立性，C 理论不是讲单纯用中国资源，而是在有西方硬件的情况下发展中国的软件，因为中国有主体性的管理软件系统。

一般作预测是以知识为基础，知识为已知。合理的预测需以知识为基础作合理推广，不以知识为基础或知识不是真正的知识，预测就是揣测。可能对，但不一定合理。

合理不一定成功，但可以是再发展的基础，不合理可能成功，但只是碰巧。从企业目标讲是追求合理，不是不可以用好的思想资源，不是不可以在不同层次上透视一个问题。你作出什么决定，层次给你什么样选择，你随时要作选择，因为管理是相互作用的。市场与企业的关系，主管与下属、同事之间的关系都是如此，都是相互作用，影响到整个管理过程。没有绝对普遍有效的管理模式，美国式管理可以理性化，作为一般性的管理形式也许可以走纯粹理性管理模式，但在现实中不可能。C 理论是建立在宇宙变化认识基础上的。人在变动，有内在规则；宇宙环境也在变动，也有它的规则。C 理论是开放系统，包含理性的创造系统，不是纯粹形式的系统。

诸子百家是相互竞争的，看法是矛盾的，如何把它们融合在一起？矛盾是相对的、有条件的，在某一条件下矛盾，在另一条件下也许就不矛盾。思想本身的进展在于找寻一个更广阔、更高的层次，把矛盾的方面消除，展现相互配合、相互补充的方面。使个别思想成为更美好的体系，此即《易经》思想方式的特点，在矛盾中看出矛盾的消除。在更高层次上，相对更高的目标，这种消除在任何辩证方法里都有。马克思主义辩证法基本上用新的形式抛弃旧的形式。而《周易》是给旧的东西以新的面貌，保留在原来体系中，是一种保存的、融合的、综合的思维。黑格尔、马克思的辩证法是超越的，是以新的形式代替旧的形式。《易经》包括了黑格尔和马克思的辩证法，变成一种超越的形式，禅的形式，用此来消除矛盾。具体地看，道家之所长正是儒家之所短，儒家的长处是道家的短处，这两者长短互见，可以统一在一起，管理是多种作用、整体性的企业行为，它要结合的资源不止一个，决策要兼容并包。任何思想都有局限性，过分用某个思想方法都会遇到难题。宇宙不断变化，宇宙存在不可限制，人的思维、人的概念是有限的，不可能定在一点上，有各种可能性表达方式。局限性可在整体性能中获得解决。局限性是不可避免的，但可把局限性缩小，与其他配合，可作新的延伸。儒家只讲人，什么都靠人性、人情来解决问题是不够的，只有在理性法制领导下，在市场竞争情况下，也许人性、人情的考虑有恰如其分的需要和作用。在此，局限性即可消除，在适当范围内人性与人情也能发挥作用。其次，局限性在整体性中能获得新的诠释与定位。人的经验不断增长，通过经验，西方的、中国的、别人的、自己的，都可以取得思想上新的诠释。不一定要定在一个人说话的意义上，而是要根据自己的需要，加以说明。不管孔子、孟子、老子等，不妨用新的整体观念给予解释，赋予新的内涵，消除局限性。

九、再论人与人性

所谓人之为人，从经验上看，人是各种各样的，从最好到最坏都有一些原始的共同点，因之共有素质是很重要的考虑。要界定人，要尽量找人与其他动物种种不同的地方，再看是否每个人都能感通同样性质，即使人有成为人的性质，是否也可以产生一种要求，发挥那种要求。界定人完全就现代人的通性讲，是暂时性的。就人的某个跟其他动物比较不同的地方而不是彻底不同的地方，也是个问题。西方亚里士多德曾把人界定为"人是有理性的动物"，理性即不是主观，而是针对客观现实认识的能力，思考客观现实作出相应客观现实的结论。凡是理性都与人有关，但亚氏对人性却未能作完全性的把握，因为人不只追求理性，运用理性，人还有其他不同的地方，即生命行为更有目的性。人与物的差别中，不在于人的工具性方面，而在于人的目的性。电脑更有理性、能力，但不能说电脑更有人性，有些西方哲学家认为电脑、机器最终能取代人。他们认为单个人生命有限、经验有限，不可能与第五代、第六代电脑相比，电脑能把很多代人的集体智慧、经验结合起来。当然，从工具性思考能力和推理能力讲，人的确不如电脑。但从目的性讲，人追求的是德性完美，整体性的群体美好，电脑是没有的。

人有这样的体验：一个人的快乐不如大家一起快乐，不如和亲人一起分享，和朋友一起享受。两个人一块聊天，没有一个人没有朋友，可以白白坐下来，什么都不考虑，只考虑彼此沟通、分享，而这是人所追求的终极价值。中国人讲求人的发展，人性的自觉是个重要发展，这是中国人的特点，这是一种伦理、道德，它也不是单纯个人主观性认定，而是有本体宇宙论基础的。人有一种追求自我发展、整体发展的共同要求，说明宇宙有向上发展的能力，有内在目的性，通过人而不是上帝来实现。中国人不讲外在的上帝，天也不是外在的，而是内外沟通的，这是中国哲学的特殊气质，在今天看显然很有价值。价值有无靠比较，在哲学市场里，看到别人思想各有所长，但作为竞争来说，中国有自己的特点，有贡献于世界的地方，此即我所说的目的性、整体性、人性的自觉。中国人有传统，是从一般人生命的内在体验中发展出来的，儒家讲人不是抽象、空洞地讲，而是从具体、经验、理念上讲，有无良知、人性，对人的理想追求不是单纯的习惯，而是基于长期经验，体验出来的，是基于历史、人物、事件，反思得来的。但我们也不能否定其他思潮有很多价值。西方 18 世纪和 19 世纪工业革命后，工业价值很重要，功利主义是在 19 世纪发展的。人们掌握很多工具解决很多人的问题，创造更多的成果让更多人欣赏，只是功利主义者提出了"最大多数人的最大幸福"的原则来作为个人行为和集体决策的标准。功利主义，中国的墨家就是。中国很早就有小型的市场经济，比如春秋战国时期。今天的世界也是"春秋战国"，美国相当于当初的齐国，中国相当于鲁国，苏联相当于秦国。竞争中产生不同价值，功利是重要的，人们能够牺牲小体成全大我。

此外还有人权，只有在人性自觉中，人权才有价值。西方人权是通过奋斗、斗争获得的，受到政府保障。中国哲学中也有道德人权，中国的缺点是人性自觉为专制体制所利用，成为专制体制统治人民的工具。在这个利用过程中，人性自觉减少、消失了。从汉到宋明，宋明又稍有不同，宋明思想重新造就人的自觉，发展了心性、理气的哲学；但又为专制利用，变成科举工具。很不幸，哲学思想总是与政治体制结合在一起，成为政治专制的工具。到五四运动后，才慢慢了解两者分开的重要：专制不能在现代世界中竞争，产生不了长期的、良性的竞争价值，使社会生存繁荣，甚至有可能造成社会危亡、毁灭。所以，鸦片战争后，日本似乎看到了这一点，很快推行了明治维新，走向现代化。而中国人一直不愿放弃传统中的陋习，当专制体制破坏后，甘为传统陋习的奴隶，之所以这样，是因为专制把人带到封闭、愚昧无知、自以为是的体制中，利用中国传统为工具，以求复辟。同样当它垮掉时，年轻人觉得生活没什么价值，应与专制一起埋葬。这是不现实的哲学立场，后来慢慢了解专制体制应与哲学思想分开，人性自觉也应与专制政权、政治分开。显然，这个分开有个过程。

中国需要整体性指导原则，马克思主义的兴起代表中国要经历洗涤，洗涤作用是针对帝国主义和专制而言的。马克思主义在现代中国看来有双重作用，扮演政治角色和思想角色。但是任何思想与政治结合，都有时而穷的时候；思想应有相对独立性。改革开放的重要意义在于使人们慢慢了解到，把思想方法、文化资源与政体、权力结构分开，不能把权力结构、政治体制作为应用或压制思想体制的办法。分开，可以用，还有相对独立性。这样，文化才有更多的竞争力。人开始了解很多事情需要先分开、沟通，才能融合。如政府和企业应分开，国有企业与政治权力应分开，使企业拥有自主权、所有权，使它面对市场，目标是赚钱。政企分开不是说政企不应沟通。中国台湾及日本企业成功，是因为政府与企业协调，政府帮助、辅导，不是压制、去掉活力，政企分离加上政企沟通才能解决问题。同样，人性自觉的文化，思想资源如诸子百家，假如与政治分离，工具性、目的性也就突出了，首先可以成为工具，要达到企业目标，就要人性管理。中国管理特色是实现人的社会、人的美好世界。不是为了神，不是为了某个阶层的利益与特殊价值，而是为了社会全体人的利益与价值。企业目标是社会目标、人的目标，与西方不同，企业则为了赚钱，赚钱越多越好。中国企业目标不是争取更多权力，而是把权力分化，为社会、人类共享，这是人性自觉的一个重要方面，从这个意义上说中国哲学更具社会主义特色。

此外还要了解人性有很多阴暗面，科学技术发展，为违法者所利用，为非作歹。西方人讲究理性、法律，讲究公平，这是理性的发展，介绍西方，引入其长处，需加强，但对人性中的协和力和人的情性、感性、悟性都必须就中国哲学之立场予以重视。一个中国人可以很快超过一个西方人，但由于没有组合力及理性基础，就没有办法作出集体超越。若能把西方的组织结构融合、平衡，中国人赶上西方不是很难。中国人也有自身缺点，需加以批判。所谓人性自觉的内涵，中国人往往因现实利益而失却其良心的主持相对强些，这对人的群体社会秩序的建立是有害的。

十、中西文化传统比较

西方的许多民族都是在很早的斗争、竞争中发展出来的。古希腊在小岛上，面对海洋、贫穷，与海洋斗争，需要掌握天文、地理知识才能生存，一定要超越自己的情感和主见去追求真实，因之很早就讲自然哲学。西方经过罗马帝国的征服，各民族冲突激烈，17世纪可以说是西班牙的世纪，18世纪可以说是法国的世纪，19世纪是英国的世纪，20世纪则是美国的世纪（美国是多民族大融合，种族复杂）。这样，西方似乎永远处在你争我夺之中。与西方历史相比较，中国从夏商周以来，固定在中原地区，以龙为身，几千年来，以改朝换代的方式绵延传统，融合周围少数民族，主观性强，靠天吃饭，持勤持俭，养家糊口，没有征服、掌握自然力的冲动。西方经过几百年的斗争，锻炼出强者性格。从鸦片战争开始一百年来中国遭受了几乎是毁灭性的灾难。日本人比中国人精明，脱亚入欧，加入西方列强阵营变本加厉地侵略中国，掠夺亚洲，也与西方竞争霸权。

中国人不相信自己人，对外国人却很相信，日本人利用这一点骗得了中国独有的宣纸制造技术，抢占中国的宣纸市场。中国人没有法律观念，不知保护自己，太容易轻信，受骗上当。但另一方面又擅长与竞争者钩心斗角。中国人不了解西方、外面的世界，在生意场上经常受骗。中国人应该学习西方实证的精神，不能盲目冒险，冒险要有合理性，学会防术、防范。国际上，中国人被认为变来变去，对承诺不予以履行，日本人不容易也不大可能上西方的当，什么都搞得清清楚楚才作决定，决定了就会愿意承担。而中国人答应快，许诺后又不能兑现。所以需要注意两点：第一，在组织、财务上应有起码的理性要求。中国人不喜欢理性化，不喜欢收条、档案、记录，这些倾向应予以严格戒除。第二，策略领导、市场生产方向、人际问题上建议、解决人的资源开发需要灵活思考各种关系，思考发现各种方法技能，并加以利用。这一部分也可理性化，理性化即形成秩序及规律，规律不是死的东西。在人的问题上也是如此。

规律是理性的表达，可分为四个阶段：理性→原则→规律→实例。理论的理性方面，是抽象的，需要具体化。规律是开放的，可以随时建立新规律。西方人把规律指定在一个层次上，如X理论把人假设为自私自利的。中国管理特色在于它有更多选择性、发展性，把它多元地理性化、规律化是可行的。西方新的管理建议只说规律不谈理论，从规律角度可融合在理论中，而成为理论中原则的规定、主要说明。理论不仅是理性，而是合乎理性、包含理性，以理性为组织结构来扩充应用面，掌握系统灵活性。过去的管理，系统灵活性不够，管理是自我管理。他律和自律的关系是：他律是别人来管理，自律是自我规范，也是内在和外在的关系。管理基本上从外面，管理就是别人管，好就听，不好表面上听从内心不服，基本上是以外在的规律加进一个企业中。若个人不听从，就不能升迁。他律和自律是相互配合用的，在人的问题上；规律最好能符合人的基本需求，成为内在规律。从C理论讲，儒家以关怀态度让人去主动争取人性管理，基本上让你自觉为了感情，为集体性、整体性的利益奉献自己。在某种意义上是交换，用人的机制来发挥比强迫好。管理是基于他律以成就自律，由于自律往往不足，就需要有智慧的人作为领导，来提供规范与理论，以他律促进自律，这就是好的管理哲学的运用。例如，在夏威夷，以前有人做照相生意，生意冷淡，后来有人基于思考人性发展的办法，先免费照相，然后挂出来，由于照得好，顾客虽是犹豫但最终还是买了去，照相生意于是就兴隆起来。这说明人有感情，不能单纯利用理性，利用悟性或发明策略也可达到理想效果。

儒家讲君子和小人，是道德上讲的，认为每个人都能成为君子。若没有人性的自觉、自我规范的话，就会成为小人。小人重利不重义，君子是重义不重利。好像义与利是分开的：利一定代表自私，义是没有利的。这缺少对客观现实的了解，事实上，人可以同时有义又有利。讲义并非不能讲利，讲利并非就是小人。义与利实为公与私的问题、大与小的问题，儒家一切为公、从大，没有了解到个人利益在一定条件下也是达到公众利益的方法。对工具性了解不够，如少数人先发展也能产生大多数人的好处。利益原则的提出，作为理性原则，对墨家是个好处，彼此交相利，有帮助，交相利不是说要损人利己或损己利人。目标是兼相爱，兼爱是交相利的基础和目标。今天发展经济，对经济利益的追求，往往有人为利丧失人的其他目标，最后因小失大，大家追求利，有人成功，也有人失败，而且有的成功也不是永久成功。真正的利益持久、稳定增长，是正当的手段的利。一切向钱看，不择手段，都是危险的。儒家把义与利截然分开，完全对立，是其缺陷。今天要作进一步转化，把君子、小人作有社会理性和没有社会理性的、合理和非合理的区别，使传统思想经过新的诠释获得新的意义。

美国谈管理革命，认为管理分几个阶段发展，美国现在进入了新阶段，这个阶段可能在世界市场里居新阶段，管理发展到这个程度，代表市场一个特殊反映。同时也说明，C 理论作为管理哲学完全走在时代的前端。西方是首先从亚当·斯密开始讲管理，他讲财富论，如何增加财富，财富是经过竞争、市场无形的手造成的。要在市场中竞争，要有产品，就要有劳动分工，制成成品，投入市场，追求利润。从二百年前到现在，这个管理理论越发精细，它是西方管理的基本模式，即一种经过组织得来的能力，由生产线投入市场，在市场里竞争，创造利润。开始时，对市场认识比较单纯，看重劳力组织生产，以生产为导向，而不是以市场为导向。市场导向是不要人为的限制，市场是自然形成的。但市场也有很多弊端，如为避免非法活动，规划生产的基本规格要求，就产生了政府调控市场的职能，私有企业经营者必须依赖健全公平的政府规范和调控制度。就生产者来说，第二阶段为福特公司，福特公司的管理是一个革命。1910 年左右，福特公司超越天然管理因素，认为最重要的是掌握生产技能，除了分工，最主要强调财务管理，整个支出与收入平衡控制、合作等。财务比例要平衡在生产、工资、开发、新的投资等上面。这些属于第二阶段的管理革命，是财务、财经的管制。第三阶段属于 20 世纪 60 年代，公司发展越来越大，官僚机构出现，整个公司组织越来越细，层次多，其代表是 60 年代福特公司的重新组织。当代美国所有大公司都成为财团，垄断出现，这个发展造成管理结构上的负担。西方管理是组织管理，组织管理膨大，效益降低，反应迟钝，负担沉重。西方的大公司都面临这些问题。70 年代和 80 年代渐渐感到小公司竞争能力更强。小公司有两个特点：

其一，应用高科技、新技术，生产的产品不比大公司差，小公司负担少，资金周转快。

其二，信息运转。掌握市场靠信息，市场是复杂的、多变的，市场受很多因素影响。

在此之下，大公司以生产为导向的产品往往积压。例如电脑，当初需要大型电脑，后来经济发展，偏向于需要小型灵活的电脑。IBM 最大的失败是没能及时掌握这一市场变化。王安电脑公司最早发展小型的个人电脑，可是它对市场需求反应也慢，慢在不能制造出更多应用软件，它的电脑硬件又很难与别的软件兼容。IBM 反败为胜，开始发展个人电脑，开发软件市场。

对市场和生产的关系，我们应先了解市场信息，再生产适销对路的商品，而不能盲目生产，投入市场。而且即使现在掌握了市场，也还需要密切注视市场变化，维持和扩大市场。日本人在这方面做得好，注意售后服务，以信息为中心，加强市场管理；以知识为中心，不断提高技术。大公司出现的种种问题在中国目前还没出现，但许多国有企业存在这些问题。国有企业大、负担重，对市场反应度不够，技术转化不灵活，像美国一些私人公司，只不过中国的是国有企业，中国国有企业还要受到政治因素的制约。名誉上的当家人没有办法处理各种问题，没有自由发挥、自由掌握的办法，只能靠政府来增加特权，增加投资，政企不分。大公司面临的不灵活、不能应变是普遍问题，这在美国相当严重。从而需要一场革命，即要掌握市场信息，要灵活应变，然后发展一些程序、过程制造出适应多变多样的市场需要。管理方针，即美国人所说的管理革命，与 C 理论有很多相同点。

要占有市场，必须增加一些对顾客有吸引力的产品，要有顾客至上的原则，另外还要以信息作为一个中心的考虑，尽量应用信息技术，如电脑、传真、电话等等。在美国电脑革命最重要的是建立一套把信息输入后能很快发出去的系统，一个电脑控制几部传真机、打印机等。电脑→打印→发布（传真出去）→接收回馈→输入电脑，控制电脑的中心决策者组合信息，收集情报包括市场技术情报、商务情报。情报作为资料库，信息库有很多系统，它是开放的。这个过程在信息决定下，信息不足，决策就做不好。收集信息强调速度和准确，这是很科学的，这个系统叫相互作用系统（Inter-active）。这是理性主义的做法，一切是科学的。电脑革命成为西方管理革命，利用信息科技达到信息的掌握。这个革命使企业能密切掌握知识、信息，并把它转化为新产品，产品售出后赚钱。

管理方面革命性的第三个方面是过程授权。在一定范围内，每个主管者就某事作决定，错了，就要负责。不需要官僚过程，强调品质，管理者要有管理思想，有判断力，灵敏度高。过程授权已假设智慧导向，回答问题是经过长期思考的，以不变应万变为方向。管理者提供方向，其他的就自动化。过程授权的假设要求与管理思想智慧理论关系密切。这是管理过程信息的革命，理性主义管理对管理内容没有变革。公司、企业应走上以信息科技为基础的公司形态，应强调资金灵活运转，合理控制。过程授权者、决策者是方向提供者。他应是有头脑的，这是个要求。所以西方管理革命抓住了问题，但没呈现出其内涵。美国的管理革命可以为 C 理论接受，在他之外还要加上智慧的内涵，主动性思维方式。

《周易》的思想方式是重要的。《周易》提出的形式在语言上是一些卦，表现出来的是关于卦的判断，可以归纳出基本原则。重点在作举例，如自己的处境、处境的利弊等，帮助我们了解状况，进一步作出决策。为了了解自己，就要了解自己的处境、地位。《易经》提供了一个整体系统作为了解的参考系统，它是经长远观察、检测得来的宇宙形象。简单说从用找到体系，用即行为决策，体是你作出决策的系统。从两方面来掌握：一方面，系统已经发展出一个形象系统，它已经是一个宇宙观、图像，如提供一个地图，你找自己在图中哪个位置，即可知道自己的处境和能否作出好的选择。另一方面，这个系统是动态的，不是固定的。该系统让你在不同层次、方向决定自己的地位，对它们间的关系也可以说明。为了了解外界层次间关系即《易经》体系，要考虑卦代表不同层次、性质、状态，而且该系统不但是展现出来的动态的系统，还有发生学的深度。因为它有起点，由起点展开为现在的系统。孔子前后，该系统才有完全的说明。这个起点是太极，分化形成体系，不但是空间展现的体系，也是时间发生的体系。既是空间关系网，又是时间发生过程，任何一个途径都有变动能力及与其他事件的关系。这种把《易经》看成一套动态的、开放的发展体系，它在基本的宇宙现象中是切合实际的，且与自然界配合的。在说明人事上，分化成六十四卦，既可看做自然现象，也可给它以人事意义，它具有客观现实性。对中国人来说，它是一套了解事物的方法。既是宇宙观，又是认识论、方法论。该系统对任何事物的看法都可以通过体系来了解，可变成这样一个图释，任何事物通过这个眼光看它，假设自己在道的立场，了解外面事物，了解为什么发生、如何发生等等。这种思维模型，从《易经》说不必了解卦爻，而要了解体系、思维方式。《周易》是宇宙观也是思维方式，这套思维方式也可被看成决策系统、管理系统。因为它可投射在任何事物上、决策上，产生决策系统，投射在管理上变成管理方法、管理系统，C 理论就是这样提出的。当然要了解决策、了解管理，不能仅通过《易经》了解。我们不是把《周易》思想作为决策用，而是把《周易》方法用在决策上。对决策过程还要了解，决策涉及人判断、知觉等各种因素。过去错误地认为掌握《易经》就掌握一切。如何用在一个科目上，还要对科目进行经验性思考了解，刚好西方管理学、决策学提供了这样的了解，西方的科学也提供了科学的了解。对科学需作科学的研究。如何把科学用在社会上，思维方式很重要，《周易》提供了上层理论结论。假使西方科学家早有《周易》思想，可能早发展了更高程度的科学理论。

今天科学理论的突破从古典物理学到相对论到相对量子论等，理论要突破原来结构要用新的思维方式去回答，这种新的思维方式与《易经》思维方式很接近。主要是因为它追求自然整体面的世界，认为宇宙现象是变化的、整体相关的，自然就走向《易经》思维方式。中国人更早走向《周易》，《周易》成为管理决策思维方式是自然的。若用在科学知识上，也许会导向动态开放的科学知识体系。

今天中国人在管理上还落后于西方，有几个历史原因。

首先，《周易》思维方法为中国人接受，但中国人并未有意识地、自觉地发挥。

其次，中国人并未把这种思维方法理性地用在正确的与公众有关的追求利益的系统上去，今天的管理是可以公共接受、用来达到利益的系统机制。过去中国人在制度上由于封建宗法的束缚，往往只在个人利益上下功夫。不仅如此，由于对客观事实、变化中的社会、宇宙敏感度不高，致使社会体制、政治体制往往走入封闭系统中不能自拔。

再次，虽然本身思维方式没有缺陷，但农业社会、封建制度形成小农心态的保守的、苟安的、因循的习惯，造成自负。中国与日本比较，鸦片战争后，中国有识之士主张变，魏源写《海国图志》，提出"师夷之长技以制夷"。但决策者、政府朝廷听不进，觉得世界虽大，但中国为天下中心，其他人都是野蛮的，一味迷信自己，自大。这种迷信也是自我封闭。而现在又走向了一个极端，一味崇洋，外国一切都先进，由自大到自卑。

最后，士大夫的积习不考虑技术问题，不愿接受知识，一味空谈，以文辞、辞藻为炫耀，迷恋官位，当初一味从政轻商，不重知识，这样就不能抵抗西方。17 世纪时，中国还很先进。但 17 世纪后，中国就江河日下了。因为明朝以后，中国日益封闭，后又实行海禁，政策封闭，国家在世界上的地位一落千丈。日本在 1842 年听说中国在鸦片战争中失败，马上决定不学习中国文化，改学西方文化，它的生存意识很强。中国作为一个大国一方面把自己封闭起来，认为天下是自然会改变的，完全失去《周易》的通变与忧患意识，紧迫感很不够。一些有识之士推行洋务运动，大声疾呼，力图改变；但决策者愚昧、封闭，变革没有成功，这也说明了领导决策者行为的重要性。日本吸取中国的教训，广征博采，甚至宪法也抄英国的，实行明治维新，朝廷不封闭，任用人才，掌握知识、信息，学习西方，由此富强起来。

西方列强入侵中国，日本也模仿西方侵略中国，并且参与发动第二次世界大战。失败后被美国占领，但日本人很顽强，迅速在战争的废墟上重建家园。日本人的成功是苦干出来的。它的根源、力量部分借助中国，学习美国管理，提升品质。在管理上学习美国又超过美国，日本人以儒家、法家思想作为工具，把人民统治起来，要他们讲品质、讲奉献、讲忠诚，并给终身雇用、安保，日本人受到公司的全盘照顾，就会奉献自己的一生。管理者善于调动人的积极性，忠诚为他服务。日本历史上因而缺少内奸，他们决不会牺牲日本人的利益来获取个人利益。而中国人则往往为个人利益，不惜引入外界力量损害本国利益，日本人内部也是竞争，但是为划分范围、达成协议，不会用外国人损害本国利益。美国人也强调美国人的最大利益。中国人不团结，往往陷入意气之争，没有中国人的利益高于一切的信念，这是中国人管理上的大缺陷。

在品质方面，美国人认为好，就不再做，日本对品质要求高，精益求精，不断改造、改良。如在厕所这样的小事上，日本人都考虑得很周到，洗手水也作冲水。教育上也是如此，美国的新书，日本人在一两个月内就翻译出来，不断吸取、了解、开发，怕落后，求改良。企业的发展离不开改良，改良就是掌握技术、信息，不断制造新产品，哪怕是一点改进也好。

十一、今后的发展

在今后的发展中，日本和美国将与中国关系密切。我们进行中、日、美的比较，要发现别人的长处、自己的缺点，才能更好地发展。日本人成功是因为他们借助中国的文化资源，又能独树一帜，形成自己的特色。台湾很多企业也以中国管理模式为标志，但还未形成所谓功效性成果，原因就在于一些习惯、制度、偏见影响中国人不能好好面对管理的问题。中国人温吞性格上的长处却变成短处，中华民族很纯真，历史上没受过大打击，与西方相比，没有强烈灾难感；再加上中国人多、地广，祖宗留下的东西多，形成一种不在乎、不在意、粗心的生活形态，在此情况下，当然要遭到别人算计。

中国人缺少的危机感，就是在《周易》中提到的忧患意识。《易传·系辞下》讲忧患意识，"作易者，其有忧患乎"。宇宙变化无常，天命变化无常，自己不抓紧、不警惕，就不能发展。"乾卦"作为君子，要不断警惕自己，如履薄冰，如临深渊，能小心翼翼才不会受骗、不会迷惑。用卜卦作整体性定向、定位、预测，就是为找到比较合理的定向。后人取其技巧，而不是精神。《周易》作为一种占卜技术多是应用在全体性利益的事业上，而不是为了个人。所以这种集体意识的丧失是很不幸的，每个人都只追求自己的吉凶、祸福技巧。这是一种失落、失误。忧患意识不够，容易陶醉在别人的恭维之中，这也是缺点，听到好话，马上跟人做朋友。其他民族很少有这种善进谗言及谄媚的缺点，美国人就不喜欢你说他好话，认为你是别具用心。在美国，一些中国留学生带礼物给导师，导师会怀疑你是在贿赂他。事实上中国学生只是想搞好关系。中国人天真，往往事倍功半，得意易忘形，失意时又不能自强。中国有汉唐盛世及相对短暂的天下太平，这种自满导致自我封闭。而日本是岛国，资源少，没有安全感，也很敏感。危机感的产生是因为知道自己的缺点，知道自己发展中的危机，因而特别重视危机管理。但今天的日本却又走向了不谦虚，妄自尊大，自以为是，为将来其另一失败埋下隐患。

没有理想，就没有发展。雄心和野心两者要统一，管理文化上，一方面强调危机是什么，缺点是什么，不要自以为是、自满，然后才能服从管理。管理有外在性、规律、规则，在心理上让大家知道团结的重要性。另一方面也要有几种具体理想方案作为追求目标，如公司、国家发展以什么为基础，达到什么样目标。中国在世界上的地位和理想要提出来，不是为了威胁别人，而是维护中国应有的权利，权利意识、集体意识应加强，强调集体权利、忧患意识。C理论要建立在自我批判、自我要求的应用上才能达到目标。

目前，日本人把外国人看做同等的竞争者，派遣大量留学生，了解西方比中国了解得更深刻。而中国人自认为老大，一直没有平等互惠观念。中国人危机感少，这与"中体西用"关系不大，"中体西用"缺点在于它只是个提法，体与用的关系没有建立起来。只有先把中学与西学整合才能谈体用关系，在整合前都是空谈。C理论就是融合，张之洞说的"中体西用"只是对比，没有整合意识。这与中国人大而化之也有关，不求精密，不下功夫。新加坡的危机感也很强，地少，要维持团结独立的社会，就要天天紧张、规划，不能有紊乱，像一个家。日本人兼容并蓄，重点摆在建立科技上，没有着意放弃传统。中国人强调情性，感情特别丰富，不太容易改变。以情性来接受理性，只有在情性基础上接受理性，才能改善情性的缺失部分。

中国人对国家忠、民族忠比较淡薄，可能与国家大、太分散有关。若不是抗战，中国人民族感不会激发这么高。鸦片战争、中法战争等对民族感情很难说有多少增加，因为具体对象不够，民间对政府的希望是少给自己麻烦，不敢奢望政府帮助，或主动给福利。一个政府如能主动给老百姓好处，忠诚观念就会增强。公司、企业也是如此，多关心员工，员工就会更效忠。儒家"仁政"就在爱民，老百姓要安定、养家糊口。在中国孝比忠具体，讲忠是对于工业集团，但企业需国家保护，间接对国家忠也非常重要。日本明治天皇进行了许多有利于社会经济发展的改革，1887年把国有企业拍卖给百姓，三菱、三井等大企业都是从那时发展来的。

中国人现实感、客观性不够，只是欣赏、观望，往往大而化之，不能准确描述。西方基于实用目的，对现实利害东西有非常强烈的掌控欲望，掌控的方法是逻辑的，再发展为分析的、数学的、经验科学的，这些都可成为工具，和一套规则重新描述中国人的认知对象，如"道"等，中国人感觉到确实有这种东西，但不尽力去说明，用西方人分析工具、分析方法描述中国语言，就更能感受到客观现实和主观现实的区别，要了解中国语言特征，先了解西方的语言。日本语与中国组织方式不同，只有了解自己以外的东西才能更好地了解自己特点，才能进一步说明对方，这对思考、认知客观事物有很大帮助。

C理论讲的是相生关系。从管理中讲决策一定要从全面性讲，考虑各方面关系，要考虑相对定位，即把几个重要机能发展出来，即领导应变市场、生产服务改造、人事协调，每个部门争取关照到，找寻相对关系，即一种内部凝聚力，相生作用是在整体定位后产生的一种凝聚力的思维，有扩展性，是良性循环。这种关系在一般管理中有：向内凝聚；向外扩展。用凝聚使之持久、持续，扩展是某种转化，在管理上有两个重要功能，即"一阴一阳之谓道"，凝聚是向内，能长久下去，维持企业的发展。另一功能，企业、财团要发展，包括能够生产、投资的分支机构，兼并扩展后成大集团。扩展若忘记凝聚就会分裂，如没有扩展，只有凝聚就会变成保守、孤立。如何平衡二者，要个别考虑，凝聚是阴，扩展是阳，扩展要凝聚，凝聚再扩展，中华民族、国家也如此，凝聚是文治，扩展是武功。产业兼并如希尔顿酒店的发展史：20 世纪 30 年代，希尔顿借款买下 30 个房间，在事业上不断扩展；50 年代，它已成为美国最大酒店财团；60 年代买下当时全世界最大的单独酒店，纽约的"华尔道夫"酒店，后又买下芝加哥的大酒店，并把它送给当初的忠实追随者，报答他们的努力；70 年代发展为全世界酒店财团。希尔顿有句名言："任何企业发展都没有边，只有天空和时间。"他很懂阴阳配合关系，他对部下很好，设法为他们解决难题，部下对他也很忠诚。有关凝聚服务项目、生产项目、改造项目与扩展有关，假设在这方面加强，其扩展力就加强，扩展力基本是了解能力、发展能力。凝聚性是领导性，是人事关系，凝聚上的加强就是这两方面的加强。

相克代表制衡。决策不能过分干涉市场的客观的灵敏度，市场导向在决策上就是承认市场自身的运作。不能完全因为决策来作主观决定，不作市场调查，不考虑市场，就把市场机能消失掉，会造成损害，即土克水的问题。决策可适当干扰市场。相生造成一定环境，使它进一步发展，甚至量化，量化是通过管理科学模型来进行的。美国的三大家：苹果公司、IBM 以及微软公司，它们之间为了利益结成了错综复杂的关系，像春秋战国的合纵连横。

人有人性，从它的最基层慢慢形成现实情况，由于受一些因素影响，有时设计推出一个产品不一定像最初调查的达到预期市场效果。很多时候，要在不知道的情况下作出决策，虽不知道具体特殊规则，但应知道一个宇宙原理。根据个人主观情况，不考虑市场因素，盲目决策，可能会把市场葬送掉，这是水克火问题。市场本身没有任何活动，内部机能不行没有外面刺激，人事方面变成死水一潭，水过分扩大会浇灭了火。而市场太大，扩展太大又会导致人事的损害。作为制衡，则很好，如在军事原则上，一个国家多灾多难，可利用外部矛盾转移并消除内部矛盾。有的国家用对外打仗来制止国内冲突。美国总统克林顿声望低，就找借口打伊拉克，以此提高自己的声望。火可以克金，火熔金，这指人事不好，有不稳定因素会影响领导，用适当的火维持适当的领导，不然会造成领导的伤害。金克木问题是指错误的、自以为是的领导会影响生产、改造、服务。领导很重要，领导以身作则会创造更好的服务。以生产作为目标，会影响到整体决策。一个大公司如何推销，满足既定方针，若把注意力过分摆在生产项目上，则会妨碍整体决策能力，渐渐影响到其他方面，即木克土。

以上是对相生相克的简单说明。在适当情况下，我们还可把天干地支反映在管理中。在《周易》决策中，它的循环是一种内部循环，是在时间过程中进行的，往既定目标行进。给天干地支以现代内涵，从道理上是有可能的。时间上划分，从出生的时、日、月、年，找到相关点。一个人命运不纯粹与时间有关系，而是与时间中其他因素相关，不能迷信时间。同一时间有很多因素：人、物、地理因素等，这些因素要从经验来了解。人的命运不是不可改变，人同样受地理、生活、人文影响。今天人的生命延长，不是命该如此，而是人的努力造成的，原因不只是时间，还有其他很多因素，是否能把天干地支加进去，不受传统命学影响，从解释看可以，但不能受它约束面对外面的世界。C 理论是开放、辩证的发展。

中、日、美比较归纳起来，基本上有个架构。四种血型（A 型、O 型、AB 型、B 型）本身代表某种性质，这些性质在一般条件下反应有些不同，血型与人的生活环境、反应感受有关。从遗传学上讲是一种差别，这些对生活、行为、感情有影响。同一件事，每个人反应不完全一致，有些后天因素，很难说准，人心作为一个知觉功能，心与身联系在一起。基督教说心是灵魂，灵魂能独立身体之外，心变成神秘状态。中国人不谈心身分离，心分为魂、魄，心有初步知觉，没有知觉，就说没有心，说人没有心时是说他没有感情。假如把心当做广泛的感知功能，心是需要培养的，有口无心，用不用心与脑有关，理性、语言上心包含了很多。西方人心有 Heart 和 Mind 之分，Mind 指理性或理智，Heart 指感情或情绪，而中国人把二者合在一起，"心"统合了各种不同的心的功能：思想功能、感受功能、感情功能，有这些功能是因为它有先天条件，马心不同于人心，因为人有人性，有使人成为人的那种条件，它是经过长期演化发展逐渐主观出来的。比较发展哪个，受后天影响。血型由染色体决定，什么民族有感性、理性是后天因素帮助选择，也许在某些情况下是任意的，日本人多 A 型，中国人多 B 型，欧洲人多 B 型，美国人多 O 型。美国代表西方文化，强调理性，日本人从原始文化讲，强调感性，中国人就一般古代传统讲是情性。西方人也有感情，只是偏重于理性。日本也如此，比较自然地流露更多感性。中国人比较主动自觉表现出情性，这是由文化上的选择和历史上的发展造成的。管理也受此影响，从自然倾向和自觉自然选择来讲，西方管理强调理性处理和理性领导。日本人感性很强，学了西方后，感性加上了理性，理性算计、计划，感性处理事情。尤其在个人与群体事情上，个人事情讲理，集体事情讲情。美国人在个人上讲理，在群体上也讲理。但在理的背后有很大程度不讲理，理是表面，不讲理是里面。什么都理由化，占便宜，搞征服、统治。与美国人谈判，一方面讲理，同时又要指出他背后的动机。中国人一般讲情，群体靠个体关系，有关系就有情，不讲理，不推断，轻信，易受骗。中国人讲诚，一个人诚不诚，以前看眼睛，而现在有些连测谎仪都查不出，一方面很难知道一个人是否诚，另一方面诚于一时，但不一定诚于另外一时，要合乎理，以理为制，要有大局观念，个人讲情，群体一定要讲理。过去中国人事无大小一律讲情，可以讲情，但不能影响国家和集体的利益。美国人应学习中国文化，多一点感情。

对日本人，应掌握他们，给他们好处。你强，他们怕你；你弱，他们欺你。中国与美国应加强合作，这对双方都有好处。今天的状态对美国也没好处，克林顿对中国了解不够，美国人很难改变对中国的偏见，老是认为中国有问题，不讲人权。对中国现状了解不多，而且假设中国会像苏联一样最终瓦解。现在还在观望中国，中国若垮了，他们就可以插入捞取好处。不垮，他们就会慢慢发展与中国的各种关系，因为他们也有这个需要。中美个性接近，应有最好的合作。从长远策略看，美国应和中国合作，美国经济改善，中国也稳定发展，太平洋地区也会更稳定。假如一切平稳的话，几年后中美关系会好转，稳定下来，但日本人就会不高兴。中国还可反投资到美国。在不好的情况下，中美关系不好，中国发生动乱，日本渔翁得利，美国以中国为假想敌，中国也以美国为假想敌。

目前在中国大陆，少数人富裕，大多数人贫穷，个体企业发展好，国有企业陷入困境，外国人认为中央权威失掉，这些的确会产生些问题。但我认为，经济分权、政企分明，会减少中央权威，减少控制权和计划权，这也不一定坏，坏在地方滥用权，谋取个人和地方集团的利益。中央应对此有所管制。沟通也很重要，政府真正目标应让各级干部知道，尽量减少不满。让所有人都有经济发展机会。有识之士都不愿看到中国乱，中国不能分裂，搞内乱，只有这样才能维持香港的稳定和繁荣，才能有台湾将来可能的回归，维持西藏不受西方侵略。中国是一条在大海中航行的船，风浪很大，必须齐心协力。不能一切向钱看，很多问题不是单纯的钱的问题。政企要分开，也要沟通。

十二、C 理论与国家行政管理

C 理论可用在国家行政上，但须说明企业管理理论是用在私人主权假设下，目标为求得私营企业利润和利益。公共行政团体、机构与企业不同，但二者也有关系，在开放的政府格局中，企业管理与国家管理越来越靠近。美国很多城市由经理（Manager, Director）来管理，相当于公司管理人。中国城市有副市长（第一、第二等），在功能上，副市长有很多事务去处理，市长等于董事长，股东是有投票权的人民，市长任命副市长相当于董事长授权总经理管理交通、市容等问题。有相当的授权，可以作出一些决策，但在大的决策方面，则由市议会决定，市议会相当于执行董事会。因此，完全可以从企业管理眼光看城市管理。城市好坏的评估也像企业评估，钱是重要因素，但最重要的是把品质提高，得到人民赞赏、支持。国家也是如此，日本是个大公司，首相是总经理，天皇是名誉董事长，他不能干政，养尊处优。日本国力充分，是个民族国家，日本人钱用得恰当，也是一套管理方法。美国宪法规定政府不做生意，但通过税收，也可以赚到钱。政府生产的东西是规范，政府有服务项目，也有一些军转民的产品。中国不但是个公司，还代表中国人民的价值方向，中国政府不但是企业首领同时也是个家长。中国人有革命传统，倾向于讲自己既是主权所有者，又是可以指导德性的师。师要有权威感，尤其在计划经济下加强政治权威。因之中国人对为君、为师者有道德上要求。道德上的权威感，也是中国文化特点，并不是先做圣后成王，而往往是先做王，然后认为自己是圣。规定管理从好的角度讲，把人民当做子女，什么都管，动机也许是好的，但管的方法也要讲究。管理不但应讲国家管理和企业管理，也应讲家庭和个人管理等等。

C 理论纯粹作为管理用，除了师和君可解释为权威管理和道德外，当然也可以把 C 理论用在国家行政上。一个决策者、政策制定者最主要的是这个职能是否能发挥其决策作用。今天的国家是在市场中求生存，市场有经济市场和政治市场等，中国要具有真正举足轻重的地位，还需要在管理制度与方法上长时间的努力。此外还有文化市场，中国人生活方式、思想方式、文化方式能否为更多人喜欢和尊重，这很重要。美国人认为自己的方式最好，并强加于人。中国讲究以德服人，一个小民族和国家也可有自己的一套，这是有关文化市场的竞争。从文化角度生产的东西在经济上、政治上有什么价值与意义？它的价值与意义就在于能够提升国家总体的影响力，增进国家形象。文化上的创造很重要，文化是长远的事，文化需要改良和创造，应该承认我们的改良能力比日本差，创造能力比美国差。

在人事上协同上下和左右，作出的决策能取得大家一般性的支持，是政治改革的发展方向。多党制、协商制等要加强，这涉及所谓民主化的问题，基本上是五方面的循环，五种功能的密切配合，能与公共行动结合在一起，因为公共行动与企业管理在结构上基本相同。只是国家涉及很大主权，企业涉及有限主权。中国改革开放，在政治上，该放的权则要放，这不等于没有主权、不讲究效率、不要规律。C 理论是个科学理论，给中国的改革开放过程以一个新的眼光与视野。中国不是非走儒家一套不可，儒家有长处，但也有缺点，有太多的权威主义，君和师就是儒家的，好为人师，但管理者不一定是老师。另外民主有很多层次，选票不是唯一的民主。要讲中国现代化，并不一定要西方化，讲中国特色不一定非要走向儒家，但又不是把儒家推到一边，不谈孔夫子。儒家完全可以成为整个综合思想中的一部分。把功能定位出来，只要不妨碍其他思维，儒家还可恰到好处地运用。从管理中讲处理人事，但人也离不开市场、决策，所以儒家只好在道家、法家、墨家、兵家的整个考虑的策略下占一席之地，从而清除儒家与封建制度容易结合的倾向。唯有把儒家从封建心态下解放出来，才能把儒家的真正作用发扬出去。先秦产生第一代儒家，秦汉产生第二代儒家，宋明产生第三代儒家，清代与近代产生了第四代儒家，但儒家的真正发展还是在于现在的第五代新儒学。中国回到儒家伦理，与经济发展有关，但很多中国人特性不是儒家。如儒家喜欢排场和面子，不像墨家克勤克俭，实际上，克勤克俭是农民的特性。相对而言，C 理论是较好的选择，因为它更完整，可以评估、检验、发挥、充实，人可以从心理上感受它，成为内在价值观念。

中国经济发展改革开放是在没有经验又不太了解资本主义的情况下进行的。20 世纪初到 70 年代和 80 年代，中国对西方经济了解不够，但有一个基本信条即开放好，要发展生产力，制定理论、策略的人以自己最好的想法作出规范，好在他们了解中国实情。由于对整个改革开放策略没有详细的可行性计划，体改委等人士考察西方时间短，中国改革基本上是摸着石头过河，凭直觉，走一步算一步，相信船到桥头自然直，这些都是中国人的基本信仰。整个讲，中央政策出发点好，但详细度和可行性需理性整顿，在时间、空间、量度、人事方面调整往往不能拿来最好，不是太迟就是太早，不是太多就是太少，很难恰到好处。在不知的情况下决策最易，但有知识不用是愚蠢的，不知情况下决策风险最大，应考虑防范活动，安排退路，即所谓整体调控，实际上这就是《易经》的思考方式。时间、工作、危机感三者关系密切。赶时间，投入多，人事少，危机感强；不赶时间，投入少，工作量小，危机感少。这也不是绝对的，还要视具体情况而定。在今天经济发展中出现的受骗、开发区太多、地方滥权等问题，此外还有外在因素如农民问题、民工问题和地区权益分配及整合问题等需要分析。整个宏观认定、投入、坚定力、坚持力很重要，这是理性，不能代替人的意志。"大跃进"造成的决策损害很大，因为人的意志代替不了理性。理性以知识为基础，意志以理想为基础，理性不足的地方，以意志补充。意志要以理性为决策基础，但过分理性常造成畏首畏尾。还需有眼光、有决断的人推动，尤其在经济调整上批评是难免的，经济过热应有所防范。有的是无法防范，最怕的是明知必须防范而无动于衷。现代中国经济发展需要防范，由于中国经济缺少细致完善的规划，开发区过多过滥，物价易失控等。我认为中国人是能够把经济搞好的，会一次比一次好，因为现代中国人总能从经验得到学习与教训。

日本人勤奋是由于当初日本是农业社会，勤奋是自然生活习惯。对老板有特殊服从性，中国人需要以德服人，而日本人只要你在其位，就绝对服从，而中国人性格中有自由放任一面，有独立判断力，容易失去团结。日本阶层不平等，内在权威感强，他看重美国人，因为美国人曾打败他们。他们说中国人内奸多，而日本没有，又说美国人粗鲁，还认为中国人愚昧、自私等，有部分是事实，也有部分是抬高自己。由于儒家的关系，中国人以道德为基础，事实上，中国人比日本人更有平等精神，中国走日本路是行不通的。

中国在大公有制下，宏观公有制实现微观私有制，包括自由市场、个人产业。像英、美等国，在私有制里找公有制即社会福利。公有制和私有制是你接近我，我接近你，相互选拔，这是阴阳的道理。为了平等、社会正义，当初马克思研究西方经济体制和社会发展，关心为什么资本主义剥削人，从人的理想追求即正义、公平、分享考虑。历史的积淀，有人太富，有人太贫，就要找平等。公有制重平等、正义，私有制要求自由创造。人类在私有制缺陷下革命，找公有制，但完全采用公有制，计划经济，就没有生产活力，缺乏创造力，一团黑。平等是静，自由是动，在动之下才有活力，动静之道是阴与阳。个体需要发展空间，但完全在私有制下，问题多，有些人聪明，机会好，赚大钱，有的人虽努力，但由于其他原因，还受别人剥削。荀子说过，人有贪的缺点，钱越多就越贪，在私有制社会里更是贪得无厌。没有理性规范，没有宏观调控是不行的。为求得正义和创造、平等和自由之间平衡，一定要有公与私的结合。中国以公为起点，结果向私发展，如何维持平衡，很值得研究。公有制表现在社会福利、健康保险、人民教育等方面。公有制另一个特点是宏观调控，日本发展国家资本主义，国力至高论，强调控制。自民党、财务部和大企业狼狈为奸，彼此勾结，一致对外。美国是私有制，但也讲究社会福利如社会保险、教育等。中国以公为本，以私为用，宪法规定公有制。美国是以私为本，以公为用。公与私的结合即平等与自由的结合，可称为社会资本主义或资本社会主义。

十三、综论 C 理论的决策

C 理论与公有制是不冲突的，中国人的主体性很重要，要站在中国文化立场上，同时以中国人最佳利益为标准，发展一套管理。中国管理是在接收及采纳美国和日本管理的长处，弃其坏处，站在中国人立场上发展而来的。C 理论还可不断改进。《易经》有宏观的一面，也有微观的一面，它所谓消长、对立是相对决定的。在整体里决定，掌握整体内的相关关系才能看出中国发展中的消长因素是什么。消长只是一种自然趋势。趋势有其限度，从辩证思想讲，没有机械的客观规律，只有大趋向。毛泽东思想包含的辩证性比马克思主义更多。

《易经》强调的变动性有三个原则：相对性、主动性、参与性。自然规律无法掌握，宇宙具有开放性、创造性，人只能不断创造、参与，作最好了解，掌握大的趋向，使它实现。不要相信绝对命运，要相信相对命运，有些路没有选择或选择错了，只有死路一条，就变成命运。人的作用很大，如早点选择，空间就大。若不作好的选择，没有知识，别人或你自己就会把你推上死路。

C 理论包含：

其一，市场导向，即所谓水生木问题。

其二，决策导向，即所谓土生金问题。

宇宙万物之间的关系、联系应该反映在人的思想活动中。西方最大的管理缺陷是没有统一理论，是片面的，缺少管理哲学，而只有管理科学、管理模型技术、假设中的管理哲学（假设人是自私的、理性的等）。从长远观念看，C 理论比这些假设要合理。日本管理模式在很多方面超过美国，因为它结合的文化因素多些。C 理论宏观上补充、解决、吸收西方管理理论，它是开放的理论。

我们不能希望 C 理论每个人拿来直接就能用，它需要一个中介，介体就是你自己。管理基于我们了解的现状因素，这些因素既有文化方面的又有历史方面的。由了解到诠释，我们预测未来因素如何发展，再加入人的因素，发展使它达到一个收放自如的境界。C 理论可作诠释用、预测用、改良用，打破经济上许多人为的、不必要的关卡。世界经济问题很多在于关卡林立。将来发展方向是：谁有能力，谁有权威，谁就可以制定规则。现在美国是政策制定者，关贸总协定就是这类规则。但每个国家都有权制定本国的规则。世界是现代原始、现代野蛮的，有很多事项及处境没有规划。C 理论可帮助由没有规划到规划，解决决策与领导的关系、外贸与生产的关系等。C 理论是宇宙论，世界一分为二，即西方的长处是领导市场发展，东方的长处在于人多，劳力便宜，西方通过领导市场争取决策权掌握东方市场、生产力。东方希望通过决策权确立世界领导地位，建立更多市场，拥有更多发言权，故必须以人为基础发展决策能力。东西方两者之间造成矛盾，C 理论为此提供一个战略方向，以解决这种矛盾。

西方人讲策略，重未来，有人提出"中国，下一个超强"，从某种意义上指出潜在的可能性，将来中国经济强大，武力扩张，中国成为强国，但这种说法多少有点"中国人强、要小心点"的意思。中国人认为受西方人欺侮，强了也应该，强大可以多做贡献，摆脱欺压。而西方人认为中国人强大但不能超过他们。威胁论可以说是一种策略，一方面把中国当做假想敌，另外也是本身需要，可以产生积极竞争力，美国经济上要发展，与日本友好，但也要平衡中国。美国有些霸道，达不到目标就要威胁别人。中国和美国在生活方式和价值观念上不同，而且美国价值有很多问题，要中国全盘西化也行不通，世界应是平等，多元公平竞争，不应该把自己的观念强加给别人。美国人好自以为是，中国人要懂得谈判，要以西方人方式比西方人谈得更好，谈判是理性行为，也允许用计略。C 理论要掌握资讯、对方心理、法律等来保护自己利益、进一步发展自己利益的公平方式，内部用策略是内部的哲学思考，内部思考的形式可以是理性形式但与现代行为不必等同。所谓现代往往只是个层面、表面。美国有其表层的一套，但也有其内部文化。中国没有现代面，现代的表层也不固定，其他全是文化价值。没有表层是不行的，没有表层就没有制度、没有表达方式、没有行为格式。

用科技来管理，把管理决策作为不断发展过程，与传统不同，没有变成一种理论，不能叫管理革命。C 理论相对西方管理而言，具有管理革命的意义。C 理论的重点不把儒家作中心，给儒家一定的定位是其特点。其他方面如市场、科技方面只是在中国文化立场上接纳它，没有冲突，从人类方面讲与儒家没有冲突。

人必须要有原则，原则靠理想决定，理想不是空想，是历史从人生经验中提炼出来的。古代西方人一般想做英雄，而古代中国人想做文士，理想不能说没有。中国人作为一个文化整体，也有理想，要使理想在社会里生存，合乎现代人的心理，在竞争中有说服力、有生产力。谈儒家不是把它作管理哲学中心而是给它定位。儒家有其管理哲学，但不是什么管理都是儒家。人的功能、社会的功能和人的欲望是多层次的，人有理智，有内在价值如德性，德性不能代表一切，但它有相对定位。伦理与管理相互为用。西方伦理中讲责任、义务，而不在德行。权利、义务与责任是现代人尤其是西方人遇到公共事务时所重视的品质，他不一定讲圣贤，但讲什么是合品质的人。懂得责任义务和权利，在企业上就形成了企业道德、商业道德。怕儒家是怕把儒家与封建制度结合。把儒家单独看，把儒家与其他传统组合看，儒家是对人的品质要求。要在责任义务及权利的基础上发展更好的实现人性的价值理想，也可以把此一理想看做发展企业的最高价值所在。

《易经》的思考方式就是要重目标、理想、太极的思考方式，是要自己去思考决定的。道是纯粹的符号，实际上是目标、理想，是你公司经营的最高方针。就中国社会来讲，要建立一个社会主义国家，社会主义就是能分享、公平、各取所需、各尽所能的社会，这就是目标。当然目标也不必是宏伟的，也可以把办公司赚钱作为目标，要考虑如何办好公司，应做些什么事情。首先要有钱去投资，有确定项目，然后再分析赚钱要找什么人等等，一直分析下去，这是种推演、演绎。再如有很多钱，有朋友，要确定做什么，就把二合为一，找到要做的项目，朝这个方向推进，这叫归纳。《易经》思考既是归纳又是演绎，演绎是阴，归纳是阳，这也是阴阳的配合。这两个方法，一个以实际为基点，一个以理想为基点。在各种现实条件下，把各种条件联系起来，找实行的相关点，先达到次要目的，再达到主要目的。这个方向是能力的培养、潜力的培养。另一方面，要扩大眼界，有目标，如何决定目标，挖掘潜力。从现实的某一点开始，归纳出或看到哪些可能性，然后定位。可行的计划可往上走也可往下走。哪个点都是决策点，要有一个全面的、网状的思考，此即为决策，它基本上是一种思维方式。这个决策从个人讲是决策，就两个人说是谈判，决策实为一种谈判的思维方式，理想的决策形状是网状的推演。例如我们要买车，第一步决定买不买车，是买车还是留学、度假；第二步对车的价格、颜色、品质、速度等进行考虑。面对车本身的要求就是一种网状组织，如何安排选择的优先秩序。这种安排是分析的，要首先在自己内部作好分析的决策，这是第一步，叫分析决策程序。这个程序只有自己决定，理性决策把决策程序化。决策也是选择，任何决策分析起来都是方向选择，如何做，是由个人价值决定的。中国人价值选择目标与外国人不同，每个人都有自己的选择权，不能说谁的好谁的坏。我们以《周易》为理论基础，选择要有个架构出来，它是经验提供的，也是由思维概念化而来的。故预测即决策，由《周易》看，有的预测是客观的、独立于人的意志之外，如中英谈判与香港股市关系，谈判破裂，股票就跌。决策是预测。没有纯客观的预测，不要相信命运，而要相信人的努力。有的事不以人的意志为支配，有些完全可以意志为转移。谈判就是要对方的目标与你的目标统一，或你的驾驭他的。决策是个人的，谈判至少牵涉两人，二者基本思维方式一样。不但谈判是决策思维，冲突的解决也是决策思维，冲突解决是管理中重要理论。谈判、决策、冲突解决是三位一体的，决策是自我谈判的过程，也是解决自身冲突。谈判是因为冲突才进行的。C理论作为决策学包含了辩证性思维方式，它不只用在决策上，还可用在谈判和冲突解决上。

第二节　论华人管理本土化的理论架构

一、绪言

中华文化境域内的企业大致分为四种形态：中国大陆、香港与台湾地区传统的中式企业，如中药房、中餐馆等；当代中国大陆社会主义体系的国有企业和各种生产工厂，如制钢厂等；1980 年后中国市场经济的集体、中外合资、私有或其他市场化非国有的公司型企业；近代海外华人的各种大小企业。不论哪一种形态的中国企业，都脱离不了中华文化的特质，只是多少与层次问题。但由于所在地的政治经济与社会习俗的差异，中华文化的特质所表现的方面与方向也就不一样。关于这方面的研究可以从人类文化学入手，可以从社会学入手，可以从经济学入手，也可以从环境生态学入手。如就管理因素来分析，我们可以就政治社会体制因素来掌握一个企业的形成，也可以就管理者（个人或团队）的才能来衡量一个企业的成功与失败，更可以就一个企业适应环境的经营手法来说明其兴衰；但究竟如何才能表达中华文化的特质却必须从管理系统的分析做起。

二、个案研究的架构与基础问题

只要涉及管理系统的分析问题，首先就必须指出管理个案研究（Case Study）的重要。但在目前管理教学的个案研究上，往往是从一个公司的经营方式或战略决策来观察分析，因为这种个案的分析大多是在组织行为与策略管理的课程中进行的。就以哈佛管理学院的教学计划来说，其重点集中在训练学生的分析具体问题或难题的能力，以求如何取得最佳解决之道并如何取得最大的成功。但什么才是最佳解决之道呢？什么才是最大的成功呢？这却要看当前的经济趋向与所在地的文化与社会制度。我们不可能在一个农业社会中要求工业社会中的成功，也不能在所谓的传统产业中要求新经济快速成长的成功；传统产业的成长与衰退所代表的意义与新经济的快速成长与快速萎缩的意义是不一样的，不同的范围与不同的规模也代表了不同的竞争方式与价值衡量标准。面对时代，如何转化一个文化的独特资源来因应经济成长或发展中管理的要求，同时发挥一般性的与具有文化特色的管理效能，借以创造独特的精品与高品质的成品才是新经济与新管理发展的动力与基调所在。

早期美国的管理以追求品质的卓越为最高境界，但目前美国新经济的管理却以追求效率高、规模大为目标。当然我们仍可诠释卓越为一个非常丰富和复杂的概念，认为它是由企业的组织、领导、用人、战术、系统回馈和控制所组成的，自然它也反映了产品的高品质与企业持续成长的能力等等。无可讳言，结合品质概念与效率概念的是文化的素养与知识技术的应用等明显的背景因素，此处又必须指出知识技术的作用是三方面的：一是以知识技术为生产与服务的工具与手段；二是以新知识技术为生产与发展的对象；三是以既有知识技术的具体应用为目的，未来人类企业的发展显然将走向三者的局部合一或全面整合，此即运用一些知识技术的工具把另一些知识技术具体地应用于一些事物上面，并因之产生一些新的知识技术，且周而复始。目前已有此一趋势，这也就是新经济的发展方向。文化素养扮演着认知、选择、推动、承担、评估、学习与超越等功能，故它是知识技术发展之本与体，知识技术是其用，而知识技术作为工具、资源与目标，又是产生高品质与高效率产品的本与体，高效率的管理是其用，因其用而有高品质的产品。

所谓"本"是根源与事实上的起点，又是动力的来源，有如朱子所说的"问渠那得清如许，为有源头活水来"的源头之义；但本还有另一种意思：现实的当下所奉行的理念与原则，为解除疑惑与决策所依据并启发行动与持续实践以抵于成，这种本是整体的系统，具有根植于现实与存在的意涵，同时又带向一个体或体系的建立与展开。这个本就必然包含了体的建立与发展的意向，因为它具有指导上的意义，是要从一个坚定的基础上建立一个体系。从这个意义上说，一个非历史性或非发生学上的本比一个历史性的或发生学上的本对建立体来说更加重要，但这不是说历史上的本不重要。事实上，一个"有效历史"（effective history）的本正是理念与原则的本的原始经验基础。"不可忘本"指的正是这个引申发展包含文化资源的本，文化资源的本与理念原则的本结合起来才能形成一个坚实的体，发挥多面向的灵活的用。

自 1995 年之后，哈佛管理学院开始着重企业伦理分析，其个案研究开始侧重面对合法与不合法、正当与不正当进行的企业管理方案与决策的难题的分析，以求得合理又合道德的企业行为，但其中包含的问题是十分复杂的。其中之一乃是伦理性与战略性或最佳战略性之间的可能与实际矛盾与冲突，如果我们严肃地对待企业的伦理问题，就可以发现许多企业战略在其出发点上是不合伦理的，而有些企业战略则在其后果上是反伦理的。我们可以随意举出各种倾销、垄断、兼并的实例，来说明伦理与战略的不相容。当然我们可以订出所谓伦理性的规则以便遵守或防止问题的发生，但这又引发伦理法则有效性的问题。人们制订的伦理规则可以大、可以小、可以宽、可以窄，往往依其所制订的伦理观念与理论而定，但是否有一个独立客观的、普遍可信的伦理标准呢？是否伦理规则的应用仅是一个文化领域认可性的问题呢？如以文化的认可性为标准，伦理最后的标准是否仅为一个文化传统所决定？而一个文化又必须同时考虑其理性因素与非理性因素、现实情况与理想规范两方面的平衡问题。一个文化往往把非我族类排除在本族伦理之外，又常常把非常情况或某些特定情况（如战争）排除在伦理应用之外。因之，伦理的应用也就变得很不稳定或失去效力，在商场如战场的竞争合作、连横合纵过程中尤其显得无关紧要，然而在另一方面，人类的经济活动已进入了全球化的阶段，人类的族群与社群也逐步融合为一个共同生活体，宏观经济行为的大规范与大框架也就带动了微观经济与管理行为的规范化，不合全球伦理的或反一般伦理的经济与管理行为也将受到抵制与反对，因此不能再用策略的说辞与文化领域的认可性来化解。

在中国古代战争中或敌对的行为中可以有种种计谋的施展，于是有了兵法或韬略的发展，除了知名的《孙子兵法》（孙武与孙膑两种）外，更有鬼谷子与孔明诸家，后来更集合为民间所称的"三十六计"。如果用现代伦理观之，不是每一种兵法或策略或谋略的应用都是合理的或合乎伦理的。当然这又涉及适用及使用领域的问题，我们可以问商战是否完全通于或同于战场，如今人类的战场既不同于古代或中世纪的战场，其战争的游戏规则也不同于古代与中世纪，首先国与国间就已有了国际公法与各种国际条约。在商场中，也许我们尚未有像国际公法与国际条约那样正式的规章，但目前至少已有国际贸易组织的关税规约，凡加入者就必须遵守，类似的双边与地区性的规约也在不断地发展中，这就说明任何策略或谋略都必须在已签订的规约架构内进行，而不得违反此一架构或其精神，这也就表示有些策略或谋略的应用方式或某些谋略本身都不适用了。就以 1997 年造成东南亚金融危机的乔治·索罗斯（George Soros）的金融炒作手法而论，其行为的合法性及伦理性必然要遭到质疑与谴责，此一事件自然也就成为国际企业伦理的一个个案了。从管理的角度看，遵照已订的国际规约，本着一般伦理的诚信原则，是最根本的管理之道。美国总统布什基于美国工业的利益，不顾世界环境的改善，仍然拒签《京都议定书》，已受到世界各国普遍的谴责，美国不但违反了环境伦理，而且违反了国际社会基本的诚信原则。基于此一认识，我们也可以说伦理管理是一个新的管理潮流，这是一个新的本、新的体，这些是与中国传统的儒家和道家有着密切关联的。

总结以上所言，企业的个案研究必须要有一个合乎现代企业伦理要求的分析架构，这一分析架构应至少包含下面四个基本要素：文化、伦理、管理体系与战略，四者之外，我们还应考虑科技的应用、团队学习的精神与实践。

三、21 世纪的美式管理架构与内涵

在 20 世纪末期，市场经济与企业管理面临着市场、资源、人事、科技等快速变化的挑战，企业的发展不在于短期谋利，甚至也不在于是否谋利，而在于持续成长，适应变化的科技与人文环境，以保证最后谋利，因之乃有学习性与学习型组织理念的提出，这些理念有的强调管理组织，有的则强调管理主体，代表了一个划时代的管理走向。

为了理解 21 世纪管理思想与管理方式的这一走向，我们可以简单评述数位具有影响力和代表性的美国管理学家的思想。第一位是德鲁克的管理学，德鲁克主张高效率的目标管理，是美式管理最具有科学性的管理，从计划、组织、领导、用人、回馈等各方面德鲁克都能看重其有效性与如何增进高效率以达到目标，但德鲁克并未积极致力于市场与文化环节的分析，更未看重其本与体的价值，如何将文化与个人素养结合乃是对德鲁克管理学的最大挑战。第二位是较德鲁克为早的戴明。戴明本是人口统计学家，后赴

日本帮助第二次世界大战后的日本工业复建，极力强调品质管理并主张以系统化的方式，在长期实践与实行中取得成果与成功。他提出十四点原则就是着重管理系统的实施与改进，强调工作者自尊与互尊，反对优宠个人，反对奖金制度，可说为当代日本管理系统奠定了以群策群力为基本路线的理论基础。作为日本丰田汽车的顾问，他的管理方案把丰田汽车从破产边缘拉向以高品质取胜的成功，迄今不衰。第三位是近年其受大众欢迎的管理学家史蒂芬·柯维。他的《高效能人士的七个习惯》一书，说明一个管理者若要成功就必须具有下列七项思想习惯：首要，心中有目的；次要，组合目的优先顺序；最后，以具体行动完成之。但在此过程中，则必须首先找出双赢局面，次在建立人我相互理解，再以协力方式达致目标，掌握这内外六项基本程序并重复循环，节节改进之，就是导致成功的第七个思想习惯，显然，柯维与德鲁克及戴明不同的地方是他侧重管理的心理结构与主体意识，而后两者则侧重管理的系统建立与运作。

美式管理中往往又十分强调主体意识与意志决心者，20 世纪 40 年代到 50 年代以贯彻企图心致富的拿破仑·希尔（Napoleon Hill）就是一例，他的畅销书《以智聚财》（*Think & Grow Rich*）说了这样一句话："只要一个人心能想到并真正信仰的东西，他就能够达到。"但问题却在于"想到与信仰"的意涵。如果很清晰地把握理念与信念，如果能够坚毅地去追求与执行，自然就有很高的成功率，这就接近中国成语所说的"有志者，事竟成"的意思，很重要的一点是：有志者必须在有头脑的基础上才能保障成功。更进者，有头脑即必须要有眼光、有组织、有制度、有策略、有技术、有魄力才能达到实际的成功。成功的条件是各种各样的，而且是层层相依、节节相扣的，只有在高度清明的心智下持续努力才能成功。

美国管理最能接近这一想法的是 1990—1994 年出版的《第五项修炼》一书，该书的作者彼得·圣吉（Peter Senge）提出所谓的第五项修炼是系统思考（systems thinking），也就是要能基于整体与过程观念，有机地考虑各项环节以及它们在实践过程中如何发展改进，以达到管理的目标，这个系统思考的思想其实早在 20 世纪的资讯系统概念与生物有机组织的概念中已经发展成熟，重要的是如何把它用在管理系统之中。圣吉的贡献在于把这一近代于欧洲发展起来的系统概念与管理主体的心理结构或心态结合起来，使其成为一个不断发展、不断在学习中成长与改进的组织概念。因而，在进行系统思考之前，要求管理者能够做到四个方面：能够自我主宰，能有心中模型（心中有数），能建立团队分享的愿景，最后并能形成团队的学习实践。简言之，圣吉的管理精华就在于把管理的系统与管理的心智密切结合，以达到企业组织的发展目标。显然，只有这种主客密切结合、系统与过程紧密联系的管理方式，才足以面对 21 世纪全球化经济发展与高科技带来效率与规模的革命的挑战。这也就是知识经济、创新生产与服务、资讯时代、多元社会、个性化市场、国际环保意识、后现代后工业生态和企业民营潮流所必然导致的管理诉求与要求。

基于以上对当前美式管理发展趋势的分析，我们可以观察到：世界经济的走向以及其带动的管理潮流，在管理层次上如何更完善地形成一个普遍的典范，而又能为多元的文化所充实，成为既一般化又特殊化的管理体系与管理主体。这不但是美国或西方社会所面临的挑战与考验，而且也正是中华管理本土化所面临的挑战与考验。"他山之石，可以攻玉"，美式管理因应世界潮流之道，也正好可为我们所借镜，一如美式管理不能脱离全球化来谈美式的思想资源与未来愿景，华人或其他文化圈的管理机制当然也不能脱离整体世界的发展环境。总之，我们不能脱离全球化的新潮流来谈本土化，任何本土化必须在全球化的诸多要求下去开始、去进行、去完善和完成，脱离了此一大的趋势与时代背景，本土化就会因为缺少了外在的动因促进而孤立起来，丧失其内在的活力。

就实言之，本土化必须要同时兼顾管理系统与管理心智，管理的客观架构与管理的主观理念，管理的宏观格局与管理的微观内涵，任何两者都不可或缺。我们还要提示：管理系统与系统思考可以是理性的与普遍的，但管理心智与管理智慧或艺术可以是特殊的及以文化哲学资源为基础的；管理的客观架构可以是整体组织的，但管理的主观理念应该是内在于心的；管理的宏观格局可以是配合时代与环境的，但管理的微观内涵必须要充满远见与价值眼光的。相对言之，所述比对之中，前者为实，后者为虚，实为体，虚为用，但实可以虚为体，虚可以实为用。体用虚实可以相互以为虚实体用，更重要的是两者的结合与相互基础与支援以及相互转化与转换。

四、建立体用互动、主客兼容的中华本土化管理体系

上面已就美式管理说明了管理系统与管理心智结合的重要，这一结合事实上就是我在更早提到的两个本的结合。历史文化的自然资源可以同时提升为管理系统或系统思考与管理心智以表现为历史的本与理念的本的统一性，历史的本包含了文化的资源，是管理人不可忽视的资产，应善加利用。但如何应用却又不可不加以讲究，讲究之道乃在发挥理性与知识将之提升为理性与知识，并建立一个整体的系统与过程以应对时代的需求与经济的发展趋向。这个整体的系统与过程就是理念的本，也就是历史的本所开发出的体的架构，由本之体，再由体开拓本之资源，并吸收外来的智慧与知识，又在行为实践中不断精进，遂能使体更为坚实与壮大，这就是学习性与学习型组织的重要。无疑，中国有此一学习性与学习型组织的传统，在个人修持、传道授业解惑的儒家传统与后来书院教学的传统中已成就非凡，但如何转移到现代企业与现代组织中是需要一个大的眼光与大的智慧来先行转化，此即我所说的理性与知识的提升，一定要对大局有所认知，对时代有所锐见，方能有大眼光；一定要对问题有所沉思，对自我有所反省，方能有大智慧。

若就系统思考来说，中国文化与哲学传统中早就有系统思考。公元前 12 世纪《周易》的形成就把系统思考发展到了很高的境界。此一系统的发展及其特色我已在本书的

前几章中细加论述，此处不赘。唯一要提示的是，《周易》的系统思考是宇宙论的，并从宇宙论的系统中开拓出人文世界与价值世界，将三者结合为一体。因之，也强调了客体与主体的密切互动关联与层次上的上下转化影响。我将之用于管理正是要反映出管理的复杂系统性、有机系统性与变化创造性。从《易经》的系统分析到儒家的管理人的主体建设是更进一步的系统思考的发展。儒家哲学注重个体心智、意志、胸怀的培护与建立。基于对人性的信念，以仁爱为起点；基于伦理的关系，讲求义务（显性）与权利（隐性）；再就个别事件处境与整体观念进行道德是非善恶的判断。要使这一判断正确，合乎正理、人情、律法，并考虑时空与长短期后果，个人就必须随时修持自己，不断充实德能，务求言行合于礼义，思想合于情理。由于受到传统经济与政治格局的限制，儒家未能开拓出道德与理智并进、智慧与知识技术兼顾的学习模型，是其历史上的弱点，但其思维方式却无疑是重视理性的，重视知识的。如果我们把其修持的抽象范围扩大到包含知识，把修持的具体范围推广到涵盖各种族群、社群与公司团队，我们也就能把自宋明以来以孟学为主导的儒学转化为中和孟学与荀学的儒学。如此，这种兼重道德修持与知识学习并融合两者的体系，就可能成为当代管理主体的最佳典范。

如果在儒家社会道德伦理的基础上建立以义为质的律法制度与组织规范，于政治经济活动范围内，实施合理化的法家的公益主义，防止儒家人情主义的泛滥，则一个公私分明、刚柔并济、既有人性又有正义的人性社会的建立与其和谐秩序的管理并非不可求者。这说明两个不同甚且相反的思想或规范往往可以融合为一，在融合的过程中彼此取消弱点、加强优点，形成一个更完善的系统。

至于道家，以其一种寡欲无私的心境观察自然之道的运行，并从《周易》有关阴阳共生、对立、互补、互化的角度审视事物的发生与发展，同时从宏观与微观的层次掌握自然规则，或无为无欲以观化知命，或有欲有为以策划心智所及的目标实现与组织行为，后者的可能性正在于前者的可能性。道无为而无不为，人却能有为而有不为，虽有其局限性，但却有其能动性与目标性，有其自由，也有其自由的幅度与限制。正因为此，道家能为法家所用，亦能为兵家所用。此处姑且就兵家言之，孙武兵法以道、天、地、将、法五者为其兵法的基本范畴。其中道可以无为而无不为；道中的天地却可以有天地的功能，可资人的心智的运用；将则是人的创造力的主动发挥，可以借重道的潜能、天地的位能与势能来实现人的智性设计的功能，加以人秉承天地的动能，自然可以做到不战而屈人之兵，甚至在理论上也能做到化干戈为玉帛，所谓"止戈为武"是也。孙子所谓的法则是结合或组合天地万事万物之道，在道的基础上，经过心智设计的律则及符合不同条件之下的规范行为的法则。由此方有战略谋术的可能，孙子的兵法也就可以看成一部战略谋术的书了。我在很早写的一篇论《周易》《老子》为《孙子兵法》的哲学基础与源泉的文章里就发挥了这个意思。

纵然老子道家可以引发兵家，甚至阴谋家如鬼谷子，阳谋家如苏秦、张仪等，相对道家而言这只是道家的一种应用或运用。道毕竟是体是本，但透过人的心智就能发为不同之用，用是离不开心智的，因为它代表了一种目标和目标的实现，也代表了一种功能和功能的完成或发挥。目标是潜在于人的心智之中的，而功能则是潜在于道的本源的创造力之中的，也可以说潜在于道的本与道的体之中的。用于是结合了人的心智与道的功能，而为一种创造性的活动。当然有些用是小用，有些用则是大用，管理作为心智的活动显然可以发挥道之本与体（可合称本体）的大小之用，也就是能够发挥与实现道作为本体的功能。站在道家的道的基础上，人可以包容一切，可以承受一切，可以观察一切，人也可以在道的包容、承受与观察的基础上，选定目标，作出明智的决策，并明察秋毫，提出明智的远见，道道家作为管理思想的资源的重要性于此可见矣。

最后，我们必须十分尊重地提出墨家，墨家在中国文化的传统中曾经是显学，名噪一时，它的衰微固有其历史的因素，但它的思想内涵却并无不可大加发展的理由，墨子后学形成的墨辩即墨家科学与逻辑学尤其没有什么理由不可在中国植根。在另一方面，尽管墨家在传统中不被重视，但其务实务用的发明精神与力求功利或实利的心态却仍然保存在中华民族的大众文化里面。由于未加培养与调护，其所潜涵的心智也就未能发出内敛的科学光华，一旦有了适当的环境，往往形成新知识的管道。在今日知识经济的时代，重温墨家的理路，引进新知，把科学技术纳入博爱好义的价值体系之中，固非难事。若就创新的需求而言，墨家作为中华文化的管理资源正是人类心智在知识与技术创新的表证，表现了心智的高度运作与应用的可能。

说明了中华文化的管理资源的多姿多彩，我们必须严肃地面对下面的问题：如何将这些管理资源结合为一体？如何恰如其分地结合使各家的所长可以长其所长并使其所短消灭于无形？如何建立一个包含诸家的中华文化的管理体系，使其有本、有体而发挥其能与用于今日？如何彰显管理的客体与管理的主体，使其密切地结合而达到知识管理与智慧管理的双重目标？

寻求对于这些问题的回答是不容易的，但我最终透过研究与思考找到了系统的答案，将以上中国的管理资源就其内涵确定其管理的功能，进而组合这些管理功能建立成一个管理体系。这个管理体系一方面可以体现为客观的管理活动与组织（是为实体），另一方面又可以体现为管理主体者的心灵或心理模型。作为策划运作的思想图案（是为虚体），这就是我上面已提及的 C 理论的管理系统，C 的含义是创造性（Creativity）与创造力（Creativeness），包含了各个层次的、各个方面的创造活动（Creative Activity），每一个创造活动都是实体与虚体的结合，也必须以其他创造活动为条件、为基础。故创造性或创造活动不是孤立的，而是系统的，也是系统循环不已的成果。在系统循环的创造活动中实现管理的目标，体现管理的智慧，创造出知识技术，也演化出管理自身的改进与改造，有关 C 理论详细论述，读者可直接参阅本书的第一章与第二章。

相应于"C 理论"的理论系统，我们可以说《周易》的系统宇宙观是中华管理体系的本，此一本派生出的以上五家之言，经过创造性的组合与结合就形成了中华管理体系的体，结合此一本与此一体（即C的系统）的理论体系即可看成中华管理体系的本体论。但此一本体却是包含此五家的，以此五家为其大用的，故五家的地位就见之于五家如何体现易或道的管理功能。如何诠释及发挥此一系统内的五项功能，却必须诉诸人的心智①，道家的宇宙论并不褒扬人的心智。但作为中华管理体系的C理论却必须把人的心智和人的创造能力提出来，使其成为管理发展的重心与中心，因为只有在人的心智的创造性活动中，道的宇宙才能变成人的宇宙，人的宇宙才能变成人的管理的宇宙，并进而从管理的创造活动中创造人的文化、人的价值、人的知识、人的智慧，生生不已，创造不息。人的创造性的作用是把宇宙的能转化为人的用，这就是管理的功能。

在这种理解下显然我们可以进一步作出有关体与用的分别：体是本，是持久，是扩大，是包含，是完全，是再生，是创新，是以不变应万变。用是实际，是合适与合时，是成果，是具体，是可行与使用。综合以上说的本与能或功能以及人的心智，我们可以看到下面有关本、体、心、能、用的管理系统结构：

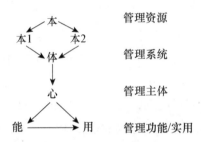

这个系统结构主要在于表明管理的功能与应用或运用在于心智的转化与转换：把本体转化与转换为能与用，既是心的能，又是心的用，但本体不能不是一个系统，一个知识及智慧的系统。只有在这一个知识及智慧的系统中心才能发挥它的创造的作用。本体因心智而成为体或体系，心智也因本体的体系而能发挥本体之能与本体之用，同时也就是心智之能与心智之用，这一个说明本体与心智的关系的管理体系可直言之为"本—体—心—能—用"或"本体心能用"，也可视为本书的一个延伸。

五、结论

这里首对当前管理学科中的个案研究作了检讨，认为个案研究必须预设管理体系的思考，但涉及管理体系思考又不得不回顾管理的文化根源以及其理论的架构。在当前知识经济全球化的关头，每一个文化传统都变成了管理的资源以及管理体系的内涵动力与

---

① 在本书的前两章中，我已诠释了管理系统中的计划与决策（calculation and commitment/计算与承诺）是基于道家，其中的组织与领导（constitution and control）是基于法家，其中的战略与战术（cooperation and competition/合作与竞争）是基于兵家，其中的生产与改造（creative innovation and renovation）是基于墨家，其中的沟通与协调（communication and coordination）是基于儒家。

潜力。在我的分析下，中华文化的特色在于积极发展具有管理功能性很强的五家哲学，即是儒、法、道、兵、墨等。五者在《周易》的系统中可融合为一体，形成了一个整体动态平衡系统的五个相生相辅的有机功能 C1、C2、C3、C4、C5。此一系统的运作方式可表达为"本—体—心—能—用"，此一系统可作为个案研究的架构参考与衡量标准，自然也可以看做中华文化管理体系本土化的一个范式，此一范式的特点是体用兼顾、主客并容、虚实相须，可落实到各种企业中灵活运用，而其运用又不失其全球化经济发展与管理发展网络中的正确定位。

第三节　华人管理本土化的两种形式，兼论彼得·圣吉及易学

一、本土化之两义与两形式

近 30 年来，我一直在探寻中国本土的、传统的管理范式。所谓"本土的"意即成长并根植于本地的、传统的东西。对于任何本土的管理体系来说，它必须是根植于本地，适应当地的风俗习惯。但是，"管理"这个术语具有一个现代性的内涵，它起源于西方现代工商业社会，并在现代西方社会有一个确定了的用途。它意味着组织、领导、维持、支撑一个团队组织，不断发展并达到经营、生产、交换、销售和营利的总目标。作为一项团队组织和领导的实践活动，管理可以定位于政治、经济和社会的各个层面；然而在当前，管理的定义更倾向于为开放的市场生产产品、提供服务等经济性的内容。在这个意义上，人们认为，在一个特定的社会里，以一种普遍认同的方式长期所从事的实践，对于这个社会来说就是本土的。同时，我们仍然可以在源自本土传统的本土化和被传统嫁接的本土化之间作出区分。① 在当今中国管理界，我们可以看到这两种形式的本土化比比皆是，即起源于早期本土传统的本土实践和成功地适应现代管理模式的本土实践都大行其道。

进一步分析可知，所谓的本土实践基本上来说是现代的组织模式和传统领导实质的一种结合。从实践来讲，在当今中国，既没有纯粹的本土化管理也没有纯粹的外来管理。即使是在被英国殖民体制统治了 150 余年的香港，我们仍然可以敏锐地观察到商业惯例及其体系带有微妙的中国特色，因此可以说，中国的传统精神是不可能被英国式的实践消除的。这就表明：一种文化，作为商业活动的土壤和基础，是不会被本土人民和社会以外的东西所完全替代的。文化的存在，不仅仅是发展商业体制和商业惯例的土壤和基础；对本土商业体制来说，它还成为一种处理的手段、表达的风格——必须为当地

---

① 参见本书第二章，第四节。在这本书中针对传统形式和传统内容在文化或知识实践领域作了区分，进而得出如下四种管理模型：形式和内容都传统，形式现代但内容传统，形式传统但内容现代，形式和内容都现代。在此，我们可以看出两种形式的本土化符合第二种、第三种管理模型。

的文化和工业改革的目标服务。在香港，我相信我们会发现新的管理模式和管理实质，然而这些都是有意或无意地受本土文化的影响和鼓舞！这种现象对于台湾和大陆的商业惯例和管理也是毋庸置疑的。

然而，我确实希望对本土化的两种形式作出区分。在第一种形式中，由于中国文化语境中对现代和后现代体制的引入，使得领导者和管理者必须学会掌握它们甚至在效率和生产力方面去改进它们。商业领导者和管理者必须学习现代和后现代体制的规则、技巧和程序，只有这样，这两种体制才能够成功地运作以实现它们的意图和目标。也许有人会质疑：本土化到底在哪儿呢？答案是在社会经济这个竞技场中，本土化的存在是以被完全风俗习惯化为根据的。从某种意义上来说，通过把本土文化和传统文化区别开来的方式，本土化的经济手段已经转化成了本土的文化。在此层面上，有人甚至会说，本土化最终不过是在学习和认同的过程中用本土的东西代替外来的东西，如果不是在本质上的话，至少也是在形式上和体制上。从精神指向的角度看，有人仍然可能把体系的价值看做外来的，因为总的来说，它与传统的本土精神并不完全一致。

这就导致了第二种本土化的形式，即文化行为和文化实质的本土精神以思想和信仰、感觉和行动的方式逐渐地操控了现代和后现代的结构和体制（为了和前—后现代的结构进行区别），并且在这个体制中保持着一个自由代言人的角色，一个对作出决策、方向定位、目标设置、政策制定、结果评估、自我修正进行原则指导的角色。这就意味着，本土精神已经在现代化、组织、形式、程序、技术或任何其他的方面赋予它自己担纲一个领导者的角色，这些方面和人类团结的社会目标、财富创造的经济目标密切相关。本土精神甚至有可能改变组织的形式和程序，但是这种改变必须是有意努力使组织的原初形式和程序更加有效、更加合理。在此意义上，我们就可以看到本土化的管理如何能够创造出一种新的、动态的领导风格和创新的管理范式。①

我们甚至可以把本土化的第一种形式叫做"外在的或消极的本土化"，第二种形式叫做"内在的或积极的本土化"。若把传统看做整体的、活生生的行为与形象的话，人们甚至可以争辩说第二种形式的本土化是本土化最本真的形式，而第一种形式的本土化必须把第二种形式的本土化作为角色模型和最终要达到的目标。为了形象地刻画出两者各自不同的精神实质，我想借用鲁迅先生的两句诗（不仅仅是借用其字面意思）：

横眉冷对千夫指，

---

① 有人也许会问，本土化是否实际上就是某一种形式的现代化，它可以被描述为全球定位的或本地全球化。现代化必须包含一系列全球化的过程，现代化的发展必须满足和适应本地市场和本地生产力的需要。正如我们最近在香港，以及以前在首尔和西雅图看到的 WTO 会议上的冲突。对应这些背景，本土化必须被看做响应满足全球和当地的需要，管理领域的目标就是提高当地在全球市场中的生产力和竞争力。

俯首甘为孺子牛。①

第一句表明带着正义和坚定的信念，骄傲独立地面对敌意世界；而第二句则表示谦逊容忍、舍弃自我。我认为第一句话所表述的精神体现了我们对中国管理本土化的渴望。但是公平地说，第一种形式的本土化暗示了一种谦虚、诚恳的精神，以便我们可以在精神和智慧方面变得越来越强，正如第二句诗所表明的那样。从这个意义上说，第一种形式的本土化对第二种形式的发展是绝对必要的。最后，这两种形式的本土化可以合并成一种具有创造性的灵活的形式，这样人们就可以更好地在两种形式中运作，以达到最佳的效果。但是这就意味着人们必须依然保持自我认同的根本精神，以保证他们的行为作为本土化活的精神的结果能够被看到并被识别出来。我认为这就是我们所希望的"本土化之升华"。

为更准确起见，我们可以看看中国管理的本土化的实施和发展所经历的两个阶段，即第一个阶段达到了第一种形式，第二个阶段达到了第二种形式。这个发展的过程必须被看做一个学习和反思的过程，即学习外来的资源及对自我认同和精神需要进行反思，以便建立并保持二者之间动态的联系，并在它的可持续发展的源泉和动力方面，充分不断地认识到精神的创造力量。这就是所谓的"本土化之精华化"。②

根据对本土化、本土化之升华、本土化之精华化的分析和理解，不管是出于商业目的还是非商业目的，我们可以看到管理和领导在管理组织和领导团队的过程中呈现出五个层面：

> 精神层面：能够创造性地作出决定和制定政策；
> 形式层面：能够根据某一目标进行组织和设立程序；
> 知识层面：能够识别事实和真相；
> 信息层面：能够识别事实的各个方面；
> 技术层面：在不了解是什么和为什么的情况下，能够知道怎么做。

很显然，可以根据这五个层面来识别本土化的管理行为和体制。但是如果我们把本土化的第一种形式称为在形式层面上的组织本土化，那么第二种形式则可以称做精神层面的本土化，当然这种本土化可以被看做关于目标和价值（诸如真、善、美、和谐与正义）的创造性思维方式，从这些层面我们还可以看到可能存在多种形式的本土化。但

---

① 引用鲁迅先生的这两句诗，我查阅了人文科学有关管理的研究，关于未来的管理教育的发展，到底哪种类型的管理是我们人类社会需要的？我大胆地推断：我们需要的管理是既人性又有效的管理。但是，如果没有文学和诗歌的人文教育，它们怎么可能既人性又有效呢？具备人性的特点并不是一件简单的事情，这需要具有在特定环境中体验和感知他人情绪的能力，不仅仅要考虑经济和管理效率，还要考虑美学、人性和道德因素。今天，我们看到在很高的商业交易层面上人性占据了显著的地位。儒家作为传统人文精神的主体很重视管理的人文发展的方面。

② 我们所说本土化之升华的最终目标就是本土化之精华化；但是我们也要看到升华是一个努力向上的过程、朝着一个目标精神向上的过程。

是，只有高层面的本土化才是本土化的理想状态或升华。

我们试举一个形式层面本土化和一个精神层面本土化的实例来进行比较。在人力资源的发展与利用领域中，有两种人力资源发展理论，分别是中国儒家传统所形成的"人际关系理论"（Human Relations）以及西方或美国管理咨询人员所认可的"网络联合理论"（Networking）。问题出现了：西方的网络联合理论在中国这样一个广泛接受人际关系理论的国家能行吗？在当代的商业组织发展中，我们可以看到网络联合理论是一个大型企业发展所必需的、首要的因素。① 因此，20 年来，网络系统被引入中国，并被看做本土化的头等大事。

然而，在中国社会中，首先要考虑的却是人际关系，网络系统也形成了一种人际关系之网。但是这种公共关系的实质无论如何都必须依据对儒家传统的学习和理解来建立或重建。不然的话，不管是网络系统转换成人际关系还是人际关系转换成网络系统，如果这种情况被误用和滥用都会加剧本土化的危险，1997 年发生的"亚洲金融危机"已经证实了这一点。② 这种网络系统的本土化的理想状态来自人际关系的本质和作为道德自我培育哲学被包含在儒家伦理或儒教之中的道德规范。

二、对彼得·圣吉与易学传统的反思

现在，我转向对当代管理范式的批评性反思。当代管理的范式可以说体现了现代管理的一种形态，但也可能是中国传统的世界化，在其世界化过程中，可以成为全球利用中国传统的一个有力工具。明白这些潜力，同样是寻求中国传统的哲学资源为本土化和现代化的目的服务的。

根据过去几十年对公司如何生存、繁荣或毁灭的现象的观察，彼得·圣吉在他已出版的名作《第五项修炼》中，提出了一种新的管理范式。显而易见，只有懂得如何适应时代潮流的公司，才能够生存和繁荣，而那些跟不上时代潮流的或固守于僵化现实的，一旦新的潮流到来，就会灰飞烟灭。时代的变迁往往不是大幅度惊心动魄式的，而是悄悄地在不知不觉中进行的。尽管两个城市间的距离可以由寸来计量，最大的量亦不过是由微粒不断累积而来，但是数量累计增加所造成的影响却不可以随意被夸张。设想一下市场上的数码相机和移动电话，它们的发展似乎就是电脑发展模式的翻版。从某种程度上来说，人们似乎已经习惯了这些东西，以致他们根本注意不到传统电话和相机已逐渐被淘汰，或者变成只为满足特定的目的而存在了。

---

① 参见彼得·德鲁克：《网络社会》，载《华尔街杂志》，1995 年 3 月 29 日 14A。自此以后，在管理和营销领域都把网络看做管理工作基本的因素。

② 网络系统一般情况下都被认为是静态设定的，需要常规维系的，而人际关系是动态的，需要个人的持续投入来维持。1997 年的东南亚经济危机表明：个人的人际关系会导致金融信任和信托信任的滥用。这就是乔治·索罗斯能够成功击溃泰国的金融系统同时还能够证明自己是一个合法的资本家和投资者的原因。但从人际关系这一点来说，毫无疑问，他是一个不道德的、嗜血的西方商业大亨。

如何看到并认识到这些累积起来的变化始终是一个问题。并且量变确实能引起质变。正是彼得·圣吉洞察到并指出量变的因素导致了质变的结果。其著名的关于"温水中青蛙的困境"的描述既生动又有教育意义。① 他从青蛙的困境中吸取教训并运用到企业上，实践证明，他是再正确不过的了。许多公司都是在没有任何预知和警示的情况下，突然发现自己濒临破产的边缘。或许这些正趋来临的崩溃已经预先发出了信号，但是没有人注意到它，这并不仅仅因为人们把它看做不重要的、可以忽略的、微弱或毫无意义的事情而一掠而过，也或许是虚妄和空想的思想在作祟。我们不愿意面对那些一想起来就让我们感觉不舒服的事情，而是试图在这些初始的危险和冒险中稍作缓冲，并相信它们不会有多大的危害，只是过眼云烟而已。事实上，小事确实并无大碍，但许多小事积累起来酿成大祸的例子却也不在少数。

有许多小事情确实可以引起大福或大祸。但是，如果人们把它作为一个能使其时刻保持头脑清醒的现实哲学，那么，就在其企业或事业生涯的任何阶段都会有所警觉。这样的哲学其实早就存在于中国传统哲学——易学里面，并在过去的四千多年里得到了丰富和发展。② 毫无疑问，这对中国文化来说，是最本土的一种传统。从易学的观点看，领导者和管理者的责任是要懂得变化的永恒性、自然性及应对变化的方法。换句话说，需要领导者和管理者具备领导和管理的能力与技巧，能够去发现、预测许多灾难性事件的最初细节。就如《易传·系辞下》第五节所说："几者动之微，吉之先见者也。君子见几而作，不俟终日。"③ 它又说："君子知微知彰，知柔知刚，万夫之望。"领导者或管理者就是这样渐趋认识"通变"的。当他真正认识到"通变"，他才能够做到"变通"。④

那么试问一个领导或经理人怎么能够知道细、微、彰、柔、刚等等这些方面的变化呢？这些都是我们日常生活和经历中经常遇到的事情，但我们不能说我们了解它们。了解往往意味着要明白它们在过去、现在或将来分别代表什么。为了以这种方式去读懂它们，我们必须了解一个关系体系、一个动态的发展过程以及引发这个体系和过程的原因，我们不仅要在实践意义上而且还要在理论意义上了解它们。只有这样，我们了解的东西才会在给定的时间和地点、给定的场合有意义，我们必须知道怎样去解释、转化和

① 参见彼得·圣吉：《第五项修炼》，第二章。

② 在这里我对中国传统哲学——易学出现和发展的情况不作过多论述，有足够的证据表明易学体系早在西周（公元前 1046—前 771）就已经形成了。通过孔子和儒家的哲学阐述和道德实践，从经典时代到新儒学时期直至现在，它形成了本体论—宇宙论—伦理学三位一体的体系。

③ 这段话是对孔子陈述的引用。

④ 在《易传·系辞下》第二节中有："神农氏没，黄帝、尧、舜氏作，通其变，使民不倦，神而化之，使民宜之。《易》穷则变，变则通，通则久。是以'自天佑之，吉无不利'。黄帝、尧、舜垂衣裳而天下治，盖取诸《乾》、《坤》。"意即环境变化的理解能够适应当时人们的需要。能够适应时代的变化叫做"通其变"，表明洞察、创新和前进。因此，不管是《易传》还是《中庸》都强调了创新、变革对一个人在渡过困境、突破困苦中的重要性。这就是所谓的"穷则变，变则通，通则久"。

应用，我们必须具有对宇宙事物整体发展的敏锐感受，也要维持对如何理解天下事物处境的高度警觉。①

　　因此，在对这些变化缺乏一个整体的哲学理解的情况下，领导或经理人怎么能够做到这一点儿呢？通过这个讨论，很显然，首要的是人们必须认识到变化总是在一个有机的、综合的现实语境中发生，必须认识到一个领导或经理人只有头脑清晰、训练有素才能辨别出真正的危机和虚假的危机。更进一步，一个人只有时刻警觉、不断学习才能抓住变化的时机和找准转换的临界点。因此，对于现代企业来说，要吸取的教训是，我们必须要求我们的领导或经理人具备相关的洞察和学习能力，而不仅仅是依靠首席知识官（CKO）、金融分析师或政治分析家的报告而已。答案不是仅仅由专家来观测危机的信号，而是要求领导人或经理人也必须学会如何掌控他自己的企业职责。

　　以监控人类的疾病为例，尤其是慢性病。如果一个人没有注意到日常生活中细微的变化，发觉最小的症状，那么当他不得不去看医生时，也许就为时已晚了！现在我们面临着气候和大气的恶化、江河和湖泊的污染，它们并不是在一天、一月甚至一年的时间里变成这样的，而是一个持续的腐蚀过程，就像是海浪的力量，最终把岩石磨成细沙，形成了海滩。我们可以欣赏海滩的美丽，但不可能长时间在严重污染的空气里生存。然而这一切也许会真的发生，因为我们已经忽视了世界上事物渐进的原因和持续的过程，因此我们终将承受由于我们自身的疏忽和无知而造成的恶果。

　　综上所述，我赞同圣吉学习型组织理论的观点，其智慧在于他把系统思考与系统学习作为使我们摆脱疏忽和无知的方法，不管这是有意的还是无意的。其"系统思考"就是说要在一个系统中看问题，系统中的事物在时间和空间上是彼此相连的。他建议我们应该学会把所有相关的事情联系起来考虑，以避免对我们引发一连串伤害的行为。当然，我们也可能会渐渐明白，这诸多的原因怎样能够帮助我们并使我们获益。当然，这也要靠我们去弄明白到底是什么。有一点似乎很清楚：我们对一个开放的系统了解得越多，我们越能够控制我们的行为，并且一旦我们很好地理解了这个系统，就会明白小的事情何以引起大的效应。换句话说，我们必须理解哪个系统是给定的或是正在形成的，还要理解我们该如何来管理这个系统，以便当我们成为系统中一个动态的部分时，可以利用它。毫无疑问，长远看来，这所引发的利，大于弊。

　　然而，圣吉并不知道这样的"系统思考"在易学传统里面已经存在很久了。同样，他也不知道对变化和理解变化的研究已经对变化着的现实和人性进行了许多重要的洞察，此洞察可能比较适合于对当今领导者或管理者的远见教育。他可能也不知道智力模式和个人视角也是易学传统的组成部分。他所强调的组织学习和团队协作当然是创新的，并迎合了现代世界合作的需要，但是他缺乏对领导者和管理者的自我道德培育、自

---

　　①　为了深入地阐释《易经》哲学管理系统的中国本土化，参见本书第一章第二节。

我超越进行关注，而这一点在传统的易学中却是自觉发展和着意强调的，实际上也是领导者或管理者作出负责任的、具有创造性决策的基础，当然也是保有持久奉献精神的基础。[①]

三、结语

基于以上对"本土化的两种形式"和"圣吉的系统思考与易学的道德培育在领导管理过程中的融合"的论述，面对并发展以圣吉为代表的、以"理解变化"为基础的"系统思考"，以及面对与发展萌发于历史悠久的中国传统易学的"本土传统的现代化"与"现代模式的本土化"，我们可以看到，在当代中国的管理实践中，一个富有意义的、强有力的管理范式的本土化是如何得以发生的。

第四节　创造 21 世纪的人类命运：全球化经济发展与儒学及儒商的定位

中国现代化的发展，首先要面对全球化的经济发展新趋势，作出深刻的与前瞻性的了解，进而省思中国文化的潜力与优势何在，积极开发此一潜力与优势，以适当与智慧的方式切入全球化经济发展的动态潮流之中，形成主导的力量；如此，则不但将对中国的现代化作出杰出的贡献，而且将对全球人类安身立命的福祉与人类社会和平繁荣的生活发挥潜移默化的促进作用。我在此先就全球化的经济发展进行一个客观的理解。

什么是全球化的经济发展呢？全球化的经济发展就是建立全球统一的经济市场，以期使货畅其流，物尽其用。此一经济的全球化是一个世界经济发展、科技发展的大趋势，也是切合人类需要的历史发展的大方向，但这一发展有其好处，也有其坏处。更重要的是，如果人类掌握的决策智慧与关切理性得到充分的发挥与运用，它就能使人类走上共生共存、和平繁荣及可持续发展之道；更进一步说，它的好处是将节省人类已有的生产资源，开拓人类的经济发展空间，促进财富的宏观面的平均分配，使全球各地区逐渐形成各尽所能、各取所需的互补与互动的机动过程，因而同时提升市场的竞争力，刺激人类发明、发现的创造力，以及推行人类各行各业的协作力并维护彼此依存的活力。这是由于全球化的经济是以全人类为消费对象，以全球场所为市场，当然也假设全球每一个地区都有发展的动力与潜力，都能参与发展与竞争和合作，而且能够作出合乎理性、合乎公平的策略裁断与制度规则。

相反，如果人类不能克服纯粹自私自利、损人利己的动机与做法，而且处处维护既得的非法利益，不断追求不顾他人的权力扩张，全球化只会带来少数族群的权力驾驭与财

---

① 2005 年 11 月 18 日，在一个由商业企业安排在清华大学的会谈中，我和彼得·圣吉进行了深入的交流，我的有关于圣吉的系统思考和学习性与学习型组织的基本看法得到了全面的肯定。

富集中，而大多数国家与大多数人群将沦于贫穷与不幸。因之，全球化经济的发展只是人类走向灾难的开始。一个明显的例子是：1997年东南亚的金融风暴显然是国际资本投机集团在自私自利、损人利己的动机下利用全球化的大环境制造的利益掠取。此一风暴所造成的东南亚的社会灾难是无法计量的。这一灾难的前因后果明显地说明了全球化所蕴涵的各种可能性，也说明了全球化是一个对人类社会可好可坏的理性的工具化过程。同时也说明一点：全球化事实上是一个尚未被完全界定的人类活动过程；此一活动过程一方面在寻求开放、寻求自由、寻求从因循历史的制度与个别国家的制约中走出来，为的是提高经济活力与社会福利，为的是更好地使人类全面受益。因而，另一方面，它需要全人类用最好的共同智慧来界定与规范，需要人类各传统、各地区都能参与，都能受惠。然而却偏偏有投机者、阴谋家利用一己之所长、他人之所短，获取非法暴利。这虽然不是全球化这一过程的罪恶，但它把如何参与全球化、如何面对全球化的价值态度与经济行为的伦理问题暴露了出来。

在这一正负双重角度对经济全球化的分析理解下，我们看出全球化的经济需要全球化的经济伦理来规范、来改善——规范新的结构，改善旧的条例；更需要一个全球化的人类整体伦理来引导、来批判——引导未来的方针，批判已有的建制。全球化提供了人类一个整饬行为、检视价值、发展人类创造潜能、通和人类族群、开拓人类善良根性、充实人类文明内涵、提升人类人格品质、建立人类共同远景与大同理想的大好机会。在这一大好的机会下，我们可以很容易地看到儒家及儒学作为一个文化理想、一套社会价值体系和一个人类整体伦理系统的密切相关性和重要性。更明确地说，儒家及儒学为人类社会的发展勾画出一个基本的价值方向、社会蓝图、行为规范的思想系统。在现今经济全球化的网络与趋向中，此一意向已能更鲜明地彰显出来了。事实上，孔子提出儒学的基本思想之时，也正当中国社会处于一个大变革的时代，孔子之能于斯时提出，并充满理性与激情地提出他的价值观与文化理想，也正是因为孔子能深切地体会到他所处时代的变革性，体会到人类历史有正负两面双重发展的可能性，因而在深度的历史反思与对人类前景的憧憬下，义不容辞、仁不容己地投入启蒙社会、教育年轻人的济世工作，并在他与弟子们的答问中充分地表达了他淑世的情怀，展现他仁德的智慧。孟子说孔子是"圣之时者也"，不只是说他能应时用世、应运而生，也意涵他掌握了变革的智慧，懂得通变之道，但又坚守其德教的宗旨、人生与社会的价值观与对人性修持臻于至善的愿景。

基于以上的理解，儒家与儒学对于经济全球化的重要性与切时性可想而知，我们可以说人类经济全球化急需一个具有普及性的经济伦理，也为此更需要一个具有普及性的人类社会伦理。关于这点，理由也很简单，经济全球化既然是一个工具理性的实践过程，它必须以社会的总体需要为基础，也必须以达到社会的全面进化与发展为目标与准则。因之，经济全球化只是人类社会和谐交流与人类文化平等沟通的一个基石，同时也是一个方面，它必须在人类共同的善意与共同的理想的认识下进行。正如经济离不开社会、政治与文化，经济全球化的活动与努力自然也离不开社会的交往、政治的商议与文化的融合。人类各地区能不能自经济全球化走向社会共同体化、政治协作化以及文化和谐化（而非如亨廷顿所说的文化冲突化）是需要历史来考验的。但明显可知的是：没有经济全球化与东西文化的充分融合与互解，东西方社会与政治的协作与良性互动几乎是难以想象的。欧洲经济共同体能够逐渐凝合成为欧洲社会与欧洲政治共同体，其巨大的凝合力无疑来自欧洲各国的共同文化背景与历史渊源，这自然也说明经济发展的作用、经济全球化的作用、经济伦理的作用、全球经济伦理的作用，以及社会/文化伦理的作用与全球社会/文化伦理的作用。儒家哲学显然提供了最具普及性的社会伦理与文化伦理，同时，儒家哲学与儒家社会/文化伦理也必须成为儒家经济伦理的基石与资源。

在下文中，我将界定儒家伦理与儒家经济伦理，并为儒商进行全球化的定位。首先我要指出儒家伦理本身就包含了强烈的全球化色彩。在儒家的经典中，我可以举出三段具有纲领性质与鲜明目标的话，作为人类普遍性的儒家伦理的说明，这些引言也说明了什么是儒家哲学自始至终所坚持的重大与崇高的历史使命与文化理想。一则是《大学》说的：

> 大学之道，在明明德，在亲民，在止于至善。

此段话表明个人德性修持的重要性。只有在个人德性的修持的基础上，社会或社群才能亲和地发展；只有在此两者的基础上，人类才能追求与获得最高的善。而西方伦理有直线的、超越的、个体化的发展趋势：寻求强调个人的权利与功利，漠视涉及全体的责任与德性。但什么是最高的善或至善呢？显然，它指的是人类全体既分享又共享的高品质、高德性的和合状态，它在全体的责任与德性中包含了个体的权利与利益，此一状态的最好说明则是《礼记·礼运》大同之说：

> 大道之行也，天下为公，选贤与能，讲信修睦。故人不独亲其亲，不独子其子，使老有所终，壮有所用，幼有所长，矜寡孤独废疾者，皆有所养。男有分，女有归。货，恶其弃于地也，不必藏于己；力，恶其不出于身也，不必为己。是故谋闭而不兴，盗窃乱贼而不作，故外户而不闭，是谓大同。

虽然，人类对至善的理解是一种理想、一种憧憬（所谓愿景），但有此理想与憧憬，人类才有向上的努力与追求，才能发挥创造的意愿与动力，就现代人类已经开发出来的科技与已经积聚的经济财富来说，人类全体的共同努力已经能够达到超过小康趋向大同的局面，但为何我们所处的世界还是如此多灾多难，如此分崩离析，如此千疮百孔？这就必须要归之于人之为人的一般品质的种种缺陷：知识的缺陷、德性的缺陷、判断的缺陷、动力的缺陷等等。人的爱他、利他的道德精神还需要开发与发展。再者，如果社会伦理与人格发展的文化伦理都直接或间接涉及国家的发展与天下（全球人类）的和平繁荣，则每一个国家的领导人（能的君子）都应该是一个既有德又有能的贤人或圣人（德的君子），足以带动人群，激励人心。儒家圣贤的理想实际表明儒家对一个人之作为君子之德与能可以发展到治国平天下境地的信念。虽然，此一境地不一定能完美具体地实现，但这是儒家对人发展的不断要求与策勉，儒家甚至把此一理想的实现投射到远古的历史上，形成尧舜德治的范型，《尚书·尧典》说古尧帝是：

> 钦、明、文、思、安安，允恭克让，光被四表，格于上下。克明俊德，以亲九族；九族既睦，平章百姓；百姓昭明，协和万邦。黎民于变时雍。

这种从个人的修持发展到国家天下的治平的过程显然是儒家的思维核心，可说是根源于《论语》中孔子所说"修己以敬，修己以安人，修己以安百姓"的意思。在孔子看来，每个人都是可以修持成贤成圣的，因为每个人都有志于道、据于德、依于仁的能力，有了此一能力并发挥之、实践之与实现之，也就能启发他人，感化群体，自然治平天下，犹如顺水行舟，易如反掌了。虽然，我们说这是一种理想或假设，但这一理想却具有充分的逻辑性。因为如果人人都能有道德、讲仁义，基于道德共识建立的法制也就易教易行，尊重道德，尊重道德的决策与法制，天下就自然形成了道德的秩序，最有德的圣人只要南面而王即可。此一理想也最能鼓舞人心，因为它对人性有如此的信心，对德性的力量有如此的信念，在最自然的情况下自然也最能诉求于人的自然感情。孟子极力求证人性的本善，也可说就是在此一理想的感召下，体悟到必须从人性的深处去发掘修己、成己成人的动力根源，他称之为良知良能，因而进一步赋予了善性以自觉性以及与本体真实的相应性与连贯性。所谓合外内之道，就在于外（天）之本与内（性）之善有一个整体中的内在的一贯性与连通性，这也可说是孔子晚年对子思的影响所及，在天命与心性、心性与道德统一的基础上〔所谓"天命之谓性，率性之谓道，修道之谓教（德）"〕，儒家伦理之具有普遍性乃在其界定了人的本质的起点、人的发展本性的能力以及一系列的身体力行的具体实践过程。换言之，儒家伦理不只是伦理，不只是仁学，且是人学，人的本体学，人的道德创化学，且与天地的本体学与宇宙论息息相关，互为主客，关于此点，我在别处有所详述。

孔子所举之仁是儒家的中心概念，孔子解说仁为"爱人"、"克己复礼"、"己所不欲，勿施于人"，在仁的理念基础上，孔子提供了一个为人处世的行为准则，但仁在人性得于天命的基础上已具有本体论的意涵，再与天地一体的宇宙论结合起来，就构成一种渗透万物的关切情怀与生命体验。此一情怀与体验既是性又是理，因为它可以内化为性、外化为理，这就是我前面提及的关切理性（rationality of common care），张载说的"为天地立心，为生民立命，为往圣继绝学，为万世开太平"就生动地表现了这一关切理性，甚至可说从一个儒家仁的情怀更具体地显示了仁者的广泛抱负与使命感。

在以上讨论的基础上，我们不但看出儒家、儒学与儒家伦理的全球普遍性格，也可以进一层理解儒学之为关切理性之学的新解，我们可说凡是关切人生、关切人际伦常、关切人之自身发展与社会他人及社会全体的合德合理的发展都是儒学，固无论其为自觉或不自觉，但儒学还要积极主动地实践此一发展，并力求达到一定的高尚品质的道德和谐之境，这一意义的儒学是综合历史儒学的精华而形成的。它的意义与重要性在于，它表明了在人类走向全球化的过程中的人的重要性和人的自觉与主动自我修持的重要性，没有此一人的自觉为中心的关切理性，任何全球化的发展都有可能步入歧途，唯有自觉人的责任与人的关切理性才能确保全球化的正当性与有效性。因为唯有此，吾人才能集聚众力在人发展的起点、过程与追求的最终理念与理想上进行省察、检验与更新。

在全球化的经济发展中，儒家伦理扮演着一个既促进又平衡经济发展的角色，为了要发展人的潜力，更为了要发展群体人的福祉，包含提供更好的生活环境与更好的教育机会。经济的发展是理性的工具，德性促进理性，理性满足德性，儒家的伦理必须坚持方法与手段的合理性与合德性，即使经济能达到善的目标，但实行经济的条件与过程仍然要符合最基本的德性，也就是要重视人的目的性与人的德性尊严的维护。在此一原则的要求下，显然我们可以从儒家伦理的立场探讨生产力发展的条件、劳心与劳力工作建立的条件、维护工作场所安全的条件、报酬升降与人事奖惩的条件等等经济伦理的实质问题。在经济分配的领域中，儒家伦理更强调手段与过程的公平性与公正性。在这些重要的细节上，儒家伦理提供了一个关切理性的观点：是不是有人性与人道的关切？是不是能对人的关切作出理性的说明与策略性实施方式的安排？因之儒家的伦理就在一般的经济伦理中发挥其关切理性的作用，形成了具有德性主义与人性主义特色的儒家的经济伦理。

有了儒学、儒家伦理及儒家经济伦理及其全球化定位的正确的现代理解，我们也不难看到"儒商"一词真正的含义了，什么样的从商者或企业管理者与负责者才可以称为儒商？我想我们在此可以区分两种意义或两种层次的儒商，第一种意义或第一种层次的儒商是从商者或企业管理人服膺与实践儒家的社会伦理与经济伦理，在一般的社会事务与特殊的经济事务上都能自觉及有恒或系统地履行与表现儒家关切社会和谐、文化创造活动的精神，对于经济事务更要强调儒者重人的风范、人性的关怀与人性的生活安排以及待人处世力求公平、公正之道。所谓"重人"可说有三个意思：一是重人才，贤能并重，并鼓励教育提升；二是重人事制度，尤其不应因个人关系影响到人事的公正；三是重人际和谐关系，并以和与合为企业文化的主体，这也是我在本书中一再强调的。

第二种意义的或第二种层次的儒商则只在经济事务上着眼儒家的社会伦理与经济伦理，并将之转化为管理之用；但在一般的社会事务上却不甚在意是否自觉与恒常履行与表现儒家关切社会和谐与一般的人道淑世精神及文化创造活动，此一要求的重点是自觉与恒常甚至于系统化。第一意义或第一层的儒商对此一要求十分重视，并以之为从商与发展企业的动机与信条或终极目标，但在第二意义或第二层次的儒商并不一定有此重视。但因能善用儒家伦理为管理之用，仍不失其为商之儒者，尤其在交换行为与贸易行为上面，如能做到以诚信待人，无欺于老少，无愧于屋漏，不取不义之财，不趋附阿谀，更可说做到了传统儒商的基本要求，当儒商之名而无愧了。当然，要做到此，从商者就不得不讲信修睦，甚至一日三省其身，修养其德行与正气，充实其内在的德性。至于明清之际传统的商人，从商致富之后，附庸儒者的风雅，热衷琴棋诗画，甚至与儒者唱和诗词，却不一定就能当儒商之名，不但不可当第一意义或第一层次的儒商之名，也不可当第二意义或第二层次的儒商之名。也许我们可以另立第三意义或第三层次的儒商之名，以说明只重形式或徒具形式的儒商范畴。但我在此所提的儒商应是以实质与实际的实践为重，此点不可不辨，也不可不辩，自孔子到孟子到荀子都看重正名主义，所谓名实相符，不可以名乱实，不可以实乱名，亦不可以名乱名，以实乱实，基于儒家的此一重要传统，我们自然要为"儒商"一词郑重正名与定位了。

我在此还想就第一意义与第二意义的儒商发挥一些含义。第一意义与第二意义的儒商都可以是现代意义的资本家，拥有或负责大型的企业集团与公司，他们都能运用儒家的伦理与儒家的管理以扩展市场、业务与组织，因而可以以成功的企业家知名，他们可以是资本社会与市场经济的产物，并能对资本社会与市场经济的继续发展作出卓越的贡献。但由于他们有儒家的情怀并履行儒家的经济伦理，甚至因此而更有发展，我们可以称他们为儒家资本家也未尝不可。如果中国或其他国家的资本家都是儒家资本家，而且社会资本与国家资本也因儒家伦理而发展起来，有人提出儒家资本主义这一说法也未尝不可。儒家资本主义的重要论点是在儒家伦理与儒家管理是否能够引发资本主义。我曾为文说明区分儒学传统之用与儒学当代之用，历史上儒家和儒学并未引发资本主义，但在当代，儒家或儒学在经历西方文化与西方资本主义冲击之后，透过知识分子、政府与民间的协力，获得了一个新的面向（相），确有激发经济发展与资本主义发展之能力并有具体实现的例证。过去二十年来，东南亚及中国经济的起飞就是一个最好的例证。我们甚至可说日本明治维新的成功也是得力于中国儒家的长期熏陶；只是日本接受西方帝国主义过了头，背离了儒家资本主义的经济伦理，并只运用了有限的儒家管理，以致导向了日本损人利己、极端残酷与自私的军国资本主义的发生，危害了亚洲与世界。

真正的儒家资本家是以社会为重，以社会的福祉为重，因之第一意义的儒商，不但在经济事务上履行儒家经济伦理，而且也在社会与文化事务上履行儒家社会伦理与儒家文化伦理，发挥儒者奉献于社会与文化的精神。因之第一义的儒商不仅是儒家资本家，能够发展财富与资本，也是社会与文化事业的积极支持者与捐助者，他不是一般的慈善家，不是因为减免税款而捐款（这在美国很常见）。他是自觉地、系统化地或有计划地就他最大的能力要为社会与文化作出贡献，他不但是知之者，也是好之者，因为为社会与文化作出贡献是他儒家伦理的信仰或信条的一部分。这就是他与第二义的儒商大不同的地方。他不但是一个儒家资本家，因儒家而发皇，他也是一个儒家的社会主义者与文化主义者，为斯文而奋斗，为仁者之大道而奉献。

基于以上所述，我在此作一简短的结论。21 世纪人类的命运有赖于经济全球化的制度合理化的与个人合德化的发展与实现。儒家与儒学既提供了一套经济伦理的价值，又提供了一套社会伦理的基石，不但有平衡经济与伦理的作用，也有促进经济导向人类社会与人类文化和谐发展的力量，更能带动人之为人的品质上的提升。儒家与儒学在经济伦理、社会伦理与文化伦理上的发展正是 21 世纪的人类所迫切需要的。无此，人类的共生共存、和平繁荣不但不能实现，而且人类的命运有向相反的方向发展的可能，故儒家与儒学有一个双重的使命，即防止人类经济全球化的逆向发展和促进人类经济全球化的正向发展。作为参与全球化经济发展的儒家文化的代表者，无论是第一意义或第二意义的儒商都将在 21 世纪发挥无比大的经济推动、社会演进与文化融合的作用，其历史责任之所在实不容赘言。

第五节　经济全球化与管理哲学的发展[*]

一、经济全球化的内涵

（一）全球化的宇宙整体变易模型：自由竞争与多只无形之手的运作。必须理解动态变易、平衡创发原理。五大原理的提出：

（1）不易之道的分析（易之不易、不易之易、原动力问题、原动力的根源与发展问题、原动力的表现方式与层次问题等）。

（2）易之道的分析（原初阴阳、再生阴阳等，交换、融合创生、回转、流失、重组等生命与生物能现象）。

（3）易之表达原理分析（数学模型、简易原理、自然原理、无序自组织、耗散结构、微黑洞重生等）。

（4）意识与意志决定原理分析（意识的重要性与意志的重要性，自由与自由度的分析等）。

（5）聚合及网络分析（复杂性与复杂性分析——网络背景的多重交叉性、重叠性分析）。

最后，我们要如何总体地表达此一复杂的动态变易、平衡创发原理？在易学中，后两大原理原属于第三项简易原理的考虑范围之内。

（二）全球经济发展模型：以上述宇宙模型为参考系统及标本，说明自由竞争与多只无形之手的运作。先分国内、国外与国际的三大手类：

（1）国内之手：劳力、资本、能源、技术、政策（财政与经济等）、管理组合等。

---

　　[*] 本节参考网上资料及《新京报》2004 年 8 月的一篇我对当前金融改革的哲学分析，2004 年 12 月 29 日成稿于贵阳。

问什么是积极的、主动的因素，什么是被动的、给定的因素。亦即何等因素更属于管理项目，再分析何类管理原动力更为相关。这些导致生产力的增减现象。

（2）国外或个别国际之手：比价、汇率、国际交易、投资、国际条约、国际事务与事件。

（3）整体国际之手：现有国际大型组合等，如欧盟、世盟、东盟等。

（4）自由与开放市场与限制因素：无形之手的原作问题——非自主的游戏规则。

（三）全球经济主体五板块：美国、欧洲、日本、亚洲、中国。

（四）全球经济走势五大变数：原油价格升降（欧佩克的特殊地位）、美元汇率的升降（美国生产原动力的特殊地位）、日本经济元气的复苏（日本经济的特殊地位）、欧盟成员国福利改革的成败（德国经济的特殊地位）、东盟经济组合的活力问题（东盟国经济一体化问题）。目前看好全球技术经济的创新高潮。

（五）个案分析：

（1）1997 的金融危机及量子基金运作分析。

（2）后"9·11"经济危机分析。

（3）当前经济现况分析。

（4）经济预测。

（六）中国经济的出路问题：

（1）中国尚未达到工业化标准：农业产值 15% 以下，但农业就职仍高达 50%（应为 20% 以下），城镇人口只有 40%（应在 60% 以上）。2020 年实现真正的工业化。

（2）中国尚未成为"世界工厂"：品质问题与创新能力问题。

（3）中国经济竞争力问题。

（4）环保问题与能源问题。

二、管理国际化的内涵

（一）有限理性与自主决策问题：囚徒困境、纳什（NASH）平衡、游戏理论等。

（二）"C 理论"的非常相关性——基于以上宇宙经济模型所发展者。

（三）管理的十大因素：十 C 原理。

（四）当前案例。

（五）问题与讨论。

附论　C 理论讲演与答问

第一节　北京讲演录（1991 年 3 月）

当今中国管理哲学——C 理论：《易经》管理系统——是以《易经》为基础，以中国传统智慧与西方科学精神的融会贯通为目的，以"中国管理科学化，科学管理中国化"为宗旨，以集科学、文化、艺术三位一体为特征，总结古今中外管理理论而建立起来的一套具有中国特色的现代管理哲学理论体系。

一、中国管理哲学是中国哲学现代化的产物

C 理论认为，中国管理哲学"是依据中国哲学理念发展出来的管理哲学"，"以中国哲学为管理科学的哲学基础，并从而建立和发展中国管理哲学，既合乎文化传统的自然需要，又合乎管理思想发展的趋势。今日管理决策所需的整体性、依存性、调和性、创新性、变通性及实践性也都据此发展开来"。正如 C 理论指出的，管理决策所需的"六性"可以从中国哲学的六个特点中找到其存在和发展的理论依据。其相关关系如下：

（一）哲学重视整体观念与管理决策所需的整体性。

（二）哲学强调整体中个体间相互依存的关系与管理决策所需的依存性。

（三）哲学关于事物相互依存的关系，因平衡安稳而有和谐，也因平衡不安而发生冲突的认识与管理决策所需的调和性。

（四）哲学重视"合一""合德""无碍""圆融"等理念与管理决策所需的变通性。

（五）哲学有关宇宙及本体的观念永远和具体的人生实践密切结合与管理决策所需的实践性。

（六）丰富的哲学理念与哲学命题具备了极宽广的说明性和极深刻的表达性与管理

决策所需的创新性。

总之，管理决策从中国哲学中寻找其存在和发展的依据，使传统的中国哲学在现代管理科学中获得新生。依据中国哲学理念发展出来的现代中国管理哲学及其管理系统的建立，实质是中国哲学的现代化及其在中国现代化管理和现代管理中国化进程中发扬光大的一个重要层面及环节。C 理论：《易经》管理系统，作为当今中国管理哲学的代表，也正是中国哲学与现代管理科学相结合的产物。

二、易是中国管理哲学的开端

《易经》是中国文化渊源诸子百家的"群经之首"，是中国哲学的基础。易乃太极，太极即"一阴一阳之谓道"。张顺江教授在《现代易学与决策学》一书中指出，《周易》是以"一阴一阳之谓道"为第一公理的辩证法体系。从象上去观察，阳刚阴柔，相摩相荡，其结果是"变"，是"易"。对这种"变""易"过程的表述就是《易经》。他认为，《易经》的发端是"一阴一阳之谓道"，符号结构是"太极"，其象的表述是"乾坤"。"乾坤"是《易经》开端的表述，是易之门。乾坤两卦的卦辞分别是"元亨，利贞""元亨，利牝马之贞"。乾坤两卦卦辞"元亨利贞"也就是对《易经》和易的开端解。

同理，以《易经》为本的中国哲学，其作为管理决策所需的基础理论的"六个特点"，也可以用"元亨利贞"来诠释。

（一）"元"即大始。

元作为道，负阴而抱阳。在中国哲学中表现为无所不包的整体观念，如太极。

（二）"亨"即通。

是联系，是"刚柔相摩、八卦相荡"，表象是实践。在中国哲学中表现为整体中个体间相互依存的关系；"合一""合德""无碍""圆融"等理念；有关宇宙及本体的观念永远和具体人生实践密切结合的"知行合一"，有的称之为"保合"。

（三）"利"即宜，统一。

在中国哲学中表现为"经中有权，权不变经"，使得事物相互依存的关系，因平衡安稳而有和谐，不因平衡不安而发生冲突，以达到由变生利，由利共存，成为"太和"，实现变而有生，生生不已，不断出新。

（四）"贞"即实有、存在，是正、是固。

在中国哲学中表现为丰富的哲学理念的真理性与哲学命题具备了极宽广的适应性与极深刻的表达性，使其成为千年不衰的定理和万事万物生灭运化的固有规律。万物均为具象，具象归朴于"元"，所以"贞"又为终，复归于"元"。

由于《易经》和易的开端适应于中国哲学，因此，对于从中国哲学理念发展而来的中国管理哲学来说，易自然也应是其理论体系的开端。

三、《易经》管理系统是以易为开端演绎出来的中国管理哲学体系

《易经》管理系统作为中国现代管理哲学理论，如同中国哲学一样，以易为开端，演绎形成其特有的《易经》管理理论逻辑体系和管理模式。C 理论认为，《易经》管理应当是"以人性、智慧为中心，两者结合互动，便构成一种阴阳互补、相辅相成的"理想的中国管理体系的基础模式。

（一）管理系统源结构模式"八义"。

C 理论根据《易经》八卦归纳出的"守成知变、穷化创新、定位断疑、简易即时"四个主要原则和管理的"知、行、体、用、主、客、内、外"八要素，以"太极"为始，阐述了"八义"，即管理体系八个定位，形成了《易经》管理理论体系的基本架构。

（1）太极定位：明确企业最高目标与最终价值的整体性企业定位。

（2）阴阳定位：明确企业经营必须确立从主客、内外、人物等正负两面考虑问题的二元观。

（3）三才定位：天、地、人三才定位是强调时空因素与人为因素，组织内部上、中、下之间的充分协调与配合。

（4）四象定位：组织运作要兼顾春夏秋冬四时与上下左右四方，兼顾上层下层左辅右弼，才能维持稳定谋求发展。

（5）五行定位：以决策、领导、应变、创新和人才周而复始的"五行"为循环模式。

（6）六阶定位：以乾卦为依据，将人、事发展划为六个阶段和层次。

（7）七复定位：将终极目标、风格、策略、制度、技术、行政、结构七个"S"整体定位，使其首尾相继、上下呼应地运作，同时强调不断应变的精神。

（8）八卦定位：使知行、体用、主客、内外平衡作用，成为持久而有活力的管理架构。

（二）管理系统源理论模式"五学"。

C 理论引进中国古代诸子百家的优秀哲学思想作为其管理系统的理论依据。强调学习道家的决策哲学、法家的领导哲学、兵家的权变哲学、墨家的创造哲学和儒家的协调哲学；以道、法、兵、墨、儒的精神分别代表管理中的决策、领导、生产、行销、人事五项要素，模仿《易经》五行相生原理建立了管理要素运作和评估整合系统模型；还指出儒家长于人事协调而短于保守和权变，法家长于纪律导向而短于关心人、激励人性与潜能，兵家长于权变，但有道家与法家的决策和领导精神为基础才不致偏差，墨家长于勤劳、重视科技，而须有儒家的人事哲学配合才能发展，所以联合的管理必须博采众长，避其所短，才能融合运用，发挥管理最高效能。

（三）管理系统源动力模式"十德"。

C 理论强调管理以人为本，对人的管理是管理系统运行的原动力。在对人的管理中，"以理性开发人性，以人性充实理性"，既能弥补日、美管理偏执在 AX 和 YZ 理论上的缺失，又能于同一时空系统中，同时作人性的考虑和目标的达到。所谓"十德"是我将"五学"中诸德集述，是"以理性开发人性，以人性充实理性"的要素和基本动力。"十德"依据人性和理性的辩证关系，以阳阴相摩相荡原理分为五组：一曰"礼、信"与"势、术"；二曰"仁、爱"与"明、严"；三曰"道、义"与"智、利"；四曰"经、合"与"权、变"；五曰"衡、中"与"策、决"。用易分析，五组"十德"每组前者为"阳"、为"正"、为"隐"，为人性所求，后者为"阴"、为"奇"、为"显"、为理性所为。"十德"依据管理行为准则，以五行生克运化原理又可划分为："道、义"与"衡、中"为"土"德，"明、严"与"势、术"为"金"德，"策、决"与"权、变"为"水"德，"经、合"与"智、利"为"木"德，"礼、信"与"仁、爱"为"火"德。"五行之德"之"土"德治"道"以达共识，"金"德治"气"以达共为，"水"德治"变"以达共知，"木"德治"力"以达共进，"火"德治"心"以达共容。五德又归朴于易："土"德为"元"，"金、水"德为"亨"，"木、火"德为"利"，五德相生形成稳定的管理循环系统和周而复始的大道之规为"贞"，复归于"元"，形成了管理系统运行的原动力。

（四）管理系统源表征模式"C"。

《易经》管理系统理论架构的外在表征为"中国、《易经》、儒家、文化和作者姓氏"英文单词的五个"C"；五个"C"又表现在具有内在意义的"居中、创造、协调、权变、控制"；还表现为决策、生产、人事、市场和行政经理部门的五大职能。"C"不但表征了《易经》管理系统理论架构形式的完美，而且也构成了内在逻辑关系的完整，使《易经》管理系统成为从形式到内容都得以用"C 理论"予以概括的完整的管理哲学理论体系。

四、"道"的管理是中国管理哲学超出其他管理理论的新境界

管理有五个层次。一为机器管理，是对技术的管理；二为手的管理，是对技巧技能的管理，两者或是手工制造与用手操作机器运作，或是机器自行运作、自行管理，两个层次在管理中为下用；三为脑的管理，是对知识的管理，为中用；四为心的管理，是对价值观、自觉性与奋斗目标的管理，对人的管理；五为道的管理，是对人性与智慧的管理，对"天"的管理。道和心的管理为上用。如果说西方和美式现代科学管理以机器、手、知识技能的管理为主要特征，那么重视心的管理正是日式管理超出并优于西方和美式管理的根本特征。中国管理哲学涵盖前四层次管理的全部内容，又提出"道"的管理新境界。这种超出美、日管理模式的"超管理"系统，就是《易经》管理系统。它把

"道"看成是宇宙大系统，是有生命的、复杂有机的、整体的全息系统，认为管理应以"道"为统，实现人的自愿、自主、自为的行为。使管理和决策达到"周游六虚，变动不居，唯变所适"、分后能合，分工明确、事权统一、功能相合、处处逢源、相辅相成的最高境界。因此，道的管理不是一项具体的操作技术，而是集科学、文化、艺术于一身的人类管理智慧的结晶。

从上述结论引申分析，对手和机器的管理用的是"技和数"，完善的是"制"；对脑的管理用的是"记和述"，完善的是"志"；对心的管理用的是"计和术"，完善的是"治"；对道的管理则用的是"禅和悟"，完善的是"智"。管理的层次愈高，管理对人的素质要求也就愈高；管理中人的管理比重愈大，管理难度也就愈大；管理对人的知、智、性、灵发掘得愈深，管理境界就愈新。可见无论从管理层次，还是管理手段、管理目标，以道的管理为特征的中国管理哲学——C 理论：《易经》管理系统，都可堪称现代管理的新境界。

第二节　济南讲演录（1992 年 5 月）

这次到山东来，收获很大。想到山东济南来访问一下，是两年前的计划。这次来，刚好有纪念孔子诞辰 2 540 年的机会，时间不多，只好在曲阜与济南之间选择。选择济南最主要的原因是东港实业有限公司在济南，济南有沟通企业发展和管理决策科学发展的共同点。

在过去两年中，我和张顺江教授有个协议，就是把管理决策科学与中国民族精神结合起来，发展成有中国特色的决策管理系统，中国今天的经济发展和企业发展，显然必须建立在中国人的文化基础上面，但还需要有世界眼光，这是一个很重要的观念。

这些天，在山东能跟各位朋友见面，做些了解，很有益。我给大家讲一下，去年开会时，我跟张顺江教授、刘化樵教授有一个高级管理决策学术研究和教育计划。主要有两重意义：

一是，在今天的经济发展、企业在多渠道的建设过程中，管理者、决策者的学识、眼光，要发展，要配合，要多渠道化。在工作中求得学习，在经验中求得理论，这一点望各位重视。

二是，希望大家把中国的发展跟世界的发展协调统一起来，也能在海外给管理者提供一个进修发展的机会。希望突破现阶段的所谓固定化的学习方式，探索具有现代性、具有相当弹性的一种发展教育的方式。这样，我们就谈到管理与决策的进修与研究的问题。在这样的眼光下，发展一个多元化、多渠道的高级决策管理研究教育事业，这是在理论上结合中国的高度智慧、西方的高度理性而提出来做的。

在西方，管理学扮演了一个重要的角色，它的发展是从经验中总结出来的。工业革命之前的西方，并没有明确的管理科学。是因为后来有了大工业、大企业、集体企业和私人企业同专业化结合起来，达到一个目标，才有了管理科学的产生和发展。管理科学是由于时代的需要才产生的。在今天工业化的西方，管理学还有它的局限性。新兴国家的企业，不一定非得走西方走过的路，可以借鉴，发展有自己特色的管理科学，来达到一个更高目标。日本人就是这样做的。日本人这样做的基础是什么？我考虑是基于中国的文化、中国的传统。他们把中国文化中对人的了解、对事的了解，加上机械文明、加上科学管理，形成了一套很好的管理制度。至少在现代，它发挥了这样一个人与机器很好配合的高效率。这样做很成功，我们必须承认。但这个成功，好多来自中国的传统。我们有这样一个优秀传统，为什么不能把它发扬光大？为什么不能把它中西融合、兼并，发展成一个更高一些的管理系统？这是非常可能的。这样做就会后来者居上，更何况中国还有很深奥的、具有世界眼光的理念。这在《易经》中可以体现出来。我想在管理科学系统中，找到一个根基。这个根基又是和中国人这种自强不息、生生不已的精神结合起来的。因为《周易》精神不但是一个大系统、一个兼容并包的整体系统，有变通性、创造性的这样一个系统，同时也是一种生命力的发挥发展和意志的坚强，即中国人的民族精神。这样一种民族精神加上民族智慧，跟决策者的知识、方法结合在一起，力量就会很大。因为它有内在动力，又加上外在的知识、方法这种科学的工具，就能避免许多错误，找到一个更高的观点，来纵观时局，为自己定位。同时找到一个起点，知道要做什么事情，该怎样去做它。这样一个科学的了解，这样一个管理系统的建立，在理论上是很需要的，而且要得到相当完整的发展。

在这里，我特别提到张顺江教授。他写了三百多万字的"决策科学系列"丛书，他每写完一本，便送我一本。我特别留意他写的书。他将辩证唯物主义与系统论、信息论、控制论综合归一，形成新的方法论，创立法元论。这与我自己在海外体会到的中国哲学悠久的文明智慧是完全配合的。

多年来，我一直关注中国哲学的现代化和实践化。我写了一些这方面的书。我希望看到中国哲学不是过去僵化的或属于历史尘埃的东西，而是具有生命力的、能提升到理论层次高度的东西。这方面，我做了一些努力，主要是使《易经》系统成为一个现代化的整体系统。这个整体系统运用在管理、沟通和领导方面，就使它本身能使用在现代生活当中了。在来济南的火车上，我和张顺江教授交谈过，意见完全一致，真是"英雄所见略同"。这是基于研究者的理解和了解。

另一方面，决策管理循环问题，这表现在我的C理论中。我简单介绍一下，让大家了解。管理者和决策者不断地求知、进修和研究，是对整个企业和社会有很大作用的。管理层不应把管理看做只是科学技术的运用。科技是重要的，但不是唯一的、最后的重要。科技这个层面是要的，这个层面是技巧、是技术、是技艺，是目前知识咨询的积累。了解世界要从经验、从科技、从知识方面着手。包括最新科技，一定要掌握。能够运用电脑咨询，能建立 MIS（Microcomputer Information Service，即微型计算机信息服务）

的，就应将 MIS 这种技术在决策中加以运用。那么再高一个层次呢？就不只是技术问题，而是属于方法论的问题了。我们用什么最好的方法，把这些技术用在最好的方面？如何把这些技术结合运用在短期目标里？所以这属于法的界面。法的界面是一个中级主管或中下级主管，这是要讲究的，应该有立体掌握技术的能力，而且应该看出来这个技术同整个公司的目标、整个系统的运作、跟人跟事的配合问题。所谓管理方法问题，就是要掌握自己的管理性格和管理势态，要能作些判断。法的根据是什么？还要进一层，这就是理的观念，就是原理是什么。方法跟原理应用之后，有时候要变通，有时不只一种方法，可能有多种方法，而且还要改进。还要在研究方法后，创造出新的方法。所以这就是理的道理。要深入了解这个系统更高的层次，这就是我说的道的层次。这就是元科学。张教授说的元科学、元学层次，就是综观世界潮流，能确立正确的目标，能获得正确的价值取向，确定一个价值标准，来评估自己的发展，不断地改进，成为整个企业发展的动力。从上而下，综合连贯，从科技运作的层面，到制度化的方法的层面，到知识观念的系统价值层面，成为一体，成为一个贯通的系统。我觉得这个需要很大的动力，需要慢慢探索，慢慢去成就，所以这样一个管理思想，就可以在不同层面上去发展，去建立坚强的、在艰难中求生存、在发展中能制约的一种方式。这样就会使管理变成一个有机的系统，像一个有机体一样，能应付各种条件。不但能了解环境，也能应付环境，而且能创造环境、改造环境。我们看到好多大企业的成功，都达到了这种地步。有些人有这种能力，但不一定知道这一点。从决策科学、管理科学上看，从教育观点上看，我希望大家能有这样一种看法，然后凭自己智能的充实、经验的丰富去发展。在规范当中发展出管理的这样一种职能，也是管理学促进企业发展的一种方式。我看西方、日本大企业的成功事例，大体上经历了这几个阶段推陈出新，来进一步发展。所以从这个角度来考察企业的优胜劣败，就可以大致得到这样一个结论。以后有时间再给大家详细分析。

今天，我认为，从整个管理一体化的结构，从管理本身境界的提高，来充实管理学内容，这一点很重要。有道的层面、理的层面作为决策的基础，因为决策既代表一种智慧、知识，又代表一种意志力、一种决断。

再讲一个问题。整个中国循环的大系统，即相生相克的大系统，就是我说的 C 理论的管理系统。整个管理的过程，其核心是决策者本身。管理决策者应有一个动力，这动力一定是个中心的力量。这中心力量我把它叫做中心土。这个中心力量要深厚、稳健，要有发展的潜力，叫做决策动力，这是管理的核心。决策代表计划，执行人员要有实现计划的判断力。这判断力能提升他对世界的认识，因此就产生一种领导力。所以从中心土的观念中产生一条意志，用中国人五行的观念讲，就是土生金。金表示果断，"其力断金"，是一种力量，这就是领导。领导的基础是决策的智慧、土的智慧。今天上午我第一次去看了黄河，很激动。黄河也是土，虽然是土，但它是力量、原始的力量，这个力量不能放弃。有了这种领导力量，你才能面对波涛万千的世界而不惊。不管世界多复杂，你能基于这种智慧，基于这种决策、这种领导力，冲破重重围栏，建立一个广泛的、有影响力的销售网，你的行销能力、市场能力就会很强，这可以用水来代表，因为水是变幻万千，市场也是变幻万千。今年可能看涨，明年可能看跌。在自由市场、世界市场上，你更需要一个浑厚的领导力与决策力作为后盾。有了它才能够征服水、控制水一样的变幻万千的世界市场，显示你面对世界的推销能力。这样才能产生生命的信心，才能掌握世界。企业的生产活动是生产力，是开采充实自己的力量。多搞市场调查，才能掌握生产，才能作生产计划。这计划就像树木一样产生出来，自然地规划出来。所以生产不能随便要怎么生产就怎么生产，背后要有一种相生的东西作为后盾。有了生产，有了在世界范围内立足的高品质的产品，你才能造成内部结构的活现，吸引更多的人才。所以从生产到人事，从生产管理到人事管理这个过程中，假如我们从传统观念角度看，这人事就是火焰。火本身发黄，代表一种成熟、成功，也可代表一种人的荟萃，代表人的智慧的发展。众多人的力量团结在一起，这样更能发挥决策者的潜力，启发更多的人力。有了人就有了发展的信心，没有人就不能发展。人的发展就应像火一样能集中、和谐、团结，才能旺盛，才能发展。这样才能充实决策的信心与意志，建立更高的咨询系统来进一步发展企业。这样一个循环，我用了"C"字母。有几层意思：

从管理学角度讲，决策工作是中心化的，中心化叫Centrality，领导的能力叫Control。领导能力能够掌握变化，就是Change。掌握时间变化，产生一种创造力，来控制这个世界，来应对世界，不是盲目的创造，而是有计划、有目标的创造，这叫Creativity。由此再产生一种协和力、人事的协和力，叫Coordination。这五个C再回到Circulation，就是一个循环。这个循环，我叫它"C理论"。我们从中不但看到决策管理的重要性，也看到整个大循环中管理本身要充实的各个面。当然，C理论还隐含着几个意思：C还代表中国China，C也代表《易经》Change，C还代表文化Civilization。这些是我的整个想法，要把它再发挥出来，还需要时间。今天我讲这些是为了说明：为什么决策管理科学的教育有很大的重要性及它跟企业发展的交接点在什么地方。

这次有机会到济南来，跟东港公司非常年轻有为的总经理刘先生接触交谈，非常高兴。东港的这几位先生都是非常优秀的。合资企业一方面有法律上的规范，另一方面又有个人智慧、智能。我觉得是最有希望的。

从这里，我看到一个非常好的远景，需要大家共同追求。我站在一个海外华人的立场上，非常愿意尽我自己的力量，为发展管理决策科学教育和研究，为到国外进行高级学习培训研究，为学位制度或进修制度提供协助和配合。同张顺江教授他们在台湾的研究生教育进行配合，我想我会尽力去做的。希望大家跟我联络，我会给大家提供帮助，尽力而为。

今天因时间关系，我不得不走。我想山东会成为我最留恋的地方。今天看到黄河，我感觉非常兴奋。这次到济南来，非常值得回忆。我想今后还有更多的机会跟大家见面。希望大家有机会到夏威夷来。谢谢大家。

第三节　上海讲演与答问录（1994 年 3 月）

中国的管理有一个开始很早的文化基础，即《周易》体系。构成中国管理哲学的，除了《周易》的"变化"哲学之外，还有现代的决策科学，这是理性的、知识的。它与《周易》智慧的体验、整体的掌握不一样，是客观性的、逻辑性的、动态性的。管理哲学以管理科学为基础，但不局限于此，具有知识基础和文化基础才能构成管理哲学。

一、关于管理层次问题

管理，即"Management"一词，来自希腊文"Mana"，意为"手"。管理可理解为手的动作、技巧的管理，而手要操作机器，这些都是硬的，是管理的基础、必要条件。对手的管理、机器的管理属于管理的最下层。手由脑指挥，脑代表知识，知识指挥手的技巧，这属于科学管理范畴，是管理的中间层。脑之上是心，什么是心？这里有文化上的差异。在英文中，"心"有两个词：Mind 和 Heart。在中国，对心的理解，具有 Mind 和 Heart 的综合意义，两者不分开。西方人把它们分开，Mind 是理智或理性，Heart 是感情或情意，中国人认为情感与思想是不分的。心的管理是一种价值观念，是对整个管理目的的决定，有什么样的价值观念，就会选择什么样的知识来管理。这是管理的高层次。管理最终是人的决定，是人自己对自己的要求。因此不能把管理只看做客观的知识性的东西。掌握了自己的、别人的心，才能作出决策。控制心的是道。道是整体性的认识、了解，是智慧，是在自己学识中、反思中、体验中慢慢体现出来的看法、认识。智慧能开启我们的心，使我们的心能作出正确的决定。道是一个系统，是一个生命系统，一个复杂的、群体性的、机动的、感应很强的系统。《周易》就是这样一个系统，是道的一个说明，借助《周易》来发展对道的认识，借助道来开启对心的掌握，借助心来带动脑，借助脑带动手，借助手开动机器，这是一个管理层次问题。脑、手、机器的管理属于管理科学范畴，心与道属于管理哲学范畴。今天的时代不只需要科学管理，而且需要哲学管理，即智慧管理。企业能否赢得竞争，经济能否发展，就在于能否从管理科学上升到管理哲学。

美式管理属于对脑、手、机器的管理。美国人喜欢摆弄机器，从小就训练手的动作，做实验。用机器来代替人的手、脑、心，甚至道，是美国人的追求。用机器的自动性取代人的自由性，是机器化的理想。用下层的东西代替上层的东西，没有道的观念，这是美式管理的特点，也是它的缺点。因为美国是移民文化，各种不同的民族聚在一起，最好的约束工具就是机器。

日式管理是心的管理。对心的管理主要体现在群体的安全感上，所以强调终身雇用制，对企业效忠，群体的一致，不要有太多的个性。1865 年后，日本竭力模仿西方，与西方竞争，对外是理智型的，对内加强凝聚。所以日本人的管理比美式管理更胜一筹。日本人很有心机，特别强调精巧，做的东西精细、可爱、小巧，善于改造，吸收别人的长处。松下、丰田、西屋都有自己的格言、信条，企业发挥员工的才华，但不是让员工成为专家，只是让他们参与。主管对员工的家庭背景了如指掌。美国的公与私分得很清楚。日本人对心的掌握是封闭的、不开放的。他们不信任外面的东西，内销产品比外销产品做得更好，中国人则相反。日本是个 A 型社会，中国介于 B 型与 O 型之间，美国人 O 型较多，欧洲人 B 型多。所以，日本人内向、狭窄、自私，以自己利益为主，不会贸然作出有损自身利益的决定。小心、谨慎、精细是 A 式管理的最大特点，也可能是其致命伤。

管理层次如下所示：

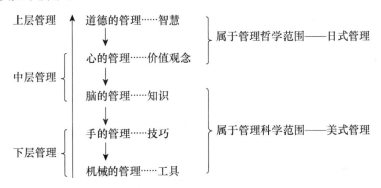

中国管理只是心的管理，没有别的管理，这是一种土式管理，要把土式管理与现代化管理分开。台湾人的心态是：人人都想做生意，当老板。老板不把伙计当自己人，对伙计包括对总经理心存戒心。所以董事长与总经理永远处在矛盾之中，老板担心伙计对自己的背叛，伙计总是设法另起炉灶自己当老板。这与中国的小农经济、传统心态有关。日本人没有这种心态，日本人进了企业，以老板的姓为自己的姓，回到家里才叫自己的姓名。所以，日本的家族企业是包含式的，中国的家族企业是排斥式的。在这种传统心态下，台湾人表现为勤劳、胼手胝足、苦干。中国人相信自己的灵感，不太相信脑、手、机器。这是中国人的缺点，是不完全的道。成功后不能继续下去，财不过三代，至今没有发现一个中国人在美国开的餐馆成连锁店的。赚了钱贪图享受，企业成为实现个人人生安乐的手段，不是把企业当做长久成功的事业。西方人是为企业而企业，日本人也如此，个人可退休，企业不能退休，个人与企业要分开。这说明中国人理性化不够。我们应展开站在美、日管理长处之上的摒弃自己短处的现代化管理，在这个层次上掌握道，不能仅满足于美式管理或日本的群体性管理，要开拓自己的文化特色，以自己的文化智慧充实我们的豪情，运用于不同层次的管理，以达到个人、社会的荣耀。这就是我讲的现代化的中国管理哲学的必要。

日本管理有五个特点：重计划；重品质，对发明、创造不重视，但注重改良；服务周到；内部团结；注意协作。政府与企业、企业之间、人与机器之间都协作得很好。一分钟能生产 18 辆汽车，一分钟能达 96 个焊接。日本人很注重人的主动性、参与性。美国过分相信机器，认为只要有机器，成本就可降低，不怕中国劳动力便宜。殊不知，机器的使用→失业率增加→社会负担加重→税率提高→薪水提高→成本上升。戴明（W. Edwards Deming）有远见，他发现，一个系统的作用在于能提高品质，他提出了提高品质不一定增加成本的观点，纠正了以往的成见。因为品质提高→增加购买力→收入提高→成本下降。这一理论很早就为日本人所采用，美国人认识到它的价值却相对较晚了。

二、管理的功能

管理有两种解释：一是管之理；二是管且理。管且理又有两种含义：一是管而且有秩序；二是管而且有道理。好的管理应是既管又理。仅靠权力、地位来实施管理，不是好的管理。

管理有五种功能：决策、领导、应变、创造、协调。

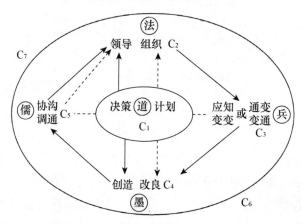

→ 表示：五行相生
┄┄► 表示：五行相克

决策是企业活动的开始。决策是对目标的认定、选定，以及对达到目标的方法的选择。要使决策有理性，就要有计划。计划是把决策理性化、知识化。决策是决定目标，计划是实现目标的方案，两者一静一动。

实现决策计划需要领导。领导的基础是组织。组织是结构性、整体性的安排。美式管理讲究组织管理，不同的工作，给予一定的安排，确定它们的关系，如上图。这是工作架子，称为"工作描述"（Job Description）。有组织，还要有人去推动它，所以需要领导。

生产产品、提供服务是达到长期目标的工具。产品可以创造或改良。改良创造的动力源是市场，掌握市场的功能就是应变。了解市场、适应市场，产品适应外界的需要。应变就要知变，知道如何去变。变的因素很多：科技、人口、人口结构等。

要应变得好，就要有人的因素，把人的各种才能结合在一起发挥出来。做到这点，首先人之间要沟通，这是人力资源的开发，人事管理。

这是一个动态的系统，是自然的循环方式，需要慢慢体验。首先，计划决策是核心，有了好的计划决策才能构成良好的组织，才能领导有方。有了良好的领导、组织，才能面对市场，施展应变能力。有了对市场的认识，才能进一步掌握产品品质，对产品加以改良。有了改良，才能进一步挖掘人才资源，发挥人的才华。然后，掌握了大众的智慧，群策群力，又产生了更好的决策。周而复始，实现新的循环。

三、C 理论及其特点

上述管理的功能可以 C 理论来说明。中国决策的文化基础是《周易》的"变化"，Change，所以上述功能都可以 C 开头。

C1：Centrality，中心。决策就是要找到一个中心思想，即道、体系，这是一个智慧的、开放的体系。

C2：Control，控制。对中心思想的控制、发展。

C3：Contingency，应变。

C4：Creativity，创造。既要发明创造又要改良改进。

C5：Coordination，协调。周而复始，形成动态循环，成为动态的管理体系。

整个 C 理论有三个圈，故也称之圈理论。核心圈是决策计划。第二圈是从决策到领导、到应变、到创造、到协调的循环。第三圈在最外层，即 C6、C7。C6：即"易"，参与之意，Comprehension，包含。C7：超越、切入之意，Cessation，恢复到静止、原始状态，跳出原来的圈子静下来反思一下。C6 为动，C7 为静。

C 理论有两个特点。第一，具有一阴一阳之道。计划与决策、组织与领导、知变与应变、改良与创造、协调与沟通、停止与包含都为一静一动关系。第二，具有五行相生的特点。C1——土：计划决策为中心点，如同中央土，能包含一切，具有生长力，能容忍，有无穷的生机。决策者应如土。C2——金：金刚毅，不易腐烂。好的领导应似金，不贪污腐败，刚中有柔。C3——水：水变幻莫测，水能载舟亦能覆舟。市场如水，变化无穷，可使人发财，也能使人破产。C4——木：木是生长点，生命的表现。改良、创造要像木一样不断生长茂盛。C5——火：人的士气如火，协调好如熊熊之火。没有火，没有生气，企业就无希望。五行相生：土生金、金生水、水生木、木生火、火又生土，周而复始，最后实现企业目标。以上是 C 理论的架构。

五行也相克。克不是坏事，克，平衡之意。金克木：领导直接指挥生产，会产生不好的效果。土克水：决策者直接指导市场，有战略无战术，不具推动力。水克火：以市场关系处理人的关系不行，人事结构不能完全建立在市场关系上，而应建立在生产力发展基础上。火克金：人的关系要与组织的贯彻分开，人事关系讲感情，但法的贯彻要避开感情、关系。

五种管理功能也可看成是企业组织中的五个相关的管理部门：

> 决策——董事会、决策部门；
>
> 领导——总经理；
>
> 应变——市场管理部门；
>
> 创造——生产部门；
>
> 协调——人事行政部门。

《周易》与管理功能的关系如下：

其一，要用"道"的精神作决策。"道"最具有广阔性、包含性。道又最具变化，能掌握各种变向，能屈能伸，能进能退。决策者要像道那样，具有包含、广阔的胸襟，必须达到公正、没有私欲的心境，抛开自我，达到纯净的境界，如实地看世界。这样才能决策。决策人要以静制动，以柔制刚，做到无为而无不为。

其二，以"法家"思想作为领导的参考系统。法家追求公私分明，讲法制，判断严明，领导应具备法家精神。

其三，以"兵家"作为管理的参考系统。兵家是讲打仗的，打仗要掌握客观形势，能运用各种战术，能出奇制胜。用"计"是兵家中重要的用兵之道，三十六计可用在商场上。

其四，以"墨家"作为创造、生产的参考系统。过去很少注意墨家。墨家的三个主要特点是：首先，主张勤劳、节俭、自主、简略：台湾的企业基本上是从勤俭起家的，加上道义，可省下很大一笔开办企业用的契约费。其次，追求功利：重功利不是坏事，墨子具有功利主义。最后，强调生产、科技、发明、创造：墨子自己就注重发明。中国人的创造、改良精神、能力早在墨子时代就具备，是中国文化本身具有的内容。以墨子精神管理生产，生产力可大大提高。

其五，以"儒家"为沟通的参考系统。儒家讲人的关系，以开发人性为基础，可称为人力开发工程。把道德看做人的目标，甚至是政治的目标，这是儒家的特点。过去封建帝王利用儒家作为巩固自己统治的工具，因此儒家被认为是为封建帝王服务的，是封建的工具。而儒家原来是想改变帝王，实现人性的社会。我们今天应认识到这一点，要把儒家与权力分开，它是独立的系统，不是政治的工具。以儒家思想组织企业，使人有仁义、有道义，就能实现企业目标。人有很多目标：生存目标、社交目标、追求成就的目标以及实现自我价值的目标。掌握人力资源不能平面化，要立体化，知人善任，要了解人的各方面，给他一个活动空间，调动他的积极性。吸引人才、保留人才是人事管理中的重要内容。在企业是要创造一种向心力，在企业如同在家里，人之间要沟通、协调，能安住人心，安和乐利，真正把人才留住。

综上所述，C 理论是把中国最重要的不同的思想资源、文化资源、概念组合起来，运用于管理之中，真正为企业创造长远的利益。

C 理论是个复杂系统，每个功能都是一套系统。子系统之间要相互衔接，发挥合力作用。这个系统立足于中国文化资源之上，发挥管理功能。实现 C 理论的四个层次是：

第一个层次是道，是智慧，Understanding（上）。

第二个层次是知识经验的掌握，Knowledge，规定领导，了解市场信息需要相关的知识。从智慧转化为相关知识是个过程（中上）。

第三个层次是条件，Information，知识发生作用需要条件，即要掌握当时的信息、情报（中下）。

第四个层次是规则化，领导、生产、市场、人事等方面的管理都要有规则，决策就是要制定出好的规则（下）。

最高层的管理要有智慧，中上层的管理人员必须知识丰富，中下层是运行系统，管理人员要掌握各种信息，最下层劳动者要掌握各种规则，要通过教育让他们了解、掌握规则。

关于扩展和稳定的关系：两者要平衡，要能做到在稳定中求扩展，在扩展中求稳定，这才是最好的管理。

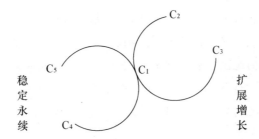

在扩展方面，强调的是市场因素，以市场为基础，即 C3。在稳定方面，以人事为主，人事安定，企业则稳定，即 C5。但太强调稳定，市场就会萎缩。两者问题是动静的关系，稳定为了发展，发展中求稳定，发展太快，人事就会出问题。

问与答

学员提问：C 理论在台湾情况如何？能否在大陆选几个企业试行一下 C 理论？

答：1989 年曾在台湾"中华民国管理学会"上谈过 C 理论。有的公司对我讲，我们早就这样做了，你这样讲深得我心，给了我们一个系统的观点。有的公司用 C 理论作为企业的评估系统。我曾让人选了近二十家台湾公司作调查，有很多公司表示愿意采用。但我们没有有组织地加以推行 C 理论。最近在深圳上课，有学生提出能否在深圳公司企业中推行 C 理论。我总的看法是，企业要有自己的风格，不能跟在别人后面学，模仿是不够的。中国人的智力不低于西方人，但中国人往往点到为止，没有形成规则和系统化。我们要为世界普遍性的问题提出自己的看法。西方人只强调自己的标准，以自己的利益订出各种规定，西风要压倒东风，而东西方应该是平等的，因而我们要有自己的标准。日本人是绝对肯定自己，同时好的东西也吸收。中国人这点做得不够。好的企业一定要有自己的风格、自己的品质，在结构上要理性化、组织化。C 理论如果受到企业家认同并被采用的话，它对中国现代管理哲学、管理体系是有参考价值的。

问：C 理论在工业企业和商业企业运用中有哪些差异？

答：当前的企业面临的问题可从两个方面去看。一是认识上（认知）的差距，二是推动上（实践）的差距。改革开放给企业带来很好的前提条件，但同时也面临很多问题、阻力。某些特殊环节，代表既得利益的权势需要更新，在这种情况下，如何掌握一个时，这里有一个认知。有些知识性的东西、智慧要扩大。意识形态的道与非意识形态的道的矛盾可以解决。意识形态是一种规定，规定要有依据。当把整体系统考虑进去，规定的独断性、闭塞性就会打开。政策、方向问题要作系统的认知的审定。从目前对市场、对世界、对中国人的全体利益来看，有些东西是否已过时了，有些制度是否应更新？这是政策制定者应深思的问题。意识形态的道要慢慢地转变为非意识形态的道。现在的危机在于，许多意识形态的道已丧失了权威性，但表面上还要去做。另一方面，有人已从根本上把意识形态打破，已无道可言。这是从短期的、个人利益的角度看事情，这样很危险，是谋求初级的发展，而不是长期的发展。应该在管理教育中强调建立一种非意识形态的道，即我们这里发展的 MBA。今天企业所欠缺的是管理、心的管理。企业往往以为政府认为好就是好的，以政府的标准判断它的价值；要以企业内在的自主性、独立性去取代政府企业之间的牵制作用。政府与企业间应互相促进，不能单向作用。

问：五家之学相互排斥，C 理论如何解释统一？

答：五家之言在后期发展中好像互相排斥，《周易》对中国古代思维方式、宇宙观、方法论作了总结。在《周易》思维上，可以找到五家理论的共同性。道家与儒家在本体论、宇宙论上没什么差别，差别只在人事方面，社会、政治、文化方面。儒家与墨家也有相同点。更是诸子百家的总结，具有法家、儒家、道家的成分。兵家则是道家的一个应用。中国要融合古今，把握中外，才能成为泱泱大国。在功能上它们有区别，作战只能用兵家，领导要有法家气度。

问：所谓"道"是否指老子所讲的道？

答：道是一个参考体系，我们不是要回到老子那里去，道是宇宙变化的认知，是开放的、全思的复杂系统，是对理想的、独立的世界秩序的认识，是世界观。

问：在企业管理上，我们受到的教育是：人是第一因素。不知成教授对此看法如何？

答：人是稳定的因素，但过分强调人事就不能发展，稳定后要尽快发展。很多人事问题不能仅从人事方面求解决，要从决策、领导、市场、整个生产力发展方面求得解决，就人事搞人事，问题更多。扩展开来，很多人事问题容易解决，过去的问题可在未来解决。人事的稳定性与市场的扩展相连。日本人事很简单，因为日本企业驻外人员很多，企业内部有很多空间，不需要在一个地方相互争斗。

四、《周易》中的决策问题

这个系统讲的是阴阳的配合。什么是阴阳？阳是看得见的东西，阴是看不见的东西。阴暗的东西不是坏东西，是未成形的东西，是一种力量，即柔。阴阳即柔刚，相互之间都是配合的，明的东西是刚的，暗的东西是柔的。但暗的东西也可以是刚的，明的东西也可以是柔的，可以交叉。明暗、刚柔、动静是相对的、对立统一的，是互动的。世界是个整体，里面可分阴阳，阴阳里面又可分阴阳。图示如下：

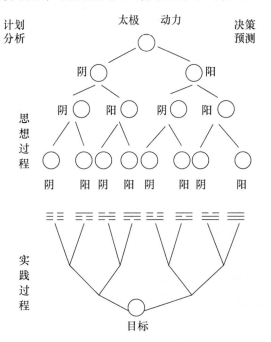

阴阳是天之道，刚柔是地之道。决策是动态的宇宙观、方法论。整个世界就是太极，是原始的起点。但在太极那里，功能不显著，所以要从太极慢慢走向阴阳，要把刚柔、动静分开，这样才能

了解什么是目标，什么是方法。阴是目标，阳是方法，用方法去实现目标，也可以倒过来讲。企业组织有不同层次，一人公司，一个人就是太极。二人公司就要有规则。到第三层次再分阴阳，再划分下去就是八卦。八卦放在一起说明其本身就是个整体。八卦的原点是太极，即动力，动力就是目标，两者一样。动机是内在的，是起点，目标是未来，突出在外面，是一阴一阳的关系。动机要实现为目标，中间要经过组织过程。决策是分析计划，综合实践。决策有两部分，一是分析计划部分，另一是实现完成部分，两部分对称。八卦是最起码的决策定位，必要的话可以继续展开。八卦可表示为八个衡量公司的现代化的要素。

八个要素分别是：第一，财富 Wealth（W）；第二，正义 Rectitude（R）；第三，关怀 Affection（A）；第四，权力 Power（P）；第五，技术 Skill（S）；第六，福利 Wellbeing（W）；第七，智见 Enlightenment（E）；第八，自尊心 Respect（R）。

八个要素与八卦的关系为：财富——风；正义——雷；关怀——地；权力——天；技术——水；福利——泽；智见——火；自尊心——山。

决策者一定要有分析的头脑，要有整体性观念，即太极。完全靠数字来决策是不够的，要把不同的数字归纳在体系中，才能明了它们的意义。其次，决策还要了解相关的各个系统的背景，最后实施目标，把不同的资源结合在一起。所以决策要靠两方面，一是思想方面要清晰，二是实践方面要把握时间性，不要空决策，要把思想投入实践，什么时候发展什么，都要有时间表。

关于决策与预测的关系。宇宙是变化的，人应具有应变的能力，用什么方法掌握变化，于是产生了预测。古代的预测即占卜。占卜的产生有基础。若已知的知识是完全的，则不需要推测未来，只要加以演绎就行。问题在于我们掌握的知识是不可能完整的，我们不是万能的上帝。决策系统可以做得很完整，但决策要去实施，就不完整了。因为我们缺乏足够的知识，很多环节，未来的事、物都不能掌握，这是第一点。第二点，未来不是命定的。如果未来已命定，就不需要预测了。第三点，人的因素加入，人可以改变、创造未来，也需要预测。预测告诉你方向，启发你的行动，预测是为了作决策，是决策的参考依据。预测不是决定一切东西。如何处理问题，还取决于人的能力。小事不要占卜，因为小事一般都能把握、分析。已知的事情也不需要占卜。只有当知识不足、时间紧迫、无法掌握未来时，才要作预测。预测是为决策服务的。预测后，还要求自己作判断、选择。当初《周易》发展不是为了占卜，占卜需要一个整体性的图像作依据，有了图像，占卜才更清楚，才能定位。

五、关于人性问题

西方理解人性的出发点是二元的：其一，人是理性的；其二，人是贪婪自私的，所以对人要加以控制，要有法律、制度，西方用法规定一切。但法不可能完全。在人的关系上，表现为契约关系，契约也是法，权利与义务统一。

组织＼人性	X（贪婪自私）	Y（理性）
A	AX（美式）	AY
Z	ZX	ZY（日式）

　　X表示贪婪自私，A表示组织，AX表示以制度、法律来管理、控制、教育人的管理方式。另外，人也有好的一面，人是理性的，能判断是非。AY是未加以说明的组织管理方式，因为美国人更强调人性自私的一面，所以对AY的管理方式未作很好的说明。日本人强调人的理性一面，注意笼络人的感情，于是产生ZY日式管理。除上述美式与日式两种管理以外，我们应该考虑到另外两方面。一方面人是理性的，追求知识，信仰上帝，但为了提高人的质量，仍需要对人加以管理、控制，这就是AY。另一方面，人有坏的一面，但人可感化，用模范事例加以教育，让他心服口服，于是就产生ZX。中国的管理长于变通，中国应吸收美式与日式管理的长处，要掌握人性的不同层次，形成多层次的管理目标。从策略上讲，情与法要配合，但首先要以情感人，情理说不通，才诉诸法律。用人配合法，应注意人，法是僵化的。只要达到目标，情与法都可用。人性有四种：一是理性，人会思考问题，讲道理；二是欲性（感性），人需要满足；三是情性，人会感激；四是悟性，能超越自我。中国人偏重情性，西方人偏重理性，日本人偏重感性，印度人偏重悟性。了解四性，对解决人的问题很重要。人的问题不外乎这四个方面。善与恶：利人不利己是善，牺牲他人满足自己是恶；但利己又利人也是善，害人又害己也是恶。

问与答

　　问：新加坡推崇儒家文化，但新加坡罚款很严，这两者之间的关系如何理解？

　　答：新加坡地方小，有一点差错就会乱，李光耀想走儒家之路，但走不通，最后选择了法家道路。但新加坡福利也很好，所以是法儒结合，以法为主。法律又受英国影响，行政机构效率很高。中国人可以新加坡模式为参考，但不能生搬硬套。因为新加坡有其特殊性：地方小，人少，教育程度高，是完全制度化基础上的法家式管理。

　　问：中国管理最大的问题是什么？

　　答：没有整体性的思考，带有盲目性，只知不择手段赚钱。

　　问：对企业的约束是以法还是以道为手段？

　　答：在道里讲法。对整体管理的人应有道的观念，但具体在领导上应讲法，要融合儒家的方法，还要讲策略、方法、技巧。没有策略又无道的观念，就会造成法时松时紧的不良状况。

问：中国香港与韩国的管理模式怎样？中国大陆可从中借鉴什么？

答：我对中国香港、韩国的具体情况了解不深。香港人很讲利，但也守法。香港人很灵巧，大企业的管理是走西方的道路，但内部的争斗也很厉害。香港、台湾从家庭伦理式的管理转到公司理性的管理尚未成功。

问：如果从生物学的角度评价一个生物体，则人性是善的，因为它要保存基因的存在。如果从道德观念方面评价，则人性是恶的。成教授是如何评价人性的善与恶的，这关系到管理的出发点问题。

答：人是有层次的，人与禽兽有区别，而那个区别点很容易被掩盖。人之所以成为人的那个东西，在西方被称为理性，在中国被称为道德性，说的都是一个组织的整体性、长远性的人的利益和发展、提升。整体性的个人的发展如果得到满足就是善，涉及的人越多，善就越大。每个人都有这种知觉，因而从这一点讲人是善的。但人性被很多因素扭曲，环境、政策、人事关系、知识的误导等，人不能达到最高境界。基因与人性有关，但真正使人成为人的样子还是人自身。我们对基因了解还不够，需要了解基因的结构、内部因素。所以，对人性的探求应基于两种方法：一是观察历史和事实；二是反省自我。总之，人有走向善良的潜能，但要采取各种方法去实现善。

问：目前中国教育中很少讲五家理论，大多数人也只知法和儒两家，因此，A 理论、Z 理论、C 理论三种理论哪一种更能为中国企业所接受？

答：不管是 A 理论，还是 Z 理论，都只是一个参考系统，关键在于自己要创造一套新的东西，所以要以 C 理论作为创造的参考依据。如果要实践 C，还需要进一步探讨，也许会在今后的实践中产生第二代、三代 C 理论。学得完全一样不一定好。做得不一样需要一套系统。

问：戴明理论为什么要在日本而不在美国推行？

答：人与系统的结合很重要。美国人把两者分开，资本家把工人看做机器，加以规范，于是产生了管理，管理非常死板。戴明作为统计学家看到了人的因素，由于日本也看到了这一点，于是他的理论发挥了作用。今天戴明理论已开始被美国人接受。

问：C 理论的优点在于变通，能否说这一优点也是它的缺点？包容一切是否会失去其本质？

答：这里有两个问题：组织结构和判断。组织结构存在但不严谨，因此在管理的五个功能上、在结构上要把它们区分清楚。例如，领导与决策，一人可兼两者，但功能必须分清，分而后活。人事也要和其他问题分开。在判断方面，首先要作好决策。

第四节 台北答问录（1994 年 6 月）

问：请先谈一下如何了解台湾人的悲情？

答：台湾历史上曾经有过一段艰苦日子，但是这段日子现在可说是走过来了。台湾社会发展的最大突破是经济上的突破，自 20 世纪 60 年代以来，日子一天比一天好，从这个角度来看，台湾的悲情可以说是一种饱经艰难的过程。这个艰难的过程，我认为有它的含义：它带来一种奋发，奋发又带来一种成功，所以我认为台湾的悲情，由我自己经过的艰苦过程来看，对台湾三四十年的发展具有正面的意义。今天去了解悲情的真正内涵，应该是台湾人的奋发精神，台湾人可取的、成功的骄傲，尤其在经济发展上可以看出来。

台湾的政治则有辛酸的一面，但台湾的政治、社会、文化教育，是由于经济的发展。这给我们的启示是：它由艰苦走向成功、由成功走向喜悦和骄傲的成就。

从经济上看，台湾已是相当富有，GMP 已超过一万美金，现在再来回味悲情，意思是我们不要忘记困苦，不要因目前物质上的满足或富有的经济生活而忘记过去走过的灰暗，不要把悲情定位在悲哀这一点上，而要把悲哀所代表的正面意义彰显出来，这样才能更往前奋斗，创造更好的成果，达到更高的成就。

问：台湾历史经验所代表的深层意义何在？

答：台湾的历史经验很重要。我强调台湾的经验要从台湾的历史发展过程来了解。台湾经验一般是由经济发展成功经验来看，台湾成为四小龙之首，主要从经济来讲，而经济能够成功，当然有其历史过程。

台湾经验能够成功，包含了台湾的经济、社会、政治、文化，都各有成功的一面，也存在困难问题，同时也展现发展机会，换句话说，可由台湾经验中去掌握台湾历史意识、台湾现况及对未来的盼望。我认为要从三四十年历史的长远眼光来看，可看出台湾的悲情，过去有两点可以提出来：一点就是反清复明，台湾没有成功；第二点就是《马关条约》，在清末被日本打败时，把台湾割让，这就使台湾民间心理上产生一种沉痛。就一个民族心理来说，我认为这种沉痛可表现出一种悲哀，因为它具有失败、挫折感，但也不要忘记由于这种沉痛，产生一种坚韧不拔的精神，一种悲壮的气概，就是所谓的悲情。

真正台湾的悲情，我认为一方面要从历史挫折的经验来了解，另一方面也要由挫折中体验出来的坚韧不拔、悲歌慷慨去了解，正是由于这些，才产生一种孤军奋斗的勇气，才能有生生不息的创造精神，甚至于苦干精神。这个我认为是反映了中华民族的特色，但以台湾区域文化来说，这就是一种闽南精神和客家精神。

问：谈到这些，请分别说明闽南、客家精神。

答：闽南精神就是妈祖精神，因为妈祖在海洋中跟风浪奋斗，散发爱心与关怀。妈祖在风浪中有信心、爱心。客家精神我认为就是关帝精神，就是一种义气，朋友要讲义气，在困难中互相帮助，不要做那种唯利是图、出卖朋友的人。在台湾民间奋斗中有一种道义力量，最后能作出一番事业。

妈祖讲求仁爱，关帝讲求信义，这两种是台湾早期的文化，台湾悲情的内涵，就是在悲痛、沉痛中，发挥创造精神，这就是妈祖精神和关帝精神，以此来重建家园、重建文化。这是我认为台湾经验的深层文化。今天看台湾人的悲情，不只是说不要忘记沉痛、艰苦，还要找寻深层文化，才能说明台湾已经有的成就和将来可能有的成就。

问：接下来请解释什么是 C 理论，在台湾如何发展成 T 理论的整个过程。

答：从台湾民间文化找到一个中原文化的根，代表中华文化的形成。如何去表达呢？文化可由艺术、宗教等方面来表达，我们从中华文化一般性来讲，它的表现是在哲学上，我从中国人所强调的五行来谈中华文化五个哲学层面，这就构成 C 理论，由中国文化作为管理基础。

中国还有一个传统就是儒家传统（Coordination），讲求人的作用，讲求人和，人和从伦理来讲，过去谈到五伦关系，君臣、父子、夫妇、兄弟、朋友，这五种关系，是最根本的关系，人应该要尊重。没有伦理、道德就不可能有社会，没有道德的社会，就不可能真正持久发展下去，台湾经济发展是因为保存了伦理精神，表现在家庭上，一个家庭要创业，全部的人都会帮忙发动，初期投资省下大批费用。中国人以信用为主，中国经济发展有两种，初期投资为信用，早期台湾是这样，后来慢慢发展出企业化，变成金融运作。台湾早期是儒家的人际关系。

其次是道家（Centrality），道即整体，它本身不具形象而能规范形象，从中可以找寻出决策的最高指导原则。在中国管理哲学诸家中，道家对决策诠释得最为透彻。

第三是法家（Control），法家在中国先期是一个主流，法就是要管，中国人讲公私分明、平等主义、公正、公平，也是历史的一部分，做事不能假公济私、知法犯法，这就是追求管理。

第四个就是兵家策略精神（Contingency），中国人讲策略计谋，从古代春秋战国时到诸葛亮，甚至民间讲到三十六计，中国人很喜欢用计，《孙子兵法》有名，不但中国人看，现在美国、欧洲所有战争学院都在念《孙子兵法》。因为讲策略，台湾商业发展快，台湾策略也是发展到很高层次。

　　C 理论的第五个要素就要讲到胼手胝足、苦干实干的墨子精神（Creativity），当初墨子是一个公职人员，强调技术，是一个劳动家，中国人勤俭持家、刻苦耐劳的典型就是墨子，且墨子强调科技的发明创造。

　　这五大要素中间都有些循环关系，在管理方面我认为中国管理就是把这些融合在一起。这些融合基本上以整体性的思考作为中心，从制度上建立起权威的领导，这是法家，全面性决策是道家，然后再进步到思考的开发、推广，这是兵家，最后开拓新产品及人际关系的再加强，这是儒家。儒家是代表管理中五个部门从董事会到经理部门。由决策单位到领导部门，然后到市场开拓、生产部门、人事部门，这几个部门包含五家思想，是中国管理的科学。西方的管理强调市场，对人际关系、群体性发挥不够。日本管理重人际、科技，西方重领导阶层和科技，美、日各有所长，一个理想的中国模式包含五个，中国管理过去没做好，就是说未好好调和，归结为一个问题，最好的问题就是董事会与总经理关系处不好，台湾企业现在面临这个问题。

　　问：如何由 T 理论运用到台湾经济与管理的发展，甚至于 T 理论对台湾经济、管理、社会文化能够如何定位？

　　答：对 T 理论有了初步了解后，可以进一步去探讨，希望有心的企业界、社会人士都能进一步探讨，我们现在可说是处在台湾发展的过渡期，提出 T 理论就是提供一种思考、参考的文化，尤其是管理文化、管理思考的方向。

　　接下来可以回到经济上面来谈，台湾经济发展成功，现在又面临新的问题及未来发展。我认为，台湾经济发展有三种构想，可以来评估一下，以管理基础作评估，找出问题所在，管理理论能提供评估及对未来发展的决策指导。

　　台湾经济发展主要有三个构想：第一个是台湾能成为金融中心，第二个是亚太营运中心，另外就是培植科技人才，使台湾成为科技中心。

　　关于金融中心问题，最近美国评估认为台湾有很多限制，但我认为事在人为，从相对意义来讲，在中国南部地区、东亚地区将来形成一个中国南部地区经济共同体的话，台湾或许能扮演一个金融角色，另外在 1997 年以后，台湾能取代部分香港的金融功能，能跟新加坡竞争，这需要由各方面来作决策。在这种情况下，是否能从 T 理论中，找出一些需要制造金融中心的条件，假如条件不成熟，我们就说还不可能，若条件能做到，台湾也可以成为金融中心。今天方向是确定了，这是一种创业精神，形成主导力量，是不是有一套法规、游戏制度来帮助完成，应从这方面去做好准备。假如从打拼精神上来讲，是否可从金融服务上具有竞争能力，现在不知道相对于 1997 年后的香港，或新加坡、上海等地，如何比较、增加竞争力，我认为不能光讲理想，不看实际评估过程及着眼程序。从台湾经验来讲，金融中心并不是不可能。现在是处在一个转折点上，美国人说不可以，我们说可以，希望我们的官员真正指出来怎么可以，哪些条件可以帮助我们做到，帮忙配合。金融中心还包括像香港一样是免税区、自由港口，台湾哪些地方能够在法令上带来稳定性、国际化。

与其说是金融中心，倒不如说是金融信息中心，让台湾能成为更好的信息交换网，把信息用最快方式传播，在金融信息上成为一个中心，这是我认为非常值得去参考的。T 理论中，要尽量有所长地发挥打拼、策略、技术本位、全方位创业，如果不能突破，放进去也变成问题。

第二是营运中心，我认为这比金融中心成功机会大一点，因为台湾已有技术本位，再加上策略运用掌握各种关系，加上台湾灵活性、主动开发精神，是可能的。另外一个重点是如何在台湾和大陆间形成一种互补、互动的关系，因为营运中心要掌握大陆市场、资源及掌握西方科技，事实上要超过日本，日本成功在于掌握很多行销管道，我们应深入了解日本管理、行销的整体性，怎么从代理的管道来联系，形成整体性行销管道，这样才能营运，但必须把两岸关系搞好，两岸没有互动的话，就会面临更多的挫折感。

所以我觉得营运中心要整体来看，用全方位意识，不应该仅定位一项，从现在讲，当初舆论提到我们不要只是西向，而要南进，我觉得这也对，可分散风险，但造成很多人误解我们只要南向，西向不要了，这恐怕不好，因为这样会让我们失掉很多机会，再强调一点，我们要四个方位同时进军，从平等理论来讲，西要以东作基础，南就要以北为依托，台湾要成为营运中心，不但要南向也要北向，不但要西进也要东进。

这句话我要说明一下，东进是美国，今天美国经济不景气，台湾要国际化，眼光不要看得太短，要像日本人一样，找机会到新大陆发展，那是掌握科技最好的地方，台湾不做，大陆也会做，今天要跟大陆竞争，开始要在北美洲建立基地，由华人掌握各方面，台湾资本要到美国投资，我主张东进。北向也是一样，当初我们希望跟苏联、外蒙古建立关系，现在该地区还是需要发展的地方，因此台湾必须加强参与。尤其苏联解体之后，需开拓的方面很多，其中风险多大，我不知道，但大陆在这里发了很多财，台湾为什么不能参与，除了俄罗斯之外，还有很多国家可以去谈，不能忽视。我认为要全方位地发展，作战要全面部署，所以我觉得台湾有全方位创业精神，不妨鼓励多面发展。

最后说到科技方面，台湾已经有基础，新竹园区，进一步发展成功几率很大，这方面要进一步参考日本经验，从改良、改善中精益求精，参考别人的成功，创造自己的品牌，科技也是一样，台湾将来可就科技发展成为东南亚科技中心，成功率是非常大的。

问：请再由 C 理论谈到 T 理论的发展。

答：T 理论也是从五个方面来看，就是由五个要素和 C 理论五个要素配合一下。

首先是悲情的奋斗，为什么叫悲情奋斗呢？因为台湾人历史上的悲哀，不能光看到表面，要看到深层、积极面，看它所带来的正面、成功的一面，所以我觉得台湾有一种悲情的奋斗，就是 Tragic Struggle，以 T 来代表悲情，因为这样更要去奋斗，就变成台湾打拼主义。打拼是很重要的，今天我很难过、悲愤、有挫折感、心理痛苦、环境艰苦，所以更要激出打拼精神，去奋斗。这就是从台湾经验到台湾管理的基础。

第二个我认为是在打拼中具有全方位的创业精神，台湾虽小，但什么东西都可以做，只要能做的都做，叫做 Total Talent，全方位的创业精神，有全面的才华，这是第二个 T。

第三个我认为台湾是技术本位，就是 Technique/Technology，讲求技术，基本上靠技术赚钱。

第四个 T 则是策略应用（Tactics），台湾人脑筋灵活，这是海洋文化的特点，重策略，所以台湾人能掌握时机，但有时候又因为太过运用策略，反而受到伤害。因为整个思考没有 C 理论作基础的话，丧失全面感，会因考虑不深刻而在策略方面有所忽略。重视策略、权谋，我认为是台湾管理的又一特点。

第五点就是鬼神（民间）的信仰（Belief），台湾的管理人往往运用一种信仰，一种需要，重视因果报应，重视宗教信仰，或者最后须以宗教作为诉求。尤其在台湾中小企业中，包括妈祖、关帝，都是很流行的，宗教变成一种推动力量，这是台湾管理的特殊经验所形成的管理特色。

综合来说，如果没有悲情的奋斗，没有全方位创业精神，没有技术本位，没有策略运用，没有广泛的宗教信仰作为支持的话，台湾今天不会创造经济奇迹及形成特色。就管理理论来看，这五个管理要素，首先以创业精神为重、为起跑点，台湾很敏感，有时候会变成一窝蜂，经过选择后就是悲情的奋斗，再由技术本位、策略性开拓市场，最后用信仰来融合关系。构成五样一体，创造出台湾的经济，也代表台湾的管理文化、管理基础。

问：谈到这里，是否请成教授作一下总结，从台湾人的悲情到中国人在台湾的自豪，台湾人是如何走过这一段历程的？

答：刚刚从历史的经验谈到台湾人的悲情，或者说在台湾中国人的悲情，我认为应去找寻由悲情启发出来悲情的奋斗及创业精神，它在经济上的成果，历史明显地展露了出来。至少在过去二三十年已有一具体成果，因为台湾从一个贫乏社会，成为富裕的发达地区，这一点我们要加以肯定。在这里我们要说，我们有我们的自豪，这不是凭空的骄傲，而是从痛苦经历中所体验出来的骄傲，不是虚浮的狂傲。

我们今天再来谈悲情的另一面，就是说我们还有很多困难，不应该因已有的富裕，忘记了困苦的过程。

但是进一步发挥台湾的骄傲时，要从管理的理论来分析，因为台湾经济、政治上的成功，还是从苦难中走向秩序、规则的过程，从失败走向成功的过程。这过程中间有一层内在的法则、精神起作用，才能达成。那么这个内在的作用是什么？我认为是一种管理，所以就要找出台湾深入的经验，比台湾经济经验更深厚的文化经验，来透视台湾经验的文化基础，这时就谈到 T 理论，从五点来说明台湾经济成功的一面，同时这五点也说明了台湾的特长。这是第一点，台湾的确有特长，的确也发挥这个特殊性，现在就是怎么把这个特殊性品质提高，效果彰显出来，这是当前的挑战。

谈到高品质的发挥和效果的彰显，我们要了解 T 理论本身所包含的 C 理论，因为中国人具有《易经》的思考能力，具有能够知变、通变、应变及治变的能力，这是中国人最富于原创性的民族精神。这种精神能从哲学上带来一种智慧，能把悲情转化成奋斗的力量，能成为生生不息的创造力。所以我认为，培育自豪感，要经过一个转化过程，就使之能转痛苦为悲愤，凝聚艰苦为智慧，最后取得成功，这就是骄傲，由悲哀失落转化成为一种成就，再转化成奋斗，奋斗带来成功。这个在经济发展中已证明了，在民族发展中也证明了，最后就是如何把它提升，顺应现在的大时代，更进一步地展现。这时我认为悲哀就变成了骄傲，它完成了一个转换。我认为由深入的台湾管理理论来探讨，使我们可以掌握特色，可帮助我们真正自觉地、更整体性地去追求更高品质、更全面性的成功，这就是台湾人的骄傲，也是中国人真正的骄傲。

第五节　华中理工大学讲演录（1998 年 6 月）

今天题目是"21 世纪：经济竞争力与文明说服力"，我喜欢对称的句子，中国文字很讲究对称。我想从未来人类发展即人类文明会以何种形态出现这个角度，谈谈中国社会及其文化传统将面临什么样的问题。这个问题的秩序，是由两种力量形成的，就是如大家所了解的物质文明和精神文明。表达物质文明的力量是什么？从我们对近代历史的了解，可知就是经济力量。经济的发展是物质文明发展的基础。大家问为什么西方经济发展比东方快？物质文明更进步？有一个现象值得注意，西方人追求财富，这与西方的历史有关。早期希腊有向外的竞争倾向。它是山区，要维持生存不易，所以要向海洋发展。罗马帝国之后，西方走入中世纪的宗教社会。当中世纪的禁锢打破之后，人们把眼光放到物质世界。一种对物质世界征服的欲望，造就了西方物质文明的发展。从历史上来看葡萄牙、西班牙、英国、法国、德国直到 20 世纪的美国，基本上都在向外扩充，都在掌握控制物质的力量，都在聚集财富。对物质世界的征服的心理也逐渐扩充、发展。在这个意义上讲，物质主义、经济发展是现代性发展的一个核心。

现代化的中心思想就是要建立现代性。现代性最开始体现为对自然的控制，对自然知识的掌握。现代性是一个非常重要的观念，它一方面表现在控制征服自然的财富、自然的资源，简言之，就是表现在经济的竞争力，表现在物质文明和建设上；另一方面也体现在精神文明上。我们现在讲现代化往往考虑到的是现代的物质文明，大家怎么样有财富，怎么样进行物质的建设，享有物质，创造看得见的东西。这样的了解是偏颇的。事实上西方现代性的发展，一方面掌握了自然的物质，同时要用物质世界带来的方便去建制一个合理的社会，让每个人感觉到祥和、满足。这是精神文明的一面。现代性的这个方面体现在政治、社会和学术活动上。在这方面，现代性表现在对自由、民主、正义的追求。由于中世纪给人一种被束缚的感觉和经验，现代人要打破一些旧有的制度，建立合乎人的理性的政治制度。从 18 世纪法国大革命的口号"自由、平等、博爱"中可以看出，博爱是现代性的要求，要建立一个合理的社会，需要人与人之间具有充分的关怀。在这个口号之下，现代性在政治建设上实现比较多的是自由，其次是平等，最少是博爱。就是说现代性作为一个理想，实现了一部分价值。法国大革命提出的这三个价值也没有完全实现，作为自由这样一种价值需要长期的努力。在这个意义上，美国革命带来的自由的价值更大，这是现代性的进一步发展。

在社会、学术、文化方面，现代性体现在人跟人的一种文明活动上，体现在人民的自由决策上，更重要的是提出了一个做人的理想。这个理想是西方从 16 世纪到现在逐步发展出来的，也是想逐步来完成的，它表现在对四个层次的自我认知上。

首先，"理性自我"。人追求的是对自然的认识，同时也是对自我的本质的认识。人生应该是合理的，人应有认知的能力，能以理性作为人的本质在现代性中体现得很清楚。所以现代性在文化上的重要一环是对理性自我的肯定。

其次，理性自我作为现代社会现代性的建设者，逐渐发展为"责任自我"。责任是人和人进入契约、进入理性社会组合，这个社会的理性组合有一定的规则，对这个规则有一定的遵守，便产生了一种社会责任，这是现代性的一个重要发展。我把这叫做从理性自我走向责任自我。

再次，由于对现代社会逐步的认识，到 19 世纪这个责任自我更从功利主义的眼光来把握大多数人的公共利益，从责任自我演化成"功利自我"，把自我看成是实现功利的一种物质的或非物质的载体。

最后，20 世纪功利自我发展为"权利自我"，所以在现代性发展当中又具有另外一层面，这就是权利主义。人不但能为社会的功利作出贡献，而且能为个别自我争取应得的权利或权益。

总的来说，现代性在精神文明发展方面体现在这四个层次的自我认知上。现代的人是理性的；现代的人是要有责任的；现代的人应该为大众功利考虑后果；最后，现代的人应该主张自己的权利。只有当"自我"达到这样地步的社会才是合理、正义的社会。所以在这个意义上看，现代性在文明的创造上有它的吸引力。这个创造的文明或精神，我们叫文明的说服力。说现代性是有文明的说服力，不是把它看做一种物质上、经济上的成就，而是看做一种精神上、理论上、价值上的成就。这就是为什么我说今天世界发展的一个基本观点，归纳出来，一个是物质上的经济竞争能力，一个是精神上的文明说服能力。

但是面向 21 世纪，人类是不是就安于现在的体制？西方的现代性是否能满足人类的需求？这是个重要问题。我现在要提出的是，在中国未来发展中所面临的是经济的再度竞争，文明的再度竞争。经济的再度竞争是需要掌握更多的科技，需要发挥更多的物质文明的创造力，更需要进一步掌握自然，因为经济发展的真正原动力在于掌握自然的知识，可又不止于自然的知识，还要发挥人的潜力，人的组合能力。所以我最近提到：过去认为经济的发展只是靠劳力、靠资本，只是靠这些基本的物质资源，但事实上最重要的是如何组合这些资源，如何利用这些资源。换言之，经济的真正发展在于具有一种有力的管理能力。敢于组织、管理、综合、推动才是经济发展竞争力的一个焦点。所以，在现代经济发展中，我认为至少有两种或三种物质资源的组合或竞争方式：一种是西方的或者说美国的管理科学，一种是日本的管理伦理，一种是中国的管理哲学。

我们仔细考虑美国经济发展的动机、动因，除了科学知识非常丰富，物质资源非常丰富，更重要的是美国能用科学的管理知识来组合生产，来推动消费。在这个意义上讲，管理科学在美国诞生不是偶然的。但美国的管理科学是不是具有普遍性，适用于所有人的管理，适用于其他社会的管理，这是我们必须考虑的。

20 世纪 70 年代日本工业、商业发达，日本管理伦理也有一种强势竞争，美国企业受到很大压力。它的竞争重点在于经济的发展不只是在制造良好成品，而且在制造具有吸引力的高品质的成品。这种品质的要求是一种文化因素造成的，是一群人的有效的组合，一种共同投入的精神，一种共同营造的创造力。所以日本的管理在这个意义上讲超出了美国，日本的产品比美国的更有销售能力。它的汽车、手表、照相机，因为设计精美、经久耐用、节省能源而为一般人所接受。现在中国要发展经济能力，要在 21 世纪具有一种经济的竞争性，是不是要步美国和日本后尘？是不是只是模仿美国？只是引进美国的管理？显然，这是做不好的。因为你永远只能在别人的后面赶，而且管理和社会因素变化都是比较快的。

日本的成功在于有效地利用了日本的文化，用日本社会的潜力来生产高品质的产品。同样中国要增进发展，有竞争的能力，也必须把现在的科技和制造技术与中国的文化、中国的智慧等众多因素结合起来，形成具有特色的中国的管理哲学、管理制度。21 世纪的竞争能力在于人的潜力的开发，在于人的潜力和科学潜力的密切合作。假如一个社会能把人的价值和目前知识密切结合，把人和物密切结合，就能发挥更强的经济竞争力。我们不要把经济看成是一种单纯的生产力，而是要看成一种管理力。这是第一个要素。此外，精神文明还能建立一种文明的说服力。文明是多方面的，它牵涉政治、社会、文化，也包含了经济。仅有经济的竞争力，突然建立一个物质文明非常强大的社会，这个社会若无精神，其价值何在？中国儒家言：富而不仁，行之不远。富了也没有什么意义。

今天大家追求财富，追求金钱，这是经济发展过程中的自然现象，但是它不是一切。财富和金钱是要实现人的价值、社会的价值，是要实现更广大的社会的建造。在 20 世纪 80 年代末 90 年代初，台湾地区经济发展后，台湾商人到美国去，就留下了暴发户的印象。今天我担心的是在中国大陆，对金钱的狂热追求，在不到十年的时间里已有过多的暴发户，可是在交往中相互都得不到尊重。因为没有文明，只有财富，只有一个物质的自我，而没有一个精神的自我。作为一个现代人，不应只看他的财富，而要看他的财富怎样运用，财富是怎样拿来帮助建立可敬、可信、可爱的社会。一个人有了竞争能力就变得很霸道，面目可憎，行为粗鲁，用他的财富来购买别人的尊敬和服从。一个社会是这样，那这个社会就是落后，不符合现代性的目标。

中国文明在竞争上是痛苦的。中国要走向现代、走向现代化，在今后发展中，还要看到现代性的缺点、现代性的限制、现代性的问题所在，注意到现代性所带来的危机。

建构自己的现代社会，可以有几种方式：一是直接模仿西方的现代性。二是接受现代性的后果，跳过现代性。三是掌握现代性和现代人的缺点、问题，在自己的文化基础上面去修正，去改造现代性。我认为只有在第三种方式中建立的文明才具有说服力。

我们知道，西方现代性的展开是一个逐渐发展的过程，经过了一番努力。要同时掌握理性，掌握责任，掌握一种创造功利的能力，掌握个人的权利。但是人们对现代性往往只考虑到一个方面，这造成了现代性的自我消解和危机。现代性的危机体现在过分的功利，以个人主义为中心，以集团利益为中心。美国这样成熟的社会，现代性造成的危机，已经达到了一种令人困惑的程度。由于功利主义，人人求利，造成了其他价值的失落，如造成了家庭、青少年、老年人的价值失落，也就是说在规则力量之下社会伦理遭到了破坏。功利主义往往受到权利意识的影响，把原来创造公共利益的层面冲掉了。每个人只追求最多的利益和快乐。这是社会很大的一个弊病，且产生了这样一个后果，即在极尽求利之下，人又丧失了他的理性，人丧失了原来的理性控制自我的能力。功利主义的过度发展造成了生态环境的破坏，也就是说以人为中心，以个人利益为中心的行为，破坏了环境。美国开始检讨这样一种后果。很多商业行为，甚至政治行为，都是只顾个人、集团利益。理性行为在功利的诱惑之下变为非理性的行为。

所以，21 世纪人类的竞争就是文明的竞争。文明的竞争在于能不能建立一个更有人性的、更具有生命力的、更具有人的价值的社会，是不是能塑造一个更平衡的人，更健康、更合情合理的人。现在的人往往因为利而丧失了理，因为理而丧失了情，丧失了人性的整体，忘记了人的全面的价值、全面的需要，现代的人变成了不平衡的人。

现代性需要新的发展，需要新的文化基础来给它以合理安排。有权力就要发挥责任，讲功利就不要忘记德性，这才是一个合理的制度。做到这点，一个以人的整体性为需求的概念提出来了。我们把这个概念定义为"德"或"道德"。道德一般认做是非善恶的。但这里的道德不是这样的含义，而是人整体的一种平衡状态，这不会被单一的欲望操纵。例如某个人适合从事学术研究，从事教育工作，可是不顾自己能力、兴趣、爱好，为了钱而"下海"，最后受到压抑，即便成功也很少怡然自得。不是说他不想要钱，而是他后来发现，毕竟还是一个整体的自我、一个内在的自我更重要。要掌握内在的整体性决定自己的行为，不能只以外在的、大家都有的方式来决定自我。这就是德的意识，一个人没有德，就是没有整体，没有对自我的掌握，即使能获得很高的功利，最后还是感觉不幸福，感觉痛苦，因为他失去了做人的基本价值。个人在世界上都是作为一个整体，要找出自己的整体位置，不是只以某个地方、某个区域特殊的外部环境来决定自己。人要建立一个整体的宇宙认识，要有一套宇宙观，人生观要建立在宇宙观上，这才有广阔的空间来实现人的德和价值。只有在这样的空间、时间里，才能把现代性的价值、现代性的追求组合得当。

现代性在今天面临着重大危机。因为在现代性各方面的发展中，人丧失了个人，背离了现代性发展的初衷，人缺少了调适现代价值的能力，人常常为偏见、一时之过而陷入困境，如讲权利而忘记讲责任等。

我最近提出了一个比较完整的权利概念。世界上所有的权利，相对于有权利的地方，还应有责任。衡量自己的权利，你要找出权利的对方是什么？权利对方是不是对你有责任，假如权利对你没有责任，那你选择的权利显然很有问题。你掌握权利，你接受权利，是不是对另外的人另外的事有另外的责任。假如你只有权利没有责任感，那你的权利也不是完全的权利，是错误的权利。

权利包含有正义的观念，不是单纯个人自私的表现。子女有要求父母养育的权利，父母有养育子女的责任，传统社会里，子女要反过来回报父母的养育之恩。这是一种平衡。现代社会里，如在美国，子女未必照顾父母。怎样平衡呢？只有靠国家福利。另外，靠对下一代的养育的责任来平衡在上一代那里得到的权利。世界不存在只有权利而没有责任，这是在现代性社会要坚持的。功利是实现自我的方式，这样才能走出危机、困境，同样，德性就是对别人的关怀，通过正常自我、整体自我对责任的关怀来建立一个整体的社会，类似于功利建设，不能因功利而丧失人的整体，包括一种人应有的仁爱之心。这是通过对现代性多种价值的平衡、多种价值的整合来实现的。

假如中国文明能掌握现代性，并能走出现代性困境，那么中国文明的发展便具有很大的潜力。中国文明有掌握限制现代性困境的能力。这个能力来自对中国文化和中国哲学的深度思考，来自对中国传统价值的重新认识。儒家提出了人的整体概念，道家提出了自然的整体概念。人的整体可以发展为德，用德来掌握权利，掌握人的责任，掌握人的现代性，掌握人的整体概念。道更能激发人的整体感，获得一种生活的资源。所以，基于这样一种思想文化资源，我们可以说中国的文化、中国的哲学价值具有改造、发展现代性的潜力。在这个意义上，21 世纪中国的发展不应该只看做经济的竞争。我不是说经济竞争不重要，而要加上人的因素，它涉及新的管理哲学，新的管理制度。它的未来成就还在于能提供一个为人所能够欣赏的、有高度吸引力的、高品质的文明，能提供一个文化，一个未来社会整体。科学知识的发展要有整体性，中国文明的资源开发，可使中国人走向一个既有德又有道的社会。开发中国文化资源，掌握德来整合现代经济，将是中国文明走向 21 世纪的重要力量。假使不走这条路，中国就会迷失在现代性之中，陷入现代性困境中。中国人若不自己掌握自己的文化资源，发展自己的文明的价值观念，而是西方人鉴赏到中国文明能带给它整体性价值而加以开发，西方人一定会走在中国人前面。这才是中国人的悲哀，这才是中国人的耻辱。

附录一 中国管理哲学的当代价值

成中英 李冲锋[①]

一、中国古典管理智慧的时代性

李冲锋：成先生，您好！感谢您接受采访。今天想请您谈一下"中国管理哲学的当代价值"。之所以选择这个题目，基于两个方面的考虑。一是我从您的著作里看到，您对这个问题有所研究，如您对《周易》管理思想的研究，您提出的"C 理论"等都涉及这一话题。二是我最近刚做完一个综述，题目是"中国古代领导思想的当代价值"，内容主要是中国大陆学者 2006—2008 年对这一问题的研究。我看到国内主要集中在对儒家、道家、兵家、法家的研究，墨家的也有一点。就这些思想的当代价值来看，研究者的目光主要集中在党政领导和企业领导今天如何运用传统的领导思想。成先生您有中国文化的根基，又在西方生活多年，对东西方哲学与文化研究有很深的造诣，中西文化背景使得您的研究呈现出一种创新，比如，您创导的"C 理论"以中国的《易经》为基础，以阴阳五行为主干，整合中国古代哲学的诸子百家，统合现代东西方的各种管理理论与学说，从而形成了一个具有中国特色与时代特色的崭新的管理哲学系统。我对您的这种融会古今、会通中西的研究很感兴趣。因此，今天想听听您对"中国管理哲学的当代价值"的见解。

成中英：你所谈的这个问题很重要。我想先说一下这个问题的重要性何在。中国的典籍包含了管理的智慧、为人处世的智慧、领导群体的智慧，后来者的我们今天要怎么去认识它，怎么去体现它，怎么去发扬它，是我们面临的职责所在。我们首先要认真地学习与认识它的价值，它的时代意义。我认为，有三个方面的价值与意义等待我们去学习与认识。

---

① 李冲锋，中国浦东干部学院科研部。本文编入时略有修改。

第一，中国的传统智慧是直接面对当时的社会，当时的时代的问题的。古人能够认识这些问题，而且能够对人的处境进行很深的考虑和思量，并且提出解决方案。在这些解决方案里又包含了一种引人入胜的活力，这就是它的智慧所在。这是在一个面对生命真实情况发展出来的智慧，特别是包含了重大变革、重大定位与重大创新的意识与知识。显然那是对真实的世界所作出的一种真实的回应，具有重大的启发性。

第二，历史的发展需要传承。人类的历史，从文明开始的原初时代，经过文明不断地重建，达到一定的高度，这是文明的进化。中国先秦典籍包含了人类文明进化的智慧，是古代圣贤才智之士智慧的积聚，本身就具有生命力。我们今天讲诸子百家，讲的就是古人传承下来的生活与生命体验，必然能够启发我们。人的智慧是有限的，必须经过前人的认知过程来充实自己，来超越前人。这就需要回到人类智慧的根源上去。这就是古代典籍的时代意义。"现代"永远有面向历史的一面。世界历史中有过很多文明，正因为不能面对历史，因而丧失了进步，没有过去，就没有现在。当然我们应该根据现在的问题来检讨历史，超越历史，这就表示要向历史的经验学习，挖掘历史中的智慧眼光。现实问题的发生往往是与文明进化的过程有关的。我们怎么可能仅凭现在有限的经验来解决问题呢？这是很困难的，因之我们必须要有历史发展的观点。历史发展在这个意义上讲，具有一定的哲学思想的含义。人性有深层结构，人有心智，都是从生命的历史经验中拓展出来的，不可一刻忘却它的反思性与开放性。这个反思性与开放性来自于对文明的智慧的反思与开放，因而能转化文明的智慧为时代的智慧，因而能用自觉的生命点燃与激活传统的智慧，发展知识技术。为时代的问题定性，也为其解决提供真实可靠的方针与方案。总而言之，解决时代的问题，必须借用前人的智慧。没有一个传统智慧的激活过程，就很难掌握时代问题的核心。

第三，华夏民族是在不断的经营中成长为中华民族的。今天这个民族必须要面对世界，面对世界上不同的民族，并要面对其他文明的成功、成就和发展来考验自己。中华民族的持续发展显然离不开与西方文明的互动。我们必须通过这个互动的过程来衡量自己国家的未来发展。这种认识代表了一个很高的智慧。我们是不是要深化这种智慧呢？你要与他者互动，你就不可能是一片空白，而必须自我有所把握，并知道怎么吸取、融化、转换与创造。从这个角度看，中国人不但不能放弃本有的道家、儒家与诸子百家的智慧，更要用之来面对世界其他文化的价值与知识，认识创新知识与技艺的重要性。如此方能更有效地掌握新的经验和方法，如此才能更好地扩大与深化中西互动的含义，扩大眼光，也深化认知。传统的中国才智之士懂得用历史智慧来融合外来的文化，一个明显的例子就是中国文化对佛教文化的吸取与融化，使中国人的精神世界发展得更有深度与张力。如果自己是空无所有的话，我们又如何去回应与融合外来文化？如何去学习转化与创新自身文化？显然我们必须学会保有我们主体的智慧与主体的生命，从与世界的文明的互动中不断提升与更新。当然，近代以来，西学东渐，西方以一种强势的科学和科技冲击中国与中国文化。可以说三百多年来，中国与中国文化一直面对着这个西方文明挑战与考验的问题。在有些人看来，中国文化已经被打败了，已经被淘汰了。其实，他们不了解，只要我们有主体的自我肯定、自我反思与不断挖掘、探索的智慧，这种失败与面临淘汰的危机就转变成了反思与重建的机会：我到底还有什么东西来说明我之为我，我又怎样来掌握我的主动精神，使其成为更生与重建乃至创新的力量。显然，面对西方，我们应该一面学习西方，一面重建自己。在学习西方优秀的物质文明方面，中国可以"青取之于蓝，而青于蓝"。这是荀子讲的话。（李冲锋：对。《荀子·劝学》篇里讲的。）但在建立自己具有活力的精神文明这方面，相对传统的中国，现代的中国也要做到"青取之于蓝，而青于蓝"。

二、中国今天站起来本身就是中国的力量

李冲锋：您在回答"如何重建中国哲学"这一问题时说：我们要"吸收、理解西方哲学，借以解析、批评中国哲学。再用已现代化的中国哲学对西方哲学进行批评及解释"。从中不难看出，您对中国哲学或中国文化所拥有的一种吸纳、反思、重建能力的深刻认识与坚定信心。中国近代史上，为了能够与西方接轨，有人曾提出全盘西化的观点，这种观点显然没有看到中国文化传统深处的这种成长动力。中国今天的发展、今天的成功，应该说还是得益于我们传统的智慧。是否可以这么理解？

成中英：全盘西方化的最大问题是完全放弃自己，什么都不要了。每个文明都有自己的独特性，都有自己的精神，如果全盘放弃，如何成为自己？中国在近代史上有这样一种遭遇——被击败的遭遇——但这种遭遇也是一种教训：中国必须重建。但很不幸，历史上外来的力量纷至沓来，中国几乎没有恢复的时间。但又很幸运，中国还是在万般困苦与压迫中站起来了。我认为，中国今天站起来，本身的文明与文化就是中国的力量。现在不能否定这一点。中国还是通过一个原始的智慧、原始的生命力量、原始的文化潜力站起来了。这种力量包括中国今天能够参与、吸收、接纳、发展与开创。中国 20世纪 50 年代的社会革命采用马克思主义就说明了这一点。中国的马克思主义还是有中国的智慧在里面，还是有一种中国的生命力在里面，还是有中国的历史在里面，还是有中国的文明在里面。今天好了，我们成功了。难道今天中国人就要陶醉在这种成功里面了吗？另一方面，是不是因为我们学习西方，也相对成功，那我们就可以以学习西方为满足呢？不要忘记了，学习西方的东西，其成功面还只是在物质文明上面，至于在社会建设方面，甚至在更深层的人的存在方面、道德方面、精神方面，是不是我们也完全认同西方呢？事实上，我们并没有这样一种可能去认同。因为我们的历史有其连续发展的要求与动力。要认同西方，必须要去了解西方的历史，成为西方的一部分。现在，我们不是西方的历史，我们有自己的历史。在这种情况之下，当我们强盛富裕的时候，当

我们物质文明发达的时候，我们更应该回归到自己的历史。这样我们才能够支撑我们现有的状态，使它更好地面对问题、理解问题，并探索解决问题之道，创造新的文化内涵，也建立新的生活形态。现在学者们在讨论"现代性的多种形态"。西方的现代化强调理性、强调实用主义，要以此改革社会与文化。不要忘记，西方的现代化也有西方现代化的问题。从成功面来讲，它有值得效法与学习的地方，但我们也要看到它所带来的内在问题。首先是人的整体价值的失落问题，其次是人性的分裂问题，最后是理性犯罪的问题，特别是引发当前金融危机的贪婪自私的问题。我们应该怎样去掌握整体的精神、人的价值与真诚，形成一种活力，来消除这些基本的问题呢？我们是不是要回到自己的精神传统上面，来创造一种新的价值观呢？事实上，这不仅是学习西方的问题，也是西方自身已经面临的问题。因之，是不是在学习西方之后，我们也要面临同样的问题？面临这样的问题，显然我们要回归传统的智慧，因为中国的传统智慧讲究学习与反省，讲究整体价值、和谐的心性与人格，以及真诚地面对自己与他人，并在实践行为上坚持真诚一致，这就是知行合一的道德。显然，这是我们文化传统的一项重要智慧，是我们不能放弃与忘记的。现在我们要警觉的是：我们的今天不能重复西方已犯过的错误。另一方面，我们要认识中国现代发展的成功，是因为我们有中国文化内在的智慧，而并非全由西化而来。这种内在智慧怎么来的？它的来龙去脉是什么？为此我们必须要回到中国文化的精神与哲学智慧。再谈全盘西化是走入歧途了。但我们也不能不注意，回归中国的精神与哲学智慧绝对不是故步自封，而是更小心谨慎地更新文化，更精益求精地追求科学知识，更严肃端正地重视道德修养与社会伦理。如此中国方能面对世界天地的变化，全球化中人类追求福祉与正义的发展，关心与贡献于有关全球社会问题、国家问题、种族问题、战争与和平问题的解决。

　　努力学习与不断学习，学习以达到发展与改造，正是中国传统的精神与哲学智慧。在此学习的基础上反思自我，整合内外左右以及古今中外，创造一个适合人类发展的生存之道，才是中国发展的正当途径。

　　李冲锋：您可以举例为我们说明一下吗？

　　成中英：这种划时代的学习精神可以从孔子时代讲起。孔子就特别地强调学习的重要性，他之能做到圣贤的品质就是他不断学习的成功。孔子说："学而时习之，不亦说乎？"何以学而时习之，能够带来快乐？这是因为在不断的学习中，人们可以有新的发现，不管是理论的还是实用的，都会带给人以快乐。从这个意义上说，学习就是一个不断创新的过程，是基于过去的经验加以审察而提升。孔子已经看到这种学习精神带来文化的进步。他看到每一种礼制的时代价值，但面对新的时代，人们必须在学习中变革。夏商周的礼制的变革必须如此来了解。一个成功的制度内含一种普遍的价值，但它仍然要接受时代的考验。礼制或其他制度都有时代需要的背景，但也有为时代淘汰的可能，它要面对天地人的变化环境与需要来进行调整，所谓损益者是也。这种损益的变革当然也包含着人性的需要，而人性的需要也是随环境与生命的发展变易的。重视天地自然变化，人也必须相应进行自身提升，这是周易哲学的洞见与智慧。儒家用此智慧来理解人性。《周易》强调：天地之道，是一阴一阳之变化。阴阳的概念很早就存在了。我们说，动静是阴阳，刚柔是阴阳，明暗是阴阳。这个阴阳，作为变化的一个描述，是相辅相成的变化，是一种对立而统一的变化，一种关系的变化。如果细心体会，我们也可以把阴阳体视为进退的概念、精神与物质的概念、行为与知识的概念、消费与分配的概念、创造与毁灭的概念。这些都可以说是阴阳，而且是有连贯性的。不从学习和对学习的反思中掌握这些根本的智慧，我们又如何去掌握呢？

从儒家来说，《周易》是儒道的一个基础。这里面关键是人类认识宇宙，在宇宙里面学习到一种创建的精神，从个人到家庭，从家庭到族群，然后到社会，到国家。这样一种从反省到认知的学习，从不断认知到发挥人的创造力的学习，是人能发展的根本原因。依此，儒家强调人的创造性，强调人的思维，强调人类关系的重要性，强调人类社会和谐稳定的重要性。儒家谈的道德是"以德为本"，德就是人掌握自己内在的能力，并依此能力，建立对人性的认识：个体的人需要他人，他人集合成为社会，个人与社会也就有了一种相互为基础的关系。儒家提倡"仁爱"的精神，"仁者爱人"，这就是社会凝聚、社会和谐的一种力量。儒家的这个观点出现之后，我们认识到，从"仁"到"义"，再到"仁义礼智信"的德性需求是极其自然地发生的。

孔子在《论语》里面还特别重视社会稳定性的问题，他举了三个稳定社会的主张：一个是"均"的主张——"均无贫"；一个是"和"的主张——"和无寡"；一个是"安"的主张——"安无倾"。这种主张我觉得很有意思。他是从观察历史、反思人性来考虑的。人与人之间需要有一种相对的思维，一种对应的关系。如果两个人之间相差太远，一贫一富，那么就会产生人与人之间的敌意、对立、矛盾，不利于人的总体发展，虽然说均财富，但孔子并不是要固贫。孔子只说"君子固穷"，但他却看重民富，为了教民，财富也是要追求的。民先要让他"富"，富之后要"教"。所以，孔子还是重视改善人的物质生活的，人民物质生活改善之后，还需要把握它们之间的均衡关系。怎么发展均衡，当然是大有学问。但是他提了这样几个基本原则。实现均衡的话，穷没什么关系，富也没什么问题。没有实现均衡，穷是一个问题，富也是问题。他至少提到这个概念。这是个"均富原则"。过去控制得太严，像早期的计划经济，那会走向"均贫"，大家都动不了。从这里我们就看到儒家的思想是什么，那就是"开物成务"，最根本的就是人要参与天地变化来求进步、来发展。所以，不去创造财富是不行的。富也是需要的。从此来理解，儒家传统的智慧已给中国传承了一套进取的、发展的经济哲学。

孔子又提到"和"，这个"和"在人民身上，是不是最大的问题？其实，在当时也不是最大的问题，关键在于你是否能团结、能和谐。如果是自己内部先分离，就不稳定了，所以这个"和"非常重要。我们要问怎样"和"。回答是：要"和"就要有社会伦理，没有秩序或关系怎么"和"？"和"是各自有定位，能够相互有关系，还能彼此支持，是一种合作、一种信任，而合作与信任的基础是仁爱。

"均"字比较接近"义"的意思，"和"比较接近"仁"的意思。"和"和"均"最终是为了达到"安"的目标。"安"是一种长期发展、和谐发展、稳定发展的状态。这种稳定状态，是在"和""均"的前提下建立的。这里看到孔子很深刻的一种体验、很敏锐的一种观察，是他从历史经验里面总结出来的，也是从他个人的生命体验里面发挥出来的。所以孔子的智慧就成为中国文化中非常重要的精神价值与哲学智慧，至于后来者能不能继承与发挥是另作考虑了。但孔子的智慧至少能启发大家一种新的认识，就好像《周易》的智慧见之于"生生之谓易""一阴一阳之谓道"这类话能启发我们的眼光与认知一样。孔子的许多话都是有普遍意义的。为什么我们今天读它还有意义呢？这是因为它本身就是一种生命体验。如果我们忘掉它，那么再去学习它、再去掌握它，是非常困难的。结果反而是别人掌握了，我们再去学习它，那我们就落后了，只能跟着别人去"现代化"，而不能创造出一个自己的积极的领域。

中国传统中的道家智慧也是一样重要。道家说"道法自然"。自然是非常生动的，随着天地发展、宇宙发展，人的发展也可说是很自然的，有其发展的"道路"。从这个意义上讲，"道"是相对于《周易》的"易"字来说的，"道"就是易之道、变化之道。当然，人是变化里面的一部分。所以，能够提升自己的那种"道"在儒家是为人之道、为政之道、君子之道。但对天地自然深思过的老子而言，道就是天地之道，自然之道，如今我们面临地球暖化的危机，应该对这天地之道与自然之道有更深的体会与认识。总而言之，中国的文化智慧来自哲学的理解，而这些见之于易学儒道或其他诸子的理解是经过总结历史经验而加以深思的成果。我们应该认识到中国哲学是非常智慧的，具有哲学中最深刻的智慧。前些年有人以现代西方哲学和古典希腊哲学来否定中国哲学，这都是不足为"法"的。因为他没有认识自己，先去假设了他人；因为假设了他人，所以就否定了自己。没有，是因为你不知道你有。今天我们要弄清楚，西方提供的机会让我们学习到许多新的东西，我们可以重新认识自己。我们重新认识自己，我们可以再整合自己，再建设自己，为人类作出更多的贡献。

三、回归古典是我们重建自己的关键

李冲锋：成先生，您提出了中国哲学现代化与世界化的课题，并且深知中国哲学必须面对西方哲学的挑战；我们必须知己知彼，深入西方哲学核心以理解西方，同时要展示中国哲学的精髓。就中国的管理哲学或管理实践而言，我们怎样做到与西方的整合，怎么在实践中发挥它的效用呢？

成中英：我们要根据自己的目标来整合资源与经验，然后提出新的计划与项目。我们现在应该遵守的基本原则是，学习他人的优点，反思自我的创造精神，整合内外左右、古今中外来创造一个适合人类发展的生存之道，也使我们更好地在世界上立足，能够为世界作出贡献。这个创新、创造的活动必然要在对我们的历史文化传统的重新认识的基础上进行。这是何以要回归古典的一个重要原因。回归古典是我们重建自己的关键。回归不是故步自封，闭关自守。正因为在开放世界里面，我们必须与相关者合作，建立自己的存在的特色，开发创新发展的精神。

学习西方是在理念上的学习，在实践上还必须从自己的传统中走出来，不能完全放弃传统，因为它涉及一个连续性的问题，你必须在经验基础上去更化或更新自己，这就是自觉发展、自我转化的问题，也就是自我规范转化的问题。在管理方面也是如此。管理基本有两个问题：一个是你怎么去管理别人；一个是别人怎么被你管。这个时候，你是不是要考虑到一种所谓语言的表达技术？你是不是要考虑到语言的本义是什么？你是不是要考虑到怎么去和别人沟通，怎么去和你的团队沟通？你怎么去建立理想的价值，怎么去实现理想的价值？这些就涉及对"管理"概念的新认识。"管理"一词英文对应为"management"，management 是手的运作。但汉语的"管理"一词却含有一种理性规范建立的含义，也就是要实现或施行一个"理"的秩序。因为"理"字有很深刻的含义，从先秦，经过宋明到近代，它的含义都在我们日常中，我们用这些字，甚至都不自觉到它的原义。"管理"这词已经包含了中国人对世界认识的一种方式。再说另外一个相关的词以帮助了解，比如："知道"。当然"知道"不是翻译西方的"know"。我们中国就有这个字，比如荀子讲"知道"。"知道"就是说"我知道可以走的路"。但你不学怎么知道？《论语》里说"君子学以致其道"（《论语·子张》），这已经有一套智慧在里面了。还有一个词是"革命"。这个词也是中国原有的语言，来自《周易》里面的一个卦，"革卦"。革命就是要除旧布新，要打倒旧制度，建立一个新制度来面对时代的需要。这本来就是与时俱进的一种要求。当然我们不能把这些字看成是西方字的翻译，或对应西方的语言来进行了解。这表示我们必须认识自己的语言及其含义。实际上，我们也经常在用这些字，但我们要知道哪种情况、有哪些意义，不能忘记它们的寓意。所以，在管理这个学科，我们要挖掘出中国的"管理"的真正内涵，以及它的形式、它的精神、它的价值、它的意义。

进一步了解，我们注意到管理涉及行为问题。它实际上涉及怎么去带动他人，怎么去组织群众，怎么去发展企业。这些都涉及实际生活的改变。你如果只考虑到西方管理方式，你就无法与你自己的文化传承联系起来。事实上，中国文化已有的状态，只能用中国人的智慧精华来提升。所以，管理科学可以学习到许多方法、流程等，主要是知道怎么去运作机器。这很好，但是一旦涉及我怎么做，我怎么对待人，我怎么对待我自己，我怎么去做一个决定，我怎么去做一个行为，我怎么要求别人做一个行为，这里就涉及责任的问题，涉及理性管理的问题，也涉及知识的价值目标的问题。在这种要求之下，我们必须要回到我说的一种从中国人的管理智慧的角度上来看问题。这种管理智慧，事实上，用现代的话讲就是"管理科学"。所以，西方管理为什么要这样做，它背后有管理科学。我们这样做，难道我们只是为了模仿西方，跟西方竞争吗？我们有自己的文化传统，当我们成功达到某一程度，我们必须主动地、自由地去发挥我们自己的价值，也必须思考这个问题。所以，我提出了"管理哲学"这个层次。在这个层次上，我们一定要从中国人对技术、对经验、对知识、对智慧的整体运用来建立价值与行为标准。智，可以是知识，也可以是智慧；可以是智谋，也可以是智术。智更可以是一种对事物的见解、知见。你不这样认识智的含义，你就不能有效地发挥文化的影响力，进行价值的提升。至于人心涉及是非善恶的问题、正确不正确的问题，这是否要用管理哲学来决定呢？但管理哲学并不告诉你这些。从中国哲学来说，存在行为的后果或行为动机的问题，当然是价值问题，广义的价值问题，虽然狭义的说法是是非善恶的问题，这就是基本问题。什么是"是"，什么是"非"，什么是"善"，什么是"恶"，什么是"美"，什么是"丑"？难道我们就没有自己的标准吗？难道我们都要从西方开始吗？难道我们看不到这些价值标准实际上就是每个民族在它的文化发展中逐渐凝聚出来的价值观、价值的理想吗？它们具有内在的生命力，具有人的内在的体验的要求。所以，没有办法不去面对这些东西。这样就把管理的技术、知识提升到管理的哲学层次，提升到管理的智慧层次。这涉及我们的宇宙论，我们的生命哲学，我们的道德哲学，我们的社会伦理。

当然，中国和西方的标准不同。由于中西方的标准不同，有人认为西方是对的，中国是错的。但我们需要一个更高的标准来说明中国是错的，西方是对的。当然目前并没有这样的标准。因而也就不能随便说中国是错的，西方是对的。首先，我们可能不了解中国传统，甚至我们也并非深刻地了解西方。所以需要深层地挖掘管理的含义和方法是什么，如此就逐渐提升到哲学问题。最后也必须谈到中西文化的融合问题，它涉及智慧各有所长的问题，甚至涉及人的人文发展跟科技发展的问题。这些都是人类的基本问题。中国刚好有这样的传统，这个传统很重视人文，很重视道德，很重视价值，很重视人的自主性，很重视人的创造性。这些都是中国文明、中国哲学创造出来的，是最宝贵的东西。我们今天能够忽视它吗？

今天我们讲管理，管理的最终目的是创造一个美好的人生、美好的社会，为人的发展服务，提升人的价值；就国家意义和社会意义而言，是为了使社会发展得更好，使国家发展得更好，使人类走向一种更为民主、自由、平等的状态。讲管理就必须要用智慧来实现这些。为此，我们需要不断回到中国的这一套管理智慧。所以，我们提出了中国管理哲学。

中国管理哲学的一个中心概念是人的创造力的问题。人认识天地，人再认识自己，然后发挥自己的那种"仁者爱人"的精神，然后再进行组合、推广，达到创造社会价值，创造精神价值，实现持续的目标。这样我们就掌握了中国哲学、中国的管理智慧。

中国管理的问题，可以一部分从西方的眼光来看，但也可以从中国的文明、哲学来看。因此，它最好的解决方式也许是中西融合成为一体。但是，由于是中国的问题，又必须以中国人的智慧来解决，这样会更有创造性，更能够发挥它的作用。中国的成功、中国企业的发展，或国家的强盛，其目标是为了实践。从这个角度说中国这一套哲学是非常现代的，比如：孔子的智慧、老子的智慧、《周易》的智慧……

再举一个《大学》智慧的例子。《大学》所谓格物、致知、诚意、正心、修身、齐家、治国、平天下就是人的发展模式。它就是从掌握外在事物的知识来反思人内在的存在的力量。只有"诚意"才能掌握一个目标，一个"善"的目标。有这个目标才能够"正心"。以这个为目标，你才能控制你的欲念，发挥你正确的情感和意志来达到人格的建立，达到家庭的建立，达到国家的建立，达到世界和平的建立。这就是所谓以内在和谐实现外在和谐的过程。它是通过人的内在的发展、自然的内部的发展来实现一个外在的价值。所谓和谐就是人实现人的一种状态，也就是所谓"和"。当然在"和"当中，存在"均"的问题、"安"的问题。最后，目标指向"安"，大家都能够满足于现状，安心于一个平衡的状态。它的目标是继续不断发展以达到可持续发展的和谐平衡状态。

四、中国的管理实际上是宇宙的自我管理

李冲锋：您提出了一条新的管理学之道，即"C"理论，"C"指中国（China）的《易经》（*Change*）的创造性（Creativity）。后来，您进一步丰富了"C"的内涵。是否可以说创造性是"C"理论的核心理念？我们今天如何更好地理解这种创造性呢？

成中英：我当初提出"C"理论，就是用"C"字来总结中国的管理智慧，就是看重这个"C"它本身的创造性。当然这个创造性仍然是宇宙发展的一个道理。所以，中国的管理实际上也就是宇宙的一种自我管理。宇宙是天地走的路，人是宇宙的一部分。宇宙能成为宇宙，即有宇宙成为宇宙的道理；人能成为人，即有人成为人的道理。人要成为人，就要自觉地去把握自己的创造力。创造力也是一种自然，但它是在一种高度自觉里面实现的自然潜力。如此，我们就要更好地去做好人的事。比如，我们需要企业组织，我们需要公司组织，我们需要自由市场，我们需要国际贸易，我们需要金融交易，我们需要很多很多这种工具性的东西。但是，这些工具性的东西，它是否能够符合我们作为人的自我发展及群体发展的价值要求与理想目的呢？我们要有一个内在的标准。假如没有的话，或者忘记了这一点，我们会过犹不及，或偏离达到目的的正道。中国哲学很重视宇宙与人内在的和谐精神以及创造和谐的精神，这点是中国人的一个巨大优势。跟西方人相比，西方重视现实主义，重视二元主义，是与中国精神有差别的，但这种差别也许可以正好用来促进人类社会的和平，这个需要去重点发展。这就要回归到《周

易》的那种"生生不已"的精神上来谈人的创造性。

李冲锋：我们知道，您的管理哲学是以《周易》为基础的，但同时您也很重视其他诸家的观点与价值，认为儒、道、法、兵、墨要互补互用，易、禅统合，即提出了"七家之言"。

成中英：事实上，任何一种文化、任何一个学派，都有自己的价值。但是，如果不能在整体里面平衡自己，它有时候就会走向偏颇与极端。儒家与道家都重视整体性的东西。从这一点来讲，儒道在根本上是对《周易》精神的实现。我需要指出，其他诸子、其他学派也都有其自身的价值。所以我提出来"七家之言"，"七家之言"就是除道家、儒家之外，还加了法家、兵家、墨家，结合在《周易》的传统里面，同时走向自我超越的悟的境界，禅悟。几家之中，一般学术研究对法家做得还不够。因为"暴秦"等原因，我们对法家有些看法。还有当前我们讲法制，又害怕把法家跟法制搞混。总之，我认为对法家的研究还是不够。

李冲锋：我看到您对儒家内部德法互补的研究，还看到您谈到儒、法两家交融的问题。

成中英：儒法交融是最近一文所探讨的课题。过去我是反对法家的，要回到依荀子来谈"法"。因为荀子的法是跟礼仪联系在一块的，他的"法"是一种制度理性，是能够使社会走向制度化的一种秩序。我觉得这个意义的发展是很需要的。它本来是一种"礼制"嘛，"礼"还不只是人和人的关系，它也是一种整体的社会文化的制度。发展当中，社会组织到某种状态，就需要某种制度来维护它的价值；找不到这样的制度，或者这个制度不能发展下去，这就表示这个组织有问题。所以，荀子是考虑得很周到的。因为他是从学习经验来掌握这样一个历史发展的制度的。"法"具有一种自我管理的功能，一个人、一个家、一个国是可以自己去以身作则，自我规范、自我示范的，一切当然要以个人的修持为本，走向以家庭社团的修持为本，并再走向以国的修持为本。如此这个世界才能走上和平和谐之路。法的作用就在每一阶段的提升与推广。

李冲锋：我从所做的综述里发现，大家对墨家思想的当代管理价值有所关注，但比较少，您怎么看墨家思想的当代价值。

成中英：墨家我觉得很重要，因为它体现了在实际的亲民、仁人、爱物里面要真正体现的一个互惠互利精神。墨家不尚空谈，它是一种实用主义。"兼相爱，交相利"，就是说行为彼此要有利。它不忽视"利"的作用，"利"是实现"爱"的方式，或者说"爱"必须要有一个实质的支撑。当然，不能过分强调这一点，也不能过分忽视这一点。这个我觉得很有现代精神。

另外一点，它强调科技发展。因为墨家是非常现实的，非常重视经验的。有经验就能发明工具，它强调工具理性。它强调工具就必须要把许多知识掌握，要掌握知识就必须有一种清楚的概念。所以它也就发展了逻辑。所以从逻辑到知识到科技，科技是基本，然后是逻辑、经验、知识，再然后是科技，这都是工具。所以它有很强的现代精神。墨家的发明精神是很强的，因为其是跟人的需求联系在一块的。墨家要克服生活中的困难，所以随时找出问题来解决。墨家是中国科学精神的萌芽，其实用精神、发明精神尤其难能可贵。

当然后期因为中国社会稳定下来以后，墨家因为过分闭塞的团队化与教条化之故，无法推广这种科学精神。其只重实行，而没有再推广其理论，来升级其理论，来影响中国的发展。中国的科学实践还是继承下来了，但科学理论的发展却没有好好进行。墨子的理论没有推广，没有变成生活当中的、社会需要的源泉，所以我们今天很值得把墨家再挖掘出来，结合西方重视实用、重视逻辑、重视科技、重视功利的精神来重新看待。所以墨家的重要性无可否定。

五、中国的管理需要进一步整合创新

李冲锋：我们需要更深入地学习和研究中国管理哲学，为了更好地把握它，我们需要一种什么样的方法论？

成中英：在管理当中，人们要谈这个管理，一定要有一个综合创新。你先要综合起来，不能综合怎么能够成为一套整体的东西。综合事实上是为了整合，整合乃是为了融合，融合乃是为了创新。中国古代的管理智慧就包含在这综合而整合、整合而融合、融合而创新的过程当中。这样的智慧因此是经过天地间的生命元素千锤百炼出来的，是一种精华与结晶。我们应该学会去认知它、开发它、挖掘它、提炼它。当前讲管理的人，慢慢了解到诸子百家的重要。这是很好的，但是，还不只是我所提到的这几个学派而已。中国哲学史上后期的学派里，管理提得比较少的是宋明理学，禅宗提到也很少。但它们重视个人的修持已然隐藏着治国处世的道理。因之我们可以问禅宗在管理中的意义何在？这个问题以前的管理学者并未关注与回答过。我提出的观察是：禅学要"扬弃"世界而非弃绝这个世界，它要从"扬弃"中重新去认识这个世界，还原出一个元初的纯净，因之在"扬弃"中一个纯净的世界已经显露出来了，成为我们再起步、再定位、再发展的起点。为了管理的需要，扬弃更需要破除成见，然后新立一本（同一根本）。所以，禅学必须要和儒家等联系在一块，才能发挥它最大的功能。中国的管理在整合上要研究得再深一点，要把作为天地人的生命元素的所有重要学派都包含进去，才能够更好地体现一日变化千里时代的需要。因为这个时代是多面的，有一种复杂性。怎么使复杂性变得系统，要用复杂系统的方法。但是现在的复杂系统论还不是很完善的理论。到底这个复杂系统包含或基于什么复杂的联系方式而成立？是如何一个综合？如何一个整合？如何一个融合？如何一个创新？我最根本的洞见是，这个复杂的系统也必须是一个创造性的变化系统，包含了最起码的相生相克的复杂关系，这个系统就是《周易》。《周易》是一种内在的、具有动力的动态系统。动态系统理论是在上个世纪五六十年代开始出现的。但是动态理论、动态系统往往是偏向于机械动态，趋向建构为一套自动化的动态系统，而非自然化的动态系统。但一个机体的、开放性的、自然化的动态复杂系统，却是我们管理哲学所需要的。我的"C理论"整合了中国管理哲学的元素，又把西方的管理科学的元素融合进来，这就包含了两种整合。这样整合起来的系统，可能是一个最重要的系统，是全球化可能最需要的一个系统。我认为C理论所代表的中国创造力的这个体系可能是最具有整合性与生命力功能的体系。因为中国哲学本来就强调整体性、宏观性，强调天地人一体的思想，它与西方重视分门别类、部门研究、专家知识不同。中国人强调整体系统，也是《周易》的一个特征。这个特征在我看就是一个非常重要的认识，这一点对现代管理哲学可以作出巨大的贡献，然后它与部分性、微观性、分别性结合起来就开了一个新发展的先河，而且提供了一个新发展的基本模式。我们今天已经有了头绪与基础，问题是我们如何强力地继续向前走下去。

当然，要彻底了解以上我所说的并非易事。像刚才说的，西方知识性很强，个别需要性很强，但我们要开发一个整体性的框架，适应全球化的需要，来了解人类发展的一种管理体系，这就需要把中国的这个传统拉进来。从这个意义上讲，中国的古典哲学实际具有多重的时代意义。它不仅对中国人的再发展有重要意义，对中国智慧再整合有重要意义，对中国人建立价值标准和行为方式有重要意义，对解决问题、消除矛盾有重要意义，而且对人类的再发展、对全球化的基本需要，对如何融合中西方或提供西方新的发展方向也有重要意义。所以它的重要性是多重的，这就是它的时代意义。

我说了这么多，并不只是抽象地说、概念地说，我所说的是可以用在实际上面的，是可以用在工作上面的。这就需要我们进一步再去挖掘，并探讨怎么用的问题，在哪些地方用，在哪些条件下用，要达到什么样的用的效果。中国管理体系的操作性，它的具体的应用性，是可以去关注的一个问题。这一点西方人是要向中国学习的。西方人看到中国的这种成功。我要对他们说：这个成功，比如今天我们去看的洋山深水港，你不能把它只看成是一个巨大的工程的成功，你要看它代表着中国人在艰苦卓绝的精神之下创造的一种智慧的成功。

李冲锋：应该看到它的那种伟大，看到它背后支撑着的那些东西。

成中英：它背后的精神，这种力量，它的理念，它基于中国人的信念，中国人的那种刚健自强的精神、克服万难的精神，这些在中国是有深刻体验的。没有这些，再有多好的技术、多好的知识，也不一定能创造一个具有美感与善意的工程出来。那些外国人很惊讶：怎么作出这么一个东西出来？最有意思的是，一位英国教授说，你们中国人怎么会做到这一点？我给他一个回答，令他吃惊。我说，中国人跟西方人不一样，中国人是和天地一块工作的。西方人有个上帝，高高在上；中国人的上帝是在中国人的心中，所以中国人拥有那种勇敢和开放，因为他是为上帝而工作，上帝也是为他而工作。

李冲锋：他们的上帝是在上面的，我们的上帝是在心里的，是与我们一起工作的。这个回答太棒了。

成中英：无论你怎样说，你一定要有个上帝来规定一切，其实那个上帝也就是你的精神，是你的精神在指导你，那你怎么开发你的精神呢？后来，英国教授问了一个更奇怪的问题：你们作出这么大一个大桥出来，那这些岛是真的岛，还是你们作出来的岛？（哈哈……两人大笑。）我说，我可以告诉你，这个岛是真的岛。中国人是配合天地之创造力来发挥自己的创造力。所以这样作出来的东西才具有鬼斧神工的那种精神，所以它也是一种上帝的奇迹，它也是一个锄头一个脚印、一个锄头一个脚印地耕耘出来的。它的每一个桩都是打出来的，都是靠人的群策群力造出来的，只是说，我们有同一个意志，我们有同一个信念，我们去做，用我们共同智慧去创造出来的。我们不需要说，有个上帝来指挥你怎么做，还威胁你怎么做。不是这样的，上帝是内在的，上帝就在我心中嘛，上帝为我工作，我为上帝工作。这就是中国的哲学智慧。

载《中国浦东干部学院学报》，2010（4）

附录二　人性与东西方管理的分野

所谓人之为人，从经验上看，人是多种多样的，从最好到最坏都有这个共同点，共有素质是很重要的考虑。界定人，尽量找人与其他动物种种不同的地方，再看是否每个人都能感通同样性质，即使人成为人的性质，是否可以产生一种要求，发挥那个东西。这也是相当科学的。界定人完全就现代人的通性讲，是暂时性的。就人的某个跟其他动物比较不同的地方而不是彻底不同的地方，也是个问题。西方亚里士多德曾把人界定为"人是有理性的动物"，理性即不是主观，而是针对客观现实认识的能力，思考客观现实作出相应客观现实的结论。凡是理性都与人有关，但它对人性就无完全性把握。人不只追求理性，运用理性，人还有其他不同的地方，而那更有目的性，人与物差别中，人不是单纯作工具性方面，而在于他的目的性。电脑更有理性、能力，但不能说电脑更有人性，西方哲学思考认为电脑、机器最终能取代人。单个人生命有限、经验有限，不可能与第五代、第六代电脑相比，电脑把很多代人的集体智慧、经验结合起来，从工具性思考能力和推理能力讲，人不如电脑。从目的性讲，人追求的是德性完美，整体性的、群体性的美好，电脑是没有的。

人有这样的体验；一个人的快乐不如大家一起快乐，不如和亲人一起分享，和朋友一起享受。两个人一块聊天，没有一个人没有朋友，可以白白坐下来，什么都不考虑，只考虑彼此沟通、分享，而这是人所追求的终极价值。中国人讲求人的发展，人性的自觉是个重要发展，这是中国人的特点，这是种伦理、道德，它也不是单纯个人主观性认定，有本体宇宙论基础。人有一种追求自我发展、整体发展的共同要求，说明宇宙有向上发展的能力，有内在目的性，通过人而不是上帝来实现。中国人不讲外在的上帝，天也不是外在的，而是内外沟通的，这是中国人哲学的特殊气质，今天看也很有价值。价值有无靠比较，在哲学市场里，看到别人思想各有所长，但作为竞争来说，中国有自己的特点，有贡献于世界的地方，即所说的目的性、整体性、人性的自觉。中国人有传统，写出来也可欣赏。一般人也有内在体验，儒家讲人不是抽象、空洞地讲，而是从具体、经验、理念上讲，有无良知、人性，对人的理想追求不是单纯的习惯，而是基于长期经验体验出来的，基于历史、人物、事件的思考、反思得来的。不能否定其他思潮有很多价值。西方 18 和 19 世纪工业革命后，工业价值很重要，功利主义是在 19 世纪发展的。人们掌握很多工具解决很多人的问题，创造更多的成果让更多人欣赏，提出来"绝大多数人的最大幸福"的原则。功利主义，中国的墨家就是，中国很早就经过市场经济，比如春秋战国时期。今天的世界也是"春秋战国"，美国相当于当初的齐国，中国相当于鲁，苏联相当于秦。竞争中产生不同价值，功利是重要的，牺牲小体成全大我。

此外还有人权，只有在人性自觉中，人权才有价值。西方人权是通过奋斗、斗争获得的，受到政府保障。中国是道德人权，中国人缺点是人性自觉和专制体制结合在一起，成为专制体制统治人民的工具。在这个结合过程中，人性自觉消失、减少了。从汉到宋明，宋明又稍有不同，宋明思想重新造就人的自觉，提倡理学。但又为专制利用，变成科举工具，总是哲学思想与政治体制结合在一起，成为政治专制的工具，到五四运动后，才慢慢了解分开的重要。专制不能在现代世界中竞争，产生不了竞争价值，使民主社会生存繁荣，还造成危亡、毁灭。推翻专制后，也想推翻与专制结合起来的思想，所以鸦片战争后，日本很快推行明治维新，走向现代化。而中国人一直不愿放弃传统，当专制体制破坏后，甘受传统思想奴役，因为专制把人带到封闭专制、愚昧无知、自以为是的体制，利用中国传统为工具。同样当它垮掉时，年轻人觉得生活没什么价值，应与专制一起埋葬。这是不现实的哲学立场，后来慢慢了解专制体制应与哲学思想分开，人性自觉与专制政权、政治要分开，这个分开有个过程。中国需要整体性指导原则，马克思主义的兴起代表中国要经历洗刷，洗涤作用是针对帝国主义和专制而言的，马克思主义在现代中国有双重作用，扮演政治角色和思想角色。但是任何体制与政治结合，都有时而穷的地方。思想应有相对独立性，改革、开放的重要意义也慢慢了解到，把思想方法、文化资源与政体、权力结构分开，不能把权力结构、政治体制作为应用或压制思想体制的办法。分开，可以用，还有相对独立性。这样，文化才有更多的竞争力。

人开始了解很多事情需要分开、沟通，不能融合。如政府和企业应分开，国有企业、政府权力、所有权与自主权，使它面对市场，目标是赚钱。政企分开不是说政企不应沟通。中国台湾、日本企业成功，是因为政府与企业协调，政府帮助、辅导，不是压制、去掉活力，政企分离加上政企沟通才能解决问题。同样，人性自觉的文化、思想资源如诸子百家，它假如与政治分离，工具性、目的性突出了，首先可以成为工具，要达到企业目标，就要人性管理。中国管理特色是实现人的社会、人的美好世界。不是为了神，不是为了某个特殊价值，而是为了全体人的社会。企业目标是社会目标、人的目标，与西方不同，企业为了赚钱，赚钱越多越好。中国企业目标不是争取更多权力，而是把权力分化，为社会、人类共享，这是人性自觉的一个重要方面，中国哲学更具社会主义特色。

此外还要了解人性有很多阴暗面，科学技术发展，为违法者所利用，为非作歹。介绍西方，引入其长处，西方人讲究理性、法律，讲究公平，这是理性的发展，需加强，但对人性尤其是协和力、人的情感、感性、悟性不重视，有好、坏两方面。一个中国人可以很快超过一个西方人，但由于没有组合力、理性基础，没有办法做整体超越，这是浪费。若能把西方的组织结构融合、平衡，中国人赶上西方不是很难的，中国人也有自身缺点，需加以批判。西方人了解自己也有很大缺陷。对人的最后理想，所谓人性自觉内涵，中国人相对强些，这涉及人的群体社会的建立。

西方人是在很早的斗争、竞争中发展而来的民族。古希腊在小岛上，面对海洋、贫穷，与海洋斗争，需要掌握天文、地理知识才能生存，不需太多情绪，很早就讲自然哲学。经过罗马帝国征服，各民族冲突激烈，17 世纪可以说是西班牙的世纪，18 世纪可以说是法国的世纪，19 世纪是英国的世纪，20 世纪是美国的世纪。美国是多民族大融合，种族复杂。西方永远处在你争我夺中。与西方历史相比较，中国从夏商周以来，固定在中原地区，以龙为身，几千年来，仅改朝换代而已，融合周围少数民族，主观性强，靠天吃饭，持勤持俭，养家糊口，没有征服、掌握自然力的冲动。西方经过几百年的斗争，锻炼出强性性格。从鸦片战争开始一百年来中国遭受了几乎是毁灭性的灾难。日本人比中国人精明，他不相信西方人，与西方竞争。

中国人不相信自己的人，对外国人却很相信，日本人利用这一点骗得了中国独有的宣纸制造技术，抢占中国的宣纸市场。中国人没有法律观念，不知保护自己，太容易轻信，受骗上当。但另一方面与竞争者又钩心斗角。中国人不了解西方、外面的世界，在生意场上经常受骗。中国人应该学习西方实证精神，不能盲目冒险，冒险要有合理性，学会防术、防范。国际上，中国人被认为变来变去，不承诺，日本人不容易也不大可能上当，什么都搞得清清楚楚才做决定，决定了就会愿意承担。而中国人答应快，许诺后又不能兑现。所以需要注意两点：第一，在组织、财务上应有起码的理性要求，中国人不喜欢理性化，不喜欢收条、档案、记录，应予以严格戒除；第二，策略领导、市场生产方向、人际问题上建议、解决人的资源开发需灵活思考各种关系，思考涉及各种方法的利用。这一部分也可理性化，理性化即形成一个规律，规律不是死的东西。在人的问题上也是如此。

规律是理性的表达，可分为四个阶段：理性——原则——规律——实例。理论方面理性的，是抽象的，要慢慢具体化。规律是开放的，可以随时有新规律。西方人把规律指定在一个层次上，如 X 理论把人假设为自私自利的。中国管理特色在于它有更多选择性、发展性，把它理性化、规律化是可行的。西方新的管理建议只说规律不谈理论，从规律角度可融合在理论中，而成为理论中原则的规定、主要说明。理论不是仅指理性，而是合乎理性、包含理性，以理性为组织结构来扩充应用面，掌握系统灵活性。过去的管理，系统灵活性不够，管理是自我管理。他律跟自律的关系是：他律是别人来管理，自律是自我规范，也是内在和外在的关系。管理基本上从外面，管理就是别人管，好就听，不好表面上听从内心不服，基本上是以外在的规律加进一个企业中。不听从，就不能升迁。他律和自律是相互配合用的，在人的问题上，规律最好能符合人的基本需求，成为内在规律。从 C 理论讲，儒家以关怀态度让人去主动争取人性管理，基本上让你自觉为了感情，为集体性、整体性的利益奉献自己。在某种意义上是交换，比强迫好。用人的机制来发挥比强迫好。管理是基于他律以成就自律，由于自律往往不足，就需要有智慧的人作为领导，来提供规范与理论，从他律促进自律，这就是好的管理哲学的运用。例如，夏威夷，以前有人做照相生意，生意冷淡，后来有人基于思考人性发展的办法，先免费照相，然后挂出来，由于照得好，顾客虽是犹豫但最终还是买了了去，生意很是兴隆。这说明人有感情，不能单纯利用理性，利用悟性、个性一面也可达到理想效果。

儒家讲君子和小人，是道德上讲的，认为每个人都能成为君子。若没有人性的自觉、自我规范的话，就会成为小人。小人重利不重义，君子是重义不重利。好像义与利是分开的，利一定代表自私，义是没有利的。这缺少对客观现实的了解。事实上，人可以同时有义又有利。讲义并非不能讲利，讲利并非就是小人。义与利实为公与私的问题、大与小的问题，儒家一切为公、从大，没有了解到个人利益在一定条件下也是达到公众利益的方法。对工具性了解不够，如少数人先发展也能产生大多数人的好处。利益原则的提出，作为理性原则，对墨家是个好处，彼此交相利，有帮助，交相利不是说要损人利己或损己利人。目标是兼相爱，兼爱是交相利的基础和目标。今天发展经济，对经济利益的追求，往往有人为利丧失人的其他目标，最后因小失大，大家追求利，有人成功，也有人失败，而且有的成功也不是永久成功。真正的利益持久、稳定增长，是正当的手段的利。一切向钱看，不择手段，都是危险的。儒家把义与利截然分开，完全对立，是其缺陷。今天要作进一步转化，把君子、小人作有社会理性和没有社会理性的、合理和非合理的区别，传统思想经过新的诠释获得新的意义。

禅的特点以慧能为标准，基本上是不执着于象、心、某一定点。定是一种禅释，澄心静虑达到自我思想解脱。佛教最高境界是不执着，作为无所求、无所得境界，有超脱作用，心完全不受任何东西束缚，达到不带任何成见、不带任何情绪的空灵世界。这种禅在生活中不够，生活中要有动作、现象。《易经》提供好的原则，生生不息的生命感，使生命具有生气、生意，使更多人享受生的境界。那是一个标准，从空无到生命化、禅趣，宇宙有空灵，但也不完全空灵，空无化还要生命化。因为这是根本经验，人的经验脱离一个处境，回到一个生命的原点，那个原点还要产生新的宇宙。宇宙再出现、再变化出现是易的境界。禅是相当主观性的，易是主客相互结合起来的。有人说禅易，我们说易禅，把禅当做《易经》深化系统中的本体性的超越。而禅易认为易不过是宇宙变化的心灵状态,具有相当的主观性。静、定、悟、超越是深刻了解,没有限制、障碍。纯粹自由的了解,自由到自然,这种自由基本上是心灵自由,深化的"易"是自然深化。

载《北方经济》,2000(12)

附录三 成中英教授论管理哲学的概念、体系、结构与中国管理哲学

成中英 吕 力①

编者按：成中英教授是中国管理哲学学科体系的创建者。众所周知，管理实践不仅关乎管理科学、管理技术，也与管理哲学息息相关。但囿于哲学与管理学在学科门类上的界限，管理哲学作为一种学科体系在管理学术界内部还缺乏系统性的思考与研究。2011年12月在中山大学哲学系主办的"中国管理哲学学科创立20周年"学术研讨会上，晁罡等一批兼具哲学与管理学背景的青年学者与本刊特约记者提出由《管理学报》对成教授进行一次学术访谈的设想，在随后的海南博鳌之行中，成教授欣然接受了学报的访谈邀请，于2012年5月14日，在学报编辑部接受了正式访谈。访谈中，成教授从中西方对"管理"一词的理解出发，阐释了中国语境下的"管理"的内涵，并以此为基石，论述了管理哲学作为一门学科体系存在的意义、中西管理哲学的异同和中国管理哲学的C理论。学报特约记者吕力设计了访谈提纲，学报编辑部杨妍、郭恺、丘斯迈参加了访谈，访谈记录由吕力整理，并经成教授审阅。

吕力（以下简称"吕"）：成先生，您第一次系统地提出了管理哲学的概念体系，也是中国管理哲学的创建者，所以我的访谈提纲也与此紧密地相联系。访谈提纲包括三个部分：一是管理哲学的学科体系结构问题；二是中国管理哲学和中国本土管理学的相关问题；三是您提出的C理论的有关问题。

成中英教授（以下简称"成"）：这三类问题安排得很好。首先是关于管理哲学的学科体系，这个问题很重要，先要了解管理哲学是什么，然后谈到中国管理哲学，再后是和中国管理哲学相应的西方管理哲学的问题。第二类问题牵涉到本土这样一个概念，本土这个概念还需要进一步澄清，这样我们就了解到管理哲学中间的一些文化传统，以及

---

① 吕力，《管理学报》特约记者。本文编入时略有修改。

中国管理哲学在文化传统与价值方面的特质。最后是我提出的 C 理论，为什么要提出这个理论，我会再加以说明。对于重建一个包容中国管理哲学与西方管理科学的管理哲学，C 理论是一个怎样的体系，它的目标是什么，它的特点是什么，C 理论有什么发展，怎样去了解它，这个问题很好。

一、管理哲学的概念、体系与结构

吕：管理哲学的概念是什么？

成：管理哲学这个概念是个很新的概念，但就"管理"二字来说并不新。据我的考证，"管"这个意思在春秋时就有，它指的是一种乐器，因为当初排练乐队的时候，要用管子吹出来的声音使整个乐队的节奏和谐。"管"字的来源是音乐，就是用"管"字来表示形成一个秩序的力量，一种影响的力量。所以从字源的角度，"管"的原始含义在中国来说就是管一件事情或处理一件事情以达到一种合理的秩序。"理"字指的是一种自然的条理，玉石之理。用作动词，表示理顺，当成为动词以后，就是"使它具有更好的理"的意思。

管和理都包含着一种自然秩序或人对秩序的一种规范、要求。从汉代开始，中国原始时代就有的一些概念，随着生活越来越复杂，慢慢演变成了一种双语词，包括"管理"在内，很多都是这样，例如，"简单""复杂"。这说明中国早就有"管理"的概念，两个字连用也不过是凸显出中国人对秩序的一种认识，以及对秩序建设的一种需要的认识，甚至于也可以说包含着理想的、所要求的秩序是什么的一种认识。

现代以来，"管理"这个词在我们心目中往往用英文 management 所含的意思来取代了。19 世纪后期，很多西方名词进来，这表示两种文化的交流，但我们属于接受者，所以很多时候我们需要考虑怎样表达西方人的意思，基本上是以西方为主来寻求配合，而丧失自己本身语言的主体性。在翻译过程中，话语权事实上是以西方为主导，中方为服从。如问西方有没有翻译我们的管理概念，到现在为止，你去问西方管理学家，中国人怎么说管理，他们是不知道的。他们就已经假设中国人要说的应该就是他们的 management，没有别的，但事实却不然，这就说明我当初为什么谈中国管理哲学，为的是要彰显在我们自己的经验中澄清与建立管理的概念。这个概念在没翻译之前，它本身就有它的内在的意义，以及可以使用的范围，但是我们用"管理"一词翻译了"management"一词之后，由于我们在翻译当中丧失了主体性，我们就以西方的概念为主，原来的"管理"一词也就变成了一个西方概念。

事实上在一个全球化的语境里，我们希望两个语言是相互激荡的。深刻的对话能够把两种语言中个别概念所包含的意蕴及其价值同时呈现出来，为人们所共享；甚至于也能凸显出它们的文化差异，能够自觉把这种差异弥补起来，产生一个更好的生活方式、更好的行为方式。管理也是一种生活方式与行为方式，因此可以进行改革，可以进行发挥。显然，在全球化与本土化的平衡中，我们不能只进行一条边的管理，陷入一个偏颇的文化话语。由于每种文化本身有它自己的生命，还有它不同的表现形式，每种文化也包含不同的生活价值，当然也应该把这些显示出来，凸显不同的价值理想与生活发展的方式。中国作为全球的一分子，属于国际社会，也属于中国的文化传统。从这个意义上讲，我们对管理这个概念、管理科学的概念与管理哲学的概念都要有一个重新的认识。例如管理科学，西方所指的管理科学是指一些什么样的认识，什么样的工作与活动？中国的管理又指向一些什么样的活动项目，西方的科学管理项目是不是中国管理当中已经包含的？而中国所包含的管理科学是不是也可以作为科学的研究对象？这些都是需要仔细澄清的问题。

吕：管理哲学的定位是怎样的？

成：中国人在面对人事纠纷时往往强调一种协调、一种仲裁。中国人重视感情的交流、重视关系的建立，这些是可以作为科学研究的对象的。管理的功能与活动其实还在发展中，因此，管理科学本身所研究的对象也在发展中。简单地说，人在发展中，人的文化也在发展中，人与人的交流也在发展中，所以，管理行为的发展是管理科学与管理哲学共同关注的。

当然，科学与哲学不同的地方是，科学强调的是知识的建立和技术的应用，因为科学是对客观事物的认识。现在我们的生活观念是全球化的，是交相影响、交互行动的，是一种跨文化的，因此管理科学包含的管理概念或者管理的活动，也是不断更新的。所以，我们不要先假定西方那一套是已经规定的管理科学范围。我个人认为它只是建立了一些基于已有的经验的概念，而且基本上都是以西方文化为主。

与科学不同，哲学探究最原始的概念和范畴，探究经验中一些根本的问题，它要回答目的、基础、根源、过程、标准等等，基本上就是回答这些问题，当然还要回答一个价值问题、意义问题以及如何把意义与价值形成规范的问题。科学管理最根本的问题实际上就是哲学问题，只是大家忘记了它是一个哲学问题。比如，我们管理有这样一个科学认识，人们工作了八个小时就会疲倦要休息，我们知道这个事实，因此，我们得出这样的结论，那就是我们工作最好不超过八个小时，这种规则是归纳出来的。但有些规则呢，是要参考人的基本需要和目标来决定的。规则的制定，比如我们怎么制定一个政策，或者管理法则、管理规则，我们怎么来形成企业管理目标，企业追求的目标是什么，这就要考虑到很多因素。

哲学问题就是强调整体性，强调根源性，就是去追问规则是怎么出来的，这样我们就可以建立一个发展的方向。有很多问题都要从根源上去查出原因，然后形成规则，才能达到管理的效果。管理哲学就是不断在探索根本问题，在根本问题上不断认识，了解根源之所在。所以管理哲学可说是管理科学的生命源，是管理科学的一个批判者、一个监理者。管理哲学思维是管理科学发展的基础，它保障新的管理知识的产生，它也要求管理在科学上面进一步进行技术化，像把物理学变成工程学，把工程学变成工程作业一样。

吕：管理科学与管理哲学的关系是怎样的？

成：关于管理科学与管理哲学的关系，我们可以说，管理哲学是对管理科学的深入思考，如何使管理科学更有效，或者更有用，更有价值。这里有几个层次的问题，包括从脑产生知识，再到知识产生技术，用知识发明机器。这些都必须合乎客观规律，这是第一个层次的问题。因为管理涉及人的欲望跟人的意志，它代表人对理想价值的追求，所以说这个价值也是需要的，这是第二个层次的问题。比如说，一种商业行为要变成对社会发展有用的行为，推而广之，政治行为、经济行为都需要价值在里面，都需要有一种主体的、个人的参与，那就不能脱离各种集体性的或者是个别性的价值概念以及文化概念。所以从这个意义上讲，纯粹知识需要在文化的背景中提炼成为价值，要实现从脑到心的层面的提升，这是第三个层次的问题。怎么达到目标呢？心要认识宇宙，认识自己，所以有一个道的概念，所以中国的管理在这方面是往上走的，管理知识演变成管理智慧，西方管理是从管理知识变成管理工具，这里就可以看出管理哲学的重要性，它要整合知识，要从知识里面提炼价值。要帮助管理科学知识提炼技术，还要解决它面临的各种周边的、涉及其他领域的各种问题，它不能回避这些问题，否则管理就变成孤零零的机器。如果这个机器不在一个系统中，机器的用途本身就不能得到真正的发挥，即使发挥也可能有害，它可能在一段时间有一种目标，在另外一个时间就变成另一种问题、一个负担，所以管理哲学的研究是非常重要的，主要范畴就是刚才谈到的基础、价值、知识、技术以及它们之间的相互转换关系，以及它们如何和社会发生关系，和文化发生关系，和历史发生关系，和个人和群体发生关系，事实上管理不可能是孤立的，所有行为都契合到管理哲学。

吕：管理伦理是管理哲学研究的一个重要范畴吧。

成：就管理伦理而言，哲学范畴其实从个人来说属于个人生活的一种规范，在于我们认为什么是好的生活，生活的目标是什么。人不只是一个自然的动物，他是一个具有道德性和伦理性的存在。他需要自我的修持，也就是传统儒学中的修身养性，或修己之道，这是个人层次的管理，从个人修持到家庭和睦是一贯之道。儒家以及其他诸子百家没有不重视家庭的。你的家庭本身有问题，你个人的问题就很大，所以儒家特别强调一种家庭秩序的建立。今天，家庭也是作为一个经济单位，对这个社会的经济推动起到支持的作用，也是社会发展的一个稳定力量，当然它更是伦理价值建立的基础。从家庭到宗族再到社会就直接联系到国家的建立了。今天的社会发展不一样了，从家庭直接联系到社群，再到国家，家庭与国家的关系更为密切。但无论怎样，儒家强调说："孝悌也者，其为仁之本欤。"你不懂得孝悌，那你怎么在政府为官为政呢。我们现在的人生活动当中，最基本的就是有关生产的经济活动。经济活动也就是满足家庭与国家发展需要的活动。社会发展必须建立在经济发展的基础上面，然而发展经济的目的不限于经济，而是指向政治、文化、生活的发展。经济不是最后的目的，它是达到社会发展的必要工具。

我们今天发展经济，不要忘记它的伦理目标，但是问题是我们的确忘记了。我们往往倒因为果，往往把目的变成手段，把手段变成目的，或者为了目的而不择手段，这都不好。伦理是管理中一个很重要的范畴。我在 C 理论中提到，要把管理和伦理结合起来。我在哈佛大学管理学院访谈时提出伦理应与管理结合，后来哈佛的管理学位课程开始注重伦理学。但在 1995 年之前，就没有企业伦理这个课程。

我曾经跟哈佛大学管理学院的资深教授乔治·洛奇谈到，要重视伦理学。我发现哈佛大学所教授的课程中最有名的就是企业化、企业化管理，以及怎么形成新的企业，怎么进行企业投资，强调自己利益的最大化。但是，我提出一个问题，企业策略的应用有没有一个边际，有没有一个限制，哪个策略的应用到哪个程度？如果不这样追问，它就会走向非伦理，甚至走向反伦理，企业伦理的限度在什么地方？后来我开了企业伦理课程，也谈到这个问题。

这是一个很大的问题，当然哲学家、管理哲学家可以先想到这个问题，有的事情需要防患于未然，有的事情却不需要防患于未然，这都是哲学问题。为什么有的事情不需要防患啊，因为它无法防患于未然，让它自由发生不是更自然吗？有的事情你要防患于未然，因为它可以影响到更大的事情，所以就需要去探讨。这些迫使你形成一个整体概念，将人的各种经验融合起来，形成一个更好的管理蓝图，提供给管理者来参考。事实上还不只是这样，越到高层，管理的范围越大，权力越大，就越需要管理哲学。这就说明管理哲学的地位是非常重要的，在整个人类经济活动、政治活动、社会活动、个人发展中占有崇高的和最根本的位置。

像排队理论、博弈理论都属于管理科学，它是一种技术。管理科学怎么定位，谁来定位，我想只有管理哲学能帮它定位。在我的 C 理论中将管理科学定义为：知识转化为技术，然后技术用在具体解决问题上面，这种研究就是管理学。但是怎么界定目标，目标怎么在改变，最根本的动力在什么地方，怎么随着人类的文化发展，面对文化的沟通怎么来解决问题，这是管理哲学。总的来说，管理科学与管理哲学的关系就是：管理哲学是管理学的基础和动力，是解决基础问题的枢纽，以及认识基础问题的基本能力。

吕：国内外当前管理哲学的研究状况和进展是什么？

成：关于国内外管理哲学研究的现状和进展，就国内的研究而言，概念的提出比较晚。我相信以前也有人谈过管理哲学，但是以前他们所提的管理哲学基本上是片面的，偏于一家的，就一个领域说的，有时就是人生哲学，算是对人生的管理，在传统文化里面漫谈管理和哲学。

我认为自近代社会发展之后，我们应该将管理哲学界定为一项针对管理机制的建立、管理策略的制定、管理活动的规范、管理问题的认识与解决而作出系统的基础说明、价值的评价与指导。这样的管理哲学是高度的理性思考与辩证思维，它本身就具有发挥管理功能的作用，因为它是在一个更高的层次上论述一个根本的管理体系。目前这样的管理哲学正处于一个发展的时期，也是必须发展的时期。有很多企业与行政单位还没有想到管理哲学的重要性，因为它们的管理活动层次是比较低的。低层次的管理可以不需要管理哲学，管理就是照某个规则办事，说了怎么办就怎么办，也不要去怀疑，你也不敢去怀疑，这里面的哲学思维很少。

管理哲学研究一定是高层次的。高层次的管理面临很多不确定问题，知识量的增加，还有很多事件发生后如何定位等等，都与管理哲学有关。管理哲学背后是不是已经形成了一个标准，那要看文化的不同而定，所以，现在国内外管理哲学的研究状况在全球化以后就更受重视。此一问题以前我在书里也常提到，指出管理哲学很早在经济领域中就发生过很大的作用。举一个例子，美国人口研究学者戴明对日本丰田提出的建议是，做汽车不是要降低成本，而是保证品质的卓越，好的品质最后还是要赚钱的，以前日本产品品质不好才导致销售无力的问题。戴明是一个统计学家，但他有管理哲学的头脑，他提出的策略是品质第一，为此强调品管的重要，导致品管圈的高度发展。从那个时候起，日本的工业确实改变很大，由于重视品质，日本工业走上精确化的路途。在管理上更是做到品质归一化的要求，同时也形成了对时间精密的控制，这就是精益管理思想。中国人可能不会看中这个，总想留一点空隙以为悠游的余地，这就是管理哲学的问题。中国人的这种态度对生活是没有错的。日本强调精致性，它要做一个精致的仪器或者是军用的武器，那就要胜人一筹。比如说日本手表、照相机、电器等都很精准，因之竞争力很强。我们中国人在生活上允许一种自由，可是在针对一场战争或者是针对一个科学试验来说的话，那我们就会吃亏了。当然，这个又跟管理哲学很有关系。

就西方而言，德鲁克之后有新的一些发展，我的书中曾提到彼得·圣吉。圣吉主要强调人的素质，他的《第五项修炼》一书，是受到中国哲学的影响，这个我是很清楚地感觉到的，但是中国人还都不知道，所以大家都把它奉为神明，其实基本上都是中国思想家说过的。中国的易学所包含的整体开放性的认识，他想学习发挥，却还没进入到那个境界。所以当前的西方管理哲学还是在不断地摸索中吧，尤其它们在吸收中国的资源，这是事实。

我在上个世纪 60 年代开始在哲学系开设《易经》哲学，到 70 年代美国的军事学院就把《易经》当成教科书，其实受了我的影响，本来它们只是用了《孙子兵法》，后来就用了《易经》。因为《易经》是中国认知宇宙与人生的智慧，是一套对变化的管理，是变迁管理最基本的要求。我在《北大商业评论》的专栏中写了一年的短文，涉及变化管理的一些问题。在我看来，圣吉的管理思想的确超过技术研究，远比像《七个管理的心理习惯》这类书有哲学意味。所以他基本上从一方面打开了一个新的管理决策之道，将它更有效地应用在一般的企业行为上面，这是他的一个重点，但是他没有方法上的突破。他不但没有突破，甚至陷入一些新的困境。

其实，很多策略的布局是哲学性的，诸葛亮为什么能把八卦阵摆出来，就是因为他心中有一个宇宙图呀，里面别人看不到的智慧他都看到了，有用呀，在经济布局方面也有用呀。现在西方尤其美国开放性地吸收了很多中国的东西。从我创办易经学，至少有十本有关《易经》的书重新翻译出来。所以今天虽然西方的管理哲学研究还没有出一个什么大的景观，但是研究者在集中学习中国的东西，这是一个重要的现象。他们的重点就是学习中国的东西，消化中国的东西，以为西方企业发展之用，西方市场开拓之用，形成了新的发展点。所以我得出这样一个结论，中西的竞争就是谁学习对方而不丧失自己，融合得更快、更好，谁就是胜利者。创新在于学习对手来充实自己，我们现在的管理问题不是不学习，而是被动学习，学习了对方忘记了自己，这个问题是很大的。

我注意到中国的管理学院从 1995 年我回到中国那时候就开始有，到今年已经 17 年，到底管理学院培养了多少成功的企业家，这个很难说。管理哲学是我提倡的，我作为管理哲学学科的创建者也开始得很早。在海外，西方是不断学习中国，中国是被动学习西方而忘记自己，这是目前的状况。所以从这个角度上看，管理哲学还是有非常灿烂的未来，大家还没有掌握管理哲学最基本的问题和它的范畴。这个还是要深入去掌握的，你看《管理学报》上的文章如"知行合一"已经开始用到哲学的语言，但是你怎样再深入地形成一种理性的认识，还需要在原始的基础上进一步地去探讨。

丘斯迈：我觉得从学术界来说，有些问题可以得到共识，但是从管理实践者来说，让他们学习中国的传统文化，以及学习儒家的东西可能不是那么容易。

成：我也同意你的说法，昨天我和吕力谈的就是这样一个问题。很多企业家自从谈国学以来，至少认识到了这个方向，但是对中西融合还是没有理解。也有一种这样的现象：为了要回到本土化，为了掌握自己的文化，所以就拒绝学习西方。这也是不好的，这就会变成一种限制，对自我的限制。好像我们要么只能全部学习，要么就是全部封闭。这在中国历史上，五四以前就有这样：全盘西化或者全面本土化，这两种立场都是极端的。全部西化是不可能的，全部本土化也是不可能的。我们要创新必须学习西方，在和西方交流当中来超越西方。简言之，基本的原则就是要掌握自己、知己知彼，这个是需要去做的事情。

对于中国的企业来说，如何建立一个具有声誉的、全球化的跨国公司，这是对中国企业的一种挑战，在中国的国家崛起方面也同样面临着挑战。挑战的核心是如何在各种困难当中能够和西方建立一种平等沟通和相互影响的概念。东西方的核心价值不一样，我们怎样把不同的核心价值结合起来，和而不同。举例来说，在哲学领域当中，如何把正义和自由这两个基本的价值结合在一起，来共同实现人类的共同繁荣。这是中国管理哲学应该考虑的问题，这个问题就是最高的管理理想。这就要求我们思考：我们怎么谦虚地学习怎么开放，怎么不断改革，怎么从各种事件中吸取教训，怎么日新月异，怎么充实我们自己。

领导地位越高，你越要有整体性，越要追求一个整体的价值与理想，不能以自己利益为主。现在政府提倡学雷锋，我说学雷锋还不妨先学儒家基本精神，儒家精神是中国文化本来就有根基的东西。

总体来说，管理确实需要哲学，哲学的影响其实也是最大。今天不讲管理哲学是不行的，不是为了学位，也不是为了包装。在具体的发展举措上，我昨天和吕力说，能不能成立一个书院，在东湖之滨，借助《管理学报》在管理学术界的影响来推动管理哲学的建设和发展，引起大家的重视。我认为，这是把理想转化为现实的正确方法。把管理哲学和管理科学结合在一起，把中西结合在一起，把伦理和管理结合在一起，这些都很具体，能够对企业管理者或者行政管理者有所裨益。日本有一所特殊的学校，是松下企业利用松下幸之助过世之前捐的一笔钱建立的，名为"松下政塾"，是要给日本的领导人与高级管理者提供训练的，它举办各种高级管理讲座，当然涉及管理哲学。我在日本教书的时候，应邀请去访问过。松下显然奉行儒家的管理哲学，他在大厅里面挂了一个中文的条幅，叫"至诚如神"。这句话是从《中庸》里面来的，要人从"诚"做起，就是要真实做人，言行一致，最真实的人就有一种感动人的力量，像神一样，所谓至诚如神。用诚来进行管理，就是自觉地管理自我，转化自我，提升自我。然后用感化他人的力量进行管理，达到人人自管、相互提携的作用与效果。松下这种学习中国儒学的精神值得我们反思。

二、中西差别与中国管理哲学的发展

吕：您能谈一谈中西管理哲学的异同吗？

成：古代西方强调伦理和政治，与古代中国儒学有一致的地方。希腊古典时代重视伦理学与政治哲学，儒家也是从伦理学走向政治哲学。但是后来各自的发展方式不一样，伦理学的发展也不完全一样，这是因为文化环境不一样，对人性的了解可能也有差异。这差异中很重要的一点，就是中国人强调天人相通，要了解宇宙，要从宇宙里面感受到人的价值，又能够实现人的价值。实现人的价值就是修己立人，亲亲而仁民、爱民、惠民。早期希腊的政治哲学强调社会法律秩序的建立，个人理性思维的发展以及人民良好习惯的维护。西方文明相当重视理性的社会性。当然，后期希腊的斯多葛学派甚至把理性与宇宙观联系在一块。由于犹太教与基督教的发展，西方的伦理学、政治哲学，到了罗马时代接受神学为其基础。近代以前，神学几乎终结了各种学说。罗马帝国在第四世纪君士坦丁大帝信仰了基督教，就把基督教作为政治与伦理的骨干，实现了所谓政教合一。

从中国哲学传统来说，中国是以本体宇宙论作为基础，本体宇宙哲学，然后伦理政治哲学。本体宇宙是从太和这一理念发展出来的，人因而应该追求和谐、实现和谐。天也成为天理之所在，而天人之际则是和谐性共通。西方要走向上帝，上帝纯粹是一种超越的精神，却用信仰的方式管制人间所有的活动，他有一种绝对不可及的客观性。所以到了近代，西方哲学从神学走向理性主义，也就是从神学里面解放出来，实现理性。政治方面实现理性导向民主国家的建立，经济方面实现理性则体现在亚当·斯密在个人自私动机的基础上建立了自由竞争的市场经济机制。其实，从心理科学的角度也可以看到，人人都是自私的，都为了自己，而必须面临相互的竞争，在合理的基础上竞争当然是有好处的，但却导向了贫富对立的资本主义社会。相较而言，中国的和谐论，不太强调竞争，所以在文化上基本维持着一种伦理的导向。自从亚当·斯密之后，西方的管理哲学是以经济为基础的，中国的管理哲学是以伦理为基础的，这两者是有差别的。以经济竞争为基调，加上理性主义要求建立的社会民主秩序，加上民族国家的发展，这就形成了一个以强烈的竞争精神为主题，以资本主义为内涵的现代西方国际社会。此一现代西方国际社会的出现，对中国的文化形成了极大的压迫与威胁。中国人讲求和谐，强调德性，强调每个人都要关心他人，尊重他人，己所不欲，勿施于人，而且要推己及人，于是万邦协和、世界大同、天下为公，这是中国管理哲学的终极目标，而非永远竞争斗争下去，形成上帝统一主宰一切的局面，有如西方的中世纪。

所以管理哲学从以上的分析讲，中西是有差别的，这与中西的文化环境有关系。当然西方的发展经历了几个阶段：从古希腊、希伯来到中世纪，从中世纪到近代，从近代到现代，经过几次革命，一个是美国革命，一个是法国革命，最早的是英国革命，英国的光荣革命。这三次革命影响深远，法国大革命是最后一次革命，把自由当做最高的理想，因而自由、民主、人权成为其管理哲学中的核心价值。然而中国哲学与文化深处并不否定此等核心价值。据我的深入研究，它们的来源还是儒家。因为在启蒙时代，18世纪的传教士把中国的儒家经典翻译成拉丁文，影响了西方的哲学家。莱布尼茨、洛克是同时代的人，康德和休谟是同时代的人，都受到儒家主张独立内在的人性思想的影响。当然西方经历过罗马时代的罗马皇帝专制，加上无所不在的基督教宗教信仰的压迫，因而对专制有一种精神上的特别抗拒。相对来讲，中国历史上有好皇帝和坏皇帝，中国的传统社会不全是坏皇帝，而儒学的正负作用也是各为一半。从历史来看，西方人为了追求自由，却把和谐忘掉了，提出了"不自由毋宁死"的口号。

吕：您说东西方有不同的价值观念，但是您后来又说殊途同归，这怎么理解。

成：东西方的殊途同归是彼此学习之后的殊途同归，今后的竞争是彼此学习、再学习，西方人要向中国学习和谐的重要性，我们也要学习自由的重要性，我们要共同接受的是一种正义的重要性。所以我同时强调自由、正义与和谐。西方代表着自由，中国代表着和谐，但共同目标是正义。

正义这里面包含着两个方面，一个是自由，一个是和谐，自由跟个人的生命有关系，和谐跟社会的共存、繁荣有关系，这是我最根本的一套价值概念。我讲管理哲学当然已经不只是讲管理哲学，实际上是一套宇宙论、一套本体论、一套伦理学、一套政治哲学。我在清华大学开课讲中国政治管理哲学，就是这样讲。

吕：您刚才讲您的管理哲学包括一套本体论、一套宇宙论和人性论，这应该是非常重要的吧？

成：管理最后都要涉及这些问题，我们不能要求管理者来考虑这些问题，但是我们要求研究管理的学者要来进行研究和不断的讨论，尤其涉及高层次的管理。比如国家的治理，我们讲马克思主义中国化，我们就要讨论什么是最好方式的马克思主义。假如没有讨论的话，永远就是听一个人讲马克思主义，那我们就锁在里面去了，是不是？所以这个就是为什么我说管理哲学是重要的，因为它保证我们永远有一个反思的能力，一个自我审查和批判的能力，以及一个创新的能力，因为反思、批判、审查、创新是最重要的。

吕：《管理学报》有一个栏目是"争鸣与反思"，就是主张反思、批判与创新的。

成：这个很好，是我们非常需要的。我觉得中国哲学从西方得到许多反思，同时它本身也具有一种反思的能力。《中庸》说了博学之、审问之、慎思之、明辨之、笃行之五方面，它就是具有一种反思能力。但我们不能仅仅把它当做是一套古老的思想，还要发挥它，不发挥没有用。其实这一套思想没有过时，它就是中国管理哲学的一个热点。你说你今天重读四书，假如重读只是走向一个八股，那就不行了。当然，于丹讲的一般民众都很喜欢，可见大家对如何做人做事的态度与方法还是有一种需要的，那么我们进一步地把这些变成管理哲学还是可能的，也是必要的。

我们的管理学研究现在变得只是一味地向西方学习，丧失自己，就等于没有进展，或者只是重读古典，不知道它的真正含义和现代意义。因为不了解西方对同一个事实的解释以及人类面临的问题，你怎么读，你读十遍，你倒背如流也没有用，这是当前最大的一个问题，在管理教育上需要解答。

我刚才也讲到很多企业家有这个需要嘛，到了一定的阶段他们也要提升，没有人教他们，他们也找不到方向，因为他们对基本概念是很模糊的，心中很多很多问题，没有人来回答。我现在来跟大家讲，讲了之后，有一批朋友和年轻人，他们学习到了，我就不讲了，但管理的智慧就慢慢传下去了，对不对？把这个精神传下去是很重要的。就我来说，我永远在追求，不断地更新，所以我很希望看到能够有一个机制，比如一个书院，它能够让我把这个管理哲学的眼光与观点不断地彰显出来，既是创新，又是推陈出新。讲的东西再写出来，新的人继续讲。不是照着讲，而是跟着讲，发扬出去地讲，慢慢形成一个潮流，我们就有创新了。另一方面，我盼望在大学的哲学系也应该有个中国管理哲学的教研室，管理学也应该有管理哲学的课程，这个我觉得是很重要的。

吕：中国管理哲学的特质和结构体系是怎样的？您怎样理解管理学界提得较多的"中国本土管理学"？

成：至于中国管理哲学的特质和结构问题，我在 C 理论里面谈得很多。联系到访谈提纲中所提到的中国本土管理学，我这里首先要做一个区划。本土的管理哲学还不等同于中国管理哲学，中国管理哲学在今天中国具有一种理想的意义。我曾经在我的书里面用这样一个名词，它指的是经过重建之后的中国管理哲学，它把中国古典的本身具有管理内涵的智慧，转化为一种明显的知识概念或明显的价值理念，或明显的方法提出来，而且形成一个开放而动态的体系。经过这种转化之后，中国管理哲学有其根，有其干，有其叶，且能开花结果，这就是中国管理哲学。那什么叫本土化的管理学呢？我认为只是经验的陈述而已，比如说见人要打招呼呀，要拉拢关系呀，在台湾不要忘记送红包呀，要打点好人际关系呀，不要得罪人呀！曾仕强教授对此有深刻的认识与发挥。而我讲的中国管理哲学是具有一种现代性，融合古希腊、西方的精髓在其中的，因而同时具有一种高度的知识性与伦理性、高度的现实性与理想，实现和谐自由和正义的标准，这才是我说的中国管理哲学，不是本土化的那个中国式管理。我的中国管理哲学这个概念，主要为了说明中国的传统与西方结合之后的创新精神。

从这个意义上讲的管理哲学，我是最早的，曾仕强教授讲的是他的一套圆通式管理，就是关系管理，他的关系管理受到很多人喜欢，我的中国管理哲学却是比较曲高和寡。相比于中国管理哲学，中国式管理其实是中国的一些习俗传统，能够达到一些世俗的目标。当然对很多商业行为而言，形成了这个规则或那个潜规则。红顶商人胡雪岩深悉此道，他就是这样地认定了一个政治背景，然后能够忠诚，能够符合商业目标进行。但是他的问题是，一旦政治背景发生动摇或矛盾时，他自己也就发生问题了。最近我看《新京报》上有个消息说万达集团时下有几个字："亲近政府，远离政治。"这就是红顶商人的策略。但问题是你亲近政府，政府所用非人怎么办。刚好曾仕强也是研究胡雪岩的，也就说明了这个问题。显然，管理还是应该为社会服务，促进社会进步，并不只是满足商人的需求；管理并不只是一种商业的行为，还具有一种伦理的重要性。你从这里看得出，胡雪岩的聪明才智与能力在什么地方，与春秋时代的一些商家不一样的地方在哪里。古代的范蠡，他具有一种伦理的风范，形成了另一种中国管理的典型，是一样可以包含在我讲的中国管理哲学的例证之中的，因为他具有相当的现代性而不是世俗性。

吕：您的 C 理论是以《周易》为基础，可不可以从其他入手，比如说从儒家呀，道家呀？

成：当然，儒家和道家本来就包含在我的 C 理论之中，你看书便知。这个可以从我提出的"管理太极图"来说。去年 12 月台湾大学办了一次道学管理班，我讲了我的"管理太极图"的概念。基本上，中国管理有一个根源，最后的根源当然是对宇宙的认识，以及对宇宙当中人的地位的一种认识。人是宇宙中最有灵性、最有价值的存在，人有能力能够实现自身的价值，同时也可以说实现宇宙潜在的光辉，这样的认识和信念就是周易哲学。其次周易哲学还主张宇宙是变化的，所以人类应该有一种变化的能力，变化的目标是积善成性，就是要继承原有的善的成果，来形成更高的善的理想。周易哲学的第三个特点是生生不息，天地人的定位一个是积善成性，学习不已的自觉，一个是生生不息、与时俱进的过程。用现代话讲，你要认识到你在宇宙中的地位是什么，这是根本信仰的问题，信仰有两类，西方人说你是上帝造人，你要信仰上帝，中国人说，我是天地所生，天生我材必有用。

用这个观点去看儒家，儒家精神就包含在周易哲学里面，你问道家怎么来的呢，道家是易学的一个重要部分，道这个概念也是儒家的重要成分。宇宙论就是道家之所重，但它强调创造的宇宙论，不强调发展的伦理学，就是不重视或者不太过分讲求人的发展，这是道家。道家是因为人面对很多问题之后，为寻求一种消极的自由而产生的需要。今天道家有没有意义呢？它也是有意义的，它就发挥一种以退为进的作用，一种收敛，一种净化与超越。我的这个中国管理哲学是以《周易》为本、以儒家为体，以道家为用之智，所以本、体、用都在里面。此外，再加上以西方为知，以现代性为行，也就是我们做事情要符合现代性的要求，同时尊重道德与知识。我说的这整套中国管理哲学具有莫大的应用潜力，你要发挥起来是很有意义的，因为它同时具有特殊性与普及性。它是一套人生价值的基本体系，它根植于本土而不是本土化的，它具有中国内涵，却不是中国式管理。

吕：您怎样看中国管理哲学现代化这样一个命题？

成：中国管理哲学的现代化目标是促进社会的进步，当然在进步当中要维护人类的基本价值，尤其是我们自己文化已经呈现出来、发展出来的基本价值。管理哲学一定是合乎理性的、合乎人类需要的、合乎当前的情况的，同时也能超越这个情况，达到一个价值目标。它能形成一个整体对外的策略，不断竞争的能力。应该对这个本土化中的世俗类型作出一种比较严肃的划分。中国式管理不应是中国管理哲学的代表。中国管理哲学要避免落入庸俗的本土化，应实现超越局限性的本土化，另一方面要开发德智并用的本土化。

吕：刚才您说管理哲学有几大部分，本体论、宇宙论和人性论，有没有认识论呢？

成：当然有认识论，其实这些东西都建筑在认识论的基础上，你认识本体、认识人性、认识价值，都是认识，这都是很重要的方面。细节可以参考我的论述中有关中国哲学的认识论或知识论方面。

吕：您在前面提到戴明、德鲁克等的管理哲学思维。您是不是觉得西方管理哲学是存在的，但它的体系结构还没有形成。

成：除了德鲁克外，较少自觉的形成，尤其没有形成当代的体系。所以大家到现在为止能够举出来的很少，比如戴明，但戴明也不是很系统，但是他有他的道理。

吕：管理哲学主要是从整体的根源、目的和基础这些方面来进行研究。对企业家来说，管理哲学可能就是理念，那对于这些具体的理念，可不可以用实证的方法进行研究？实证管理哲学这个概念合不合理？

成：可以呀，但实证的方法是有限的，它只能研究事实，管理也包含价值。这样说吧，管理包括事实、知识、价值、规范，在事实上面建立知识，在知识上面建立价值，在价值上面建筑规范，这是我的方法学的几个层次。所以，你从科学的角度研究，这是事实，那么"实证管理哲学"在这个层次上是合理的，但管理呢？怎么转化为价值和规范，那也是管理哲学要考虑的问题。

吕：它可不可以作为管理哲学体系的一部分？

成：当然是管理哲学的一部分，这四个层次永远是联系在一块的。管理哲学包括实证，但还有一部分就是辩证。只要观念是对的就可以。我是提倡中国管理哲学这个学科，至少现在有个 C 理论的范本，我影响了中山大学这一批年轻学者三十年，尚不知能不能带动成为全国性的行为，或者先在华中这块地区繁荣，我不知道。你把文章登出来，写得很生动的话，或许能激发人心。

三、C 理论

吕：作为中国管理哲学的一个典范，C 理论在学术界产生了深远的影响，您创建 C 理论的初衷是什么？

成：写这个 C 理论是有一个渊源，威廉·大内写了一本书：《理论 Z》，英文原名是 *Theory Z*。它是针对美国来说的，假设美国是 A，日本就是 Z，刚好是字母表的两端，日本的管理就是两端的另一端。上世纪 70 年代后期到 80 年代初，刚好台湾经济发展很快，就需要一个理论基础。报界来找我，我那时也正在考虑一个问题，社会发展的真正动力是什么，怎样去体现这个发展的动力，来进行一个沟通与管理的建构。在我心中，人类总是要发展经济，经济发展是社会的需要，要维护社会的生存就要发展经济，再说经济发展能提供更多的精神发展的空间，很好地去从事一些上层建筑的价值创造。然而，经济还不是最终的目标。这个问题是我一直考虑的，从亚当·斯密来看，经济还有道德的目标，但是亚当·斯密没把这个说得很清楚。这可能需要从一个时代的发展愿景或动力入手，所以我用 C 来代表中国的发展。C 就是原始的创造力，创造力包括创造原始的形态能力、更新的能力，是一种广泛的从无到有，从有到更新的能力。C 是中国 China，是创造力 Creativity。C 理论是中国的创造力理论或中国创造之道。

我用 C 理论来回答中国管理哲学的精神是什么。美国的 A 表现为科学精神，一种科学的知识发展。日本的 Z 代表一种群策群力的能耐，这个 Z 就是说组织能量、群体能量，不是突出个人，是突出群体发展的一种理论。它刚好跟美国不一样，代表一种社群的需要，代表一种团体精神与团队精神，大家密切合作来创造一个新的经济、新的企业。

就中国而言，中国传统管理哲学就是一种心灵感应或者一种心的认识，透过心去感受感情，感受要做什么，然后达到一种道德目的，一种和谐的秩序。道这个字本身就有一种终极的意思在里面，但它又是一种活动。所以它代表一种智慧、一种动力、一种方法、一种成就，具有价值概念，具有理智的概念，也可说具有一种境界性的精神。这种精神在西方只是一种机械性的管理科学，在日本只体现在群体的经济活动或组织活动，还无法体现中国人那种凸显和宇宙的关系，与自近而远的人类整体的关系。

代表中国管理哲学的 C 理论要突出一种宇宙创造力。人代表宇宙的一部分内在创造力，它要建造一个天人相通，又是知行合一，又是主客互动的一种发展方式，这是一种理想的层面，怎么去实现这个理想是一个重大问题。为了表达这个理想，当时我就用了几个代表词说明 C。C 代表创造力，代表文明、文化以及变化之道，尤其是成就人这个意思，C 也代表儒家和孔子，C 代表的寓意是很多的，从宇宙、文化到伦理。有人说 C 也代表我自己，因为我的姓名开头是 C，这倒是额外的意思。

综合来看，C 要突出它的功能内涵，慢慢就定位成 5C 理论，5C 系统的发展与超越再综合成 2 个 C，实际上成为 7 个 C，其中每个 C 有 2 层含义，就体现出一种一阴一阳之谓道的 14 种相连接的功能。

吕：您能简要介绍 C 理论的核心观点吗？

成：C 理论最初的核心体现为 5 个 C。5C 理论主要突出 5 个管理功能，这 5 个概念刚好就是我修正了西方的管理学的地方。西方的管理学讲到计划、组织、用人、领导、控制，特别是计划和控制我觉得要对它进行改变，它不太全面。计划半天你就去组织，缺少一个投入的过程，投入的过程我把它叫做决策。决策是管理的灵魂，但是在西方管理中谈决策仍不突出，谈计划比较多，计划是计划，做是做，不能体现知行合一的过程。关于控制这一功能我觉得也是一大问题，你要使你管理的力量落实在组织里达到一种领导的作用，这个控制应该是更具体的一种人跟物、人跟事、人跟人之间的关系，人跟人应该是一种互动的关系，应该体现为一种调整，尤其在人的环境下，这是一种协调性，所以我就把 5C 加了 2 个 C，成为 7C。

在 C 理论中，我把计划和决策合并为一称之为 C1，我称西方传统管理学中的领导为组织与领导，这里面体现了传统西方管理学没体现出来的 C3，就是怎么去把领导组织的能力用在市场里面，在市场里创造价值。这包含着竞争和合作的关系或者需要。其实正是要面对这些，才能产生你需要产生的东西，因为你面临一个决策，必须考虑到怎么样去组织，组织后主要会面对哪些问题，来决定你要提供什么东西。生产其实在事实上不是一种单一的运行，它是由多方面决定的：一方面是你主观要生产什么；一方面是客观需要什么；第三还有一个理想，比如说我生产这个是为了促进社会的进步。所以很多新产品不是单一的只为了客观的需要，也不是说管你需不需要我就提供。需要和供给应该是一种互动关系，彼此刺激，不是这个生产控制就一定能满足那个需要，或者那个需要只能靠这个控制。需要本身就是一个可以逐渐增长的过程，这个环节我希望在经济学中有更多的讨论，其实创新就在这里。

对于某一个需要来说，创新就在于创造一个新的需要，或者创造一个新的供给，所以这就从 C3 到了 C4，然后到 C5。C5 就是你创新发展后的目标，即是增进社会价值，增进人跟人之间更团结、更亲和的关系，来产生一种文化层的文明，所以它是在满足一种精神上的需要。到这个时候，社会面临另外一个决策，我们要怎样合作往前走，这又在循环，又到了 C1。

简单地说，我提出 5 个 C，就是从计划与决策（C1）到组织与领导（C2），到竞争与合作（C3），然后到生产与改造（C4），再到协调与沟通（C5），然后再回到决策。这个过程中的 5 个概念都是一阴一阳的概念，因为这是从中国的易学里体会出来的，道德发展本来就是两面，但是内层肯定是一种信念。很有意思，我这样想的时候，这 5 个功能刚好是五行的功能，我开始没有想到这个，这个对我是一个很大的发现，我自己都有些吃惊。从现代管理学的功能来讲，管理有多种功能，它是一种组合的过程，它是要达到某种目标的，任何管理都有一种目标性，目标是创造一个什么东西出来，达到一个功能，这个功能是什么，在问这些问题的时候就产生了 C 理论。

最后发现很有意思的是 5C 与五行一一对应：决策与计划相当于五行中的"土"，这是用中国的形象语言来表达。土字包含了深思、居中、信念等。然后土生金，领导与组织是金的力量，金的力量可以代表它，金是一个硬性的东西，领导就需要一种刚性，刚有很多种，刚中有柔是最好的刚，这样领导就有一个阴阳的含义。后来我发现竞争与合作是水的一种特性，你可以和水合作，顺水行舟，假如逆水行舟，那就是和水竞争，看你怎么走。水是没有形状的，整个市场是大而无限的，什么形状都有，有什么样的范围就有什么样的形状，哪种东西都可以变成市场，一旦你有这种需要或者创造出这种需要，就是市场。这是水的功能，在市场里隐藏着巨大的财富。用木代表生产力或者改造的力量，这个也是自然的，因为木能生物，草木生长就代表一种创造力，我把木定义为一种原始创造力与改造的力量。这种协调的功能产生一种和谐，产生沟通之后的一种氛围，以此来达到一种伦理的境界，这就是所谓火的作用，就是一种热力，有了热力，宇宙才有生命力。火是很重要的，有了火，才有土，才能生金，一直这样下来，变成五行。

我想强调的是，五行只是一种符号，但这也说明原始的五行具有一点管理的卓见，它最初是用来解释历史的变迁，解释物质世界，后来提升到解释所有的一切，如朱熹解释道德，宋代以后甚至用它来命名，说明命理，这里面还是有一定道理的。五行在今天的管理伦理学中也很重要，世界就是五行中的一种和谐的关系，人在五行中，人就是五行造成的，所以你自身不和谐，问题就很大，显示一种彼此相克。克也是一种平衡，相生是良性发展的一种平衡，相克是一种抵制性的平衡，两个都是需要的，所以就显示出管理就是一种发展与平衡的作用，是在不同的决策和合作中体现整体的进步。

经过诠释的五行，这是我的管理 C 理论的一个最中心的思想。五行在转，我把它叫做包含与循环。其实管理理论最主要的就是建立一套制度，让它能够不断循环，用在一个社会组织或者商业组织、行政组织，能够产生一种新的秩序。创造就是要透过一种不断的循环，不断的包含来实现。C 字打头的字特别适合我这个理论，而且它刚好有这么多功能，如 C1、C2、C3、C4、C5 等。循环和包含还需要一个更新——自身的更新，就是生生不息的体验，止而再生，有问题了把它停止，但是马上要把它再生，就体现这个功能。由于人类所作的这些决策往往会有时而穷，这个就需要一种自觉的更新，到一定的时候要有一个阶段性的调整，这就是 C6。不断地充实，不断地吸收，不断地发展，然后又不断地整合与调整，产生一个新的价值、新的世界，允许人的创造活动不断发展，这就是 C7。

在发展 C 理论时，我发现这 5 个 C 的作用有点像平衡计分卡的关系，所以有次在台湾开课的时候我把它用在平衡计分卡里面，因为这是相对应的，市场和人事怎么打分，生产怎么打分，但我们可以把这个平衡计分卡做得更详尽，使它变得更精确，而且还好用。

C 理论一方面体现了中国传统，另一方面具有西方的形式，再具有一种中国的精神作为它的价值观。在此基础上我提出了管理 7 书，将 C1 到 C7 分别对应于中国哲学中的诸子。C1 用的是老子，C2 用的是法家的韩非，C3 是兵家的孙子，C4 就是墨子，这是我的创新之处。墨子与孔子的不同就在于他很重视实际工具，讲究工具性，讲究功利，讲究集体发展。孔子没特别强调这三种东西，孔子讲的是个人修行；墨子出身于平民阶层，是一个大众的劳力者，但他很有眼光，特别在科学发展方面。所以科学发展在那个时代中国甚至是超过西方，不管是逻辑发展还是工具发展这一块，墨子这个集团的确是很了不起，他的出发点不是自私，这是很突出的，他是出于兼爱，现在很多人都是为了利益，这个应该是一种很现代的科学精神，所以我把它摆在 C4。

C5 就是《论语》，孔子代表人的提升与价值观，整个系统要提升需要一个过程，那就是要看得很深，然后能既超越又投入到新的世界。《坛经》有一种净化作用，现代企业中要拿得起放得下，不能一味纠缠。所有的活动都是人的心灵创造，心灵一方面很具体，另一方面也能纯粹把它看成一种想象。净化与提升的力量我是很重视，所以 C6 代表《易经》，最后，C7 代表禅。

吕：C 理论的最新发展是什么？

成：最新一版的《C 理论》，就是第四版，东方出版社出版。在这一版中我提出了 C8，这是我在讲课中突然发现的。C8 就是 C6 与 C7 的功能的一种整体创造，禅学的一种超越，在阴阳的道中成为一个太和，这纯粹是一种理论性的认识。太和很重要，作为一个最高的领导者，应该有 C8 来支撑，所以我提出一个 C8，这样就形成了一个太极图。当然这个太极图是从实际来说的，是从人的活动中归纳出各种过程的一个动态发展的脉络，与周敦颐的宇宙太极图相应而不同。作为领导人要有这样的整体眼光，方能掌握他所面临的整个事件。我这一套理论是中国管理哲学最基本的模型，可以应用到中国的发展过程的说明与规划，兼用于经济上的发展与政治上的发展。当然，世界的发展也离不开这个基本模型。这个模型如何用在全球性的发展，正是值得我们思考的问题。它的未来就在于全球性的发展。

最后，C 理论受易经哲学的影响很明显，我研究哲学尤其是中国哲学的基础问题时，特别关注《易经》。我认为易经哲学作为本体哲学的认识是很重要的，因为过去讲管理哲学也好，讲经济哲学也好，它都没有一个哲学基础，只是一种手段，所以针对基础问题每个人有不同的见识。从我来说，现在中国管理哲学已经有一个基础了。

吕：黎红雷教授写的《儒家哲学》是不是把儒家作为基础？

成：是的，在管理七书中凸显其中的一支。他后来编了一本书《中国管理哲学教程》，50 多位硕士和博士参加编写，他是认同我这个新理论的结构的。

吕：您这个体系以《周易》为本，儒家为体，道家为用，西方为知，现代化为行应该是更完备的。

成：这就是我对管理的易学式的一种诠释。

郭恺：中山大学去年的管理哲学年会的题目是"中国治道"，您怎么看？

成：最近我把 C 理论扩大到领导理论，讲到五个力，这算是一个过渡，就是怎么把经济管理变成天下治理。这在 C 理论中已有体现，因为它是一套管理哲学，包含了政治的领导力的考察与应用。数年前，我和美国肯尼迪政府管理学院的院长约瑟夫·奈（Joseph Nye）有个短暂的对话，他对我说美国的发展也不只是凭着自己的硬实力，美国还有软实力，还能策略应用，来解决人类的问题，这叫做巧实力。我听了之后，觉得很好，但是缺少一个道德的概念，我说我提一个道德力作为最后的目标，听我这样提，他最后也同意。

我提道德力也是补充他的说法，你要谈软实力，一定是在硬实力的基础上，不能通通讲软实力，你讲策略管理，这又是在软实力与硬实力的基础上。我讲的道德力的确也需要软实力、巧实力与硬实力的支撑，这也说明全球管理的领导力的依托在何处，其高度又达到何处。当你有了那些力量之后，你怎么作道德之用，但这里面有个矛盾，你有了这些力量，往往是不作道德之用的，这就是美国的基本困境。

吕：您讲 C1、C2、C3、C4、C5，包括 C6、C7、C8，在这一套体系中，世界观和方法论是紧密结合在一起并一层一层递进的关系，是不是可以从这个方面来理解？

成：是的。中国哲学有一种现实的基础在里面，后来是倒过来了，坐而论道。不谈现实基础，只谈精神境界，这也很麻烦了，有心和道的关系，但是脑和手与机器的关系就不管了，所以我们的文明就变成一种道和心的文明。这样你脱离现实，所以现在我们应从现实着手，然后回归到一定的高度。这种高度是领导于无形，可说达到了太和的境界，每个人都是自己的领导者，这就是君子管理。

我在清华讲中国政治管理哲学，提到孔子说"道之以政，齐之以刑，民免而无耻；道之以德，齐之以礼，有耻且格"。我觉得这两句话可以分开讲，也可以合起来讲。可见我的中国管理哲学不是只用在企业上，实际可以用在行政上，比如决策。作为行政领导，当然随时都需要负责任地去作出自己的决定，但要有合理性的说明。然后才能进行组织的领导，才能调整组织，推进政策，达到行政的目的，实现强烈的使命感。你还要看看你这套东西有什么具体内容拿出来为民所喜欢。这个就像是你要顺水行舟还是逆水行舟，民就是水，水能载舟亦能覆舟。你的政策就是你的产品，你的形象就是你的产品。这些不只是商业管理，实质上涉及国家管理、行政管理。大的方面它是国家管理，实际上走向的是世界管理、天下管理。所以我这里大的方面包含了天下管理、国家管理；小的方面包含了集团管理、家庭管理、个人管理。最后还是讲到人的问题，个人与集体的人。应用到国家形成了一套国家管理，必能促进真正的和谐社会。没有这样的文化基础，管理是会失落的，所以治理国家之道离不开一个一以贯之的管理哲学。

吕：中国古代更多的是行政管理，没有企业管理。

成：中国管理哲学是从行政管理开始的，所以现在企业管理都是走行政路子。西方现代刚好是从经济出来，是以经济学为基础。当代中国的管理学是以领导学为基础，也是以中国的政治哲学为基础，但它的内涵是马克思主义管理模式。我们现在讲马克思主义中国化，就是让它的管理方式更偏向儒家思想，多多少少应该有这样的偏向，问题是还需要再学习，使权力不会腐化。中国管理哲学的目标也就在中国完成一个示范的模型。

载《管理学报》，2012（8）

参考文献

中文部分

甲　传统部分

《易经》

《尚书》

《诗经》

《礼记》

《春秋》

《论语》

《孟子》

《大学》

《中庸》

《老子》

《庄子》

《墨子》

《荀子》

《孙武兵法》

《孙膑兵法》

《晏子》

《申子》

《商君书》

《韩非子》

《新语》

《孔子家语》

《孔子集语》

《春秋繁露》

《说苑》

《六祖坛经》

《人天眼目》

《近思录》

《传习录》

乙 现代部分

梁启超：《先秦政治思想史》，中华书局，1936

蒲坚：《中国古代行政立法》，北京大学出版社，1990

［美］M. 波特：《竞争策略》，蔡正雄译，台湾地区，华泰书局，1985

［美］克劳德·小乔治：《管理思想史》，孙耀君译，商务印书馆，1985

［美］彼得·杜拉克①：《管理未来》，王嘉源译，台湾地区，时报文化，1993

［美］彼得·杜拉克：《创新与创业精神》，萧富春、李田树译，台湾地区，麦田出版社，1998

［美］玫琳凯·艾施：《玫琳凯谈"人的管理"》，陈淑琴、范丽娟合译，台湾地区，长河，1992

［美］约翰·奈思比：《全球吊诡——小而强的时代》，顾淑馨译，台湾地区，天下文化，1994

［美］罗勃·舒克：《本田之道》，江荣国译，台湾地区，长河，1993

［美］吉姆·罗沃：《亚洲的崛起》，张绍宗译，上海人民出版社，1997

张隆高：《西方企业管理思想的发展》，人民出版社，1985

［英］皮尤等：《组织管理学名家思想荟萃》，唐亮等译，中国社会科学出版社，1986

［瑞典］托马斯·安德松：《新世界经济贸易关系的协调》，李晓宪译，经济管理出版社，1998

张尚仁：《管理、管理学与管理哲学》，云南人民出版社，1987

雷祯孝：《中国人才思想史》，第 1 卷：先秦部分，中国展望出版社，1987

杨国枢、曾仕强主编：《中国人的管理观》，台湾地区，桂冠图书公司，1988

曾仕强：《中国管理哲学》，台湾地区，东大图书公司，1981

---

① 即"彼得·德鲁克"。

蔡麟笔：《我国管理哲学与艺术之演进和发展》，台湾地区，中华企业管理发展中心，1984

蒋一苇、闵建蜀等：《中国式企业管理的探讨》，经济管理出版社，1985

吴恩华：《策略九说——策略思考的本质》，台湾地区，脸谱出版社，1998

何奇、杨道南、伍子杰主编：《中国古代管理思想》，企业管理出版社，1985

国家经委经济管理研究所编：《中国古代思想与管理现代化》，云南人民出版社，1985

中国古代思想研究会编：《中国传统管理思想的新探索》，企业管理出版社，1988

〔日〕占部都美：《日本企业经营的特质》，邱康夫译，台湾地区，建兴出版社，1981

〔日〕涩泽荣一：《论语与算盘》，台湾地区，允晨文化事业公司，1987

〔日〕松下幸之助：《实践经营哲学》，滕颖编译，中国社会科学出版社，1989

〔日〕佐佐克明：《企业帝王学》，钟文训译，台湾地区，大展出版社，1984

〔日〕铃木典比古：《日本企业之人的资源开发》，文真堂，1993

〔日〕伊藤正则：《日本的企业管理》，中国经济出版社，1986

阎俊新等：《中国式管理简论》，中国劳动出版社，1991

廖庆洲：《日本企管的儒家精神》，台湾地区，联经出版公司，1984

张顺江：《本元论》，中国环境科学出版社，1988

姜圣阶、张顺江：《法元论》，中国环境科学出版社，1988

姜圣阶、张顺江、王玉民：《积分决策学》（上、下两册），中国环境科学出版社，1988

宋毅、张江：《发展战略学引论》，海洋出版社，1993

葛景春：《中国纵横术大全》（《长短经》译解），三环出版社，1991

蒋纬国：《决策管理咨询系统》，台湾地区，黎明文化，1986

成中英：《中国文化的现代化与世界化》，中国和平出版社，1988

成中英：《文化·伦理与管理》，贵州人民出版社，1991

黎红雷：《儒家管理哲学》，广东高等教育出版社，1993

段长山主编：《〈周易〉与现代管理科学》，中州古籍出版社，1991

成中英、周瀚光主编：《超越时空的管理智慧之光——中国管理哲学的现代应用》，中国纺织大学出版社，第一册，1997；第二册，1998

丁一凡：《大潮流——经济全球化与中国面临的挑战》，中国发展出版社，1998

〔美〕拿破仑·希尔：《以智聚财》，肖苏编译，中国国际广播出版社，1991

〔美〕彼得·圣吉：《第五项修炼》，上海三联书店，1999

〔美〕史蒂芬·柯维：《高效能人士的七个习惯》，中国青年出版社，2002

毛卫平、韩庆祥主编:《管理哲学》,中共中央党校出版社,2003

袁闯:《管理哲学》,复旦大学出版社,2004

曾仕强:《中国式管理》,中国社会科学出版社,2005

[美] 彼得·德鲁克:《卓有成效的管理者》,机械工业出版社,2005

陈玮编著:《管理真经:儒、法、道家的管理哲学》,中国言实出版社,2006

英文部分

Mayo, Elton, *The Human Problems of an Industrial Civilization*, New York: Macmillan, 1993.

Weber, Max, *The Theory of Social and Economic Organization*, New York: The Free Press, 1947.

Lasswell, Harold D., *Power and Personality*, New York: The Viking Press, 1948.

Fayol, Henri, *General and Industrial Management*, London: Pitman, 1949.

Drucker, Peter F., *The Practice of Management*, New York: Harper & Row, 1954.

Tannebaum, R. and Schimidt, W. H., "How to Choose a Leadership Pattern," *Harvard Business Review*, March-April, 1958.

McGregor, Douglas, *The Human Side of Enterprise*, New York: McGraw-Hill, 1960.

Likert, P., *The Human Organization: Its Management and Value*, New York: McGraw-Hill, 1967.

Taylor, F. W., *Principles of Scientific Management*, New York: W. W. Norton & Company, 1967.

Morse, J. and Lorsch, J. W., "Beyond Theory Y," *Harvard Business Review*, May-June, 1970.

Luthans, Fred, *Contemporary Readings in Organizational Behavior*, New York: McGraw-Hill, 1972.

Thomas, John M. and Warren G. Bennis, editors, *Management of Change & Conflict*, New York: Penguin, 1972.

Thiesaub, Robert J. and Klekamp, Robert C., *Decision Making Through Operation Research*, New York: Willy, 1975.

Dermer, Jerry, *Management Planning and Control Systems*, London: Richard D. Irwin, Ing., 1977.

Sagles, Leonard R., *Managerial Behavior Administration in Complex Organizations*, New York: Robert E. Krieger Publishing Co., 1980.

Pascale, R. T. and Athors, A. G. , *The Art of Japanese Management*, New York: Simon and Shuster, 1981.

Peter, T. J. and Waterman, Jr. , R. H. , *In Search of Excellence*, New York: Harper & Row, 1982.

Ouchi, William G. , *Theory Z*, New York: Avon Books, 1982.

Hanke, John, Arther Raitsch, John P. Dickson, *Statistical Decision Model for Management*, Mass: Allya & Bacon, Newton, 1984.

Kanter, Jerome, *Management Information Systems*, New Jersey: Prentice-Hall, Inc. , 1984.

Drucker, Peter F. , *The Effective Executive*, New York: Harper & Row, 1985.

Deming, W. Edwards, "Out of the Crisis," *Studies*, Center for Advanced Engineering, Cambridge: MIT Press, 1982, 1986.

Schiller, Herbert I. , *Information and the Crisis Economy*, New York: Oxford University Press, 1986.

Hosmer, LaRue Tone, *The Ethics of Management*, Illinois: Irwin, 1987.

Konosuke Matsushita, *Quest For Prosperity*, Tokyo: PHP Institute, Inc. , 1988.

Morimasa Ogana, Pana. *Management*, Tokyo: PHP Institute, Inc. , 1991.

Scherkenbach, William W. , *The Deming Route to Quality and Productivity*, Washington, D. C. : CEE Press, 1991.

Deming, W. Edwards, "The New Economics," *Studies*, Center for Advanced Engineering, Cambridge: MIT Press, 1993.

Hampden-Turner, Charles and Alfons Trompenaars, *The Seven Cultures of Capitalism*, New York: Double, 1993.

Piper, Thomas R. , May C. Gentile and Sharon Daloz Parks, *Can Ethics Be Taught? Perspectives, Challenges, and Approaches at Harvard Business School*, Cambridge: Harvard Business Press, 1993.

Sagles, Leonard R. , *The Working Leader*, New York: The Free Press, 1993.

Drucker, Peter F. , "Network Society," in *Wall Street Journal*, March 29, 1995, p. 14 A.

后记两则

C 理论在管理学界已流行 20 年，影响虽大，但其应用却方兴未艾，需要积极推行。C 理论的应用不十分显著的原因，我想有两个：一是管理实务界仍把它看成哲学或只是哲学，而不明管理的哲学仍有可以操作的一面，甚至可说有五个可以操作的层次，问题在能否逐步贯通，层次愈高，贯通愈为需要，贯通也愈要功夫，也就是愈需要思考与学习。二是管理界的人们仍崇信西方的科学管理，而不明白科学管理只是一个层次，本来就包含 C 理论的知识管理的层次。西方又流行管理的技术与策略运用，但不大讲究整体与管理内在的伦理目的。固然容易行使，但后果却走向自我膨胀，盛气凌人，变成霸权，并非真正领导之道。C 理论融合中西，以中国文化与中国哲学系统中的生生不息的努力与仁民爱物的关怀作为决策行事的基础，并不妨碍技术与策略的运用。理解了此两原因，我们不难看到 C 理论走的是中正光明的路子，对缔造全球经济的正常而持续的发展与推进人类和平与繁荣的世界有极为重要的实践意义，用中国哲学的话语表达就是寓用于理，发理为用，为管理立本，为管理者明道。最近我的学生阎雨写出 C 模式，更明显地阐明如何用 C 理论，并用案例说明，可说有助于对 C 理论应用性的推广。至于有很多人已把它融会于自己的心灵之中，产生美好的成果，是否表彰出来，当然并不重要。

C 理论的命名我一再强调是以创造力为核心，用 Creativity 的意思表达，但它的确是源于中国的易学思想，只是因为中国传统中比任何文化传统更深刻地、直接地彰显了创造力之为创造力，无论是天地宇宙的或是人类个人及群体的。人们不必另行索解。有人又以为我用五行并非五行的所有原义，此一观察是正确的。古代的五行在《尚书·洪范》并无五行生克的含义，一直要到战国阴阳之说兴起，邹衍才赋予了五行以生克的含义，但仍只是简单的生克，并无反客反生等量的概念，当然更无当代复杂系统互依互动等概念。我引用五行，并赋予五行的金木水火土以新的含义，这是一个哲学思考者创新的活动，是基于哲学思考者自己的观察与体会发展出来的，应看作对五行理论的一种丰富，而不必用考证他人之说来驳斥，这种复古心态无助于新理论的发展与进步。譬如金，我说是刚强的象征，是我对金的体验，可以很刚如乾，可以较柔如兑，十分恰合，正好补古人之不足。又譬如火，传统以火有发散的功能，中医由此有热敷的处方，我毫不否认，但要认知发散邪气（肿块淤血）正所以凝聚正气（血液畅通），不能只知其一而不知其二，不然中医如何与时俱进？尚且在生活中火的温暖早为人类凝聚的力量，也为人们凝聚时发出的热力。再说，工业制造中我们必须用火来促进化合，提炼精华，用火来象征凝聚，谁说不宜？此时我们不必否定古人宝贵的经验（如果是经验的话），但切切不可拘泥于古人文字的解说，而不查究竟，不求实事求是，所谓食古不化，难以言道。

图书在版编目（CIP）数据

成中英文集. 第八卷，C 理论：中国管理哲学/成中英著. —北京：中国人民大学出版社，2017. 5
ISBN 978-7-300-23718-3

Ⅰ. ①成… Ⅱ. ①成… Ⅲ. ①哲学-文集②管理学-哲学-中国-文集 Ⅳ. ①B-53②C93-02

中国版本图书馆 CIP 数据核字（2016）第 285579 号

成中英文集·第八卷
C 理论：中国管理哲学
成中英　著
C Lilun：Zhongguo Guanli Zhexue

出版发行	中国人民大学出版社		
社　　址	北京中关村大街 31 号	邮政编码	100080
电　　话	010－62511242（总编室）	010－62511770（质管部）	
	010－82501766（邮购部）	010－62514148（门市部）	
	010－62515195（发行公司）	010－62515275（盗版举报）	
网　　址	http://www.crup.com.cn		
	http://www.ttrnet.com（人大教研网）		
经　　销	新华书店		
印　　刷	涿州市星河印刷有限公司		
规　　格	185 mm×260 mm　16 开本	版　　次	2017 年 5 月第 1 版
印　　张	23.5 插页 3	印　　次	2017 年 5 月第 1 次印刷
字　　数	471 000	定　　价	98.00 元

版权所有　　侵权必究　　印装差错　　负责调换